Schriften zum
Wirtschaftsverwaltungs- und Vergaberecht

Herausgegeben von

Prof. Dr. Martin Burgi
Universität Bochum

Band 6

Birgit Röger

Insolvenz kommunaler Unternehmen in Privatrechtsform

Am Beispiel kommunaler Eigengesellschaften in Nordrhein-Westfalen

Nomos

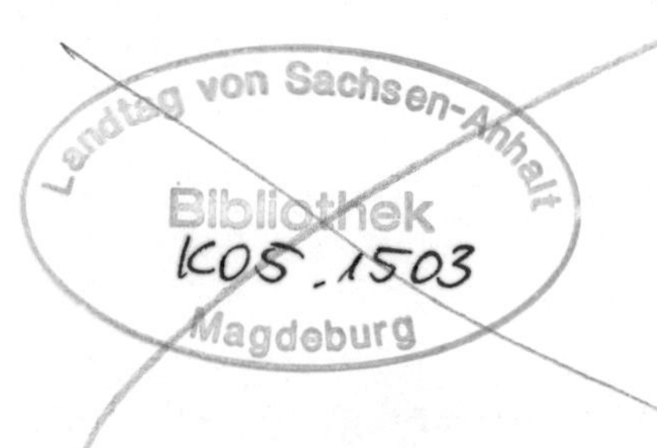

Die Deutsche Bibliothek – CIP-Einheitsaufnahme

Die Deutsche Bibliothek verzeichnet diese Publikation in
der Deutschen Nationalbibliografie; detaillierte bibliografische
Daten sind im Internet über http://dnb.ddb.de abrufbar.

Zugl.: Köln, Univ., Diss., 2005
ISBN 3-8329-1463-3

1. Auflage 2005

Vorwort

Die vorliegende Arbeit wurde von der Rechtswissenschaftlichen Fakultät der Universität zu Köln im Wintersemester 2004/05 als Dissertation angenommen. Rechtsprechung und Literatur sind bis Mitte 2004 berücksichtigt worden.

Angeregt und ursprünglich betreut wurde die Untersuchung von Herrn Prof. Dr. *Joachim Burmeister* †. Mein besonderer Dank gilt Herrn Prof. Dr. *Michael Sachs*, der die Betreuung der Arbeit übernommen und mir die Gelegenheit gegeben hat, sie während meiner Zeit als Wissenschaftliche Mitarbeiterin an seinem Lehrstuhl für Staats- und Verwaltungsrecht fertigzustellen und in dem Sinne fortzuführen und zu beenden, in dem ich sie begonnen habe.

Mein Dank gilt ferner Herrn Prof. Dr. *Peter J. Tettinger* für die zügige Erstellung des Zweitgutachtens.

Bei Herrn Prof. Dr. *Martin Burgi* bedanke ich mich für die Aufnahme der Arbeit in die Reihe „Schriften zum Wirtschaftsverwaltungs- und Vergaberecht“.

Köln, im Mai 2005

Birgit Röger

Inhaltsverzeichnis

Einleitung

1. Einführende Überlegungen

Dass die Gemeinden sich zur Erledigung von Angelegenheiten der örtlichen Gemeinschaft wirtschaftlich betätigen dürfen und ihnen zu diesem Zweck auch die Rechtsformen des privaten Rechts zur Verfügung stehen, ist im 11. Teil der Gemeindeordnung Nordrhein-Westfalen (GO NW) unter der Überschrift „Wirtschaftliche und nichtwirtschaftliche Betätigung" normiert. Die diversen Voraussetzungen der wirtschaftlichen Betätigung der Gemeinden und ihre Umsetzung durch die Gemeinden sorgen jedoch immer wieder für Streitstoff. Die aktuelle Diskussion über die Zukunft der Gemeindewirtschaft polarisiert: Für Wirtschaftsverbände ist fast jede wirtschaftliche Betätigung von Gemeinden ein ordnungspolitischer Sündenfall. Die öffentliche Verwaltung sei allein ihrem öffentlichen Auftrag verpflichtet. Statt Privatisierung auf kommunaler Ebene würden durch das ungestüme Expansionsstreben der Kommunalwirtschaft auf zahlreiche wettbewerbliche Geschäftsfelder insbesondere in Nordrhein-Westfalen die Grenzmarken zwischen öffentlichem und privatem Bereich zu Lasten der mittelständischen Wirtschaft verschoben.[1] Für die Gemeinden ist die wirtschaftliche Betätigung eine unverzichtbare Selbstverständlichkeit. Ohne Kommunalwirtschaft würden sich kommunalpolitische Handlungsspielräume zwangsläufig verringern. Deshalb sei die Diskussion um die Zukunft der Kommunalwirtschaft zugleich auch ein Streit über die Zukunft der kommunalen Selbstverwaltung an sich.[2] Tatsächlich kommt den Gemeinden eine erhebliche Wirtschaftskraft zu. Die Gemeinden nehmen in weitgehendem Ausmaße Versorgungsaufgaben (Wasser, Elektrizität, Gas und Fernwärme) sowie Entsorgungsaufgaben (Abwasser- und Abfallbeseitigung) wahr. Von besonderem wirtschaftlichem Interesse sind ferner die kommunalen Verkehrsunternehmen und die Sparkassen der Gemeinden und Gemeindeverbände. Aber auch Aufgabenfelder, die mit der herkömmlichen „Daseinsvorsorge" und damit dem ursprünglichen Feld kommunaler wirtschaftlicher Betätigung nur wenig zu tun haben, werden heute von den Gemeinden

1 Vgl. z. B. *Köster*, Kommunalisierung statt Privatisierung – Es ist kaum fraglich, ob Oberbürgermeister als Unternehmer tätig sein sollten, FAZ vom 3.8.1998, S. 17.

2 *Dedy/Sonnenschein*, Koordination schafft Chancengleichheit – Ein Plädoyer für wirtschaftliche Betätigung der Städte und Gemeinden, in: Kommunale Dienstleistungen, Verlagsbeilage zur FAZ vom 31.8.1998, S. 1.

und ihren Unternehmen ausgefüllt. Die Kommunalwirtschaft „boomt".[3] Beispiele aus der auf Konkurrenten- bzw. Unterlassungsklagen hin ergangenen Rechtsprechung[4] sind der Betrieb einer Saunaanlage innerhalb eines Freizeitbades,[5] der Nachhilfeunterricht durch eine kommunale Volkshochschule,[6] die Ausführung gärtnerischer und landschaftsbaulicher Arbeiten durch einen kommunalen Gartenbaubetrieb,[7] das Altautorecycling durch eine kommunale Entsorgungsgesellschaft,[8] die Vermietung von Gewerberäumen an ein Fitness-Studio durch ein kommunales Parkhaus[9] und schließlich Entsorgungsleistungen kommunaler Unternehmen außerhalb des Gemeindegebiets.[10]

Um ihre Aufgaben einfacher, effektiver und wirtschaftlicher zu erfüllen, bedienen sich die Gemeinden zunehmend der Formen des Privatrechts. Unter den Rechtsinstituten des Privatrechts kommt den juristischen Personen des Privatrechts besondere Bedeutung zu. Wirtschaftliche Unternehmen und öffentliche Einrichtungen in der Rechtsform einer Aktiengesellschaft (AG) oder Gesellschaft mit beschränkter Haftung (GmbH) haben in der kommunalen Praxis weite Verbreitung gefunden.[11] Sie werden – sofern sämtliche Anteile einer Gemeinde gehören – als „kommunale Eigengesellschaften"[12] bezeichnet.[13]

3 So etwa *Pielow*, NWVBl. 1999, S. 369 (370); *Ruffert*, VerwArch 92 (2001), S. 27 (27) und *Schink*, NVwZ 2002, S. 129 (129); vgl. auch die „Fallbeispiele aus Nordrhein-Westfalen" bei *Held*, WiVerw 1998, S. 264 (274 ff.) sowie die umfangreiche Auflistung der kommunalen Wirtschaftsbetätigung bei *Ehlers*, DVBl. 1998, S. 497 (498), der in vielen Kommunen so etwas wie eine „Goldgräbermentalität" feststellt, und *Henneke*, NdsVBl. 1998, S. 273 (273).

4 Vgl. hierzu die Rechtsprechungsanalyse von *Wieland*, Die Verwaltung 36 (2003), S. 225 ff.; hierzu auch *Heßhaus*, NWVBl. 2003, S. 173 ff.

5 OVG NW, DÖV 1986, S. 339.

6 OLG Düsseldorf, NWVBl. 1997, S. 353.

7 OLG Hamm, NJW 1998, S. 3504 („Gelsengrün").

8 OLG Düsseldorf, NVwZ 2000, S. 111.

9 OVG NW, NVwZ 2003, S. 1520.

10 OLG Düsseldorf, NVwZ 2000, S. 714.

11 Lag der Anteil der GmbHs und AGs am Gesamtbestand der Mitglieder des Verbandes Kommunaler Unternehmen (VKU) im Jahr 1952 nur bei 4,9 %, stieg er bis 1996 auf 53 %, von denen ca. 9/10 auf die Organisationsform der GmbH entfielen; der Anteil der Eigenbetriebe verringerte sich in derselben Zeit von 94,5 % auf 41,4 % (statistische Angaben aus „Wissenschaftliche Dienste des Deutschen Bundestages, Ausarbeitung 148/96 [VA *Heyer*], Organisationsprivatisierung kommunaler Unternehmen; Einwirkungs- und Kontrollmöglichkeiten der Kommunen, 5.3.1996, S. 9" zit. nach *Kämmerer*, Privatisierung, 2001, S. 226 mit Fn. 557).

12 Dazu *Kraft*, Eigengesellschaften, in: Püttner (Hrsg.), HkWP, Bd. 5, 2. Aufl. 1984, S. 168 ff.

13 Seit 1980 lässt § 1 GmbHG die Gründung der „Einmann-GmbH" zu (Gesetz vom 4.7.1980, BGBl. I 1980, S. 836). Dadurch entfällt der – gesellschaftsrechtlich zwar zulässige – Umweg über die Gründung einer GmbH unter Zuhilfenahme eines „Strohmanns" und dessen späteren Austritt aus der Gesellschaft. Das Aktienrecht wurde erst 1994 entsprechend novelliert; seitdem ist nach § 2 AktG auch die Gründung von Aktiengesellschaften durch eine Person zulässig (Gesetz vom 2.8.1994, BGBl. I 1994, S. 1961).

2. Problemstellung

In Zeiten, da die Gemeinden unter dem Schlagwort „Unternehmen Stadt“[14] immer mehr kommunale Unternehmen in Rechtsformen des privaten Rechts hervorbringen, stellt sich zwangsläufig auch die Frage, welche Konsequenzen die Gesellschafterstellung der Gemeinde im Falle der Insolvenz einer kommunalen Eigengesellschaft hat. Konkret ist zu erörtern, ob der Gläubiger einer solchen von der Gemeinde durch eigene Rechtspersönlichkeit ausgegrenzten und von ihr beherrschten Rechtsorganisation im Falle ihrer Zahlungsunfähigkeit die Rechtsfolge zu tragen hat, die ihm normalerweise gegenüber einer juristischen Person des Privatrechts ganz selbstverständlich aufgebürdet wird: die des tatsächlichen Ausfalls seiner Forderung.[15]

Als logische Konsequenz der eigenen Rechtspersönlichkeit der juristischen Person des Privatrechts ist im Falle einer Insolvenz nur derjenige Teil des Vermögens der Mitglieder der juristischen Person dem Zugriff der Gläubiger unterworfen, mit dem sich die Mitglieder an der juristischen Person beteiligt haben. §§ 1 Abs. 1 Satz 2 AktG, 13 Abs. 2 GmbHG bestimmen: „Für die Verbindlichkeiten der Gesellschaft haftet den Gläubigern (derselben) nur das Gesellschaftsvermögen.“ Materiell wirkt sich die Inanspruchnahme der juristischen Person für die Mitglieder allerdings wie eine Haftungsbeschränkung aus, da die Beteiligung an einer Kapitalgesellschaft sich als eine Begrenzung des Risikos auf die übernommene Einlageverpflichtung darstellt.[16] Erfolgt die wirtschaftliche Betätigung der Gemeinde dagegen in der öffentlich-rechtlichen Organisationsform des Eigenbetriebs, so haftet den Gläubigern des kommunalen Eigenbetriebs das gesamte Vermögen der Gemeinde, denn der Eigenbetrieb ist nach § 95 Abs. 1 Nr. 3 GO NW i.V.m. §§ 1, 9 EigenbetriebsVO NW Sondervermögen der Gemeinde. Er besitzt keine eigene Rechtspersönlichkeit und kann sich infolgedessen nicht selbst verschulden. Die haftungsbeschränkende Wirkung der Inanspruchnahme juristischer Personen des Privatrechts wird u. a. als ein mögliches Motiv der Gemeinden für die Verwendung privatrechtlicher Organisationsformen angegeben.[17] § 108 Abs. 1 Satz 1 Nr. 3 GO NW hält die Gemeinde sogar ausdrücklich dazu an, nur solche Rechtsformen zu wählen, welche die Haftung der Gemeinde auf einen bestimmten Betrag begrenzen. Da in der Praxis nur AG und GmbH kommunale Verbreitung gefunden haben, sollen die Ausführungen auf diese privaten Rechtsformen beschränkt werden.

Ob die Gemeinde sich diesen Vorteil der finanziellen Risikoeingrenzung tatsächlich zunutze machen kann oder ob auf der Grundlage öffentlich-rechtlicher Bindun-

14 Vgl. z. B. *Dieckmann*, der städtetag 11/1991, S. 739.

15 In diesem Sinne schon *Naendrup*, Privatrechtliche Haftungsbeschränkung und staatliche Verantwortung, 1967, S. 16.

16 *Alfuß*, Staatliche Haftungsbeschränkung durch Inanspruchnahme privatrechtlicher Organisationsformen, 1977, S. 8.

17 *Ossenbühl*, DÖV 1971, S. 513 (519); *Wilke/Schachel*, WiVerw 1978, S. 95 (101).

gen möglicherweise „nachwirkende Pflichten“[18] gegenüber den kommunalen Eigengesellschaften bestehen, wird in der Diskussion um die Wirtschaftstätigkeit der Gemeinden regelmäßig vernachlässigt. Für kommunale Eigengesellschaften, die in der Form von juristischen Personen des Privatrechts geführt werden, deren Gesellschafter aber öffentlich-rechtliche Körperschaften sind, sollen hinsichtlich der Insolvenzfähigkeit keine Besonderheiten bestehen. § 11 InsO, nach dem das Insolvenzverfahren über das Vermögen jeder natürlichen und jeder juristischen Person eröffnet werden kann, soll auf die kommunalen Eigengesellschaften regelmäßig anwendbar sein, während rechtlich unselbständige Eigen- oder Regiebetriebe von Gemeinden als deren Bestandteile nicht selbständig insolvenzfähig seien.[19] *Lehmann*[20] stellt in seiner Untersuchung zur Konkursfähigkeit juristischer Personen des öffentlichen Rechts fest: *„Auch juristische Personen des Privatrechts, deren Anteile sich ganz oder teilweise im Eigentum der öffentlichen Hand befinden, sind nicht Gegenstand der Erörterung. Ihr privatrechtlicher Charakter ändert sich durch die Eigentumsverhältnisse nicht. Daraus ergibt sich auch ihre Konkursfähigkeit* [...]. *“*

Im übrigen wird mit Blick auf die hinter dem Unternehmen stehende Kommune auf das für kommunale Unternehmen fehlende Insolvenzrisiko hingewiesen.[21] In der Praxis spiele der Gedanke, durch Gesellschaftsgründung eine vermögensrechtliche Haftungsbeschränkung herbeizuführen, keine Rolle. Zum einen würde der Konkurs der Eigengesellschaft sich wirtschaftlich kaum lohnen, weil die Kommune damit auf lange Zeit ihre Kreditwürdigkeit beeinträchtigen müsste.[22] Zum anderen wäre der Konkurs der Eigengesellschaft auf kommunalpolitischer Bühne doch für die verantwortliche Mehrheit im kommunalen Parlament die Bankrotterklärung im gleichen Maße.[23] Tatsächlich konnte bis vor kurzem noch festgestellt werden, dass seit Bestehen der Bundesrepublik[24] ein Konkursverfahren über das Vermögen einer kommunalen Eigengesellschaft offensichtlich nicht stattgefunden hat.[25] Im Jahr 1994 wurde jedoch erstmals eine Kommune verklagt, weil eine ihr gehörende Kurbe-

18 Vgl. *Kund*, Nachwirkende Pflichten der Gemeinden bei der Ausgliederung öffentlicher Aufgaben auf Private, 1988.

19 *Kirchhof*, in: HK-InsO, 3. Aufl. 2003, § 12 Rdn. 7.

20 *Lehmann*, Die Konkursfähigkeit juristischer Personen des öffentlichen Rechts, 1999, S. 17.

21 Vgl. z. B. *Heintzen*, Rechtliche Grenzen und Vorgaben für eine wirtschaftliche Betätigung von Kommunen im Bereich der gewerblichen Gebäudereinigung, 1999, S. 15; a. A.: *Parmentier*, ZIP 2001, S. 551 (552), die die Eigengesellschaften aufgrund ihrer Befassung mit unrentablen Aktivitäten als in Wirklichkeit besonders insolvenzanfällig betrachtet.

22 *Oettle*, Die ökonomische Bedeutung der Rechtsform öffentlicher Betriebe, in: Oettle, Grundfragen öffentlicher Betriebe, Bd. 1, 1976, S. 121 (141); *Ehlers*, DÖV 1986, S. 897 (901); *Erbguth/Stollmann*, DÖV 1993, S. 798 (807); *Unruh*, DÖV 1997, S. 653 (657).

23 *Haupt*, Wirtschaftliche Betätigung von Kommunen im Gewande der privatrechtlichen Gesellschaft, 1988, S. 203.

24 Siehe aber RGZ 148, 101 (Konkurs der Wittener Straßenbahn AG).

25 Vgl. *Kuhl/Wagner*, ZIP 1995, S. 433 (433); *Ehlers*, Verwaltung in Privatrechtsform, 1984, S. 323; *Hauser*, Die Wahl der Organisationsform kommunaler Einrichtungen, 1987, S. 170; *Erbguth/Stollmann*, DÖV 1993, S. 798 (807).

triebsgesellschaft mbH insolvent geworden war und Konkurs angemeldet hatte.[26] 2,5 Millionen DM hatte der Konkursverwalter des Kurbetriebs Salzhemmendorf beim Landgericht Hannover[27] mit der Begründung eingeklagt, die Kommune Salzhemmendorf sei im Sinne des GmbH-Rechts ein herrschendes Unternehmen der aus der Kommunalverwaltung ausgegliederten Kurbetriebs-GmbH gewesen und habe den herrschenden Einfluss zu Lasten der Gesellschaft missbraucht. Auch wenn die Haftung der Gemeinde Salzhemmendorf ausschließlich auf konzernrechtliche Grundsätze gestützt und die Frage, ob die Gemeinde aufgrund öffentlich-rechtlicher Bindungen für die Verbindlichkeiten ihrer Eigengesellschaften einzustehen hat, gänzlich offen gelassen wurde, so beweist der Konkurs der Kurbetriebs-GmbH doch zumindest, dass Insolvenzen kommunaler Eigengesellschaften vorkommen können und dass angesichts der kommunalen Finanznot verstärkt mit ihnen zu rechnen ist. Dies gibt Anlass, die grundlegenden Rechtsfragen zu erörtern.

3. Gang der Untersuchung

Der erste Teil der Arbeit *„Die wirtschaftliche und nichtwirtschaftliche Betätigung der Gemeinden"* gibt einen Überblick über die einfachgesetzlichen Grundlagen des kommunalen Wirtschaftsrechts. Dabei wird erörtert, ob im Hinblick auf die Frage der Insolvenzfähigkeit kommunaler Eigengesellschaften zwischen den wirtschaftlichen Unternehmen und den nichtwirtschaftlichen Einrichtungen der Gemeinde zu unterscheiden ist. Der zweite Teil der Arbeit *„Die Insolvenzfähigkeit kommunaler Eigengesellschaften"* informiert über die Grundstrukturen des Insolvenzverfahrens und erörtert den Einfluss der Gesellschafterstellung der Gemeinde auf die Insolvenzfähigkeit kommunaler Eigengesellschaften. Von besonderem Interesse ist in diesem Zusammenhang die Insolvenzfähigkeit der juristischen Personen des öffentlichen Rechts, denn die Gesellschafterstellung der Gemeinde kann in erster Linie dann Auswirkungen auf die Insolvenzfähigkeit ihrer kommunalen Eigengesellschaften haben, wenn die Gemeinde selbst insolvenzunfähig ist. Im dritten Teil der Arbeit *„Privatrechtliche und öffentlich-rechtliche Verpflichtungen der Gemeinde"* werden die aus dem Privatrecht folgenden Möglichkeiten eines Haftungsdurchgriffs gegen die Gemeinde unter besonderer Berücksichtigung konzernrechtlicher Haftungsgrundsätze sowie – in Anbindung an die Lehre vom Verwaltungsprivatrecht – die aus dem öffentlichen Recht folgenden Möglichkeiten eines Haftungsdurchgriffs gegen die Gemeinde und öffentlich-rechtliche Finanzierungs- bzw. Insolvenzabwendungspflichten Gegenstand der Untersuchung sein. Im vierten Teil der Arbeit wird die öffentlich-rechtliche Finanzierungspflicht der Gemeinde gegenüber ihren

26 Vgl. FAZ vom 30.6.1994, S. 13 „Rechtsstreit über kommunale Haftung".

27 LG Hannover vom 9.3.1999, DZWIR 1999, S. 413 (dazu *Gundlach*, DZWIR 1999, S. 420); bestätigt durch OLG Celle vom 12.7.2000, DZWIR 2001, S. 160 (dazu *Ehinger*, DZWIR 2001, S. 164).

kommunalen Unternehmen in Privatrechtsform auf ihre *„Vereinbarkeit mit Europarecht"* überprüft. Die Arbeit schließt mit einer *„Zusammenfassung der Ergebnisse"*.

Soweit die zitierte Literatur und Rechtsprechung noch vom „Konkurs", der „Konkursfähigkeit" oder dem „Konkursverfahren" etc. handeln, ist diese Ausdrucksweise beibehalten und nicht an den – durch die Einführung der neuen Insolvenzordnung bedingten – Sprachgebrauch angepasst worden.

Erster Teil: Die wirtschaftliche und nichtwirtschaftliche Betätigung der Gemeinden

Die maßgeblichen Bestimmungen über die wirtschaftliche Betätigung der Gemeinden finden sich in den §§ 107 ff. GO NW.[28] Durch das erste Gesetz zur Modernisierung von Regierung und Verwaltung in Nordrhein-Westfalen vom 15.6.1999[29] ist das Gemeindewirtschaftsrecht in wesentlichen Teilen geändert worden, um den geänderten Rahmenbedingungen für die kommunale Wirtschaft Rechnung zu tragen.[30] Dabei hat sich der Gesetzgeber, um den widerstreitenden Interessen von Gemeinden/ Gemeindeverbänden einerseits und Wirtschaft/Wirtschaftsverbänden andererseits gerecht zu werden, weder für die Abkehr von der Subsidiarität der kommunalwirtschaftlichen Betätigung noch für ein generelles Verbot der kommunalwirtschaftlichen Betätigung entschieden, sondern sozusagen als „vermittelnde Lösung" für die „Stärkung der kommunalen Handlungsmöglichkeiten bei Wahrung der Subsidiarität".[31]

Unverändert geblieben ist jedoch die – auf § 67 DGO[32] zurückzuführende – Unterscheidung zwischen wirtschaftlicher und nichtwirtschaftlicher Betätigung respektive die Unterscheidung zwischen den damit verknüpften Begriffen „Unternehmen" und „Einrichtungen". Die Gemeindeordnung NW verwendet den Begriff „Unternehmen" nur im Zusammenhang mit wirtschaftlicher Betätigung (vgl. § 107 Abs. 1 Satz 3), während sie den Begriff der „Einrichtung" – in Anlehnung an § 8 (vgl. § 108 Abs. 1 Satz 1 Nr. 2) – für die Organisation und den Ablauf der nichtwirtschaftlichen Betätigung reserviert (vgl. § 107 Abs. 2).

28 Wegen der Verweisungsnormen der §§ 53 Abs. 1 KrO NW und 23 Abs. 2 LVerbO NW gelten die Regelungen entsprechend für die Wirtschaftsbetätigung der Kreise und Landschaftsverbände.

29 GVBl. NW 1999, S. 386.

30 Gesetzesbegründung, LT-Drs. 12/3730, S. 105. Diese Rahmenbedingungen zeichnen sich nach Auffassung der Landesregierung dadurch aus, dass bisher klassische Bereiche der kommunalen Ver- und Entsorgungswirtschaft aus ihrer Monopolstellung herausgelöst und in einen neuen Wettbewerbsrahmen überführt werden.

31 Gesetzesbegründung, LT-Drs. 12/3730, S. 106.

32 Deutsche Gemeindeordnung vom 30.1.1935.

A. Die wirtschaftlichen Unternehmen

I. Die Legaldefinition des § 107 Abs. 1 Satz 3 GO NW

Nach der Legaldefinition des § 107 Abs. 1 Satz 3 GO NW ist wirtschaftliche Betätigung „der Betrieb von Unternehmen [...], die als Hersteller, Anbieter oder Verteiler von Gütern oder Dienstleistungen am Markt tätig werden, sofern die Leistung ihrer Art nach auch von einem Privaten mit der Absicht der Gewinnerzielung erbracht werden könnte." Die Definition greift auf das bereits in der vorläufigen Ausführungsanweisung zu § 67 DGO[33] entwickelte Merkmal der Gewinnerzielungsabsicht durch Private zurück und kombiniert dieses mit dem Erfordernis der Teilnahme am Markt.

II. Der Unternehmensbegriff

Eine gesetzliche Definition des „Unternehmens" findet sich in der Gemeindeordnung nicht. Die rechts- und wirtschaftswissenschaftlichen Definitionen des Begriffs „Unternehmen" bzw. „Unternehmung"[34] sind in ihren einzelnen Ausprägungen durchaus vielfältig.[35] Das Wirtschaftsrecht sieht das Unternehmen vor allem als eine selbstverantwortlich geführte, autonome Einheit an, die Waren oder gewerbliche Leistungen anderen Personen anbietet.[36] Wirtschaftliche Unternehmen sind daher rechtlich selbständige oder auch unselbständige Zusammenfassungen persönlicher und sächlicher Mittel in der Hand von Rechtsträgern zum Zwecke der Teilnahme am Wirtschaftsverkehr mit der regelmäßigen Absicht der Gewinnerzielung.[37] *Cronauge* definiert das kommunale Unternehmen als eine aus der unmittelbaren Kommunalverwaltung ausgegliederte verselbständigte Verwaltungseinheit von gewisser organisatorischer Festigkeit und Dauer zur Erfüllung einzelner bestimmter öffentlicher

33 Vgl. den Runderlass des Reichs- und Preußischen Ministers des Innern vom 22.3.1935, RMBl. für die preußische Innere Verwaltung 1935, S. 475.

34 Der Begriff des „Unternehmens" wird von Rechtspraxis und -wissenschaft dem Wort „Unternehmung" vorgezogen, vgl. Staatslexikon – Recht, Wirtschaft, Gesellschaft –, Bd. 5, 7. Aufl. 1995, Stichwort „Unternehmung", Ziff. II. 1. Der Rechtsbegriff „Unternehmen".

35 Vgl. nur die Darstellungen in Staatslexikon – Recht, Wirtschaft, Gesellschaft –, Bd. 5, 7. Aufl. 1995, Stichwort „Unternehmung" und Vahlens Großes Wirtschaftslexikon, Bd. 2, 2. Aufl. 1993, Stichwort „Unternehmung".

36 Staatslexikon – Recht, Wirtschaft, Gesellschaft –, Bd. 5, 7. Aufl. 1995, Stichwort „Unternehmung", Ziff. II. 1. Der Rechtsbegriff „Unternehmen".

37 *Gern*, Deutsches Kommunalrecht, 3. Aufl. 2003, Rdn. 725; *Seewald*, Kommunalrecht, in: Steiner (Hrsg.), Besonderes Verwaltungsrecht, 7. Aufl. 2003, Kap. I Rdn. 265; *Püttner*, Die öffentlichen Unternehmen, 2. Aufl. 1985, S. 23 ff.

Zwecke.[38] Da es mithin auf die rechtliche Verselbständigung nicht ankommt, bezieht sich der Unternehmensbegriff des § 107 Abs. 1 Satz 3 GO NW sowohl auf wirtschaftliche Unternehmen der Gemeinde mit eigener Rechtspersönlichkeit (Eigengesellschaften, Anstalten) als auch auf Unternehmen, die rechtlich nicht verselbständigt sind (Eigenbetriebe). Für Eigengesellschaften gelten die §§ 108 ff. GO NW und für die rechtsfähigen Anstalten des öffentlichen Rechts gilt § 114 a GO NW. Rechtsgrundlage für die Eigenbetriebe ist § 114 GO NW i.V.m. der Eigenbetriebsverordnung für das Land Nordrhein-Westfalen. Soweit die wirtschaftlichen Unternehmen einer Gemeinde als Eigenbetrieb geführt werden, sind sie gem. § 95 Abs. 1 Nr. 3 GO NW i.V.m. §§ 1, 9 EigenbetriebsVO NW Sondervermögen der Gemeinde. Als wirtschaftliche Unternehmen namentlich in Betracht zu ziehen sind Versorgungsbetriebe (Wasser-, Elektrizitäts-, Gas- und Fernwärmeunternehmen), Verkehrsbetriebe (Straßenbahnen, Autobusse, Hoch- und Untergrundbahnen, Stadtschnellbahnen, Bergbahnen, Sesselbahnen, Skilifte, Hafenanlagen, Flughäfen, Schiffe und Fähren, Parkhäuser) und Dienstleistungsbetriebe (Stadthallen, Kurbetriebe, Hotels, Gaststätten und Reklamebetriebe).[39]

III. Die kommunale Wirtschaftsklausel des § 107 Abs. 1 Satz 1 GO NW

Die Zulässigkeitsvoraussetzungen für die wirtschaftliche Betätigung der Gemeinde sind in § 107 Abs. 1 Satz 1 Nr. 1-3 GO NW normiert. Die sogenannte „kommunale Wirtschaftsklausel“[40] steht wie kaum eine andere kommunalrechtliche Bestimmung im Spannungsfeld ganz unterschiedlicher Interessen. Die von der nachweisbaren kommunalen Finanznot[41] betroffenen Städte und Gemeinden sind bestrebt, ihre kommunalen Haushalte durch Erschließung neuer lukrativer Märkte aufzubessern.[42] Zugleich beanspruchen Privatwirtschaft und Handwerk den wirtschaftlichen Wett-

38 *Cronauge*, Kommunale Unternehmen, 3. Aufl. 1997, Rdn. 41; vgl. auch *Schmidt*, Öffentliches Wirtschaftsrecht, Allgemeiner Teil, 1990, § 11 I. 1. b) (S. 504); *Schmidt-Jortzig*, Die Zulässigkeit kommunaler wirtschaftlicher Unternehmen im einzelnen, in: Püttner (Hrsg.), HkWP, Bd. 5, 2. Aufl. 1984, S. 50 (53).

39 *Rehn/Cronauge*, GO NW, § 107 Erl. II. 2., die allerdings auch Messehallen, deren Betrieb gem. § 107 Abs. 2 Satz 1 Nr. 4 GO NW (Einrichtungen des Messe- und Ausstellungswesens) nicht als wirtschaftliche Betätigung gilt, als Dienstleistungsbetrieb zu den wirtschaftlichen Unternehmen zählen; vgl. hierzu auch die umfassende Aufzählung bei *Hidien*, Gemeindliche Betätigungen rein erwerbswirtschaftlicher Art und „öffentlicher Zweck“ kommunaler wirtschaftlicher Unternehmen, 1981, S. 35-39.

40 Der Begriff geht auf *Schmidt-Jortzig*, Die Zulässigkeit kommunaler wirtschaftlicher Unternehmen im einzelnen, in: Püttner (Hrsg.), HkWP, Bd. 5, 2. Aufl. 1984, S. 50 ff. zurück. *Held*, NWVBl. 2000, S. 201 (203) spricht insoweit auch von „Schrankentrias“.

41 Vgl. FAZ vom 3.1.2003, S. 1 „Städte und Gemeinden sehen sich am Ende ihrer Kräfte“; vgl. zur Lage der kommunalen Haushalte auch die Begründung für das Gesetz zur finanziellen Entlastung der Kommunen in Nordrhein Westfalen vom 29.4.2003, LT-Drs. 13/3177, S. 29; zur kommunalen Finanznot auch *Katz*, DÖV 2000, S. 235 ff.

42 Vgl. z. B. *Bästlein*, der städtetag 6/1999, S. 6 f.; *Hennerkes*, der städtetag 6/1999, S. 7.

bewerb als ureigenes Betätigungsfeld und beklagen den Entzug ihrer Arbeits- und Lebensgrundlagen durch den ungleichen, mit Steuergeldern subventionierten Wettbewerb.[43]

1. Der öffentliche Zweck

Wichtigste Voraussetzung für eine wirtschaftliche Betätigung der Gemeinde ist, dass „ein öffentlicher Zweck die Betätigung erfordert". Der Begriff des „öffentlichen Zwecks" wird gemeinhin definiert als gemeinwohlorientierte, im öffentlichen Interesse der Einwohner liegende Zielsetzung, also Wahrnehmung einer sozial-, gemeinwohl- und damit einwohnernützigen Aufgabe.[44] Es handelt sich um einen unbestimmten Rechtsbegriff, der der anwendenden Gemeinde einen Beurteilungsspielraum einräumt, welcher der Überprüfung durch den Richter weitgehend entzogen ist.[45] Worin die Gemeinde eine Förderung des allgemeinen Wohls erblickt, ist daher hauptsächlich den Anschauungen und Entschließungen ihrer maßgebenden Organe überlassen und hängt von den örtlichen Verhältnissen und den Bedürfnissen der Einwohner ab. Insbesondere ist unerheblich, ob die gemeindliche Betätigung zur sogenannten „Daseinsvorsorge"[46] gezählt wird, denn öffentliche Zwecke können das Unternehmen auch dann rechtfertigen, wenn damit keine Daseinsvorsorge betrieben wird.[47]

Einigkeit besteht jedoch im Anschluss an die Amtliche Begründung zu § 67 DGO[48] dahingehend, dass ein wirtschaftliches Unternehmen nicht gemeinwohlori-

43 *Philipp*, der städtetag 6/1999, S. 25; vgl. zu den ungleichen Wettbewerbsbedingungen im einzelnen *Heintzen*, Rechtliche Grenzen und Vorgaben für eine wirtschaftliche Betätigung von Kommunen im Bereich der gewerblichen Gebäudereinigung, 1999, S. 15.

44 Vgl. *Rehn/Cronauge*, GO NW, § 107 Erl. III. 1.; auch *Schmidt-Jortzig*, Die Zulässigkeit kommunaler wirtschaftlicher Unternehmen im einzelnen, in: Püttner (Hrsg.), HkWP, Bd. 5, 2. Aufl. 1984, S. 50 (58); *Ehlers*, JZ 1990, S. 1089 (1091); *Hösch*, DÖV 2000, S. 393 (400); grundlegend zum öffentlichen Zweck *Hidien*, Gemeindliche Betätigungen rein erwerbswirtschaftlicher Art und „öffentlicher Zweck" kommunaler wirtschaftlicher Unternehmen, 1981.

45 BVerwGE 39, 329 (334); *Schmidt-Jortzig*, Die Zulässigkeit kommunaler wirtschaftlicher Unternehmen im einzelnen, in: Püttner (Hrsg.), HkWP, Bd. 5, 2. Aufl. 1984, S. 50 (58); *Gern*, Deutsches Kommunalrecht, 3. Aufl. 2003, Rdn. 727.

46 Zum Begriff der „Daseinsvorsorge" *Forsthoff*, Die Verwaltung als Leistungsträger, 1938; *ders.*, Die Daseinsvorsorge und die Kommunen, 1958.

47 BVerwGE 39, 329 (333 f.).

48 Die Amtliche Begründung (abgedruckt bei *Surén/Loschelder*, Die Deutsche Gemeindeordnung vom 30. Januar 1935, 1940; Anm. 1 zu § 67) betont, dass der öffentliche Zweck in der Unternehmenstätigkeit selbst zum Ausdruck kommen müsse; er kann also nicht im Vorteil der Gewinnerzielung liegen.

entiert ist, wenn dessen einziger Zweck der der Gewinnerzielung ist.[49] Das Unternehmen muss unmittelbar durch seine Leistung, nicht nur mittelbar durch seine Gewinne und Erträge dem Wohl der Gemeindebürger dienen.[50] *Ehlers* hat zu Recht darauf hingewiesen, dass die Festlegung der Kommunalwirtschaft auf die Verfolgung öffentlicher Zwecke funktionslos bliebe, wenn auch das reine Erwerbsstreben miterfasst wäre.[51] Zur Begründung des Verbots der „rein erwerbswirtschaftlichen Betätigung" stellen Teile der Literatur auf die grundgesetzliche Finanzverfassung ab. Der in den Art. 105 ff. GG verfassungsrechtlich abgesicherte Vorrang des Steuerstaates besagt, dass der Staat seine Einnahmen in erster Linie aus Steuern erzielen muss.[52] Nach Auffassung des Bundesverfassungsgerichts[53] liegt der grundgesetzlichen Finanzverfassung die Vorstellung zugrunde, dass die *„Finanzierung der staatlichen Aufgaben in Bund und Ländern einschließlich der Gemeinden grundsätzlich aus dem Ertrag der in Art. 105 ff. geregelten Einnahmequellen erfolgt* [...] *und nur ausnahmsweise, d. h. unter besonderen Voraussetzungen, Einnahmen außerhalb des von der Finanzverfassung erfaßten Bereichs erschlossen werden dürfen."* Die vom Bundesverfassungsgericht zur Zulässigkeit von *Sonderabgaben* getroffenen Feststellungen lassen keine Rückschlüsse auf die Zulässigkeit *erwerbswirtschaftlicher Einnahmen* zu. Weite Teile der Literatur sind aber der Auffassung, dass die rein er-

49 *Rehn/Cronauge*, GO NW, § 107 Erl. III. 1.; *Gern*, Deutsches Kommunalrecht, 3. Aufl. 2003, Rdn. 727; *Burmeister*, Selbstverwaltungsgarantie und wirtschaftliche Betätigung der Kommunen, in: Püttner (Hrsg.), HkWP, Bd. 5, 2. Aufl. 1984, S. 3 (42); *Schmidt-Jortzig*, Die Zulässigkeit kommunaler wirtschaftlicher Unternehmen im einzelnen, in: Püttner (Hrsg.), HkWP, Bd. 5, 2. Aufl. 1984, S. 50 (58); *Püttner*, Die öffentlichen Unternehmen, 2. Aufl. 1985, S. 131; *Schmidt*, Öffentliches Wirtschaftsrecht, Allgemeiner Teil, 1990, § 11 I. 1. c) (S. 507); *Hidien*, Gemeindliche Betätigungen rein erwerbswirtschaftlicher Art und „öffentlicher Zweck" kommunaler wirtschaftlicher Unternehmen, 1981, S. 138 ff.; *Ehlers*, DVBl. 1998, S. 497 (499); *Badura*, DÖV 1998, S. 818 (821); *Hösch*, Die kommunale Wirtschaftstätigkeit, 2000, S. 62 f.; *ders.*, DÖV 2000, S. 393 (401); *Löwer*, VVDStRL 60 (2000), S. 416 (418); *Jarass*, NWVBl. 2002, S. 335 (337); a. A.: *Otting*, Neues Steuerungsmodell und rechtliche Beurteilungsspielräume der Kommunen, 1997, S. 168 ff. und 204 ff.; *Moraing*, WiVerw 1998, S. 233 (259).

50 BVerfGE 61, 82 (107); BVerwGE 39, 329 (333 f.). Anders neuerdings *Jarass*, Kommunale Wirtschaftsunternehmen im Wettbewerb, 2002, S. 91 ff., der vorschlägt, zwei verschiedene Arten kommunaler Unternehmen zu unterscheiden: *Kommunale Unternehmen*, die den strengen Vorgaben des herkömmlichen Kommunalwirtschaftsrechts unterliegen sollen, und sogenannte *Wettbewerbsunternehmen*, deren Bindung an einen öffentlichen Zweck aus Wettbewerbsgründen auf jede mittelbare Erfüllung eines öffentlichen Zwecks ausgeweitet werden soll.

51 *Ehlers*, DVBl. 1998, S. 497 (499).

52 Hierzu *Vogel*, Der Finanz- und Steuerstaat, in: Isensee/Kirchhof (Hrsg.), HStR, Bd. 1, 1987, § 27 Rdn. 69 ff.; *Isensee*, Steuerstaat als Staatsform, FS für H. P. Ipsen, 1977, S. 409 ff.

53 BVerfGE 78, 249 (266 f.); vgl. auch BVerfGE 82, 159 (178); 93, 121 (134); 93, 319 (342).

werbswirtschaftliche Betätigung zum alleinigen Zweck der Einnahmeerzielung mit dem Vorrang des Steuerstaates in Konflikt gerate.[54]

Ebenso wie Einigkeit über das Verbot der „rein erwerbswirtschaftlichen Betätigung“ besteht, besteht auch Einigkeit dahingehend, dass eine *Gewinnmitnahme* durch diese Eingrenzung nicht ausgeschlossen ist.[55] Das Rentabilitätsgebot des § 109 Abs. 1 Satz 2 GO NW verlangt sogar ausdrücklich, dass die wirtschaftlichen Unternehmen einen Ertrag für den Gemeindehaushalt abwerfen sollen. *Schmidt-Jortzig* hat insoweit festgestellt, dass diese Direktive gegenstandslos bliebe, wenn das Ertragsstreben bereits ipso iure von der öffentlichen Zweckbindung umfasst würde.[56] Entscheidend ist letztlich, dass die Gewinnmitnahme nur insoweit zulässig ist, als dadurch der öffentliche Zweck nicht beeinträchtigt wird. Im Konfliktfall gebührt der (primären) öffentlichen Zwecksetzung der Vorrang gegenüber dem (sekundären) Ertragsgebot.[57]

2. Die Verhältnismäßigkeit der Betätigung

Weitere Voraussetzung für eine wirtschaftliche Betätigung der Gemeinde ist, dass „die Betätigung nach Art und Umfang in einem angemessenen Verhältnis zur Leistungsfähigkeit der Gemeinde steht.“ Die Gemeinde soll hiermit vor wirtschaftlichen Aktivitäten bewahrt werden, welche ihre Verwaltungs- bzw. ihre Finanzkraft überfordern.[58] Nur so lassen sich auch die in § 109 GO NW niedergelegten Wirtschaftsgrundsätze verwirklichen. Der Grundsatz von der Erhaltung der Funktionsfähigkeit verlangt, die Unternehmen und Einrichtungen so zu führen, zu steuern und zu kontrollieren, dass der öffentliche Zweck nachhaltig erfüllt wird (Abs. 1 Satz 1). Dies entspricht dem allgemeinen Haushaltsgrundsatz des § 75 Abs. 1 Satz 1 GO NW, wonach die Gemeinde ihre Haushaltswirtschaft so zu planen und zu führen hat, dass

54 *Stober*, Kommunalrecht in der Bundesrepublik Deutschland, 3. Aufl. 1996, § 22 II 2; *ders.* Allgemeines Wirtschaftsverwaltungsrecht, 13. Aufl. 2002, § 24 V 7; *Püttner*, Die öffentlichen Unternehmen, 2. Aufl. 1985, S. 131; *Waechter*, Kommunalrecht, 3. Aufl. 1997, Rdn. 596, 604; *Vogelsang/Lübking/Jahn*, Kommunale Selbstverwaltung, 2. Aufl. 1997, Rdn. 723; *Ehlers*, JZ 1990, S. 1089 (1091); *Löwer*, VVDStRL 60 (2000), S. 416 (423); a. A. etwa *Emmerich*, Das Wirtschaftsrecht der öffentlichen Unternehmen, 1969, S. 86 ff.

55 *Hidien*, Gemeindliche Betätigungen rein erwerbswirtschaftlicher Art und „öffentlicher Zweck“ kommunaler wirtschaftlicher Unternehmen, 1981, S. 165; *Ehlers*, DVBl. 1998, S. 497 (500); *ders.*, JZ 1990, S. 1089 (1091). Vgl. zu den möglichen Fallgruppen einer Gewinnmitnahme *Schink*, NVwZ 2002, S. 129 (134); *Henneke*, NdsVBl. 1999, S. 1 (3 f.).

56 *Schmidt-Jortzig*, Die Zulässigkeit kommunaler wirtschaftlicher Unternehmen im einzelnen, in: Püttner (Hrsg.), HkWP, Bd. 5, 2. Aufl. 1984, S. 50 (58).

57 Vgl. hierzu *Hidien*, Gemeindliche Betätigungen rein erwerbswirtschaftlicher Art und „öffentlicher Zweck“ kommunaler wirtschaftlicher Unternehmen, 1981, S. 256, der insoweit vom „Vorrang-Kriterium“ spricht.

58 *Schmidt-Jortzig*, Die Zulässigkeit kommunaler wirtschaftlicher Unternehmen im einzelnen, in: Püttner (Hrsg.), HkWP, Bd. 5, 2. Aufl. 1984, S. 50 (59).

die stetige Erfüllung ihrer Aufgaben gesichert ist. Eine ihre Verwaltungs- und Finanzkraft missachtende wirtschaftliche Überaktivität der Gemeinde würde aber der Nachhaltigkeit der Erfüllung des öffentlichen Zwecks zuwiderlaufen, weil damit das Risiko der Zahlungsunfähigkeit und Überschuldung[59] verbunden wäre. Außerdem sollen die Unternehmen einen Ertrag für den Haushalt der Gemeinde abwerfen, soweit dadurch die Erfüllung des öffentlichen Zwecks nicht beeinträchtigt wird (Abs. 1 Satz 2). Dieser Grundsatz der Rentabilität gemeindlicher Wirtschaft lässt sich nur dann verwirklichen, wenn die Gemeinde von vornherein bei der Errichtung, Übernahme und Erweiterung[60] eines Unternehmens auf ihre Leistungsfähigkeit Rücksicht nimmt.[61]

3. Die Funktionssperre

Letzte Voraussetzung für eine wirtschaftliche Betätigung der Gemeinde ist, dass „der öffentliche Zweck durch andere Unternehmen nicht besser und wirtschaftlicher erfüllt werden kann." Die bis zum Änderungsgesetz vom 17.5.1994 geltende Subsidiaritätsklausel des § 88 Abs. 1 Nr. 1 2. Halbsatz GO NW a. F. ist durch das Gesetz zur Modernisierung von Regierung und Verwaltung in Nordrhein-Westfalen vom 15.6.1999 wieder in den Gesetzestext aufgenommen worden. In der Begründung des Gesetzentwurfs heißt es hierzu, eine kommunalwirtschaftliche Betätigung sei wegen der Formulierung des § 107 Abs. 1 Satz 1 Nr. 1 GO NW nur zulässig, wenn das privatwirtschaftliche Angebot quantitativ und/oder qualitativ nicht ausreichend sei.[62] Damit hat sich auch die Diskussion erledigt, ob der Voraussetzung, dass ein öffentlicher Zweck die Betätigung *erfordern* muss (§ 107 Abs. 1 Satz 1 Nr. 1 GO NW), ein Subsidiaritätsgrundsatz eigener Art[63] entnommen werden kann.[64]

59 Zahlungsunfähigkeit, drohende Zahlungsunfähigkeit und Überschuldung sind Gründe für die Eröffnung des Insolvenzverfahrens, siehe hierzu unten Zweiter Teil A. III. 3.

60 Seit dem Gesetz zur Änderung der Kommunalverfassung vom 17.5.1994 (GVBl. NW 1994, S. 270), welches die „einrichtungsbezogene" durch die „tätigkeitsbezogene" Betrachtungsweise ersetzt hat, ist nicht nur der Organisationsakt der Errichtung, Übernahme und Erweiterung eines wirtschaftlichen Unternehmens, sondern auch die laufende Aufgabenwahrnehmung der Zulässigkeitskontrolle unterworfen.

61 Vgl. *Rehn/Cronauge*, GO NW, § 107 Erl. IV. 1.

62 Gesetzesbegründung, LT-Drs. 12/3730, S. 105.

63 Vgl. hierzu den Bericht des Unterausschusses „Kommunale Wirtschaft" des AK III der Ständigen Konferenz der Innenminister und -senatoren der Länder „Wirtschaftliche Betätigung der Kommunen in neuen Geschäftsfeldern", S. 41 ff.

64 Für einen solchen Subsidiaritätsgrundsatz eigener Art *Erichsen*, Kommunalrecht des Landes Nordrhein-Westfalen, 2. Aufl. 1997, § 11 D 2 c ee) (S. 280); *Schmidt-Jortzig*, Die Zulässigkeit kommunaler wirtschaftlicher Unternehmen im einzelnen, in: Püttner (Hrsg.), HkWP, Bd. 5, 2. Aufl. 1984, S. 50 (60 f.); *Ehlers*, DVBl. 1998, S. 497 (501); *ders.*, NWVBl. 2000, S. 1 (3); a. A.: *Oebbecke*, StGR 1995, S. 387 (389); *Otting*, Neues Steuerungsmodell und rechtliche Beurteilungsspielräume der Kommunen, 1997, S. 133.

Im Gegensatz zu den „echten“ oder „verschärften“ Subsidiaritätsklauseln,[65] die der Gemeinde eine wirtschaftliche Betätigung bei Leistungsparität mit den privaten Wettbewerbern untersagen, handelt es sich bei der Regelung des § 107 Abs. 1 Satz 1 Nr. 3 GO NW um eine „unechte“[66] oder „einfache“[67] Subsidiaritätsklausel, wonach Leistungsparität im Verhältnis zu privaten Anbietern notwendig, aber auch ausreichend ist. Die wirtschaftliche Betätigung der Gemeinde ist bereits dann zulässig, wenn die Gemeinde den öffentlichen Zweck „ebenso gut und wirtschaftlich“ wie andere (private) Unternehmen erfüllen kann. Da nur eine mindestens gleiche Eignung der Kommunalwirtschaft im Verhältnis zur Privatwirtschaft verlangt wird, liegt keine „echte“ Subsidiarität bzw. kein „echter“ Nachrang vor.[68] Dem Begriff der Subsidiarität ist daher der Terminus „Funktionssperre“[69] vorzuziehen.

Ausgenommen von dieser Funktionssperre sind ausdrücklich die Energieversorgung, die Wasserversorgung, der öffentliche Verkehr sowie der Betrieb von Telekommunikationsleitungsnetzen einschließlich der Telefondienstleistungen. Nach der Begründung des Gesetzentwurfs wird dadurch klargestellt, dass für die genannten Bereiche ein Nachrang kommunalwirtschaftlicher Betätigung nicht besteht.[70] Den Stadtwerken soll die Möglichkeit der gleichberechtigten Teilnahme am liberalisierten Energiemarkt sowie am wirtschaftlichen Wettbewerb mit Telekommunikationsdienstleistungen eröffnet werden.[71] Da auch im Regelfall kein „echter“ Nachrang besteht, ist diese Ausnahme vom „Nachrangigkeitsprinzip“ dahin zu verstehen, dass die Gemeinde sich in den genannten Bereichen – soweit die Voraussetzungen der § 107 Abs. 1 Satz 1 Nr. 1 und Nr. 2 GO NW vorliegen – auch dann wirtschaftlich betätigen darf, wenn sie den öffentlichen Zweck weniger gut und wirtschaftlich oder drastischer ausgedrückt „schlechter und unwirtschaftlicher als die Konkurrenz“[72] erfüllt.

65 Vgl. Art. 87 BayGO, § 71 ThürKO und § 85 RhPfGO *„der Zweck nicht ebenso gut und wirtschaftlich* [...] *erfüllt werden kann“.*

66 So z. B. *Held*, in: Held/Becker (Hrsg.), Kommunalverfassungsrecht NW, § 107 GO Erl. 7.1.

67 So z. B. *Rehn/Cronauge*, GO NW, § 107 Erl. V. 2.

68 Daher wird man – anders als vom Gesetzgeber intendiert, vgl. LT-Drs. 12/3730, S. 105 –, einer Gemeinde nicht verwehren können, Lebensmittelgeschäfte zu eröffnen, wenn die Preise nicht oberhalb derjenigen der Konkurrenz liegen und sich die Gemeinde nicht unwirtschaftlicher als diese anstellt; ebenso *Ehlers*, NWVBl. 2000 S. 1 (3); a. A.: *Held*, NWVBl. 2000, S. 201 (203).

69 Vgl. hierzu den Bericht des Unterausschusses „Kommunale Wirtschaft“ des AK III der Ständigen Konferenz der Innenminister und -senatoren der Länder „Wirtschaftliche Betätigung der Kommunen in neuen Geschäftsfeldern“, S. 41.

70 Gesetzesbegründung, LT-Drs. 12/3730, S. 108.

71 So der Bericht des Ausschusses für Verwaltungsstrukturreform, LT-Drs. 12/3947, S. 94.

72 So etwa *Ehlers*, NWVBl. 2000, S. 1 (4), der hierin eine „dem Gemeinwohl abträgliche Kommunalwirtschaft“ sieht.

IV. Unternehmen des privaten Rechts (§ 108 Abs. 1 Satz 1 Nr. 1 GO NW)

Die wirtschaftlichen Unternehmen (§ 107 Abs. 1)[73] können nach § 108 Abs. 1 Satz 1 Nr. 1 GO NW in einer Rechtsform des privaten Rechts betrieben werden, wenn die Voraussetzungen des § 107 Abs. 1 Satz 1 gegeben sind.

1. Die Voraussetzungen des § 107 Abs. 1 Satz 1 GO NW

Da die Zulässigkeitsvoraussetzungen des § 107 Abs. 1 Satz 1 GO NW immer – d. h. unabhängig von der Wahl der Rechtsform – vorliegen müssen, stellt § 108 Abs. 1 Satz 1 Nr. 1 GO NW insoweit kein zusätzliches Erfordernis auf.

2. Die weiteren Voraussetzungen

§ 108 Abs. 1 Satz 1 GO NW stellt eine Reihe von Voraussetzungen auf, die bei Gründung oder Beteiligung an einem Unternehmen in einer Rechtsform des privaten Rechts erfüllt sein müssen. Von Interesse sind hier – da die Haftung der Gemeinde betreffend – die Nr. 3 sowie die Nr. 4 und Nr. 5.

a) Die Haftungsbegrenzung

Nach § 108 Abs. 1 Satz 1 Nr. 3 GO NW sind nur solche Rechtsformen des privaten Rechts zulässig, bei denen die Haftung der Gemeinde auf einen bestimmten Betrag begrenzt wird. Dadurch soll verhindert werden, dass die Gemeinde unübersehbare finanzielle Risiken eingeht.[74] Die Voraussetzung der Haftungsbegrenzung ist erfüllt bei der Aktiengesellschaft (AG) und der Gesellschaft mit beschränkter Haftung (GmbH), für deren Verbindlichkeiten gem. § 1 Abs. 1 Satz 2 AktG, § 13 Abs. 2 GmbHG nur das Gesellschaftsvermögen haftet; bei der GmbH & Co. KG bzw. der AG & Co. KG, für deren jeweils einzigen persönlichen Gesellschafter dasselbe wie bei AG und GmbH gilt; bei der eingetragenen Genossenschaft mit beschränkter

73 Trotz der in Klammern gesetzten Verweisung auf § 107 Abs. 1 und damit auf das Erfordernis der Marktteilnahme (§ 107 Abs. 1 Satz 3 GO NW) werden auch Holding-Gesellschaften, deren Zweck im Erwerb und der Verwaltung von Anteilen an anderen Gesellschaften, die ihrerseits als Hersteller, Anbieter oder Verteiler von Gütern oder Dienstleistungen am Markt tätig werden, unter Verweis auf die zumindest „mittelbare“ Zurechnung zum Marktgeschehen als zulässig erachtet. Vgl. *Rehn/Cronauge*, GO NW, § 108 Erl. II. 3.; auch *Held*, in: Held/Becker (Hrsg.), Kommunalverfassungsrecht NW, § 108 GO Erl. 4.1., der den im 11. Teil der GO NW verwandten Unternehmensbegriff weit auslegt.

74 Vgl. *Rehn/Cronauge*, GO NW, § 108 Erl. IV. 1.; auch *Held*, in: Held/Becker (Hrsg.), Kommunalverfassungsrecht NW, § 108 GO Erl. 4.3.

Haftung (eGmbH), bei der gem. § 2 GenG die Genossen nur bis zur Höhe ihrer Einlage haften; ferner bei der Beteiligung an einer Kommanditgesellschaft als beschränkt haftender Kommanditist (§§ 161, 171 HGB) sowie an einer Kommanditgesellschaft auf Aktien (KGaA) als gleichfalls nur bis zur Höhe der Einlage haftender Kommanditaktionär (§ 278 Abs. 1 AktG) und an einer stillen Gesellschaft ohne (§ 336 Abs. 2 HGB) oder mit einer auf den Betrag der Einlage begrenzten Verlustbeteiligung (§ 337 Abs. 2 Satz 1 HGB).

Nach § 108 Abs. 1 Satz 2 GO NW kann die Aufsichtsbehörde in begründeten Fällen Ausnahmen von der Haftungsbegrenzung zulassen. Denkbar wäre dies z. B. bei der Beteiligung einer Gemeinde an einer Kommanditgesellschaft (KG) als persönlich haftender Komplementär, ohne dass die Haftung durch Gesellschaftsrecht (wie z. B. bei der GmbH & Co. KG), beschränkt wäre. Ein Anspruch auf Erteilung einer Ausnahmegenehmigung besteht jedoch nicht.[75]

b) Verhältnismäßigkeit der Einzahlungsverpflichtung und Verbot der Verlustübernahmeverpflichtung

Auch § 108 Abs. 1 Satz 1 Nr. 4 GO NW, wonach die Einzahlungsverpflichtung der Gemeinde in einem angemessenen Verhältnis zu ihrer Leistungsfähigkeit stehen muss, und § 108 Abs. 1 Satz 1 Nr. 5 GO NW, wonach die Gemeinde sich nicht zur Übernahme von Verlusten in unbestimmter oder unangemessener Höhe verpflichten darf, sollen die Gemeinde nach der Begründung des Gesetzentwurfs vor unübersehbaren finanziellen Risiken, z. B. durch eine unbegrenzte Nachschusspflicht, schützen.[76] Allerdings ist die Regelung des § 108 Abs. 1 Satz 1 Nr. 4 GO NW wegen der Zulässigkeitsvoraussetzung des § 107 Abs. 1 Satz 1 Nr. 2 GO NW (Verhältnismäßigkeit der Betätigung) nur von untergeordneter Bedeutung,[77] und eine unbeschränkte Nachschusspflicht im Sinne der §§ 26 ff. GmbHG ist schon nach § 108 Abs. 1 Satz 1 Nr. 3 GO NW unzulässig, da es sich hier faktisch um eine unbeschränkte Haftung handelt.[78]

3. Der Nachrang der Aktiengesellschaft (§ 108 Abs. 3 GO NW)

Seit dem ersten Gesetz zur Modernisierung von Regierung und Verwaltung in Nordrhein-Westfalen vom 15.6.1999 enthält § 108 Abs. 3 GO NW eine Sonderbestimmung für die Beteiligung der Gemeinde an einer Aktiengesellschaft. Danach darf die Gemeinde Unternehmen in der Rechtsform einer Aktiengesellschaft nur gründen,

75 Vgl. *Rehn/Cronauge*, GO NW, § 108 Erl. IV. 2.

76 Gesetzesbegründung, LT-Drs. 11/4983, S. 25.

77 *Held*, in: Held/Becker (Hrsg.), Kommunalverfassungsrecht NW, § 108 GO Erl. 4.2.

78 So etwa *Hörr*, der gemeindehaushalt 1984, S. 282 (282).

übernehmen, wesentlich erweitern oder sich daran beteiligen, „wenn der öffentliche Zweck nicht ebenso gut in einer anderen Rechtsform erfüllt wird oder erfüllt werden kann." Der Betrieb wirtschaftlicher Unternehmen in der Rechtsform der Aktiengesellschaft ist also gegenüber anderen Rechtsformen nachrangig.[79] Zur Begründung dieser Subsidiaritätsklausel verweist der Gesetzgeber darauf, dass das bundesrechtlich normierte Aktienrecht dem Vorstand einer Aktiengesellschaft ebenso wie dem Aufsichtsrat eine herausgehobene und unabhängige Stellung einräume; beide Organe seien insbesondere keinem Weisungsrecht unterworfen. Wegen des Vorrangs des Bundesrechts seien die rechtlichen Möglichkeiten der Gemeinde, eine Aktiengesellschaft im Sinne der Erfüllung des öffentlichen Zwecks des Unternehmens zu steuern, begrenzt. Dieses Steuerungs- und Kontrolldefizit stehe im Widerspruch zu der von der Gemeindeordnung geforderten aktiven Einflussnahme. Deshalb sei in der Regel davon auszugehen, dass die Aktiengesellschaft für kommunale Unternehmen nicht in Betracht komme.[80] Will die Gemeinde dennoch eine Aktiengesellschaft errichten, übernehmen, wesentlich erweitern oder sich daran beteiligen, so hat sie im Rahmen des Anzeigeverfahrens nach § 115 GO NW gegenüber der Aufsichtsbehörde den Nachweis zu führen, dass der zugrunde liegende öffentliche Zweck nicht ebenso gut in einer anderen Rechtsform, etwa einer GmbH, erfüllt wird oder erfüllt werden kann.

Der Nachrang der Aktiengesellschaft gilt nur für diejenigen Unternehmen, die nach Inkrafttreten des ersten Gesetzes zur Modernisierung von Regierung und Verwaltung in Nordrhein-Westfalen gegründet, übernommen oder wesentlich erweitert worden sind. Eine Verpflichtung der Gemeinden, die bestehenden Aktiengesellschaften zurückzubilden und auf andere privatrechtliche Organisationsformen überzuleiten, ergibt sich aus § 108 Abs. 3 GO NW nicht.[81]

B. *Die nichtwirtschaftlichen Einrichtungen*

I. Das Regel-Ausnahme-Prinzip

Der nordrhein-westfälische Gesetzgeber hat sich nach dem Vorbild der Deutschen Gemeindeordnung des Prinzips von Regel und Ausnahme bedient und in § 107 Abs. 2 Satz 1 GO NW Tätigkeitsbereiche besonders bezeichnet, die nicht als wirtschaftliche Betätigung verstanden werden sollen (sog. Negativkatalog). Damit sollen diese Tätigkeitsbereiche privilegiert werden. Gesetzestechnisch handelt es sich um eine Fiktion des Gesetzgebers.

79 *Lux*, NWVBl. 2000, S. 7 (11).
80 Gesetzesbegründung, LT-Drs. 11/3730, S. 109.
81 Vgl. *Rehn/Cronauge*, GO NW, § 108 Erl. VII. 2.

II. Konsequenzen der gesetzlichen Fiktion

Die gesetzliche Fiktion hat zur Folge, dass sich die gemeindliche Betätigung nicht an den Zulässigkeitsvoraussetzungen des § 107 Abs. 1 Satz 1 GO NW messen lassen muss. Diese Zulässigkeitsvoraussetzungen werden der Gemeinde im Hinblick auf ihre Tätigkeit durch ihre wirtschaftlichen Unternehmen aufgegeben, um die insoweit notwendigerweise entstehende Kollisionslage mit der Privatwirtschaft zu vermeiden.[82] Die Kommunen sollen kommunalwirtschaftlich nur unter eingeschränkten Voraussetzungen tätig werden dürfen, „denn die Gemeinden sind in erster Linie Träger der öffentlichen Verwaltung".[83] Es handelt sich insoweit um Rahmenvorgaben gegenüber dem ungehinderten Wirtschaften der Gemeinde.[84] Bei den – kraft gesetzlicher Fiktion – nichtwirtschaftlichen Einrichtungen gehen die Gemeindeordnungen dagegen in traditionalistischer Sichtweise davon aus, dass eine Konkurrenzsituation zur Privatwirtschaft nicht auftrete, weil die begriffskonstituierenden Merkmale des wirtschaftlichen Unternehmens, insbesondere das Handeln mit dem Ziel der Produktion und des Umsatzes von Gütern mit Gewinnerzielungsabsicht typischerweise nicht gegeben seien.[85] Es sollen deshalb auch die Regeln über wirtschaftliche Unternehmen nicht bzw. nur eingeschränkt gelten. Das bedeutet, dass die Gemeinden in diesem Sektor kaum kommunalrechtlichen Beschränkungen unterworfen sind.[86] Der vorrangige öffentliche Zweck wird insoweit unterstellt. Aus der Herausnahme der Einrichtungen aus der wirtschaftlichen Betätigung folgt zugleich, dass sie im Gegensatz zu den wirtschaftlichen Unternehmen nicht gem. § 109 Abs. 1 Satz 2 GO NW in der Absicht geführt werden müssen, einen Ertrag für den Haushalt der Gemeinde abzuwerfen.[87] Jedoch sind auch diese Einrichtungen gem. § 107 Abs. 2 Satz 2 GO NW – soweit es mit ihrem öffentlichen Zweck vereinbar ist – nach wirtschaftlichen Gesichtspunkten zu verwalten, d. h. sie sollen ihre Gemeinwohlaufgaben durch eine möglichst rationelle und damit kostensparende Betriebsführung erfüllen.[88]

82 *Seewald*, Kommunalrecht, in: Steiner (Hrsg.), Besonderes Verwaltungsrecht, 7. Aufl. 2003, Kap. I Rdn. 267.

83 So bereits die Amtliche Begründung zu § 67 DGO (abgedruckt bei *Surén/Loschelder*, Die Deutsche Gemeindeordnung vom 30. Januar 1935, 1940; Anm. 1 b zu § 67).

84 Vgl. *Stober*, Kommunalrecht in der Bundesrepublik Deutschland, 3. Aufl. 1996, § 22 I 1.

85 Vgl. *Gern*, Deutsches Kommunalrecht, 3. Aufl. 2003, Rdn. 726; *Stober*, Kommunalrecht in der Bundesrepublik Deutschland, 3. Aufl. 1996, § 22 I 2b; *Seewald*, Kommunalrecht, in: Steiner (Hrsg.), Besonderes Verwaltungsrecht, 7. Aufl. 2003, Kap. I Rdn. 267.

86 Vgl. zu den Grenzen der Privilegierungen des § 107 Abs. 2 GO NW *Erbguth/Schlacke*, NWVBl. 2002, S. 258 (262 ff.).

87 *Held*, in: Held/Becker (Hrsg.), Kommunalverfassungsrecht NW, § 107 GO Erl. 11.1.

88 *Held*, in: Held/Becker (Hrsg.), Kommunalverfassungsrecht NW, § 107 GO Erl. 11.5; auch *Frotscher*, Begriff, Rechtsformen und Status öffentlicher Einrichtungen, in: Püttner (Hrsg.), HkWP, Bd. 3, 2. Aufl. 1984, S. 135 (141).

III. Der Negativkatalog des § 107 Abs. 2 Satz 1 GO NW

1. Gesetzliche Verpflichtungen der Gemeinde (Nr. 1)

Als nichtwirtschaftliche Betätigung gilt nach der gesetzlichen Fiktion des § 107 Abs. 2 Satz 1 Nr. 1 GO NW zunächst der Betrieb von Einrichtungen, zu denen die Gemeinde gesetzlich verpflichtet ist. § 3 GO NW handelt von der Übertragung von Pflichten auf die Gemeinden und unterscheidet dabei die weisungsfreien Pflichtaufgaben nach Abs. 1 – im dualistischen Aufgabenmodell[89] auch als „pflichtige“ Selbstverwaltungsaufgaben bezeichnet[90] – von den Pflichtaufgaben, die nach Abs. 2 zur Erfüllung nach Weisung übertragen werden.[91] Pflichtaufgaben können den Gemeinden nur durch Gesetz übertragen werden und zwar entweder durch die Gemeindeordnung selbst oder durch besondere gesetzliche Regelungen. Auch die in § 129 GO NW genannten Auftragsangelegenheiten werden den Gemeinden durch Gesetz übertragen.

a) Pflichtige Selbstverwaltungsaufgaben

Bei den Selbstverwaltungsaufgaben handelt es sich um Aufgaben des eigenen Wirkungskreises.[92] Art. 28 Abs. 2 GG sichert das Selbstverwaltungsrecht der Gemeinden: „Den Gemeinden muss das Recht gewährleistet sein, alle Angelegenheiten der örtlichen Gemeinschaft im Rahmen der Gesetze in eigener Verantwortung zu regeln.“ Im Gegensatz zu den „freiwilligen“ Selbstverwaltungsaufgaben, bei denen die Gemeinden eigenverantwortlich über das „Ob“ und das „Wie“ der Aufgabenerfüllung entscheiden können,[93] haben die Gemeinden bei den „pflichtigen“ Selbstverwaltungsaufgaben lediglich einen Entscheidungsspielraum über das „Wie“ der Aufgabenerfüllung.[94] Sie unterliegen bei der Wahrnehmung der Selbstverwaltungsauf-

89 Hierzu *Stober*, Kommunalrecht in der Bundesrepublik Deutschland, 3. Aufl. 1996, § 4 IV 1.

90 *Seewald*, Kommunalrecht, in: Steiner (Hrsg.), Besonderes Verwaltungsrecht, 7. Aufl. 2003, Kap. I Rdn. 101; *Tettinger*, Besonderes Verwaltungsrecht/1, 7. Aufl. 2004, Rdn. 198.

91 Vgl. *Rehn/Cronauge*, GO NW, § 3 Erl. I. 1.

92 *Tettinger*, Besonderes Verwaltungsrecht/1, 7. Aufl. 2004, Rdn. 194. Ausführlich zum eigenen und übertragenen Wirkungskreis *Stober*, Kommunalrecht in der Bundesrepublik Deutschland, 3. Aufl. 1996, § 4 IV 3.

93 *Stober*, Kommunalrecht in der Bundesrepublik Deutschland, 3. Aufl. 1996, § 4 V 2; *Gern*, Deutsches Kommunalrecht, 3. Aufl. 2003, Rdn. 232; *Tettinger*, Besonderes Verwaltungsrecht/1, 7. Aufl. 2004, Rdn. 197.

94 *Stober*, Kommunalrecht in der Bundesrepublik Deutschland, 3. Aufl. 1996, § 4 V 2; *Gern*, Deutsches Kommunalrecht, 3. Aufl. 2003, Rdn. 234; *Tettinger*, Besonderes Verwaltungsrecht/1, 7. Aufl. 2004, Rdn. 198.

gaben nur der allgemeinen Rechtsaufsicht nach den §§ 116 ff. GO NW.[95] Eine Fachaufsicht im Sinne einer Zweckmäßigkeitskontrolle besteht nicht.[96]

Pflichtige Selbstverwaltungsaufgaben sind in Nordrhein-Westfalen z. B. die Schulträgerschaft nach § 10 SchVG NW,[97] die Straßenreinigung nach §§ 1, 4 StrReinG NW,[98] die Abfallentsorgung nach § 5 LAbfG NW[99] und die Abwasserbeseitigung nach § 53 LWG NW.[100] Dagegen ist die hier oftmals genannte Trinkwasserversorgung[101] den Gemeinden in Nordrhein-Westfalen nicht als pflichtige Selbstverwaltungsaufgabe zugewiesen.[102] Der in diesem Zusammenhang[103] zitierte § 11 BSeuchenG – jetzt die §§ 37, 38 IfSG[104] – regelt insoweit nur die Anforderungen, die an die Beschaffenheit des Wassers zu stellen sind, sowie die diesbezügliche Überwachung durch das Gesundheitsamt. Auch die §§ 47 ff. LWG NW regeln ausschließlich die Anforderungen, die an die Wasserentnahme zur öffentlichen Trinkwasserversorgung bzw. an den Bau und den Betrieb von Anlagen für die öffentliche Wasserversorgung zu stellen sind. Eine Verpflichtung der Gemeinden zur Durchführung der Trinkwasserversorgung ergibt sich hieraus nicht. Letztlich spricht auch die ausdrückliche Ausnahme der Wasserversorgung von der Funktionssperre des § 107 Abs. 1 Satz 1 Nr. 3 GO NW für eine wirtschaftliche Betätigung der Gemeinden in diesem Bereich und damit gegen die Annahme, dass es sich bei der Trinkwasserversorgung um eine pflichtige Selbstverwaltungsaufgabe der Gemeinden handelt.

95 *Stober*, Kommunalrecht in der Bundesrepublik Deutschland, 3. Aufl. 1996, § 4 V 2; *Gern*, Deutsches Kommunalrecht, 3. Aufl. 2003, Rdn. 235.

96 *Gern*, Deutsches Kommunalrecht, 3. Aufl. 2003, Rdn. 235; *Seewald*, Kommunalrecht, in: Steiner (Hrsg.), Besonderes Verwaltungsrecht, 7. Aufl. 2003, Kap. I Rdn. 101 ff.

97 *Tettinger*, Besonderes Verwaltungsrecht/1, 7. Aufl. 2004, Rdn. 198.

98 *Tettinger*, Besonderes Verwaltungsrecht/1, 7. Aufl. 2004, Rdn. 198.

99 *Höfling/Lang*, Einzugsbereiche und Verbringungsbeschränkungen in der Abfallwirtschaft, 2000, S. 9; a. A.: *Seewald*, Kommunalrecht, in: Steiner (Hrsg.), Besonderes Verwaltungsrecht, 7. Aufl. 2003, Kap. I Rdn. 106: pflichtige Selbstverwaltungsaufgabe bereits kraft *Bundesrechts*.

100 *Honert/Rüttgers/Sanden*, LWG NW, 4. Aufl. 1996, § 53 Erl. 1.; *Czychowski/Reinhardt*, WHG, 8. Aufl. 2003, § 18 a Rdn. 14; a. A.: *Seewald*, Kommunalrecht, in: Steiner (Hrsg.), Besonderes Verwaltungsrecht, 7. Aufl. 2003, Kap. I Rdn. 106: pflichtige Selbstverwaltungsaufgabe bereits kraft *Bundesrechts*.

101 Vgl. z. B. *R. Rauball*, in: Rauball/Pappermann/Roters, GO NW, 3. Aufl. 1981, § 88 Rdn. 8. Richtig insoweit *Seewald*, Kommunalrecht, in: Steiner (Hrsg.), Besonderes Verwaltungsrecht, 7. Aufl. 2003, Kap. I Rdn. 301 mit Fn. 858 unter Verweis auf Art. 57 Abs. 2 BayGO.

102 Dementsprechend zählt *Seewald*, Kommunalrecht, in: Steiner (Hrsg.), Besonderes Verwaltungsrecht, 7. Aufl. 2003, Kap. I Rdn. 99, öffentliche Einrichtungen der Daseinsvorsorge (kommunale Verkehrsbetriebe, kommunale Versorgungsunternehmen für die Wasser-, Strom- und Gasversorgung) zum Bereich der „freien Selbstverwaltungsangelegenheiten".

103 Vgl. z. B. *R. Rauball*, in: Rauball/Pappermann/Roters, GO NW, 3. Aufl. 1981, § 88 Rdn. 8.

104 Das Gesetz zur Verhütung und Bekämpfung übertragbarer Krankheiten beim Menschen (Bundes-Seuchengesetz) i.d.F. der Bekanntmachung vom 18.12.1979 (BGBl. I 1979, S. 2262) ist gem. Art. 5 Seuchenrechtsneuordnungsgesetz am 1.1.2001 außer Kraft getreten. An seine Stelle ist das Gesetz zur Verhütung und Bekämpfung von Infektionskrankheiten beim Menschen (Infektionsschutzgesetz – IfSG) vom 20.7.2000 (BGBl. I 2000, S. 1045) getreten.

Für das kommunale Wirtschaftsrecht besonders interessant ist der Bereich der Abfallentsorgung.[105] Zwischen den privaten Entsorgungsunternehmen und den Kommunen findet ein rein wirtschaftlich motivierter „Kampf um den Abfall“[106] statt, bei dem sich der Abfall von einem umweltschädigenden und damit möglichst zu vermeidenden Konsumfolgeprodukt zu einem begehrten Wirtschaftsgut entwikkelt hat.[107] Die Kreise und die kreisfreien Städte sind nach § 5 Abs. 1 LAbfG NW öffentlich-rechtliche Entsorgungsträger im Sinne der §§ 15 Abs. 1 Satz 1 und 13 Abs. 1 Satz 1 KrW-/AbfG. Sie haben gem. § 15 Abs. 1 KrW-/AbfG die in ihrem Gebiet angefallenen und überlassenen Abfälle aus privaten Haushaltungen und Abfälle zur Beseitigung aus anderen Herkunftsbereichen zu verwerten oder zu beseitigen. Diese Entsorgungspflicht umfasst nach § 5 Abs. 2 Spiegelstrich 3 LAbfG NW insbesondere die Errichtung und den Betrieb der notwendigen Abfallentsorgungsanlagen. Die kreisangehörigen Gemeinden haben nach § 5 Abs. 6 LAbfG NW als öffentlich-rechtliche Entsorgungsträger die in ihrem Gebiet anfallenden und ihnen zu überlassenden Abfälle einzusammeln und zu den Abfallentsorgungsanlagen oder zu den Müllumschlagstationen zu befördern. Mit der Erfüllung dieser Pflichten können die öffentlich-rechtlichen Entsorgungsträger gem. § 5 Abs. 7 LAbfG NW auch geeignete private Dritte beauftragen; dies ändert aber nichts daran, dass der jeweilige öffentlich-rechtliche Entsorgungsträger Verpflichteter bleibt und ihm damit die Verantwortung für die Einhaltung der Pflichterfüllung durch den Privaten zukommt.[108] Der Dritte übernimmt lediglich die Erfüllung der Pflicht, nicht aber diese selbst.

b) Pflichtaufgaben zur Erfüllung nach Weisung

Bei den Pflichtaufgaben zur Erfüllung nach Weisung handelt es sich gewissermaßen um ein „Zwischending“[109], da sie zwischen den reinen Selbstverwaltungsangelegenheiten und den Auftragsangelegenheiten anzusiedeln sind. Je nach Standpunkt werden sie daher als „unechte“ pflichtige Selbstverwaltungsangelegenheiten[110] oder

105 Ausführlich hierzu unten Erster Teil B. III. 3. a) aa).

106 So zuletzt *Dörr*, DÖV 2003, S. 838.

107 Vgl. *Röger*, Rechtsfragen der Abfallentsorgung im Spannungsfeld zwischen Ökologie und Ökonomie, 2000, S. 35; auch *Friderich*, der städtetag 6/1999, S. 12 (12).

108 *Röger*, Rechtsfragen der Abfallentsorgung im Spannungsfeld zwischen Ökologie und Ökonomie, 2000, S. 29. Von der nach § 16 Abs. 2 KrW-/AbfG auch möglichen im Landesrecht Nordrhein-Westfalen allerdings nicht ausdrücklich aufgenommen Übertragung der Entsorgungspflicht als solcher auf einen privaten Dritten, d. h. mit befreiender Wirkung für den bisherigen Verpflichteten, haben die öffentlich-rechtlichen Entsorgungsträger wegen der hohen rechtlichen Hürden keinen Gebrauch gemacht, vgl. *Röger*, Rechtsfragen der Abfallentsorgung im Spannungsfeld zwischen Ökologie und Ökonomie, 2000, S. 29 f.

109 So das OVG NW, OVGE 13, 356 (359).

110 Siehe zu dieser Qualifikation VerfGH NW, DVBl. 1985, S. 685 (687); jetzt auch OVG NW, NWVBl. 1995, S. 300 (301).

aber als „umetikettierte" Auftragsangelegenheiten[111] bezeichnet. Die Gemeinden unterliegen bei der Wahrnehmung der Pflichtaufgaben zur Erfüllung nach Weisung der Sonderaufsicht (§ 116 Abs. 2 GO NW), d. h. neben die allgemeine Rechtsaufsicht tritt eine durch die jeweiligen Fachgesetze begrenzte Fachaufsicht mit begrenztem Weisungsrecht (vgl. § 3 Abs. 2 HS 2 GO NW).[112] Es handelt sich bei den Pflichtaufgaben zur Erfüllung nach Weisung um Aufgaben, bei denen das Interesse des Staates an der richtigen und vollständigen Durchführung der Aufgabe wegen ihres gleichzeitig überörtlichen Charakters und wegen der Notwendigkeit gleichmäßiger Handhabung so entscheidend ist, dass der Gesetzgeber es für erforderlich hält, durch Weisungen die Durchführung nach Art und Umfang sicherzustellen.[113] Hauptanwendungsfall ist die Gefahrenabwehr durch Ordnungsbehörden auf der Grundlage des OBG (§§ 3, 9 OBG NW).[114] Weitere Beispiele sind der Feuerschutz und die Hilfeleistung bei Unglücksfällen nach § 4 FSHG NW[115] sowie der Landschaftsschutz nach § 8 Abs. 3 LG NW.[116]

c) Auftragsangelegenheiten

Bei den in der Übergangsvorschrift des § 129 GO NW genannten Auftragsangelegenheiten handelt es sich um die Bewältigung staatlicher und damit fremder Aufgaben, die den Gemeinden durch Gesetz zur selbständigen Erledigung, allerdings einer umfassenden Fachaufsicht unterliegend, übertragen wurden.[117] In Nordrhein-Westfalen gibt es keine Auftragsangelegenheiten kraft Landesrechts mehr, da Art. 78 Abs. 4 Satz 2 LVerf NW für das Land nur die Möglichkeit eröffnet, sich bei Pflichtaufgaben ein Weisungs- und Aufsichtsrecht nach näherer gesetzlicher Vorschrift vorzubehalten. Auftragsangelegenheiten mit uneingeschränktem Weisungsrecht werden dadurch nach einer überwiegenden Auffassung in der Literatur ausge-

111 Vgl. *Becker*, Selbstverwaltungs- und Auftragsangelegenheiten nach den Länderverfassungen und Gemeindeordnungen, in: Peters (Hrsg.), HkWP, Bd. 1, 1956, S. 129 (137 f.); vgl. auch BVerfGE 6, 104 (116): *„Die Angelegenheiten der Gemeindeverwaltung umfassen sowohl Selbstverwaltungsangelegenheiten* […] *wie auch Auftragsangelegenheiten* […]; *die letzteren heißen in Nordrhein-Westfalen Pflichtaufgaben zur Erfüllung nach Weisung".*

112 Vgl. *Tettinger*, Besonderes Verwaltungsrecht/1, 7. Aufl. 2004, Rdn. 207.

113 *Rehn/Cronauge*, GO NW, § 3 Erl. III. 1.

114 *Tettinger*, Besonderes Verwaltungsrecht/1, 7. Aufl. 2004, Rdn. 207. Damit sind zugleich alle Angelegenheiten Pflichtaufgaben zur Erfüllung nach Weisung, bei denen auf das OBG verwiesen wird, was regelmäßig durch die die Verwendung des Begriffs „Sonderordnungsbehörde" oder die Bestimmung geschieht, eine Aufgabe gelte als „solche der Gefahrenabwehr" (vgl. z. B. die Bauaufsicht nach § 60 Abs. 2 Satz 1 BauO NW, den Denkmalschutz nach § 20 DSchG NW und die Abfallüberwachung nach § 35 Abs. 2 und 3 LAbfG NW).

115 *Tettinger*, Besonderes Verwaltungsrecht/1, 7. Aufl. 2004, Rdn. 207.

116 *Tettinger*, Besonderes Verwaltungsrecht/1, 7. Aufl. 2004, Rdn. 207.

117 *Tettinger*, Besonderes Verwaltungsrecht/1, 7. Aufl. 2004, Rdn. 209.

schlossen.[118] Auftragsangelegenheiten können den Gemeinden in Nordrhein-Westfalen daher nur noch kraft Bundesrechts übertragen werden. Beispiele hierfür sind die BAFöG-Verwaltung nach §§ 39, 40, 45 BAFöG[119] und die Wehrerfassung nach § 15 Abs. 3 WPflG.[120]

2. Soziale und kulturelle öffentliche Einrichtungen (Nr. 2)

Als nichtwirtschaftliche Betätigung gilt nach der gesetzlichen Fiktion des § 107 Abs. 2 Satz 1 Nr. 2 GO NW weiterhin der Betrieb von öffentlichen Einrichtungen, die für die soziale und kulturelle Betreuung der Einwohner erforderlich sind, insbesondere auf den Gebieten Erziehung, Bildung und Kultur, Sport und Erholung sowie Gesundheits- und Sozialwesen. Die sozialen und kulturellen öffentlichen Einrichtungen werden durch eine Reihe klarstellender Beispiele erläutert; trotz des beträchtlichen Umfangs ist die Aufzählung der Einrichtungen auf diesen Gebieten aber beispielhaft und keineswegs abschließend.[121]

Beispielhaft aufgezählt werden Schulen, Volkshochschulen, Tageseinrichtungen für Kinder und sonstige Einrichtungen der Jugendhilfe, Bibliotheken, Museen, Ausstellungen, Opern, Theater, Kinos, Bühnen, Orchester, Stadthallen und Begegnungsstätten für den Bereich Erziehung, Bildung und Kultur, weiterhin Sportanlagen, zoologische und botanische Gärten, Wald-, Park- und Gartenanlagen, Herbergen, Erholungsheime, Bäder und Einrichtungen zur Veranstaltung von Volksfesten für den Bereich Sport und Erholung und schließlich Krankenhäuser, Bestattungseinrichtungen, Sanatorien, Kurparks, Senioren- und Behindertenheime, Frauenhäuser, soziale und medizinische Beratungsstellen für den Bereich Gesundheits- und Sozialwesen.

3. Besonders herausgestellte Einrichtungen (Nr. 3 und Nr. 4)

Nach § 107 Abs. 2 Satz 1 Nr. 3 und Nr. 4 GO NW gilt der Betrieb von Einrichtungen, die der Straßenreinigung, der Wirtschaftsförderung, der Fremdenverkehrsförderung und der Wohnraumversorgung dienen, sowie der Betrieb von Einrichtungen

118 *Vietmeier*, Die staatlichen Aufgaben der Kommunen und ihrer Organe, 1992, S. 107 ff.; *Erichsen*, Kommunalrecht des Landes Nordrhein-Westfalen, 2. Aufl. 1997, § 5 B) (S. 69); *Rehn/Cronauge*, GO NW, § 129 Erl. IV.; *Becker*, in: Held/Becker (Hrsg.), Kommunalverfassungsrecht NW, § 129 GO Erl. 2.; a. A.: *W. Rauball*, in: Rauball/Pappermann/Roters, GO NW, 3. Aufl. 1981, § 116 Rdn. 6; *Tettinger*, in: Löwer/Tettinger, LVerf NW, 2002, Art. 78 Rdn. 123 ff.; *ders.*, Besonderes Verwaltungsrecht/1, 7. Aufl. 2004, Rdn. 210.

119 *Tettinger*, Besonderes Verwaltungsrecht/1, 7. Aufl. 2004, Rdn. 209.

120 *Tettinger*, Besonderes Verwaltungsrecht/1, 7. Aufl. 2004, Rdn. 209.

121 *Held*, in: Held/Becker (Hrsg.), Kommunalverfassungsrecht NW, § 107 GO Erl. 11.1.; *Rehn/Cronauge*, GO NW, § 107 Erl. VII. 4.

des Umweltschutzes, insbesondere der Abfallentsorgung oder Abwasserbeseitigung sowie des Messe- und Ausstellungswesens nicht als wirtschaftliche Betätigung.

Durch Änderungsgesetz vom 17.5.1994[122] war der umfangreiche Katalog des § 88 Abs. 2 Satz 1 Nr. 2 GO NW a. F., der „Einrichtungen des Bildungs-, Gesundheits- und Sozialwesens, der Kultur, des Sports, der Erholung, der Abfall- und Abwasserbeseitigung, der Straßenreinigung sowie Einrichtungen ähnlicher Art" umfasste, präzisiert und erweitert worden. Die bislang in (§ 88) Abs. 2 Satz 1 Nr. 2 enthaltenen Einrichtungen der Abfall- und Abwasserbeseitigung und der Straßenreinigung wurden in (§ 107) Abs. 2 Satz 1 Nr. 3 besonders herausgestellt und um die Einrichtungen der Wirtschaftsförderung, der Fremdenverkehrsförderung und der Wohnraumversorgung erweitert. Die Einrichtungen der Abfallentsorgung – nicht mehr Abfallbeseitigung – und Abwasserbeseitigung wurden dabei beispielhaft für den Umweltschutz erwähnt. Die besondere Herausstellung der Einrichtungen in Nr. 3 ist auf ihre besondere Bedeutung im gemeindlichen Aufgabenspektrum zurückzuführen.[123] Nach der Begründung des Gesetzentwurfs dienten die Änderungen vornehmlich dem besseren Verständnis und der besseren Anwendbarkeit der Vorschrift.[124] Durch das erste Gesetz zur Modernisierung von Regierung und Verwaltung in Nordrhein-Westfalen vom 15.6.1999 sind die Nr. 3 und Nr. 4 schließlich dergestalt neu gefasst worden, dass die Einrichtungen des Umweltschutzes mit den seitdem besonders hervorgehobenen Einrichtungen des Messe- und Ausstellungswesens in Nr. 4 zusammengefasst wurden.

a) Überschneidungen mit Nr. 1

Interessant ist das gesetzessystematische Verhältnis der Nr. 3 und Nr. 4 zur Nr. 1, denn hier ergeben sich einige Überschneidungen. Die Einrichtungen der Straßenreinigung unterfallen als pflichtige Selbstverwaltungsaufgabe nach §§ 1, 4 StrReinG NW bereits der Nr. 1.[125] Auch die Einrichtungen der Abfallentsorgung und Abwasserbeseitigung zählen bereits zu den Einrichtungen, zu denen die Gemeinde gesetzlich verpflichtet ist, denn die in §§ 15 Abs. 1 Satz 1, 13 Abs. 1 Satz 1 KrW-/AbfG i.V.m. § 5 LAbfG NW statuierte Entsorgungspflicht sowie die in § 18 a Abs. 2

122 Durch das Gesetz zur Änderung der Kommunalverfassung vom 17.5.1994 (GVBl. NW 1994, S. 270) sind die bis dahin in der Gemeindeordnung Nordrhein-Westfalen im 3. Abschnitt des VI. Teils „Gemeindewirtschaft" enthaltenen einschlägigen Bestimmungen der „Wirtschaftlichen Betätigung und privatrechtlichen Beteiligung" (§§ 88 ff. a. F.) in einem eigenen 11. Teil unter der Überschrift „Wirtschaftliche Betätigung und nichtwirtschaftliche Betätigung" (§§ 107 ff.) zusammengefasst worden.

123 Vgl. *Rehn/Cronauge*, GO NW, § 107 Erl. VII. 2.

124 Gesetzesbegründung, LT-Drs. 11/4983, S. 24.

125 Siehe hierzu oben Erster Teil B. III. 1. a).

WHG i.V.m. § 53 LWG NW statuierte Beseitigungspflicht sind ebenfalls pflichtige Selbstverwaltungsaufgaben.[126]

In der Literatur ist insoweit die Ansicht vertreten worden, die Privilegierung des § 107 Abs. 2 GO NW gelte nur für Pflichtaufgaben.[127] Dem ist jedoch das OLG Düsseldorf in seinem Urteil zum kommunalen Altautorecycling[128] entgegengetreten und hat festgestellt, dass die gesetzliche Fiktion einer nicht wirtschaftlichen Einrichtung gem. § 107 Abs. 2 GO NW nicht nur dann eingreife, wenn die in § 107 Abs. 2 Satz 1 Nr. 2-4 GO NW genannten Aufgaben auf gesetzlicher Verpflichtung beruhen. Das folge schon aufgrund eines Umkehrschlusses aus § 107 Abs. 2 Satz 1 Nr. 1 GO NW, der den Bereich von Einrichtungen privilegiere, zu denen die Gemeinde gesetzlich verpflichtet sei. Auch *Rehn/Cronauge* stellen im Hinblick auf den für das kommunale Wirtschaftsrecht besonders interessanten Bereich der Abfallentsorgung fest, der Sinn der weitergehenden Privilegierung liege darin, dass es der Gemeinde im Rahmen der Nr. 4 grundsätzlich unbenommen bleibe, über die ihr in § 15 KrW-/AbfG als Pflichtaufgabe auferlegte Entsorgung hinaus weitere Aufgaben der Abfallentsorgung zu übernehmen.[129] Für diese weit gezogene Auslegung der Einrichtungen des Umweltschutzes spreche der Zustand, dass § 107 Abs. 2 Satz 1 Nr. 3 GO NW a. F. noch – insoweit den Tatbestand einschränkend – an eine „dienende" Funktion der Einrichtungen für den Umweltschutz anknüpfte.[130] Diese unmittelbare gesetzliche Verknüpfung durch Nennung einer bestimmten Sinn- und Zwecksetzung sei in der Neuregelung entfallen.[131] Es erscheint zweifelhaft, ob sich für die weite Auslegung der Einrichtungen des Umweltschutzes im Rahmen der Nr. 4 tatsächlich der Wortlaut der Norm heranziehen lässt. Der Gesetzesbegründung lassen sich jedenfalls keine Anhaltspunkte dafür entnehmen, dass der Gesetzgeber durch die Veränderung des Wortlauts („Einrichtungen des Umweltschutzes" statt „Einrichtungen, die dem Umweltschutz dienen") tatsächlich den Anwendungsbereich der Norm erweitern wollte. Schon dem Wortlaut nach ist Sinn und Zweck der Einrichtungen des Umweltschutzes immer noch, die Umwelt schützen. Einrichtungen, die als „Einrichtungen des Umweltschutzes" die Umwelt schützen, gleichzeitig aber nicht dem Umweltschutz dienen sollen, sind schlechthin nicht vorstellbar. Der geänderte Wortlaut der Vorschrift ist entgegen der Auffassung von *Rehn/Cronauge* kein Argument dafür, dass die Gemeinden über die in §§ 15 Abs. 1 Satz 1, 13 Abs. 1 Satz 1 KrW-/AbfG i.V.m. § 5 LAbfG NW statuierte Entsorgungspflicht hinaus „weitere Aufgaben der Abfallentsorgung" übernehmen können.

126 Siehe hierzu oben Erster Teil B. III. 1. a).

127 *Schink*, UPR 1997, S. 201 (204 f.); im Anschluss an *Schnaudigel*, Der Betrieb nichtwirtschaftlicher kommunaler Unternehmen in Rechtsformen des Privatrechts, 1995, S. 142 ff.

128 OLG Düsseldorf, NVwZ 2000, S. 111 (111); *Budde/Stapper*, der städtetag 2/1999, S. 93 (94); *Beckmann/David*, DVBl. 1998, S. 1041 (1044); *Frenz*, DÖV 2000, S. 802 (804 f.).

129 *Rehn/Cronauge*, GO NW, § 107 Erl. VII. 5.

130 § 107 Abs. 2 Satz 1 Nr. 3 GO NW a. F. erfasste *„Einrichtungen, die dem Umweltschutz dienen"*. Der neu gefasste § 107 Abs. 2 Satz 1 Nr. 4 GO NW spricht schlicht von *„Einrichtungen des Umweltschutzes"*.

131 *Rehn/Cronauge*, GO NW, § 107 Erl. VII. 5.

aa) Die Einrichtungen der Abfallentsorgung

Die Frage, welche „weiteren Aufgaben der Abfallentsorgung“ im Rahmen der Nr. 4 für die Gemeinden tatsächlich in Betracht kommen, erfordert zunächst eine Auseinandersetzung mit dem Begriff der „Abfallentsorgung“. Im Gegensatz zum Katalog des § 88 Abs. 2 Satz 1 Nr. 2 GO NW a. F., der ausschließlich die Einrichtungen der Abfall*beseitigung* erwähnte, umfasst der Begriff der „Abfallentsorgung” nach § 107 Abs. 2 Satz 1 Nr. 3 bzw. Nr. 4 GO NW traditionell alle Formen der Abfallentsorgung, also neben der Abfall*beseitigung* auch die Abfall*verwertung*.[132] § 3 Abs. 7 KrW-/AbfG stellt fest: „Abfallentsorgung umfasst die Verwertung und Beseitigung von Abfällen.”[133]

(1) Die Aufgaben der Abfallentsorgung

Die Vorschriften des KrW-/AbfG geben Auskunft darüber, was unter Abfallverwertung und Abfallbeseitigung im einzelnen zu verstehen ist. Aus § 4 Abs. 1 Nr. 2 a) und b) KrW-/AbfG ergibt sich, dass Abfälle stofflich zu verwerten oder zur Gewinnung von Energie (energetische Verwertung) zu nutzen sind. § 4 Abs. 3 Satz 1 KrW-/AbfG unterscheidet drei Varianten einer stofflichen Verwertung von Abfall, nämlich die Gewinnung von Sekundärrohstoffen,[134] die Nutzung der stofflichen Eigenschaften des Abfalls zum ursprünglichen Zweck[135] oder aber zu einem anderen Zweck[136] mit Ausnahme der unmittelbaren Energierückgewinnung. In allen drei Varianten steht die Nutzung der stofflichen Eigenschaften im Vordergrund. Demgegenüber bedeutet nach § 4 Abs. 4 Satz 1 KrW-/AbfG energetische Verwertung den Einsatz von Abfällen als Ersatzbrennstoff.[137] Da der Ersatzbrennstoff ersatzweise für „normale“ Brennstoffe eingesetzt wird, steht er den aus primären Rohstoffen (fossile oder radioaktive Energiequellen) gewonnenen Brennstoffen gegenüber.[138] Nicht zu vergessen ist in diesem Zusammenhang das Bereitstellen, Überlassen, Sammeln, Einsammeln durch Hol- und Bringsysteme, Befördern, Lagern und Be-

132 Vgl. *Held*, in: Held/Becker (Hrsg.), Kommunalverfassungsrecht NW, § 107 GO Erl. 11.2.; OLG Düsseldorf, NVwZ 2000, S. 111 (112).

133 Gegen die Abfallrechtsakzessorietät des gemeinderechtlichen Begriffs der Abfallentsorgung *Otting*, NWVBl. 2000, S. 206 (208). Siehe dazu unten Erster Teil C. II. 2.

134 Zum Beispiel die Verwendung von Altglas zur Herstellung neuen Glases, die Gewinnung von Pappe aus Altpapier oder die Rückgewinnung von Metallen aus Schlämmen, vgl. *Kunig*, in: Kunig/Paetow/Versteyl, KrW-/AbfG, 2. Aufl. 2003, § 4 Rdn. 23.

135 Zum Beispiel die Herstellung von Motoröl aus Altöl oder von Stahl aus Schrott, vgl. *Kunig*, in: Kunig/Paetow/Versteyl, KrW-/AbfG, 2. Aufl. 2003, § 4 Rdn. 23.

136 Zum Beispiel der Einsatz von Klärschlamm zur landwirtschaftlichen Düngung, vgl. *Kunig*, in: Kunig/Paetow/Versteyl, KrW-/AbfG, 2. Aufl. 2003, § 4 Rdn. 23.

137 Zum Beispiel die Verflüssigung von Kunststoff zu Öl und die Verwendung zur Wärmegewinnung, vgl. *Frenz*, KrW-/AbfG, 3. Aufl. 2002, § 4 Rdn. 64.

138 Vgl. *Kunig*, in: Kunig/Paetow/Versteyl, KrW-/AbfG, 2. Aufl. 2003, § 4 Rdn. 37.

handeln von Abfällen zur Verwertung. Diese Phasen der Abfallverwertung gehören nach § 4 Abs. 5 KrW-/AbfG ebenfalls zur Kreislaufwirtschaft. Zur Abfallbeseitigung gehört nach § 10 Abs. 2 Satz 1 KrW-/AbfG[139] nicht nur der eigentliche Beseitigungsvorgang in Form der thermischen Behandlung (Verbrennung) oder der (End-) Ablagerung (Deponierung), sondern auch die notwendigen Vorstufen des Bereitstellens, Überlassens, Einsammelns, der Beförderung und der (Zwischen-)Lagerung.[140]

(2) Die „weiteren Aufgaben der Abfallentsorgung"

Ein Vergleich der nach dem KrW-/AbfG im Bereich der Abfallentsorgung zu erledigenden Aufgaben mit den Aufgaben, zu deren Erfüllung die Gemeinden nach Nr. 1 gesetzlich verpflichtet sind, zeigt, welche „weiteren Aufgaben der Abfallentsorgung" für die Gemeinden im Rahmen der Nr. 4 in Betracht kommen. Dabei ist jedoch zu unterscheiden zwischen den kreisangehörigen Gemeinden und den kreisfreien Städten.[141] Bei den kreisangehörigen Gemeinden in Nordrhein-Westfalen beschränkt sich die Entsorgungspflicht nach § 5 Abs. 6 LAbfG NW auf das Einsammeln und Befördern von Abfällen.[142] Durch die besondere Herausstellung der Abfallentsorgung in der Nr. 4 könnten sich die kreisangehörigen Gemeinden über diese „Hilfshandlungen"[143] hinaus auch im Bereich der eigentlichen Verwertungs- und Beseitigungsvorgänge betätigen und z. B. eigene Müllverbrennungsanlagen oder eigene Mülldeponien betreiben, ohne sich an den Zulässigkeitsvoraussetzungen des § 107 Abs. 1 Satz 1 GO NW messen lassen zu müssen. In der Praxis wären die kreisangehörigen Gemeinden im genannten Bereich allerdings kaum wettbewerbsfähig. Den hohen Kosten für die Errichtung von Abfallentsorgungsanlagen stehen keine gesicherten Einnahmen gegenüber, denn die in § 13 Abs. 1 KrW-/AbfG normierte Pflicht der Abfallbesitzer,[144] die Abfälle den nach Landesrecht zur Entsorgung verpflichteten juristischen Personen zu überlassen, besteht nach § 5 Abs. 1 LAbfG NW nur gegenüber den Kreisen und kreisfreien Städten, nicht aber gegenüber den kreisangehörigen Gemeinden. Die kreisfreien Städte sind nach § 5 Abs. 1 LAbfG NW öffentlich-rechtliche Entsorgungsträger im Sinne der §§ 15 Abs. 1 Satz 1 und 13 Abs. 1 Satz 1 KrW-/AbfG. Sie haben die in ihrem Gebiet angefallenen

139 Inhaltlich ist diese Norm § 4 Abs. 5 KrW-/AbfG verwandt. Da sich die dortige Vorschrift allein auf Abfälle zur Verwertung bezieht, die Abfallbeseitigung indes nicht zur Kreislaufwirtschaft rechnet, bedurfte es einer gesonderten Aufzählung, vgl. *Kunig*, in: Kunig/Paetow/Versteyl, KrW-/AbfG, 2. Aufl. 2003, § 10 Rdn. 11.

140 Vgl. *Frenz*, KrW-/AbfG, 3. Aufl. 2002, § 10 Rdn. 3.

141 In Nordrhein-Westfalen gibt es 23 kreisfreie Städte und 373 kreisangehörige Gemeinden in 31 Kreisen, vgl. Homepage des Innenministeriums NRW http://www.im.nrw.de.

142 Siehe hierzu oben Erster Teil B. III. 1. a).

143 So *Weidemann*, in: Jarass/Ruchay/Weidemann (Hrsg.), KrW-/AbfG, § 4 Rdn. 7; ebenso VG Düsseldorf, NVwZ-RR 1997, S. 347 (347).

144 Vgl. zu den Ausnahmen zur gesetzlichen Überlassungspflicht *Dörr*, DÖV 2003, S. 838 ff.

145 Siehe hierzu oben Erster Teil B. III. 1. a).

und überlassenen Abfälle aus privaten Haushaltungen und Abfälle zur Beseitigung aus anderen Herkunftsbereichen zu verwerten oder zu beseitigen.[145] Damit sind die kreisfreien Städte im Gegensatz zu den kreisangehörigen Gemeinden nicht auf die Verrichtung von „Hilfshandlungen“ beschränkt. Sie sind von vornherein zur Durchführung der Verwertungs- und Beseitigungsvorgänge verpflichtet, so dass die besondere Herausstellung der Abfallentsorgung in der Nr. 4 insoweit zunächst keine „weiteren Aufgaben der Abfallentsorgung“ eröffnet.

Das Kreislaufwirtschafts- und Abfallgesetz unterscheidet aber nicht nur zwischen Abfällen zur Beseitigung und Abfällen zur Verwertung, sondern zudem nach unterschiedlichen Herkunftsbereichen des Abfalls. Hier ist von besonderer Bedeutung, dass gem. § 13 Abs. 1 Satz 2 KrW-/AbfG für Abfälle zur Verwertung aus anderen Herkunftsbereichen als den privaten Haushaltungen keine Überlassungspflicht mehr gegenüber den öffentlich-rechtlichen Entsorgungsträgern besteht.[146] Namentlich in Betracht kommen die Abfälle aus Industrie und Gewerbe, Geschäftsräumen, Freiberuflerpraxen oder Einrichtungen der öffentlichen Verwaltung.[147] Mit der Verwertung dieser Abfälle können die Abfallbesitzer private Entsorger beauftragen, d. h. es hat eine Privatisierung der Verwertung von Abfällen jenseits der traditionellen Hausmüllentsorgung stattgefunden.[148] Die Verwertung von Abfällen aus anderen Herkunftsbereichen als privaten Haushaltungen gehört seitdem nicht mehr zu den Pflichtaufgaben der öffentlich-rechtlichen Entsorgungsträger.[149] Durch die besondere Herausstellung der Abfallentsorgung in der Nr. 4 können sich die öffentlich-rechtlichen Entsorgungsträger auch im Bereich der Verwertung industrieller oder gewerblicher Abfälle betätigen, ohne sich an den Zulässigkeitsvoraussetzungen des § 107 Abs. 1 Satz 1 GO NW messen lassen zu müssen. Wenn gemeindliche Einrichtungen insoweit zu einer entsprechenden privatwirtschaftlichen Betätigung in Wettbewerb treten, ist diese Teilnahme der öffentlichen Hand am Wettbewerb grundsätzlich zulässig. Dagegen kann in den Ländern, deren Gemeindeordnungen die Abfallentsorgung nicht ausdrücklich als nichtwirtschaftliche Betätigung bezeichnen, sondern diese Betätigung nur allgemein als „Unternehmen, zu deren Betrieb die Gemeinde gesetzlich verpflichtet ist“, definieren, dieser Bereich der Abfallentsorgung nicht der nichtwirtschaftlichen Betätigung zugerechnet werden. Der Unterausschuss „Kommunale Wirtschaft“ des AK III der Ständigen Konferenz der Innenminister und Innensenatoren der Länder hat insoweit festgestellt: *„Jedenfalls in den Ländern mit der allgemeineren Definition dürften sich Kommunen, die sich um Ab-*

146 Vgl. *Hoppe*, Überlassungs-, Andienungs- und Entsorgungspflichten, in: Hoppe/Bauer/Faber/Schink (Hrsg.), Auswirkungen des Kreislaufwirtschafts- und Abfallgesetzes auf die öffentlich-rechtlichen Entsorgungsträger, 1996, S. 63 ff.

147 Vgl. *Kunig*, in: Kunig/Paetow/Versteyl, KrW-/AbfG, 2. Aufl. 2003, § 13 Rdn. 14 und 20.

148 Quantitativ fällt dies z. B. bei den Abfällen zur Verwertung aus der Baubranche erheblich ins Gewicht, vgl. *Kunig*, in: Kunig/Paetow/Versteyl, KrW-/AbfG, 2. Aufl. 2003, § 13 Rdn. 20.

149 Vgl. *Kunig*, in: Kunig/Paetow/Versteyl, KrW-/AbfG, 2. Aufl. 2003, § 15 Rdn. 7; *Otting*, NWVBl. 2000, S. 206 (207).

fälle zur Verwertung aus Gewerbebetrieben »bewerben«, in Konkurrenz zu privaten Entsorgungsunternehmen wirtschaftlich betätigen."[150]

(3) Die Abfallentsorgung außerhalb des Gemeindegebiets

Das OLG Düsseldorf hat in seinem Beschluss vom 12.1.2000[151] ausgeführt, dass die besondere Hervorhebung der Abfallentsorgung in § 107 Abs. 2 Satz 1 Nr. 4 GO NW unverständlich und überflüssig wäre, wenn damit nur die Abfallentsorgung auf dem jeweiligen Gemeindegebiet gemeint wäre. Sinnvoll sei nur die Auslegung, dass § 107 Abs. 2 Satz 1 Nr. 4 GO NW den Kommunen – weitgehend – die Abfallentsorgung außerhalb ihrer Gebiete gestatte. Das OLG Düsseldorf führt dann wörtlich aus: *„Die hier vertretene Auslegung des § 107 II Nr. 4 NWGO wird schließlich durch einen Umkehrschluss aus § 107 IV NWGO bestätigt. Nach dieser Vorschrift bedarf eine nichtwirtschaftliche Betätigung nach Absatz II Nr. 4 außerhalb des Gemeindegebiets nur dann der Genehmigung der Aufsichtsbehörde, wenn sie auf ausländischen Märkten aufgenommen wird. Aus der grundsätzlichen Zulässigkeit einer räumlich so weit ausgreifenden Betätigung ist zu schließen, dass dies erst recht für eine die Gemeindegrenzen überschreitende inländische Betätigung gilt, und zwar ohne Genehmigung, weil § 107 II NWGO sie nicht vorschreibt".* Der vom OLG Düsseldorf gezogene „Umkehrschluss" erscheint zweifelhaft. Zunächst ist festzustellen, dass das OLG Düsseldorf keinen Umkehrschluss, sondern – schon dem Wortlaut nach – einen Erstrechtschluss gezogen hat. Das Gericht schließt von der Möglichkeit der wirtschaftlichen oder nichtwirtschaftlichen Betätigung auf ausländischen Märkten auf die grundsätzliche Zulässigkeit der nichtwirtschaftlichen Betätigung außerhalb des eigenen Gemeindegebiets. Nach § 107 Abs. 4 GO NW bedarf die Aufnahme einer wirtschaftlichen Betätigung oder einer nichtwirtschaftlichen Betätigung nach Absatz 2 Nr. 4 auf ausländischen Märkten der Genehmigung. Der einzige legitime Umkehrschluss aus dieser Vorschrift ist, dass die Aufnahme einer wirtschaftlichen Betätigung oder einer nichtwirtschaftlichen Betätigung nach Absatz 2 Nr. 4 auf inländischen Märkten nicht der Genehmigung bedarf. Welche inländischen Märkte hier – neben dem eigenen Gemeindegebiet – in Betracht kommen, hat der Gesetzgeber aber ausdrücklich geregelt.

Durch das erste Gesetz zur Modernisierung von Regierung und Verwaltung in Nordrhein-Westfalen vom 15.6.1999 hat der Gesetzgeber die wirtschaftliche Tätigkeit kommunaler Gebietskörperschaften außerhalb ihres eigenen Gemeindegebiets

150 Vgl. den Bericht des Unterausschusses „Kommunale Wirtschaft" des AK III der Ständigen Konferenz der Innenminister und -senatoren der Länder „Wirtschaftliche Betätigung der Kommunen in neuen Geschäftsfeldern", S. 16.

151 OLG Düsseldorf, NVwZ 2000, S. 714 (715). Ebenso *Rehn/Cronauge*, GO NW, § 107 Erl. VII. 5.

zugelassen.[152] Nach § 107 Abs. 3 Satz 1 GO NW ist eine wirtschaftliche Betätigung außerhalb des Gemeindegebiets nur zulässig, wenn die Voraussetzungen des § 107 Abs. 1 GO NW vorliegen und die berechtigten Interessen der betroffenen kommunalen Gebietskörperschaften gewahrt sind. Ausdrücklich betroffen ist von der Regelung nur die wirtschaftliche, nicht aber die nichtwirtschaftliche Betätigung einer Gemeinde nach § 107 Abs. 2 GO NW.[153] Aus dieser Gesetzessystematik lässt sich schließen, dass eine wirtschaftliche Betätigung der Gemeinde außerhalb des Gemeindegebiets nach § 107 Abs. 3 Satz 1 GO NW zulässig ist,[154] nicht aber die nichtwirtschaftliche Betätigung.[155] Soweit es um Einrichtungen des Umweltschutzes sowie des Messe und Ausstellungswesens geht, ist diese nichtwirtschaftliche Betätigung mit der entsprechenden Genehmigung ausnahmsweise auf ausländischen Märkten möglich. Der Ausnahmecharakter dieser Aktivitäten wird in der Begründung des Gesetzentwurfs zu § 107 Abs. 4 GO NW ausdrücklich erwähnt.[156] Hiernach berücksichtigt Absatz 4, dass Kommunen und kommunale Unternehmen auf bestimmten Feldern über spezielles, zum Teil in Jahrzehnten angesammeltes Know-how verfügen (z. B. Betrieb von Anlagen der Abwasser- bzw. Abfallentsorgung). Eine Vermarktung dieses auch im Ausland nachgefragten Know-hows könne – ohne Beeinträchtigung der Belange anderer Kommunen oder der Unternehmen der privaten Wirtschaft – im Einzelfall nicht nur im Interesse der Kommune liegen, sondern im Interesse des Landes, z. B. zur Exportförderung. Hinzu komme, dass die Globalisierungstendenzen im Einzelfall eine Unterstützung der örtlichen Wirtschaft bei der Erschließung zunehmend wichtiger werdender Auslandsmärkte auch durch auslandsbezogene Aktivitäten kommunaler Messegesellschaften notwendig machen können.[157]

bb) Die Einrichtungen der Abwasserbeseitigung und Straßeneinigung

Die Gemeinden haben nach § 53 Abs. 1 Satz 1 LWG NW das auf ihrem Gebiet anfallende Abwasser zu beseitigen und die dazu notwendigen Anlagen (Abwasseranlagen) zu betreiben. Die Abwasserbeseitigung umfasst nach § 18 a Abs. 1 Satz 3 WHG das Sammeln, Fortleiten, Behandeln, Einleiten, Versickern, Verregnen und Verrieseln von Abwasser sowie das Entwässern von Klärschlamm im Zusammen-

152 Vgl. zu den verfassungsrechtlichen Vorgaben aus Art. 28 Abs. 2 GG *Kühling*, NJW 2001, S. 177 (178 ff.); *Gern*, NJW 2002, S. 2593 (2594 ff.).

153 Vgl. *Held*, NWVBl. 2000, S. 201 (202).

154 Gegen eine Zulassung überörtlicher Tätigkeit *Heilshorn*, Gebietsbezug der Kommunalwirtschaft, 2003, S. 174 ff.

155 Gemeint ist auch hier die Betätigung auf fremdem Gemeindegebiet *gegen den Willen* der betroffenen Gemeinde. Dass auch insoweit kommunale Kooperationen im gegenseitigen Einvernehmen möglich sind, steht außer Frage.

156 Gesetzesbegründung, LT-Drs. 12/3730, S. 108.

157 Gesetzesbegründung, LT-Drs. 12/3730, S. 108.

hang mit der Abwasserbeseitigung. Die Verpflichtung der Gemeinden erstreckt sich nach § 53 Abs. 1 Satz 2 LWG NW auch auf das Einsammeln und Abfahren des in Kleinkläranlagen anfallenden Schlamms und dessen Aufbereitung für eine ordnungsgemäße Beseitigung. Durch die besondere Herausstellung der Abwasserbeseitigung in Nr. 4 erschließen sich keine Aufgaben, die über die in § 18 a Abs. 2 WHG i.V.m. § 53 LWG NW statuierte Beseitigungspflicht hinausgingen. Dasselbe gilt für die Straßenreinigung, die als pflichtige Selbstverwaltungsaufgabe nach §§ 1, 4 StrReinG NW bereits der Nr. 1 unterfällt. Diese Überschneidungen lassen sich lediglich darauf zurückführen, dass der Gesetzgeber den Anwendungsbereich der Nr. 1 durch Präzisierung und Erweiterung der folgenden Nummern „ausgehöhlt" hat, ohne damit jedoch eine inhaltliche Neuregelung bzw. Erweiterung zu beabsichtigen. Bereits das Änderungsgesetz vom 15.5.1979[158] hat den beispielhaften Katalog des § 69 Abs. 2 Satz 1 Nr. 2 GO NW a. F., der lediglich „Einrichtungen des Unterrichts-, Erziehungs- und Bildungswesens, der körperlichen Ertüchtigung, der Kranken-, Gesundheits- und Wohlfahrtspflege und öffentliche Einrichtungen ähnlicher Art" erfasste, neu gefasst und neben der Abfallbeseitigung auch die Abwasserbeseitigung sowie die Straßenreinigung wegen ihrer zunehmenden Bedeutung für die Gemeinden einbezogen.[159]

b) Zwischenergebnis

Im Ergebnis lassen sich sowohl für die kreisangehörigen Gemeinden als auch für die kreisfreien Städte „weitere Aufgaben der Abfallentsorgung" feststellen, die über die gesetzlichen Verpflichtungen der Nr. 1 hinausgehen und nur aufgrund der besonderen Herausstellung der Abfallentsorgung in der Nr. 4 als nichtwirtschaftliche Betätigung gelten. Bei den kreisangehörigen Gemeinden beschränkt sich die Entsorgungspflicht nach § 5 Abs. 6 LAbfG NW auf das Einsammeln und Befördern von Abfällen. Durch die besondere Herausstellung der Abfallentsorgung in der Nr. 4 könnten sich die kreisangehörigen Gemeinden über diese „Hilfshandlungen" hinaus auch im Bereich der eigentlichen Verwertungs- und Beseitigungsvorgänge betätigen, ohne sich an den Zulässigkeitsvoraussetzungen des § 107 Abs. 1 Satz 1 GO NW messen lassen zu müssen. Die kreisfreien Städte sind nach § 5 Abs. 1 LAbfG NW öffentlich-rechtliche Entsorgungsträger im Sinne der §§ 15 Abs. 1 Satz 1 und 13 Abs. 1 Satz 1 KrW-/AbfG. Sie haben die in ihrem Gebiet angefallenen und überlassenen Abfälle aus privaten Haushaltungen und Abfälle zur Beseitigung aus anderen Herkunftsbereichen zu verwerten oder zu beseitigen. Allerdings gehört die Verwertung von Abfällen aus anderen Herkunftsbereichen als privaten Haushaltungen nicht zu den Pflichtaufgaben der öffentlich-rechtlichen Entsorgungsträger. Durch die beson-

158 Zweites Gesetz zur Änderung der Gemeindeordnung, der Kreisordnung und anderer kommunalverfassungsrechtlicher Vorschriften, GVBl. NW 1979, S. 408.

159 Vgl. *R. Rauball*, in: Rauball/Pappermann/Roters, GO NW, 3. Aufl. 1981, § 88 Rdn. 9.

dere Herausstellung der Abfallentsorgung in der Nr. 4 können sie sich auch im Bereich der Verwertung industrieller oder gewerblicher Abfälle betätigen, ohne sich an den Zulässigkeitsvoraussetzungen des § 107 Abs. 1 Satz 1 GO NW messen lassen zu müssen.

4. Betriebe zur Deckung des Eigenbedarfs (Nr. 5)

Als nichtwirtschaftliche Betätigung gilt nach der gesetzlichen Fiktion des § 107 Abs. 2 Satz 1 Nr. 5 GO NW schließlich der Betrieb von Einrichtungen, die ausschließlich der Deckung des Eigenbedarfs von Gemeinden und Gemeindeverbänden dienen. Entscheidend für die früher sogenannten „Hilfsbetriebe" ist, dass sie ausschließlich einen inneren Bedarf der Kommunen decken und nicht konkurrenzwirtschaftliche Leistungen für Dritte erbringen.[160] Namentlich in Betracht zu ziehen sind hier z. B. gemeindliche Bauhöfe, Buchdruckereien, Buchbindereien, Reparaturwerkstätten, Fuhrparks, Gärtnereien, Kantinen,[161] neuerdings wohl auch das sogenannte „kommunale Immobilienmanagement". Mit dem Gesetz zur finanziellen Entlastung der Kommunen in Nordrhein Westfalen vom 29.4.2003[162] hat der Gesetzgeber auch eine Änderung des § 107 Abs. 2 Satz 1 Nr. 5 GO NW beschlossen und die Worte „als Hilfsbetriebe" ersatzlos gestrichen. Die Bedeutung der Neuregelung besteht vor allem darin, dass sie die Organisationsform des Eigenbetriebs auch für administrative Aufgaben- und Tätigkeitsbereiche öffnet, die nach Bedeutung und Umfang über den Staus des Hilfsbetriebs hinausgehen.[163] Anlass für die Änderung war die seit längerer Zeit von zahlreichen Kommunen verfolgte Absicht, die Aufgaben der Betreuung und Bewirtschaftung der eigenen Immobilien als sogenanntes „kommunales Immobilienmanagement" zu zentralisieren und in Form der eigenbetriebsähnlichen Einrichtung organisatorisch zu verselbständigen.[164] Nach der Gesetzesbegründung[165] würde *„ein Betrieb, dem wie beim kommunalen Immobilienmanagement ein nahezu alle Verwaltungsbereiche betreffendes Aufgabenspektrum und ein entsprechend erheblicher Vermögensanteil zugeordnet wird,* [...] *den Rahmen eines Hilfs-*

160 Vgl. *Badura*, DÖV 1998, S. 818 (820 f.).

161 Vgl. *Held*, in: Held/Becker (Hrsg.), Kommunalverfassungsrecht NW, § 107 GO Erl. 11.3.; *Schmidt-Jortzig*, Die Zulässigkeit kommunaler wirtschaftlicher Unternehmen im einzelnen, in: Püttner (Hrsg.), HkWP, Bd. 5, 2. Aufl. 1984, S. 50 (62); *Rehn/Cronauge*, GO NW, § 107 Erl. VII. 6.

162 GVBl. NW 2003, S. 254.

163 *Held*, in: Held/Becker (Hrsg.), Kommunalverfassungsrecht NW, § 107 GO Erl. 11.4.

164 Ein Beispiel für die organisatorische Verselbständigung einer solchen Einrichtung ist der Immobilienbetrieb Solingen. Die Stadt Solingen hatte sämtliches Vermögen einschließlich der Schulden auf den als eigenbetriebsähnliche Einrichtung geführten Immobilienbetrieb übertragen. Das „Modell Solingen" sprengte den Rahmen des § 107 Abs. 2 Satz 1 Nr. 5 GO NW. Das Innenministerium hatte deshalb im Rahmen von § 4 des Kommunalisierungsmodellgesetzes nur eine versuchsweise Zulassung erteilt.

165 Gesetzesbegründung, LT-Drs. 13/3177, S. 31.

betriebes in dem beschriebenen Verständnis weit überschreiten.“ Durch den auch nach der Änderung verbleibenden ausschließlichen Bezug der Regelung auf die Deckung des kommunalen Eigenbedarfs wird nach Auffassung des Gesetzgebers nicht der Betätigungsspielraum, sondern nur der organisatorische Gestaltungsspielraum der Kommunen erweitert.[166]

Im Fall der gemeindlichen Betriebe zur ausschließlichen Deckung des Eigenbedarfs ist die Fiktion des § 107 Abs. 2 Satz 1 GO NW überflüssig. Der Betrieb dieser Einrichtungen ist schon nach der Legaldefinition des § 107 Abs. 1 Satz 3 GO NW keine wirtschaftliche Betätigung, denn die ausschließlich der Selbstversorgung dienenden Betriebe werden nicht als Hersteller, Anbieter oder Verteiler von Gütern oder Dienstleistungen am Markt tätig.[167] Damit handelt es sich bei der Nr. 5 lediglich um eine gesetzgeberische Klarstellung.[168]

IV. Einrichtungen des privaten Rechts (§ 108 Abs. 1 Satz 1 Nr. 2 GO NW)

Auch die nichtwirtschaftlichen Einrichtungen (§ 107 Abs. 2) können nach § 108 Abs. 1 Satz 1 Nr. 2 GO NW in einer Rechtsform des privaten Rechts betrieben werden, wenn die Voraussetzungen des § 8 Abs. 1 GO NW gegeben sind und wenn ein wichtiges Interesse der Gemeinde vorliegt.

1. Die Voraussetzungen des § 8 Abs. 1 GO NW

Nach § 8 Abs. 1 GO NW schaffen die Gemeinden innerhalb der Grenzen ihrer Leistungsfähigkeit die für die wirtschaftliche, soziale und kulturelle Betreuung ihrer Einwohner erforderlichen Einrichtungen. Voraussetzungen des § 8 Abs. 1 GO NW sind also namentlich die Beachtung der Grenze der gemeindlichen Leistungsfähigkeit sowie die Erforderlichkeit im Einzelfall. Mit der Inbezugnahme des Grundsatzes der Leistungsfähigkeit wird damit eine Parallelität zum wirtschaftlichen Unternehmen hergestellt, denn gem. § 107 Abs. 1 Satz 1 Nr. 2 GO NW muss die wirtschaftliche Betätigung nach Art und Umfang in einem angemessenen Verhältnis zur Leistungsfähigkeit der Gemeinde stehen.[169]

166 Gesetzesbegründung, LT-Drs. 13/3177, S. 31. Kritisch zur Neuregelung *Held*, in: Held/Becker (Hrsg.), Kommunalverfassungsrecht NW, § 107 GO Erl. 11.4., der die Gefahr einer organisatorischen Zergliederung kommunaler Selbstverwaltung sieht.

167 Vgl. auch *Schmidt-Jortzig*, Die Zulässigkeit kommunaler wirtschaftlicher Unternehmen im einzelnen, in: Püttner (Hrsg.), HkWP, Bd. 5, 2. Aufl. 1984, S. 50 (62 mit Fn. 52), der insoweit auf das Kriterium der „Fremdbedarfsdeckung“ abstellt.

168 *Rehn/Cronauge*, GO NW, § 107 Erl. VII. 6.

169 *Rehn/Cronauge*, GO NW, § 107 Erl. III. 1.

2. Das wichtige Interesse

Wann die Voraussetzung des „wichtigen Interesses" erfüllt ist, ist umstritten. Während nach einer Ansicht das „wichtige Interesse" nur dann vorliegt, wenn der verfolgte Zweck ohne die Betätigung in der Rechtsform des privaten Rechts nicht oder nur unzureichend erreicht werden kann,[170] genügt es nach anderer Ansicht schon, wenn mit der beabsichtigten Gesellschaft bzw. mit der Beteiligung daran die gemeindliche Aufgabenerfüllung nachhaltig erleichtert oder verbessert wird.[171] Das OVG NW hat den Gemeinden bei der Ausfüllung des unbestimmten Rechtsbegriffes eine Einschätzungsprärogative zugebilligt.[172] Nachdem nunmehr mit § 114 a GO NW die Möglichkeit besteht, Unternehmen und Einrichtungen in der Form einer rechtsfähigen Anstalt des öffentlichen Rechts zu errichten, ist auch diese Organisationsform *„an der Schwelle zwischen Eigenbetrieb einerseits und GmbH andererseits"*[173] in den gemeindlichen Abwägungsprozess mit einzubeziehen.[174] Das sogenannte „Kommunalunternehmen"[175] soll einerseits mehr Spielraum gewähren als der rechtlich unselbständige Eigenbetrieb bzw. die eigenbetriebsähnliche Einrichtung, andererseits soll es der Gemeinde eine wirkungsvollere Steuerung ermöglichen als privatrechtliche Organisationsformen, da es nicht den Bindungen des Gesellschaftsrechts unterliege.[176]

3. Die weiteren Voraussetzungen

Die weiteren Voraussetzungen des § 108 Abs. 1 GO NW gelten für die nichtwirtschaftlichen Einrichtungen ebenso wie für wirtschaftliche Unternehmen.[177]

4. Der Nachrang der Aktiengesellschaft (§ 108 Abs. 3 GO NW)

Auch für die nichtwirtschaftlichen Einrichtungen der Gemeinden gilt die Sonderbestimmung des § 108 Abs. 3 GO NW.[178]

170 *Rehn/Cronauge*, GO NW, § 108 Erl. III. 2.
171 *Keller*, in: Articus/Schneider (Hrsg.), GO NW, 2. Aufl. 2004, § 108 Erl. 2.
172 OVG NW, OVGE 44, 211 (213).
173 So *Rehn/Cronauge*, GO NW, § 114 a Erl. II. 2.
174 *Held*, in: Held/Becker (Hrsg.), Kommunalverfassungsrecht NW, § 108 GO Erl. 4.3.
175 Die als Vorbild dienende Regelung des Art. 89 BayGO verwendet den Begriff ausdrücklich. Ausführlich zum Kommunalunternehmen *Kirchgäßner/Knemeyer/Schulz*, Das Kommunalunternehmen, 1997.
176 Gesetzesbegründung, LT-Drs. 12/3730, S. 109.
177 Siehe hierzu oben Erster Teil A. IV. 2.
178 Siehe hierzu oben Erster Teil A. IV. 3.

C. *Abgrenzungsschwierigkeiten*

Ob die Unterscheidung zwischen wirtschaftlichen Unternehmen und nichtwirtschaftlichen Einrichtungen noch tragfähig ist, erscheint zweifelhaft. Im Gesetzgebungsverfahren der Reform von 1994 ist auf die Problematik der Abgrenzung zwischen wirtschaftlicher und nichtwirtschaftlicher Betätigung hingewiesen worden.[179] Anders als beispielsweise das Bayerische Kommunalverfassungsgesetz, das seit der Novellierung 1998 ein einheitliches gemeindliches Unternehmensrecht vorsieht,[180] hat der nordrhein-westfälische Gesetzgeber jedoch an der Unterscheidung zwischen wirtschaftlicher und nichtwirtschaftlicher Betätigung festgehalten. Gegen diese Betrachtungsweise sprechen vor allem zwei Gesichtspunkte: Zum einen können wirtschaftliche Unternehmen gleichzeitig öffentliche Einrichtungen im Sinne des § 8 GO NW sein (hierzu unten C. I.). Zum anderen wird der gesetzliche Katalog der nichtwirtschaftlichen Tätigkeiten nicht mehr als in sich konsistent, sondern vielfach als beliebig empfunden, denn die gesetzliche Qualifizierung als nichtwirtschaftliche Einrichtung entspricht vielfach nicht der ökonomischen Realität (hierzu unten C. II.) oder erscheint – insbesondere bei den „Annextätigkeiten" nichtwirtschaftlicher Einrichtungen – willkürlich (hierzu unten C. III.).

I. Wirtschaftsunternehmen als Träger öffentlicher Einrichtungen

Wirtschaftliche Unternehmen können nach ganz überwiegender Auffassung öffentliche Einrichtungen im Sinne des Gemeinderechts sein.[181]

1. Definition der öffentlichen Einrichtung

Nach § 8 Abs. 1 und Abs. 2 GO NW schaffen die Gemeinden innerhalb der Grenzen ihrer Leistungsfähigkeit die für die wirtschaftliche, soziale und kulturelle Betreuung ihrer Einwohner erforderlichen Einrichtungen. Alle Einwohner einer Gemeinde sind

179 Vgl. Protokoll des Ausschusses für Kommunalpolitik 11/925 vom 16.6.1993, S. 10.

180 Vgl. die Gesetzesbegründung, LT-Drs. 13/10828, S. 1 und 16: *„Das kommunale Wirtschaftsrecht wird in ein kommunales Unternehmensrecht umgewandelt, die fragwürdig gewordene und praktisch wie rechtlich immer weniger bedeutsame Unterscheidung zwischen wirtschaftlichen und nichtwirtschaftlichen Unternehmen wird aufgegeben."* Zur Fortentwicklung des bayerischen kommunalen Wirtschaftsrechts *Knemeyer*, BayVBl. 1999, S. 1 ff.

181 *Frotscher*, Begriff, Rechtsformen und Status öffentlicher Einrichtungen, in: Püttner (Hrsg.), HkWP, Bd. 3, 2. Aufl. 1984, S. 135 (140); *Gern*, Deutsches Kommunalrecht, 3. Aufl. 2003, Rdn. 725; *Stober*, Kommunalrecht in der Bundesrepublik Deutschland, 3. Aufl. 1996, § 22 I 1; *Seewald*, Kommunalrecht, in: Steiner (Hrsg.), Besonderes Verwaltungsrecht, 7. Aufl. 2003, Kap. I Rdn. 265; *Schmidt-Aßmann*, Kommunalrecht, in: Schmidt-Aßmann (Hrsg.), Besonderes Verwaltungsrecht, 12. Aufl. 2003, 1. Kap. Rdn. 118.

im Rahmen des geltenden Rechts berechtigt, die öffentlichen Einrichtungen der Gemeinde zu benutzen, und verpflichtet, die Lasten zu tragen, die sich aus ihrer Zugehörigkeit zu der Gemeinde ergeben. Einrichtungen im Sinne des § 8 GO NW sind alle Leistungsangebote, die von der Gemeinde im öffentlichen Interesse unterhalten und durch einen gemeindlichen Widmungsakt der allgemeinen bzw. der widmungsgemäßen Benutzung zugänglich gemacht werden.[182] Dabei ist die Widmung als der Rechtsakt, der die Nutzung der Sache durch die Öffentlichkeit konstituiert und den Nutzungszweck sowie die Nutzungsgrenzen festlegt, nicht an eine spezifische Rechtsform gebunden. Sie kann auf verschiedenste Weise (VA, Satzung, Bebauungsplan, schlichter Ratsbeschluss, Realakt oder amtliche Verlautbarung), auch formlos, gegebenenfalls sogar konkludent erfolgen.[183] Im Zweifel spricht bei einer faktisch von der Öffentlichkeit genutzten Einrichtung eine Vermutung für ihre öffentliche Widmung.[184] Unter den Begriff der öffentlichen Einrichtung fallen Leistungsangebote höchst unterschiedlicher Struktur. So sieht *Ossenbühl* als öffentliche Einrichtung an *„Betriebe, Unternehmen, Anstalten und sonstige Leistungsapparaturen höchst unterschiedlicher Struktur und Zweckbestimmung, denen letztlich nur die Funktionsweise gemeinsam ist, die Voraussetzungen für die Daseinsfürsorge und Daseinsvorsorge der Bevölkerung zu schaffen und zu gewährleisten.“*[185] Der Begriff der öffentlichen Einrichtung ist somit die allgemeinste, organisatorisch in keiner Weise verfestigte Umschreibung aller Leistungsangebote der Kommune.[186] In der kommunalen Praxis kann auf ein breites Spektrum öffentlicher Einrichtungen verwiesen werden. Ohne Anspruch auf Vollständigkeit sind hier zu nennen: Strom- und Wasserversorgung, Fernwärmeversorgung, Abwasserbeseitigung, Müllabfuhr, Straßenreinigung, Kindergärten, Schulen, Mütter- und Säuglingsheime, Alten- und Pflegeheime, Krankenhäuser, Museen, Theater, Stadthallen, Gemeindesäle, Schwimm-

182 *Stober*, Kommunalrecht in der Bundesrepublik Deutschland, 3. Aufl. 1996, § 16 I 1; *Erichsen*, Kommunalrecht des Landes Nordrhein-Westfalen, 2. Aufl. 1997, § 10 A und B (S. 236 f.); *Tettinger*, Besonderes Verwaltungsrecht/1, 7. Aufl. 2004, Rdn. 236.

183 *Stober*, Kommunalrecht in der Bundesrepublik Deutschland, 3. Aufl. 1996, § 16 I 1; *Erichsen*, Kommunalrecht des Landes Nordrhein-Westfalen, 2. Aufl. 1997, § 10 D 1 (S. 240); *Tettinger*, Besonderes Verwaltungsrecht/1, 7. Aufl. 2004, Rdn. 237.

184 OVG NW, OVGE 24, 175 (179); OVG NW, DVBl. 1976, S. 398 (399); *Ossenbühl*, DVBl. 1973, S. 289 (290); *Frotscher*, Begriff, Rechtsformen und Status öffentlicher Einrichtungen, in: Püttner (Hrsg.), HkWP, Bd. 3, 2. Aufl. 1984, S. 135 (137); *Stober*, Kommunalrecht in der Bundesrepublik Deutschland, 3. Aufl. 1996, § 16 I 1; *Erichsen*, Kommunalrecht des Landes Nordrhein-Westfalen, 2. Aufl. 1997, § 10 D 2 (S. 241); *Tettinger*, Besonderes Verwaltungsrecht/1, 7. Aufl. 2004, Rdn. 237.

185 *Ossenbühl*, DVBl. 1973, S. 289 (289); vgl. auch *Erichsen*, Kommunalrecht des Landes Nordrhein-Westfalen, 2. Aufl. 1997, § 10 A (S. 236 f.); *Stober*, Kommunalrecht in der Bundesrepublik Deutschland, 3. Aufl. 1996, § 16 I 1; OVG NW, DVBl. 1976, S. 398 (399).

186 *Cronauge*, Kommunale Unternehmen, 3. Aufl. 1997, Rdn. 45; vgl. auch *Schmidt-Jortzig*, Die Zulässigkeit kommunaler wirtschaftlicher Unternehmen im einzelnen, in: Püttner (Hrsg.), HkWP, Bd. 5, 2. Aufl. 1984, S. 50 (53), der das Unternehmen als „Unterrubrik“ der kommunalen öffentlichen Einrichtung ansieht.

bäder, Büchereien, öffentliche Grün- und Parkanlagen, Sport- und Spielplätze, Friedhöfe, Parkhäuser, Märkte und Sparkassen.[187]

2. Die Absicht der Gewinnerzielung

Zwar gilt für wirtschaftliche Unternehmen das Ertragsgebot, d. h. sie sollen – anders als die öffentlichen Einrichtungen – gem. § 109 Abs. 1 Satz 2 GO NW einen Ertrag für den Gemeindehaushalt abwerfen.[188] Jedoch ist die Gewinnerzielung nicht begriffswesentliches Merkmal kommunaler Wirtschaftstätigkeit, weil das Ertragsstreben mit der öffentlichen Zwecksetzung abzuwägen ist.[189] Im übrigen steht das Gewinnstreben auch zur Disposition des privaten Wirtschaftsunternehmens. Am Markt nehmen viele Wirtschaftseinheiten teil, die keinen Gewinn verzeichnen,[190] ohne dadurch begrifflich aus dem Bereich des Wirtschaftslebens auszuscheiden. Ein Beispiel hierfür sind private Betriebe, die aus reiner Liebhaberei geführt werden. Hiernach gehört zum Begriff des wirtschaftlichen Unternehmens nicht, dass tatsächlich ein Gewinn erzielt wird, sondern lediglich die Absicht der Gewinnerzielung, bzw. *„die bei objektiver Betrachtungsweise realistische Möglichkeit der Gewinnerzielung für den Fall, dass ein derartiges Unternehmen von einem Privatmann betrieben würde."*[191]

3. Zwischenergebnis

Ein wirtschaftliches Unternehmen der Gemeinde ist dann als öffentliche Einrichtung im Sinne des § 8 Abs. 1 GO NW zu qualifizieren, wenn es für die wirtschaftliche, soziale oder kulturelle Betreuung der Einwohner erforderlich ist. Im Hinblick darauf, dass der nach § 107 Abs. 1 Satz 1 Nr. 1 GO NW erforderliche öffentliche Zweck in der Wahrnehmung einer einwohnernützigen Aufgabe liegen muss,[192] ist diese Voraussetzung oftmals erfüllt. Handelt es sich bei dem wirtschaftlichen Unternehmen um eine öffentliche Einrichtung, besteht in der Konsequenz nach § 8 Abs. 2

187 Vgl. die Aufzählung bei *Frotscher*, Begriff, Rechtsformen und Status öffentlicher Einrichtungen, in: Püttner (Hrsg.), HkWP, Bd. 3, 2. Aufl. 1984, S. 135 (141).

188 Siehe hierzu schon oben Erster Teil A. III. 2. und B. II.

189 *Stober*, Kommunalrecht in der Bundesrepublik Deutschland, 3. Aufl. 1996, § 22 I 1; *Vogelsang/Lübking/Jahn*, Kommunale Selbstverwaltung, 2. Aufl. 1997, Rdn. 723; auch *Schmidt-Aßmann*, Kommunalrecht, in: Schmidt-Aßmann (Hrsg.), Besonderes Verwaltungsrecht, 12. Aufl. 2003, 1. Kap. Rdn. 118. Siehe hierzu schon oben Erster Teil A. III. 1.

190 *Emmerich*, Das Wirtschaftsrecht der öffentlichen Unternehmen, 1969, S. 54 f.; *Hidien*, Gemeindliche Betätigungen rein erwerbswirtschaftlicher Art und „öffentlicher Zweck" kommunaler wirtschaftlicher Unternehmen, 1981, S. 48.

191 *Seewald*, Kommunalrecht, in: Steiner (Hrsg.), Besonderes Verwaltungsrecht, 7. Aufl. 2003, Kap. I Rdn. 271 f.

192 Siehe hierzu oben Erster Teil A. III. 1.

GO NW für alle Einwohner die Berechtigung zur Benutzung, und zwar im Rahmen des geltenden Rechts.

4. Beispiel: Die kommunalen Versorgungs- und Verkehrsbetriebe

Ein Beispiel für das Zusammenfallen von wirtschaftlichem Unternehmen und öffentlicher Einrichtung sind die kommunalen Versorgungsbetriebe oder die kommunalen Verkehrsbetriebe.[193]

Überwiegend im 19. Jahrhundert haben die Kommunen begonnen, die örtliche Versorgung mit Trinkwasser, Elektrizität, Gas- und Fernwärme sowie den öffentlichen Personennahverkehr (ÖPNV) durch eigene Unternehmen durchzuführen.[194] Diese Bereiche sind den Gemeinden allmählich als Leistungsaufgaben zugewachsen und gehören seitdem zu den typischen, die Daseinsvorsorge betreffenden Aufgaben der kommunalen Gebietskörperschaften.[195] § 1 Abs. 1 des Gesetzes zur Regionalisierung des öffentlichen Personennahverkehrs vom 27.12.1993[196] bestimmt sogar ausdrücklich, dass die Sicherstellung einer ausreichenden Bedienung der Bevölkerung mit Verkehrsleistungen im öffentlichen Personennahverkehr eine Aufgabe der Daseinsvorsorge sei. Obwohl es sich der Tätigkeit nach um Wirtschaftsunternehmen mit der Möglichkeit der Gewinnerzielung handelt, verstehen Teile von Lehre[197] und Rechtsprechung[198] die gemeindlichen Versorgungs- und Verkehrsbetriebe nicht als wirtschaftliche Unternehmen, um sie von den Beschränkungen für die wirtschaftliche Betätigung der Gemeinden auszunehmen bzw. den Gemeinden auf diese Weise ein wichtiges Tätigkeitsfeld vorzubehalten. Allerdings besteht für dieses ausschließliche Verständnis der kommunalen Versorgungs- und Verkehrsbetriebe als nichtwirtschaftliche Einrichtungen kein Raum, wenn die Frage wie in Nordrhein-Westfalen vom Gesetzgeber durch die Vorschrift des § 107 Abs. 2 Satz 1 GO NW

193 *Frotscher*, Begriff, Rechtsformen und Status öffentlicher Einrichtungen, in: Püttner (Hrsg.), HkWP, Bd. 3, 2. Aufl. 1984, S. 135 (140); *Stober*, Kommunalrecht in der Bundesrepublik Deutschland, 3. Aufl. 1996, § 22 I 1; *Schmidt*, Öffentliches Wirtschaftsrecht, Allgemeiner Teil, 1990, § 11 I. 1. b) (S. 504); *Hidien*, Gemeindliche Betätigungen rein erwerbswirtschaftlicher Art und „öffentlicher Zweck" kommunaler wirtschaftlicher Unternehmen, 1981, S. 46 f.

194 Vgl. hierzu *Braun/Jacobi*, Die Geschichte des Querverbundes in der kommunalen Versorgungswirtschaft, 1990.

195 Vgl. BVerfGE 38, 258 (270 f.) für Einrichtungen der Energie- und Wasserversorgung und des Nahverkehrs sowie BVerfG [K], NJW 1990, S. 1783 für die Durchführung der Wasser- und Energieversorgung.

196 BGBl. I 1993, S. 2395.

197 Vgl. nur *Forsthoff*, Verwaltungsrecht I, 10. Aufl. 1973, § 28 C. (S. 566 f.).

198 So hat der BayVerfGH in seiner Entscheidung vom 23.12.1957, DÖV 1958, S. 216, die gemeindlichen Versorgungs- und Verkehrsbetriebe aus dem Bereich der wirtschaftlichen Unternehmen ausgeklammert und damit eine heftige Kontroverse ausgelöst. Vgl. zu dieser Entscheidung *Hidien*, Gemeindliche Betätigungen rein erwerbswirtschaftlicher Art und „öffentlicher Zweck" kommunaler wirtschaftlicher Unternehmen, 1981, S. 46 f.

gelöst wurde. Im darin enthaltenen Negativkatalog werden die Einrichtungen, deren Betrieb als nichtwirtschaftliche Betätigung gelten soll, aufgezählt. Im Umkehrschluss bedeutet dies, dass jede Betätigung, die nicht vom Negativkatalog des § 107 Abs. 2 Satz 1 GO NW erfasst wird, wirtschaftliche Betätigung im Sinne des § 107 Abs. 1 GO NW ist.[199] Damit ist zwar noch nicht positiv festgestellt, dass eine unter den Negativkatalog fallende Betätigung nicht im Einzelfall doch wirtschaftliche Betätigung sein kann, wenn die Legaldefinition des § 107 Abs. 1 Satz 3 GO NW erfüllt ist,[200] aber jedenfalls steht fest, dass Betätigungen, die sich unter keine Nummer des § 107 Abs. 2 Satz 1 GO NW fassen lassen, nicht nichtwirtschaftliche Betätigung sein können.[201] Bei den kommunalen Versorgungs- und Verkehrsbetrieben handelt es sich weder um Einrichtungen, zu denen die Gemeinde gesetzlich verpflichtet ist (Nr. 1), noch um öffentliche Einrichtungen, die für die soziale und kulturelle Betreuung der Einwohner erforderlich sind (Nr. 2). Auch die verbleibenden Nummern scheiden aus. Für die wirtschaftliche Betätigung spricht schließlich die ausdrückliche Ausnahme von der Funktionssperre des § 107 Abs. 1 Satz 1 Nr. 3 GO NW. Wenn die wirtschaftliche Betätigung der Gemeinde grundsätzlich nur bei Leistungsparität im Verhältnis zu privaten Anbietern zulässig ist, hiervon aber die Energie- und Wasserversorgung sowie der öffentliche Verkehr ausdrücklich ausgenommen sind, spricht dies für die Zugehörigkeit der kommunalen Versorgungs- und Verkehrsbetriebe zu den Wirtschaftsunternehmen.

II. Nichtwirtschaftliche Einrichtungen als Wirtschaftsfaktor

1. Die Beliebigkeit des Negativkatalogs des § 107 Abs. 2 Satz 1 GO NW

Die Entwicklung des kommunalen Wirtschaftsrechts wirft auch bei den – kraft gesetzlicher Fiktion – nichtwirtschaftlichen Einrichtungen neue Fragen auf. Eine zuverlässige Entscheidung zwischen kommunaler Betätigung, bei der der gemeinnützige Charakter völlig im Vordergrund steht, und kommunaler Betätigung, bei der der kommunale Aspekt der Gewinnerzielung nur vom öffentlichen Zweck überlagert wird, bereitet zunehmend Schwierigkeiten.[202] Längst bietet auch die Rechtsform des Unternehmens bzw. der Einrichtung keinen gültigen Anknüpfungspunkt mehr für die Unterscheidung zwischen wirtschaftlicher und nichtwirtschaftlicher Betätigung, denn durch Änderungsgesetz vom 15.5.1979 wurden die Organisationsformen des privaten Rechts auch für die nichtwirtschaftlichen Einrichtungen zugelassen.[203]

199 *Held*, in: Held/Becker (Hrsg.), Kommunalverfassungsrecht NW, Vor § 107 ff. GO Erl. 3.2.
200 Siehe zum Beispiel der Abfallentsorgung unten Erster Teil C. II. 2.
201 Siehe zu den „Annextätigkeiten“ nichtwirtschaftlicher Einrichtungen unten Erster Teil C. III.
202 *Held*, WiVerw 1998, S. 264 (286).
203 *Schnaudigel*, Der Betrieb nichtwirtschaftlicher kommunaler Unternehmen in Rechtsformen des Privatrechts, 1995, S. 141 führt insoweit sogar aus: *„Der Begriff des Wirtschaftlichen bzw. Nichtwirtschaftlichen ist zu einer Worthülse verkommen...“*.

Insgesamt wird der Katalog der nichtwirtschaftlichen Betätigungen nicht mehr als in sich konsistent, sondern vielfach als beliebig empfunden. Warum beispielsweise die Abwasserbeseitigung anders als die Wasserversorgung nicht als wirtschaftliche Betätigung gilt, wird als in hohem Maße erklärungsbedürftig angesehen.[204] Auch die Zuordnung der Abfallentsorgung zum nichtwirtschaftlichen Bereich leuchtet nicht unmittelbar ein. Hier wird kritisiert, dass die Abfallentsorgung, speziell die Abfallverwertung mit mehreren hundert Millionen Euro Umsätzen und unter Umständen satten Gewinnen als nichtwirtschaftliche Betätigung gelte, während der Betrieb einer hoch defizitären städtischen Veranstaltungshalle als wirtschaftliche Betätigung gelten könne.[205]

2. Beispiel: Die Abfallentsorgung

Der Abfallsektor hat sich inzwischen zum privatverantwortungsbetonten Abfallwirtschaftsrecht entwickelt. War bisher unstreitig, dass die Abfallentsorgung zu den typischen Angelegenheiten der örtlichen Gemeinschaft und damit zu den Aufgaben der Gemeinde gehörte, für die der öffentliche Zweck unterstellt werden konnte, so hat sich dies durch das Kreislaufwirtschafts- und Abfallgesetz geändert, denn dessen Abfallbegriff bezieht sich auch auf verwertbare Stoffe – Abfälle zur Verwertung –, die bislang als Wirtschaftsgüter eingestuft worden waren.[206] *Ehlers* weist zutreffend darauf hin, dass das Abfallrecht – wie bereits der Name des die Maßstäbe festsetzenden Kreislaufwirtschafts- und Abfallgesetzes besage – nicht nur zum Umweltschutz-, sondern auch zum Wirtschafts-(Verwaltungs-)Recht gehört.[207] Speziell die Abfallverwertung ist nach § 4 KrW-/AbfG Bestandteil der Kreislauf-„Wirtschaft".[208] Die Unterscheidung zwischen Abfallverwertung und Abfallbeseitigung[209] legt nahe, auch im Rahmen des § 107 Abs. 2 GO NW zwischen beiden Formen der Abfallentsorgung zu unterscheiden und die Abfallverwertung der wirt-

204 *Ehlers*, Empfiehlt es sich, das Recht der öffentlichen Unternehmen im Spannungsfeld von öffentlichem Auftrag und Wettbewerb national und gemeinschaftsrechtlich neu zu regeln?, in: Verhandlungen des vierundsechzigsten Deutschen Juristentages, Berlin 2002, Bd. I Gutachten, Teil E, S. 30.

205 *Held*, WiVerw 1998, S. 264 (286); *ders.*, in: Held/Becker (Hrsg.), Kommunalverfassungsrecht NW, Vor § 107 ff. GO Erl. 3.2.; auch *Stober*, Kommunalrecht in der Bundesrepublik Deutschland, 3. Aufl. 1996, § 22 I 2b.

206 Vgl. *Fritsch*, Das neue Kreislaufwirtschafts- und Abfallrecht, 1996, Rdn. 89.

207 *Ehlers*, Empfiehlt es sich, das Recht der öffentlichen Unternehmen im Spannungsfeld von öffentlichem Auftrag und Wettbewerb national und gemeinschaftsrechtlich neu zu regeln?, in: Verhandlungen des vierundsechzigsten Deutschen Juristentages, Berlin 2002, Bd. I Gutachten, Teil E, S. 30.

208 *Ehlers*, NWVBl. 2000, S. 1 (3 mit Fn. 19).

209 Siehe hierzu oben Erster Teil B. III. 3. a) aa) (1).

schaftlichen Betätigung nach § 107 Abs. 1 GO NW zuzuordnen.[210] Für diese Betrachtungsweise spricht, dass es sich bei der Abfallverwertung – zumindest im Bereich der Verwertung gewerblicher Abfälle – nunmehr um eine Leistung handelt, die nach der Legaldefinition des § 107 Abs. 1 Satz 3 GO NW „auch von einem Privaten mit der Absicht der Gewinnerzielung erbracht werden könnte."[211]

III. „Annextätigkeiten" nichtwirtschaftlicher Einrichtungen

Ein weiteres Abgrenzungsproblem bei der Unterscheidung zwischen wirtschaftlicher und nichtwirtschaftlicher Betätigung ergibt sich schließlich bei den sogenannten „Annextätigkeiten" von Verwaltungsstellen oder nichtwirtschaftlichen Einrichtungen. Bei den von der Rechtsprechung entschiedenen Fällen handelt es sich z. B. um den Verkauf überschüssigen Eises der Schlachthöfe („Blockeisfälle")[212], die kommunalen Bestattungsdienste[213], den Verkauf von Kfz-Schildern durch die Zulassungsstelle[214], die im Rahmen eines gemeindlichen Freizeitbades betriebene Saunaanlage[215] und den Nachhilfeunterricht durch eine kommunale Volkshochschule[216]. Diese Fälle weisen Ähnlichkeiten auf mit den sogenannten „Nebentätigkeiten" wirtschaftlicher Unternehmen.

1. Vergleich mit „Nebentätigkeiten" wirtschaftlicher Unternehmen

Unterhalten wirtschaftliche Unternehmen einer Gemeinde Nebenbetriebe, so sind diese Bestandteil des wirtschaftlichen Unternehmens und unterliegen keiner gesonderten Zulässigkeitsprüfung nach § 107 Abs. 1 Satz 1 GO NW,[217] sofern die „Nebentätigkeiten" lediglich „bei Gelegenheit" der eigentlichen Aufgabenerfüllung unter Ausschöpfung vorhandenen, sonst brachliegenden Wirtschaftspotentials be-

210 Vgl. *Held*, in: Held/Becker (Hrsg.), Kommunalverfassungsrecht NW, § 107 GO Erl. 11.2.; *Frenz*, DÖV 2000, S. 802 (807). Gegen die Abfallrechtsakzessorietät des gemeinderechtlichen Begriffs der Abfallentsorgung auch *Otting*, NWVBl. 2000, S. 206 (208), der die Auffassung vertritt, der Privilegierungstatbestand des § 107 Abs. 2 GO NW erstrecke sich nicht „quasi-automatisch" auf den Bereich der Verwertung gewerblicher Abfälle, da das Kreislaufwirtschaftsrecht diesen Bereich gerade entkommunalisieren wolle.

211 Siehe zur Privatisierung im Abfallsektor schon oben Erster Teil B. III. 3. a) aa) (2).

212 BGH, DVBl. 1962, S. 102 und BGH, DVBl. 1965, S. 362.

213 BVerwGE 39, 329; BGH, NJW 1987, S. 60 und S. 62.

214 BGH, DÖV 1974, S. 785.

215 OVG NW, DÖV 1986, S. 339.

216 OLG Düsseldorf, NWVBl. 1997, S. 353.

217 Vgl. *Held*, in: Held/Becker (Hrsg.), Kommunalverfassungsrecht NW, § 107 GO Erl. 10.; *Rehn/Cronauge*, GO NW, § 107 Erl. VII. 6.

trieben werden.[218] Legitimiert werden die „Nebentätigkeiten" durch das Rentabilitätsgebot des § 109 Abs. 1 Satz 2 GO NW,[219] jedoch gilt auch hier im Konfliktfall der Vorrang der öffentlichen Zwecksetzung gegenüber dem Ertragsgebot.[220] Als in der Regel zulässige „Nebentätigkeiten" gelten: die Vermietung von Reklameflächen durch kommunale Verkehrsunternehmen, der Verkauf von Werbeanzeigen in Kundenzeitschriften kommunaler Versorgungsunternehmen, der zeitweise Einsatz der Reparaturbetriebe der kommunalen Verkehrsunternehmen für Dritte, die gelegentliche Übernahme von Installations- und Wartungsarbeiten an Kundenanlagen durch kommunale Versorgungsunternehmen, der Verkauf von Lizenzen für Software, die in der Kommune und für diese entwickelt worden ist,[221] und schließlich die Vermietung von Räumen an ein Fitness-Studio durch ein kommunales Parkhaus[222].

Wie bei den „Nebentätigkeiten" wirtschaftlicher Unternehmen wird auch bei den „Annextätigkeiten" von Verwaltungsstellen und nichtwirtschaftlichen Einrichtungen vorhandenes, sonst brachliegendes „Wirtschaftspotential" eingesetzt.[223] Anders als bei den „Nebentätigkeiten", deren Entfaltung regelmäßig durch das Rentabilitätsgebot des § 109 Abs. 1 Satz 2 GO NW legitimiert wird, bereitet bei den „Annextätigkeiten" die Abgrenzung Schwierigkeiten, ob die „Annextätigkeit" der nichtwirtschaftlichen Hauptbetätigung – weil unmittelbar deren öffentlichen Aufgabe dienend – als bloße „Hilfstätigkeit" untergeordnet ist und in der Konsequenz selbst als nichtwirtschaftliche Betätigung gilt, oder ob es sich bei der „Annextätigkeit" trotz Anlehnung an die nichtwirtschaftliche Hauptbetätigung um eine den Zulässigkeitsvoraussetzungen des § 107 Abs. 1 Satz 1 GO NW unterworfene selbständige wirtschaftliche Betätigung handelt. Die auf Konkurrenten- bzw. Unterlassungsklagen hin ergangene Rechtsprechung qualifiziert die „Annextätigkeiten" nichtwirtschaftlicher Einrichtungen teils als wirtschaftliche und teils als nichtwirtschaftliche Betätigung.

218 So BVerwGE 82, 29 (34) unter Verweis auf *Leisner*, Werbefernsehen und Öffentliches Recht, 1967, S. 70; ebenso *Ehlers*, DVBl. 1998, S. 497 (500); ähnlich *Schmidt-Jortzig*, Die Zulässigkeit kommunaler wirtschaftlicher Unternehmen im einzelnen, in: Püttner (Hrsg.), HkWP, Bd. 5, 2. Aufl. 1984, S. 50 (63), der auf den „unbedeutenden Umfang" der zum Einsatz kommenden Produktionsfaktoren des vorhandenen Unternehmens abstellt.

219 Vgl. *Ehlers*, DVBl. 1998, S. 497 (501); *Schmidt-Jortzig*, Die Zulässigkeit kommunaler wirtschaftlicher Unternehmen im einzelnen, in: Püttner (Hrsg.), HkWP, Bd. 5, 2. Aufl. 1984, S. 50 (63); ähnlich *Jarass*, NWVBl. 2002, S. 335 (338).

220 Siehe hierzu oben Erster Teil A. III. 1.

221 Siehe die Beispiele bei *Schmidt-Jortzig*, Die Zulässigkeit kommunaler wirtschaftlicher Unternehmen im einzelnen, in: Püttner (Hrsg.), HkWP, Bd. 5, 2. Aufl. 1984, S. 50 (63); *Ehlers*, DVBl. 1998, S. 497 (500 f.) und – ohne zwischen den „Nebentätigkeiten" von wirtschaftlichen Unternehmen und nichtwirtschaftlicher Einrichtungen zu unterscheiden – *Rehn/Cronauge*, GO NW, § 107 Erl. VII. 6.

222 Vgl. zuletzt OVG NW, NVwZ 2003, S. 1520.

223 Nach *Schmidt-Jortzig*, Die Zulässigkeit kommunaler wirtschaftlicher Unternehmen im einzelnen, in: Püttner (Hrsg.), HkWP, Bd. 5, 2. Aufl. 1984, S. 50 (63 f), sind daher die für „Nebentätigkeiten" wirtschaftlicher Unternehmen geltenden Regeln analog anzuwenden.

2. Einzelfälle aus der Rechtsprechung

Der BGH hat in den bekannten „Blockeisfällen" entschieden, dass der im Rahmen eines städtischen Schlachthofs unterhaltene Eiserzeugungsbetrieb der Gemeinde nicht zu den Einrichtungen der Gesundheitspflege, sondern zu den wirtschaftlichen Unternehmen zähle, denn bei diesem Teil der wirtschaftlichen Betätigung spiele die öffentliche Gesundheitsförderung keine oder doch eine so geringe Rolle, dass das Unternehmen insoweit nicht als eine Einrichtung der Gesundheitspflege angesprochen werden könnte.[224] Auch die durch städtische Bestattungsordner betriebenen Bestattungsdienste sind von Bundesverwaltungsgericht und BGH als wirtschaftliche Unternehmen eingestuft worden.[225] Das OLG Düsseldorf schließlich hat den entgeltlichen Nachhilfeunterricht für Schüler der Sekundarstufe 1 (Klassen 5-10) durch eine kommunale Volkshochschule als wirtschaftliche Betätigung einer außerhalb – da die „erste Bildungsphase" nicht erfassend – des Privilegierungsrahmens handelnden nichtwirtschaftlichen Einrichtung qualifiziert.[226]

Dagegen hat der BGH in Bezug auf den Verkauf von Kfz-Schildern durch die Zulassungsstelle festgestellt, dass das Verfahren, vorgefertigte Kennzeichenschilder bereitzuhalten und sie den Antragstellern bei der Zulassung oder Ummeldung von Kraftfahrzeugen auf Wunsch käuflich zu überlassen, der Vereinfachung und Beschleunigung des behördlichen Verfahrens diene. Diesem öffentlichen Zweck sei der Schilderverkauf als eine Art Hilfstätigkeit untergeordnet; er stehe mit der hoheitlichen Kraftfahrzeugzulassung und Kennzeichenzuteilung in einem besonders engen Zusammenhang und könne daher schon kaum als eine erwerbswirtschaftliche Betätigung im eigentlichen Sinne aufgefasst werden.[227] Von einem „Unterordnungsverhältnis" ist auch das OVG NW in Bezug auf eine Saunaanlage ausgegangen, die – da sie als Nebeneinrichtung innerhalb eines Freizeitbades betrieben werde – dessen rechtlichen Charakter als nichtwirtschaftliches Unternehmen teile, weil eine bloße Hilfstätigkeit rechtlich nicht anders beurteilt werden könne als die Haupttätigkeit, der sie untergeordnet sei.[228]

Eine Gesamtschau der von der Rechtsprechung entschiedenen Fälle vermag kein einheitliches Bild abzugeben. Warum beispielsweise der Verkauf von Kfz-Schildern durch die Zulassungsstelle als untergeordnete „Hilfstätigkeit" nichtwirtschaftliche Betätigung ist, ein kommunaler Bestattungsdienst aber ein wirtschaftliches Unternehmen sein soll, ist nicht unmittelbar einleuchtend. Lässt sich doch das Argument des BGH der Verfahrensvereinfachung und -beschleunigung ebenso gut auf die kommunalen Bestattungsdienste anwenden, die sich mit dem Waschen, Anziehen, Einsargen und Überführen der Leiche auf den Friedhof, dem Verkauf von Särgen

224 BGH, DVBl. 1962, S. 102 (103) und BGH, DVBl. 1965, S. 362 (363).
225 BVerwGE 39, 329 (332 f.); BGH, NJW 1987, S. 60 (61) und S. 62 (63).
226 OLG Düsseldorf, NWVBl. 1997, S. 353 (354 f.).
227 BGH, DÖV 1974, S. 785 (787); vgl. auch BGH, NVwZ 2003, S. 246 (247 f.) zum kommunalen Altautorecycling.
228 OVG NW, DÖV 1986, S. 339 (340 f.).

und sonstigen Bestattungsartikeln sowie mit anderen Verrichtungen bei Bestattungen befassen und von den zugleich für die hoheitliche Bestattungsverwaltung[229] zuständigen Bestattungsordnern betrieben werden. Auf der anderen Seite ist kaum nachvollziehbar, warum der entgeltliche Nachhilfeunterricht durch eine kommunale Volkshochschule wirtschaftliche Betätigung ist, während die im Rahmen eines gemeindlichen Freizeitbades betriebene Saunaanlage als untergeordnete „Hilfstätigkeit" nichtwirtschaftliche Betätigung sein soll. Es stellt sich insoweit die Frage, ob die Gemeinde mit dem Betrieb der Saunaanlage noch innerhalb des Privilegierungsrahmens des § 107 Abs. 2 Satz 1 Nr. 2 GO NW handelt, bzw. ob der Betrieb der Saunaanlage unmittelbar der öffentlichen Aufgabe dient, die die Gemeinde mit dem Betrieb des Freizeitbades zu erfüllen sucht. Es erscheint zweifelhaft, ob eine Saunaanlage dem klassischen Bereich von „Sport und Erholung" zugeordnet werden kann, da es sich hier vielmehr um eine dem modernen „Wellness"-Gedanken Rechnung tragende Einrichtung handelt. Sicher ist die Grenzziehung zwischen „Sport und Erholung" und modernen „Wellness"-Angeboten im Einzelfall schwierig, jedoch kann nicht alles, was der Erholung im weitesten Sinne zu dienen geeignet ist, den nichtwirtschaftlichen Einrichtungen des § 107 Abs. 2 Satz 1 Nr. 2 GO NW zugeordnet werden. Schließlich käme auch niemand auf die Idee, sogenannte „Beauty"- oder Schönheitsfarmen, die den Erholungssuchenden sogenannte „Verwöhnprogramme" mit Kosmetik- und Massagebehandlungen anbieten, als nichtwirtschaftliche Einrichtungen zu qualifizieren.

3. Betriebe zur Deckung des Eigenbedarfs

Problematisch sind schließlich „Annextätigkeiten" von Einrichtungen, die gem. § 107 Abs. 2 Satz 1 Nr. 5 GO NW ausschließlich der Deckung des Eigenbedarfs von Gemeinden und Gemeindeverbänden dienen. Beispielhaft genannt wurden bereits gemeindliche Bauhöfe, Buchdruckereien, Buchbindereien, Reparaturwerkstätten, Fuhrparks, Gärtnereien und Kantinen.[230] Insoweit wird die Auffassung vertreten, der Grundsatz der ausschließlichen Eigenbedarfsdeckung und damit das Vorliegen einer nichtwirtschaftlichen Betätigung werde nicht durch unbedeutende und gegenüber dem (Hilfs-)Betrieb untergeordnete „Annextätigkeiten" für private Dritte in Frage gestellt. Sofern und solange vorhandene, freie Kapazitäten für Fremdaufträge eingesetzt würden und dadurch im Ergebnis lediglich eine ergänzende und unselbständige Nebennutzung im Verhältnis zur Erfüllung des eigentlichen Betriebszwecks festzustellen sei, seien Fremdaufträge des (Hilfs-)Betriebs als zulässige „Annextätigkeit"

229 Hierzu gehören die Entgegennahme der Todesbescheinigungen und der Anmeldungen zur Erd- oder Feuerbestattung, die Prüfung und Aufbewahrung der Bestattungsunterlagen, die Zuteilung einer Grabstelle, die Festlegung von Ort und Zeit der Bestattung und die Festsetzung der Bestattungsgebühren.

230 Siehe hierzu oben Erster Teil B. III. 4.

der bestehenden nichtwirtschaftlichen Betätigung zu qualifizieren. Nur wenn – insbesondere zum Zwecke der Gewinnmaximierung – der Aufbau neuer Kapazitäten mit dem Ziel der anschließenden Vermarktung betrieben oder die Leistungserbringung gegenüber Dritten überwiegend und damit für die bisherige Einrichtung prägend werden würde, läge keine „Annextätigkeit“ mehr vor, sondern eine wirtschaftliche Betätigung im Sinne des § 107 Abs. 1 GO NW.[231]

Das OLG Hamm[232] hat im bekannten Fall „Gelsengrün“[233] den quantitativen Umfang der erwerbswirtschaftlichen Betätigung gänzlich unberücksichtigt gelassen und die Ausführung gärtnerischer und landschaftsbaulicher Arbeiten für private Dritte durch den kommunalen Gartenbaubetrieb als wirtschaftliche Betätigung qualifiziert, weil es mit Eigenbedarfsdeckung nichts mehr zu tun habe, wenn die Gemeinde über ihre Firma Dritten gärtnerische Dienste anbiete wie ein privater Gartenbaubetrieb. Die Entscheidung des OLG Hamm verdient Zustimmung. Bei der Frage, ob die „Annextätigkeiten“ nichtwirtschaftlicher Einrichtungen als wirtschaftliche oder als nichtwirtschaftliche Betätigungen zu qualifizieren sind, kommt es nicht ausschließlich auf den quantitativen Umfang der erwerbswirtschaftlichen Betätigung an. Anderenfalls wäre zweifellos auch der Verkauf überschüssigen Eises der Schlachthöfe nichtwirtschaftliche Betätigung. Vielmehr muss die „Annextätigkeit“ der nichtwirtschaftlichen Hauptbetätigung – weil unmittelbar deren öffentlichen Aufgabe dienend – als „Hilfstätigkeit“ untergeordnet sein. Weil die Betriebe des § 107 Abs. 2 Satz 1 Nr. 5 GO NW keiner über die Eigenbedarfsdeckung hinausgehenden öffentlichen Aufgabe dienen, lässt sich hier kein solches „Unterordnungsverhältnis“ konstruieren. Im Gegensatz zu den anderen nichtwirtschaftlichen Einrichtungen des § 107 Abs. 2 Satz 1 GO NW ist der Betrieb dieser Einrichtungen schon – aber auch *nur* – deswegen keine wirtschaftliche Betätigung, weil die ausschließlich der Selbstversorgung dienenden Betriebe nicht als Hersteller, Anbieter oder Verteiler von Gütern oder Dienstleistungen am Markt tätig werden.[234] Im Gegenzug bedeutet dies, dass eine „Annextätigkeit“ – also Leistungserbringung an private Dritte – nach der Legaldefinition des § 107 Abs. 1 Satz 3 GO NW zweifellos wirtschaftliche Betätigung ist.

231 Vgl. *Rehn/Cronauge*, GO NW, § 107 Erl. VII. 6.

232 OLG Hamm, NJW 1998, S. 3504 (3505); bestätigt durch BGH, BWGZ 1998, S. 689, der die eingelegte Revision nicht angenommen hat.

233 Die Stadt Gelsenkirchen hatte 1995 ihr städtisches Grünflächen- bzw. Friedhofsamt in eine in das Handelsregister eingetragene eigenbetriebsähnliche Einrichtung „Gelsengrün“ umgewandelt. Als Unternehmensgegenstand war unter anderem die Ausführung gärtnerischer und landschaftsbaulicher Arbeiten jeder Art sowie die Durchführung entsprechender Handelsgeschäfte – auch gegenüber Privatpersonen – angegeben.

234 Siehe hierzu oben Erster Teil B. III. 4.

IV. Ergebnis

1. Zusammenfassung

Im Ergebnis ist festzustellen, dass die von § 107 GO NW unverändert aufrechterhaltene Unterscheidung zwischen wirtschaftlichen Unternehmen und nichtwirtschaftlichen Einrichtungen sowohl aus dogmatischen als auch aus ökonomischen Gesichtspunkten nicht bzw. nicht mehr tragfähig ist. Dogmatisch lässt sich dieses Ergebnis damit begründen, dass auch die wirtschaftlichen Unternehmen des § 107 Abs. 1 Satz 1 GO NW öffentliche Einrichtungen im Sinne des Gemeinderechts sein können. Da der Begriff der öffentlichen Einrichtung nach § 8 Abs. 1 GO NW alle erdenklichen Leistungsangebote der Kommune erfasst, zählen hierzu auch wirtschaftliche Unternehmen, die – wie z. B. die kommunalen Versorgungs- und Verkehrsbetriebe – für die wirtschaftliche, soziale oder kulturelle Betreuung der Einwohner erforderlich sind.[235] Ökonomisch basiert dieses Ergebnis auf der Tatsache, dass die gesetzlichen Fiktionsvorschriften des § 107 Abs. 2 Satz 1 GO NW – wie das Beispiel der Abfallentsorgung zeigt – vielfach nicht mehr der ökonomischen Realität entsprechen.[236] Die traditionalistische Sichtweise, dass eine Konkurrenzsituation zur Privatwirtschaft nicht auftrete, weil die begriffskonstituierenden Merkmale des wirtschaftlichen Unternehmens, insbesondere das Handeln mit dem Ziel der Produktion und des Umsatzes von Gütern mit Gewinnerzielungsabsicht typischerweise nicht gegeben seien, kann in ihrer Allgemeinheit keine Gültigkeit mehr beanspruchen. Ein weiteres Abgrenzungsproblem bei der Unterscheidung zwischen wirtschaftlicher und nichtwirtschaftlicher Betätigung ergibt sich bei den „Annextätigkeiten" von Verwaltungsstellen und nichtwirtschaftlichen Einrichtungen, die teils als wirtschaftliche Betätigung und teils als nichtwirtschaftliche Betätigung qualifiziert werden.[237]

2. Lösungsvorschlag

Es wurde bereits festgestellt, dass jede Betätigung, die nicht vom Negativkatalog des § 107 Abs. 2 Satz 1 GO NW erfasst wird, wirtschaftliche Betätigung im Sinne des § 107 Abs. 1 GO NW ist.[238] Umgekehrt bedeutet dies aber nicht, dass eine unter den Negativkatalog fallende Betätigung nicht im Einzelfall wirtschaftliche Betätigung sein kann. Die Abgrenzung von wirtschaftlicher und nichtwirtschaftlicher Betätigung darf sich nicht darin erschöpfen, die zu bewertende Tätigkeit dem Negativkatalog des § 107 Abs. 2 Satz 1 GO NW zuzuordnen. Ergänzend hinzukommen muss ein Abgleich mit der Legaldefinition der wirtschaftlichen Betätigung nach § 107 Abs. 1

235 Siehe oben Erster Teil C. I.
236 Siehe oben Erster Teil C. II.
237 Siehe oben Erster Teil C. III.
238 *Held*, in: Held/Becker (Hrsg.), Kommunalverfassungsrecht NW, Vor § 107 ff. GO Erl. 3.2.

Satz 3 GO NW.[239] Wenn „die Leistung ihrer Art nach auch von einem Privaten mit der Absicht der Gewinnerzielung erbracht werden könnte", handelt es sich um eine wirtschaftliche Betätigung, die sich dann auch an den Zulässigkeitsvoraussetzungen des § 107 Abs. 1 Satz 1 GO NW messen lassen muss. *Otting* weist zutreffend darauf hin, dass Sinn und Zweck des Ausnahmekatalogs des § 107 Abs. 2 Satz 1 GO NW nicht ist, von der Nachweisführung des § 107 Abs. 1 Satz 1 GO NW zu entbinden; von dieser werde vielmehr entbunden, weil die Erfüllung der Voraussetzungen so offensichtlich sei, dass sie nicht eigens dargetan werden müsse. In allen Bereichen, in denen ein die Tätigkeit rechtfertigender öffentlicher Zweck auch nur zweifelhaft sei, könne die Privilegierung nicht greifen.[240] Der entgegenstehenden Ansicht, dass es wegen des eindeutigen Wortlauts der kommunalrechtlichen Bestimmungen nicht zulässig sei, die besonderen Zulässigkeitsvoraussetzungen für die wirtschaftlichen Unternehmen auf die – kraft gesetzlicher Fiktion – nichtwirtschaftlichen Einrichtungen anzuwenden, weil anderenfalls die gesetzlichen Fiktionsvorschriften leer liefen,[241] kann entgegenhalten werden, dass sich bei einem Festhalten am ausschließlichen Regel-Ausnahme-Prinzip die Bedeutung der Legaldefinition des § 107 Abs. 1 Satz 3 GO NW darin erschöpft, die hoheitlichen Tätigkeiten der Gemeinde von den wirtschaftlichen Betätigungen im Sinne des 11. Teils der Gemeindeordnung NW abzugrenzen. Dass es sich bei den typischen Aufgaben der Ordnungsverwaltung wie beispielsweise der Regelung des Straßenverkehrs oder der Kontrolle gewerblicher Betätigungen nicht um wirtschaftliche Betätigung im Sinne des § 107 Abs. 1 GO NW handelt, dürfte aber ohnehin nicht zweifelhaft sein. Im übrigen, d. h. für alle marktwirtschaftlich irgendwie relevanten Betätigungen der Gemeinde liefe die Legaldefinition des § 107 Abs. 1 Satz 3 GO NW aber quasi leer. Im Hinblick darauf, dass die gesetzlichen Fiktionsvorschriften des § 107 Abs. 2 Satz 1 GO NW vielfach nicht mehr der ökonomischen Realität entsprechen, muss der Legaldefinition des § 107 Abs. 1 Satz 3 GO NW bei der Qualifizierung der kommunalen Betätigung eine größere und maßgeblichere Bedeutung zukommen.

Die Entscheidung, von den gesetzlichen Fiktionsvorschriften des § 107 Abs. 2 Satz 1 GO NW abzurücken und die Betätigung der Gemeinde im Einzelfall anhand

239 Vgl. *Held*, in: Held/Becker (Hrsg.), Kommunalverfassungsrecht NW, § 107 GO Erl. 11.2. Hier findet sich auch das Beispiel eines kommunalen Kinos, das sowohl eine Einrichtung im Sinne des § 107 Abs. 2 und damit nichtwirtschaftliche Betätigung, als auch ein äußerst wirtschaftliches Geschäft sein könne. Welchem der Tätigkeitsbereiche der Betrieb des Kinos zuzuordnen sei, sei in diesem Fall anhand der Definition über die wirtschaftliche Betätigung nach § 107 Abs. 1 zu entscheiden. Dabei komme es entscheidend auf die Gesamtumstände an. Solle das von der Kommune betriebene Kino z. B. nach der Programmgestaltung einem kulturellen Anliegen dienen, handele es sich um eine nichtwirtschaftliche Einrichtung. Sei dagegen an ein allgemeines Unterhaltungsangebot gedacht, dann handele es sich um eine wirtschaftliche Betätigung im Sinne des § 107 Abs. 1 Satz 3.

240 *Otting*, NWVBl. 2000, S. 206 (208).

241 Vgl. OVG NW, DÖV 1986, S. 339 f.; *Keller*, in: Articus/Schneider (Hrsg.), GO NW, 2. Aufl. 2004, § 107 Erl. 5.; *Stober*, Kommunalrecht in der Bundesrepublik Deutschland, 3. Aufl. 1996, § 22 I 2b.

der Legaldefinition des § 107 Abs. 1 Satz 3 GO NW zu qualifizieren, führt letztlich zu der Erkenntnis, dass die gesetzliche Unterscheidung zwischen wirtschaftlicher und nicht als wirtschaftlich geltender Betätigung gänzlich aufgegeben werden sollte.[242] In der Konsequenz wäre jede marktwirtschaftlich irgendwie relevante Betätigung der Gemeinde an den Zulässigkeitsvoraussetzungen des § 107 Abs. 1 Satz 1 GO NW zu messen. Dabei ist zu berücksichtigen, dass hiermit nicht nur einseitig der Entzug von Privilegien verbunden ist. Vielmehr sind es die Vertreter der Kommunalwirtschaft selbst, die eine Aufgabe der bisherigen Betrachtungsweise verlangen, weil die Aufgabenfelder, die bisher der nichtwirtschaftlichen Betätigung zugeordnet würden, aufgrund ihrer Bedeutung und ihres Funktionswandels nunmehr einer „Wirtschaftsführung" bedürften.[243]

D. Ergebnis

Im Ergebnis ist festzustellen, dass es im Hinblick auf die zu untersuchende Frage, ob sich die Gemeinde den Vorteil finanzieller Risikoeingrenzung durch die Inanspruchnahme privatrechtlicher Organisationsformen zunutze machen kann, nicht darauf ankommt, ob es sich um eine wirtschaftliche Betätigung in kommunalen Unternehmen handelt oder um eine (fiktive) nichtwirtschaftliche Betätigung in kommunalen Einrichtungen. Das im ersten Teil der Arbeit gefundene Ergebnis, dass es sich bei der von § 107 GO NW getroffenen Unterscheidung zwischen wirtschaftlichen Unternehmen und nichtwirtschaftlichen Einrichtungen um eine dogmatisch und ökonomisch nicht (mehr) tragfähige Entscheidung handelt, soll jeglicher Argumentation, die privatrechtliche oder öffentlich-rechtliche Verpflichtungen der Gemeinde gegenüber ihren von der Insolvenz bedrohten Eigengesellschaften genau von dieser Entscheidung abhängig zu machen sucht, von vornherein den Boden entziehen. Insbesondere begründet der bislang im Rahmen des § 107 Abs. 2 Satz 1 GO NW unterstellte „vorrangige öffentliche Zweck" nicht per se Verpflichtungen der Gemeinde, ihre nichtwirtschaftlichen Einrichtungen im Gegensatz zu den nur unter den besonderen Voraussetzungen des § 107 Abs. 1 Satz 1 GO NW zulässigen wirtschaftlichen Unternehmen vor der Insolvenz zu bewahren.

242 In den Gemeindeordnungen von Bayern, Brandenburg, Sachsen-Anhalt und Thüringen ist dies bereits geschehen. Die nordrhein-westfälische Gemeindeordnung lässt zumindest ein Abrücken vom Regel-Ausnahme-Prinzip und die Hinwendung zu einem Positivkatalog erkennen, wie die Regelung in § 107 Abs. 1 Satz 1 Nr. 3 GO NW zeigt; allerdings sind die hier genannten Bereiche der Energieversorgung, der Wasserversorgung, des öffentlichen Verkehrs sowie der Betrieb von Telekommunikationsleitungsnetzen einschließlich der Telefondienstleistungen nur deshalb positiv als wirtschaftliche Betätigung ausgewiesen, weil der Gesetzgeber sie von der Funktionssperre der kommunalen Wirtschaftsklausel ausgenommen hat.

243 Vgl. die Nachweise bei *Cronauge*, StGR 1994, S. 310 (312).

Im folgenden wird daher der Begriff des „kommunalen Unternehmens (in Privatrechtsform)“ in Abweichung zur Gemeindeordnung NW sowohl für die wirtschaftlichen Unternehmen als auch für die nichtwirtschaftlichen Einrichtungen (in Privatrechtsform) und damit – unter Ausschluss der gemischt-wirtschaftlichen Unternehmen – gleichsam als Synonym für die „kommunalen Eigengesellschaften“ verwendet.

Zweiter Teil:
Die Insolvenzfähigkeit kommunaler Eigengesellschaften

Gegenüber einer handelsrechtlichen Kapitalgesellschaft wird dem Gläubiger im Falle ihrer Zahlungsunfähigkeit oder Überschuldung ganz selbstverständlich die Rechtsfolge des teilweisen oder totalen Ausfalls seiner Forderungen aufgebürdet. Ob der öffentlich-rechtliche Träger durch die Inanspruchnahme privatrechtlicher Organisationsformen im gleichen Umfang wie Privatpersonen die Rechtswohltat der haftungsbeschränkenden Wirkung erreichen kann, hängt zunächst von der Insolvenzfähigkeit der kommunalen Eigengesellschaften ab. Die Insolvenzfähigkeit gibt an, wessen Vermögen und wem als Schuldner die Befriedung durch Gesamtvollstreckung, wessen Gläubigern Schutz und Durchsetzung ihrer Ansprüche nebst Gleichbehandlung zugute kommt.[244]

A. Grundstrukturen des Insolvenzverfahrens

I. Stellung des Insolvenzrechts

Als „Insolvenzrecht" bezeichnet man die Summe aller Rechtsregeln, die in amtlichen, staatlich geordneten Verfahren für die Abwicklung der Vermögens- und Haftungsverhältnisse beim wirtschaftlichen Zusammenbruch eines Schuldners gelten.[245] Abzugrenzen ist das Insolvenzrecht von der Einzelzwangsvollstreckung nach §§ 704 ff. ZPO. Der Gläubiger einer titulierten (Geld-)Forderung wird deren zwangsweise Durchsetzung regelmäßig im Wege der Einzelzwangsvollstreckung versuchen. Reicht das Vermögen des Schuldners zur vollen Befriedigung aller Gläubiger nicht mehr aus, tritt an die Stelle der Einzelzwangsvollstreckung eine Gesamtvollstreckung, d. h. es werden nicht nur einzelne Vermögensgegenstände gepfändet und verwertet, sondern das gesamte der Zwangsvollstreckung unterliegende Vermögen wird vom Insolvenzbeschlag erfasst. Während bei der Einzelzwangsvollstreckung das Prioritätsprinzip im Vordergrund steht, ist die Gesamtvollstreckung vom Gleichbehandlungsgrundsatz der Gläubiger geprägt.[246] Zentrale Quelle des Insolvenzrechts ist die Insolvenzordnung (InsO) vom 5.10.1994,[247] die am 1. Januar 1999 einheitlich für das ganze Bundesgebiet in Kraft getreten ist. Durch sie wurden die

244 *Häsemeyer*, Insolvenzrecht, 3. Aufl. 2003, Rdn. 6.17.

245 *Häsemeyer*, Insolvenzrecht, 3. Aufl. 2003, Rdn. 1.01.

246 Vgl. *Weis*, in: Hess/Weis/Wienberg, InsO, Bd. 1, 2. Aufl. 2001, Vor § 1 Rdn. 2; *Schmerbach*, in: FK-InsO, 3. Aufl. 2002, § 1 Rdn. 2.

247 BGBl. I 1994, S. 2866.

Konkursordnung (KO) vom 10.2.1877, die Vergleichsordnung (VerglO) vom 26.2.1935 sowie die Gesamtvollstreckungsordnung vom 6.6.1990, die im Gebiet der ehemaligen DDR die Rechtsgrundlage für die Durchführung eines Insolvenzverfahrens war, aufgehoben.[248] Mit dem Entwurf einer einheitlichen Insolvenzordnung sollten das weitgehend funktionsunfähig gewordene Konkurs- und Vergleichsrecht durch ein modernes Insolvenzrecht ersetzt und gleichzeitig die innerdeutsche Rechtseinheit verwirklicht werden.[249]

II. Ziele des Insolvenzverfahrens

§ 1 InsO definiert die Ziele des nunmehr einheitlichen Insolvenzverfahrens: „Das Insolvenzverfahren dient dazu, die Gläubiger eines Schuldners gemeinschaftlich zu befriedigen, indem das Vermögen des Schuldners verwertet und der Erlös verteilt oder in einem Insolvenzplan eine abweichende Regelung insbesondere zum Erhalt des Unternehmens getroffen wird. [...]" Primäres Ziel des Insolvenzverfahrens ist also die gemeinschaftliche Befriedigung aller vermögensrechtlichen Gläubiger des Schuldners,[250] indem alle Gläubiger gemeinsam – aber eben nur anteilig – Erfüllung ihrer Insolvenzforderungen erlangen. Ihre Forderungen werden nicht voll, sondern zu einem bestimmten Prozentsatz erfüllt. Die Höhe dieser Quote hängt davon ab, wie viel verwertbares Vermögen zur Verfügung steht. Die Quote soll nach dem Grundsatz der Gleichbehandlung für alle Insolvenzgläubiger gleich hoch sein.[251]

Die gemeinschaftliche Befriedigung der Gläubiger kann auf drei verschiedenen Wegen erfolgen: Liquidation des Vermögens und Verteilung des Erlöses sowie (Teil-)Sanierung des schuldnerischen Unternehmens oder übertragende (Teil-)Sanierung durch Verkauf an einen anderen Rechtsträger und Befriedigung der Gläubiger aus den Erträgen des Unternehmens.[252] Sämtliche Verwertungsarten werden den Gläubigern gleichrangig angeboten.[253] Weder ist die Liquidation des Schuldnervermögens generell vor der Sanierung zu bevorzugen,[254] noch ist die Sanierung des Unternehmens – welcher Art auch immer – stets der Zerschlagungsliquidation vorzuziehen.[255] Unter marktwirtschaftlichen Bedingungen kommt es zur Liquidation, wenn der Liquidationswert höher als der Fortführungswert ist. Ein Unternehmen

248 Vgl. Art. 2 Nr. 1, 4 und 7 EGInsO.

249 So die Zielsetzung im Gesetzentwurf der Bundesregierung, BT-Drs. 12/2443.

250 Vgl. *Stürner*, in: MüKo-InsO, Bd. 1, 2001, Einl. Rdn. 1. Streitig ist, ob es sich bei der in § 1 Abs. 1 Satz 2 InsO geregelten Restschuldbefreiung um ein gleichberechtigtes oder ein nachgeordnetes Verfahrensziel handelt, vgl. *Ganter*, in: MüKo-InsO, Bd. 1, 2001, § 1 Rdn. 97 f.

251 Vgl. *Ganter*, in: MüKo-InsO, Bd. 1, 2001, § 1 Rdn. 52; *Jauernig*, Zwangsvollstreckungs- und Insolvenzrecht, 21. Aufl. 1999, § 38 I 1, spricht davon, dass die Gläubiger *„gleichmäßig"* befriedigt werden sollen, und das heiße in der Regel: *„gleich mäßig"*.

252 Vgl. *Schmerbach*, in: FK-InsO, 3. Aufl. 2002, § 1 Rdn. 12.

253 *Schmerbach*, in: FK-InsO, 3. Aufl. 2002, Vor §§ 1 ff. Rdn. 27.

254 *Ganter*, in: MüKo-InsO, Bd. 1, 2001, § 1 Rdn. 85.

255 *Ganter*, in: MüKo-InsO, Bd. 1, 2001, § 1 Rdn. 45.

wird saniert, wenn seine Fortführung – durch den bisherigen oder den neuen Rechtsträger – für die Beteiligten oder für neue Geldgeber vorteilhafter ist als seine Liquidation.[256]

III. Voraussetzungen der Verfahrenseröffnung

Voraussetzung für die Verfahrenseröffnung ist, dass das Verfahren über das Vermögen eines insolvenzfähigen Schuldners durch einen Antragsberechtigten in zulässiger Weise eingeleitet wird, und dass nicht nur die Kosten des Verfahrens gedeckt sind, sondern auch einer der drei gesetzlichen Insolvenzgründe vorliegt.[257]

1. Insolvenzfähiger Schuldner

Jedes Insolvenzverfahren muss sich gegen einen insolvenzfähigen Schuldner als Träger einer zu verwertenden Vermögensmasse richten, der für die Erfüllung seiner Verbindlichkeiten mit seinem gesamten Vermögen haftet.[258] Realisiert werden soll die „persönliche" Haftung des Schuldners.[259]

a) Insolvenzfähigkeit

„Insolvenzfähigkeit ist die Fähigkeit, Schuldner eines Insolvenzverfahrens sein zu können."[260] Mit dieser einfachen Definition werden die Voraussetzungen bezeichnet, unter denen die über ein einheitliches sonderungsfähiges Vermögen miteinander verbundenen Vermögens- und Haftungsverhältnisse in einem Gesamtverfahren amtlich abgewickelt werden können.[261] In der Überschrift des § 11 InsO wird dies als „Zulässigkeit des Insolvenzverfahrens" bezeichnet, obwohl die Vorschrift tatsächlich nicht die Zulässigkeit des Verfahrens insgesamt, sondern die Frage regelt, welche Rechtsträger und Vermögensmassen Gegenstand eines Insolvenzverfahrens sein können. § 11 InsO tritt an die Stelle der verstreuten Bestimmungen über die „Konkursfähigkeit".[262] Die bisherigen Regeln fanden sich u. a. in den §§ 207, 209, 212 a, 213, 214, 236 Satz 1, 236 a Abs. 1 KO, § 63 Abs. 2 GmbHG a. F. und § 98

256 *Schmerbach*, in: FK-InsO, 3. Aufl. 2002, Vor §§ 1 ff. Rdn. 23.
257 *Haarmeyer/Wutzke/Förster*, Handbuch zur Insolvenzordnung, 3. Aufl. 2001, Rdn. 1/51.
258 *Haarmeyer/Wutzke/Förster*, Handbuch zur Insolvenzordnung, 3. Aufl. 1998, Rdn. 1/52.
259 *Häsemeyer*, Insolvenzrecht, 3. Aufl. 2003, Rdn. 6.17.
260 *Jauernig*, Zwangsvollstreckungs- und Insolvenzrecht, 21. Aufl. 1999, § 40 II.
261 *Häsemeyer*, Insolvenzrecht, 3. Aufl. 2003, Rdn. 6.17.
262 Gesetzesbegründung, BT-Drs. 12/2443, S. 112.

Abs. 2 GenG a. F. Anknüpfend an den bisherigen Begriff der „Konkursfähigkeit" wird zumeist der Begriff der „Insolvenzfähigkeit" bevorzugt.[263]

Generelle Voraussetzung für die Insolvenzfähigkeit bzw. die Zulässigkeit des Insolvenzverfahrens ist, dass ein – auch haftungsrechtlich – abgegrenztes Vermögen vorliegt, das bestimmten Gläubigern unter Ausschluss anderer Gläubiger haftungsrechtlich zugewiesen ist.[264] Die „Rechtsfähigkeit" materiellen Rechts ist daher nicht Voraussetzung für die Insolvenzfähigkeit, weil eine rechtliche Trennung von Vermögensmassen und eine haftungsrechtliche Abgrenzung des Zugriffs auf einen bestimmten Vermögensbereich auch ohne eine vollständige rechtliche Verselbständigung des Vermögensträgers möglich ist. Auch die passive „Parteifähigkeit" im Zivilprozess ist nicht Voraussetzung für die Eröffnung des Insolvenzverfahrens, denn die Fähigkeit, in einem Zivilprozess als Beteiligter mitzuwirken, ist von anderen Strukturen abhängig, als die Möglichkeit, über ein Vermögen ein gesondertes Gesamtvollstreckungsverfahren durchzuführen.[265]

b) Rechtsstellung des Schuldners

Der Schuldner wird durch das Insolvenzverfahren zum einen persönlich, zum anderen in seinen Vermögensrechten betroffen: Zu den vermögensrechtlichen Wirkungen gehören der Entzug der Verfügungsbefugnis über sein der Vollstreckung unterworfenes Gesamtvermögen (§§ 80 Abs. 1, 35 InsO) und entweder die Forthaftung für nicht getilgte Schulden nach Aufhebung des Verfahrens (§ 201 Abs. 1 InsO) oder die Restschuldbefreiung (§§ 286 ff. InsO). Im Insolvenzverfahren selbst kommt dem Schuldner die Stellung eines Verfahrensbeteiligten zu. Ihm werden Verfahrensrechte zur Wahrnehmung seiner Interessen zugebilligt, wie z. B. das Recht auf Anhörung nach § 14 Abs. 2 InsO oder das Recht auf sofortige Beschwerde nach § 34 Abs. 2 InsO, und ihn treffen streng sanktionierte Verfahrenspflichten, wie z. B. die umfassenden Auskunftspflichten nach §§ 20, 97 Abs. 1 InsO, die ermöglichen sollen, die Forderungen der Insolvenzgläubiger effektiv durchzusetzen.[266]

2. Eröffnungsantrag

Das Insolvenzverfahren wird gem. § 13 Abs. 1 InsO nur auf Antrag eröffnet. Antragsberechtigt ist neben dem Schuldner jeder Gläubiger. Die Gesetzesbegründung

263 Vgl. *Häsemeyer*, Insolvenzrecht, 3. Aufl. 2003, Rdn. 6.17; *Haarmeyer/Wutzke/Förster*, Handbuch zur Insolvenzordnung, 3. Aufl. 2001, Rdn. 1/52; *Ott*, in: MüKo-InsO, Bd. 1, 2001, § 11 Rdn. 1; *Hess*, in: Hess/Weis/Wienberg, InsO, Bd. 1, 2. Aufl. 2001, § 11 Rdn. 9; *Schmerbach*, in: FK-InsO, 3. Aufl. 2002, § 11 Rdn. 1.

264 *Ott*, in: MüKo-InsO, Bd. 1, 2001, § 11 Rdn. 9.

265 Zur „Rechtsfähigkeit" und „Parteifähigkeit" *Ott*, in: MüKo-InsO, Bd. 1, 2001, § 11 Rdn. 10.

266 Vgl. *Häsemeyer*, Insolvenzrecht, 3. Aufl. 2003, Rdn. 6.16, 6.21 ff.

fasst hierunter nicht nur Insolvenzgläubiger (§ 38 InsO), sondern Gläubiger jeder Art.[267] Dazu zählen auch Gläubiger, die als Aussonderungsberechtigte (§ 47 InsO) ihre Rechte innerhalb wie außerhalb des Verfahrens in gleicher Weise geltend machen können. Der Antrag eines Gläubigers ist nach § 14 Abs. 1 InsO nur zulässig, wenn der Gläubiger ein rechtliches Interesse an der Eröffnung des Insolvenzverfahrens hat und seine Forderung sowie den Eröffnungsgrund glaubhaft macht. Bei juristischen Personen ist nach § 15 Abs. 1 InsO außer den Gläubigern jedes Mitglied des Vertretungsorgans sowie jeder Abwickler zum Antrag auf Eröffnung des Insolvenzverfahrens über das Vermögen der juristischen Person berechtigt. Wird der Antrag nicht von allen Mitgliedern des Vertretungsorgans oder allen Abwicklern gestellt, stellt § 15 Abs. 2 InsO erschwerte Zulassungsvoraussetzungen auf. Anders als beim Eigenantrag muss der Eröffnungsgrund nicht nur dargelegt werden, sondern – wie beim Gläubigerantrag – glaubhaft gemacht werden. Wird der Antrag auf drohende Zahlungsunfähigkeit gestützt, ist zudem die Regelung des § 18 Abs. 3 InsO zu beachten, wonach der oder die Antragsteller zur Vertretung der juristischen Person berechtigt sein müssen.

3. Eröffnungsgründe

Die Eröffnung des Insolvenzverfahrens setzt gem. § 16 InsO voraus, dass ein Eröffnungsgrund gegeben ist. Für die Zulassung des Gläubigerantrags (§ 14 Abs. 1 InsO) bzw. des nicht von allen Mitgliedern des Vertretungsorgans oder allen Abwicklern gestellten Antrags (§ 15 Abs. 2 InsO) ist es erforderlich, dass der Eröffnungsgrund glaubhaft gemacht wird.[268] In den übrigen Fällen ist er schlüssig darzulegen. Im Zeitpunkt der Entscheidung über die Eröffnung des Verfahrens muss er zur vollen Überzeugung des Gerichts feststehen.[269] Es genügt, wenn der Eröffnungsgrund nach Antragstellung entstanden ist.[270] Die wesentlichen Eröffnungsgründe sind in §§ 16-19 InsO zusammengefasst.[271] Das Gesetz kennt drei Gründe: Zahlungsunfähigkeit (§ 17 InsO), drohende Zahlungsunfähigkeit (§ 18 InsO) und Überschuldung (§ 19 InsO).

267 Gesetzesbegründung, BT-Drs. 12/2443, S. 113; a. A.: *Häsemeyer*, Insolvenzrecht, 3. Aufl. 2003, Rdn. 7.03, der davon ausgeht, dass nur Insolvenzgläubiger antragsberechtigt seien, weil Anträge nicht auf Ansprüche aus dinglichen Rechtspositionen gestützt werden könnten; kritisch auch *Jauernig*, Zwangsvollstreckungs- und Insolvenzrecht, 21. Aufl. 1999, § 54 III 3 a).

268 Siehe hierzu oben Zweiter Teil A. III. 2.

269 *Schmerbach*, in: FK-InsO, 3. Aufl. 2002, § 16 Rdn. 6 und § 27 Rdn. 6. Im Gegensatz zum Eröffnungsgrund muss die dem Antrag zugrunde liegende Forderung nur glaubhaft gemacht sein; zur vollen Überzeugung des Insolvenzgerichts muss sie nur feststehen, wenn der Eröffnungsgrund vom Bestehen der Forderung abhängig ist, vgl. *Schmerbach*, in: FK-InsO, 3. Aufl. 2002, § 16 Rdn. 6 und § 27 Rdn. 6.

270 *Schmerbach*, in: FK-InsO, 3. Aufl. 2002, § 16 Rdn. 6.

271 Sonderregelungen enthalten die §§ 320, 332 Abs. 1, 333 Abs. 2 Satz 3 InsO.

a) Zahlungsunfähigkeit

Allgemeiner Eröffnungsgrund ist die Zahlungsunfähigkeit (§ 17 Abs. 1 InsO). Nach der gesetzlichen Definition des § 17 Abs. 2 Satz 1 InsO ist Zahlungsunfähigkeit gegeben, wenn der Schuldner nicht in der Lage ist, die fälligen Zahlungspflichten zu erfüllen. Nach der widerleglichen Vermutung in § 17 Abs. 2 Satz 2 InsO ist Zahlungsunfähigkeit anzunehmen, wenn der Schuldner seine Zahlungen eingestellt hat. Zahlungseinstellung liegt vor, wenn der Schuldner wegen eines Mangels an Zahlungsmitteln aufhört, seine fälligen Verbindlichkeiten zu erfüllen, und dadurch sein nachhaltiges Unvermögen zur Zahlung erkennbar wird.[272] Unter Geltung der KO hatten Rechtsprechung[273] und Literatur[274] Zahlungsunfähigkeit definiert als *„das auf dem Mangel an Zahlungsmitteln beruhende dauernde Unvermögen des Schuldners, seine sofort zu erfüllenden Geldschulden im Wesentlichen zu berichtigen."* In der Gesetzesbegründung zu § 17 InsO wird klargestellt, dass die Kriterien der Dauer und der Wesentlichkeit für die Bestimmung des Insolvenztatbestandes nicht geeignet seien.[275] Selbstverständlich begründe eine vorübergehende Zahlungsstockung keine Zahlungsunfähigkeit. Würde im Gesetzestext jedoch ausdrücklich eine „andauernde" Unfähigkeit zur Erfüllung der Zahlungspflichten verlangt, könnte unter Einengung des Begriffs der Zahlungsunfähigkeit auch eine über Wochen oder gar Monate fortbestehende Illiquidität zur rechtlich unerheblichen Zahlungsstockung erklärt werden. Ebenso wenig empfehle es sich, im Gesetz vorzuschreiben, dass die Unfähigkeit zur Zahlung einen „wesentlichen Teil" der Verbindlichkeiten betreffen müsse. Auch hier sei selbstverständlich, dass ganz geringfügige Liquiditätslücken außer Betracht bleiben müssten, und auch hier müsse bisherigen Tendenzen zu einer übermäßig einschränkenden Auslegung des Begriffs der Zahlungsunfähigkeit entgegengewirkt werden.

Ausschließliches Kriterium bei der Feststellung der Zahlungsunfähigkeit nach § 17 InsO ist somit die Fälligkeit der Zahlungsverpflichtungen. Dabei sind sämtliche Verbindlichkeiten und nicht nur – wie unter Geltung der KO[276] – die durch Mahnbescheide, Klagen u. ä. ernstlich eingeforderten Geldschulden zu berücksichtigen.[277] Fälligkeit kann aufgrund gesetzlicher Sonderregelungen (z. B. Miete: §§ 556 b Abs. 1, 579 BGB, Pacht: § 587 BGB, Leihe: § 604 BGB, Darlehen: §§ 488 Abs. 2, 609 BGB; Dienstvertrag: § 614 BGB, Werkvertrag: § 641 BGB, Verwahrung:

272 Deutliche Indizien der Zahlungseinstellung sind die Nichtzahlung von Löhnen und Gehältern, von Sozialversicherungsbeiträgen und Entgelten für Energielieferungen, das Vorliegen von Vollstreckungsaufträgen und Anträgen zur Abgabe eidesstattlicher Versicherungen sowie die Hingabe ungedeckter Schecks und das Bekanntwerden von Wechselprotesten, vgl. die IDW-Empfehlungen zur Prüfung eingetretener oder drohender Zahlungsunfähigkeit bei Unternehmen, ZIP 1999, S. 505 (506).

273 Vgl. RGZ 50, 39 (41); 100, 62 (65); BGH, NJW 1991, S. 980 (981).

274 Vgl. etwa *Hess*, KO, 5. Aufl. 1995, § 102 Rdn. 5.

275 Gesetzesbegründung, BT-Drs. 12/2443, S. 114.

276 Vgl. BGH, ZIP 1995, S. 929 (930).

277 Vgl. *Burger/Schellberg*, BB 1995, S. 261 (262).

§§ 695 ff. BGB), aufgrund einer Vereinbarung (z. B. Bedingung, Befristung, Fixgeschäft, Kasse gegen Faktura, Zahlung gegen Dokumente, Verfallklauseln) oder ausnahmsweise aufgrund einseitiger Parteierklärung (z. B. Kündigung nach §§ 488 Abs. 3, 608 Abs. 1 BGB) entstehen. Fehlt eine gesetzliche oder rechtsgeschäftliche Bestimmung der Fälligkeit und ergibt sie sich auch nicht aus den Umständen, so liegt nach § 271 Abs. 1 BGB sofortige Fälligkeit vor.[278]

b) Drohende Zahlungsunfähigkeit

Für den Fall, dass der Schuldner die Eröffnung des Insolvenzverfahrens beantragt, ist auch die drohende Zahlungsunfähigkeit Eröffnungsgrund (§ 18 Abs. 1 InsO). Der Schuldner droht nach § 18 Abs. 2 InsO zahlungsunfähig zu werden, wenn er voraussichtlich nicht in der Lage sein wird, die bestehenden Zahlungspflichten im Zeitpunkt der Fälligkeit zu erfüllen. Der Begriff der Zahlungsunfähigkeit deckt sich mit der Definition in § 17 InsO. Ebenso wie dort bleiben vorübergehende Zahlungsstokkungen und ganz geringfügige Liquiditätslücken außer Betracht.[279] Anders als bei der (eingetretenen) Zahlungsunfähigkeit werden bei der bevorstehenden Zahlungsunfähigkeit auch diejenigen Zahlungspflichten des Schuldners einbezogen, die schon bestehen, aber noch nicht fällig sind.[280] Es wird also nicht auf die Zeitpunkt-Illiquidität, sondern auf die Zeitraum-Illiquidität abgestellt.[281] Hierunter fallen alle Zahlungsverpflichtungen, die bereits rechtlich bestehen. In Betracht kommen sowohl bereits begründete einmalige wie auch wiederkehrende Zahlungsverpflichtungen.[282] Nicht zu berücksichtigen sind noch nicht begründete Zahlungsverpflichtungen.[283] Wenn in der Gesetzesbegründung ausgeführt wird, dass – neben den zu erwartenden Einnahmen – auch die zukünftigen, noch nicht begründeten Zahlungspflichten mit zu berücksichtigen seien,[284] so bezieht sich dies auf die zu treffende Prognoseentscheidung, in welche die gesamte Entwicklung der Finanzlage des Schuldners bis zur Fälligkeit aller bestehenden Verbindlichkeiten einbezogen wer-

278 Vgl. die IDW-Empfehlungen zur Prüfung eingetretener oder drohender Zahlungsunfähigkeit bei Unternehmen, ZIP 1999, S. 505 (506).

279 Gesetzesbegründung, BT-Drs. 12/2443, S. 114.

280 Gesetzesbegründung, BT-Drs. 12/2443, S. 114.

281 *Schmerbach*, in: FK-InsO, 3. Aufl. 2002, § 18 Rdn. 8, § 17 Rdn. 8; *Haarmeyer/Wutzke/Förster*, Handbuch zur Insolvenzordnung, 3. Aufl. 2001, Rdn. 1/89.

282 *Schmerbach*, in: FK-InsO, 3. Aufl. 2002, § 18 Rdn. 5. Einmalige Zahlungspflichten sind z. B. Ansprüche auf Bezahlung von bereits bestellten, aber noch nicht gelieferten Waren oder Forderungen auf Bezahlung von bereits gelieferten Waren, die infolge Zahlungszieles erst in Zukunft fällig werden, gestundete Ansprüche sowie Ansprüche aus Darlehen oder Bürgschaft. Regelmäßig wiederkehrende Leistungen sind z. B. Löhne und Sozialversicherungsbeiträge für bereits beschäftigte Arbeitnehmer, Geschäftsraummiete, Vorauszahlungen an Stromversorgungsunternehmen sowie Zins- und Tilgungszahlungen.

283 Vgl. *Schmerbach*, in: FK-InsO, 3. Aufl. 2002, § 18 Rdn. 6 m.w.N.

284 Gesetzesbegründung, BT-Drs. 12/2443, S. 115.

den muss. Würde man schon bei den bestehenden Zahlungspflichten auch zukünftige, noch nicht begründete Zahlungspflichten berücksichtigen, müsste im Rahmen der Prognose grundsätzlich eine zeitlich unbegrenzte Finanzvorschau durchgeführt werden, was zu einem unhandhabbaren Verfahren führen würde.[285] Als Prognosezeitraum werden in der Literatur unterschiedliche Zeiträume genannt.[286] Die Rechtsprechung hat sich bislang zu dieser Frage noch nicht geäußert. Fest steht lediglich, dass der Endpunkt des denkbaren Prognosezeitraumes durch das letzte Fälligkeitsdatum der bestehenden Verbindlichkeiten bestimmt wird.[287] Nach überzeugender Ansicht wird ein einheitlicher Prognosezeitraum nicht festgelegt werden können, denn die Länge wird im Einzelfall auch davon abhängen, ob es sich um ein Unternehmen mit kurz- oder langfristiger Produktion oder ein sogenanntes „Saisonunternehmen" handelt.[288] Das Wort „voraussichtlich" ist nach der Gesetzesbegründung so zu verstehen, dass der Eintritt der Zahlungsunfähigkeit wahrscheinlicher sein muss als deren Vermeidung. Sobald diese Voraussetzung vorliegt, wird die Befriedigung der Gläubiger als so stark gefährdet angesehen, dass die Eröffnung eines Insolvenzverfahrens gerechtfertigt erscheint.[289]

c) Überschuldung

Bei juristischen Personen sowie Gesellschaften ohne Rechtspersönlichkeit, bei denen keiner der persönlich haftenden Gesellschafter eine natürliche Person ist (Hauptfall: GmbH & Co. KG), ist auch die Überschuldung Eröffnungsgrund (§ 19 Abs. 1 und Abs. 3 InsO). Nach der gesetzlichen Definition des § 19 Abs. 2 Satz 1 InsO liegt Überschuldung vor, wenn das Vermögen des Schuldners die bestehenden Verbindlichkeiten nicht mehr deckt. Maßgeblich ist ein Vergleich des Vermögens, das im Falle einer Eröffnung des Insolvenzverfahrens als Insolvenzmasse zur Verfügung stände, mit den Verbindlichkeiten, die im Falle der Verfahrenseröffnung gegenüber Insolvenzgläubigern beständen.[290] Schwierig gestaltet sich die Bewertung des Vermögens des Schuldners im Rahmen eines sogenannten „Überschuldungsstatus", denn die Bewertung hängt davon ab, ob man bei einem Unternehmen von dessen Fortführung oder von dessen Auflösung ausgeht.[291] § 19 Abs. 2 Satz 2 InsO enthält

285 Vgl. *Burger/Schellberg*, BB 1995, S. 261 (264 mit Fn. 27).

286 *Mönning*, in: Nerlich/Römermann (Hrsg.), InsO, § 18 Rdn. 34: einige Monate; *Bittmann*, wistra 1998, S. 321 (325): 1 Jahr; IDW-Empfehlungen, ZIP 1999, S. 505 (506): das laufende und kommende Geschäftsjahr; *Pape*, in: Kübler/Prütting (Hrsg.), InsO, § 18 Rdn. 6, 9: maximal 2 Jahre; *Schmerbach*, in: FK-InsO, 3. Aufl. 2002, § 18 Rdn. 8a: maximal 3 Jahre.

287 Vgl. die IDW-Empfehlungen zur Prüfung eingetretener oder drohender Zahlungsunfähigkeit bei Unternehmen, ZIP 1999, S. 505 (506); *Kind*, in: Braun (Hrsg.), InsO, 2002, § 18 Rdn. 7.

288 *Kind*, in: Braun (Hrsg.), InsO, 2002, § 18 Rdn. 8.

289 Gesetzesbegründung, BT-Drs. 12/2443, S. 115.

290 Gesetzesbegründung, BT-Drs. 12/2443, S. 115.

291 Vgl. *Schmerbach*, in: FK-InsO, 3. Aufl. 2002, § 19 Rdn. 6.

eine Norm zur Bewertung des Vermögens: Für die Bewertung des Vermögens bei der Prüfung der Schuldendeckungsfähigkeit ist die Prämisse der Unternehmensfortführung zugrunde zu legen, sofern diese nach den Umständen überwiegend wahrscheinlich ist. Nach § 19 Abs. 2 InsO ist die „einfache zweistufige Überschuldensprüfung" vorzunehmen. In Stufe 1 ist die rechnerische Überschuldung des Vermögens nach Liquidationswerten festzustellen (Abs. 2 Satz 1). In Stufe 2 ist eine Fortführungsprognose zu stellen. Fällt diese positiv aus, erfolgt eine Überprüfung der festgestellten rechnerischen Überschuldung unter Zugrundelegung der (höheren) Fortführungswerte (Abs. 2 Satz 2). Dadurch kann die zunächst unter Zugrundelegung von Liquidationswerten festgestellte rechnerische Überschuldung entfallen.[292] Übersteigen die bestehenden Verbindlichkeiten den Fortführungswert, so liegt nach § 19 Abs. 2 InsO auch dann Überschuldung vor, wenn für die Fortführung des Unternehmens eine günstige Zukunftsprognose besteht. Anders als bei der bislang u. a. vom BGH[293] vorgenommenen „modifizierten zweistufigen Überschuldungsprüfung"[294], bei der die beiden Elemente der rechnerischen Überschuldung und der Fortführungsprognose gleichrangig nebeneinander stehen, hindert somit eine günstige Fortführungsprognose allein nicht die Verfahrenseröffnung.[295]

d) Verhältnis der Insolvenzgründe

Bei Überschuldung kann, muss aber nicht Zahlungsunfähigkeit vorliegen; ebenso kann bei Zahlungsunfähigkeit Überschuldung vorliegen, muss es aber nicht. Zahlungsunfähigkeit ohne Überschuldung kann ausnahmsweise eintreten, wenn z. B. das Aktivvermögen zur Begleichung der Verbindlichkeiten nicht flüssig gemacht werden kann. Überschuldung ohne Zahlungsunfähigkeit kann vorliegen bei hinreichendem Kredit. Regelmäßig wird bei Überschuldung aber auch Zahlungsunfähigkeit vorliegen.[296] Durch den Eröffnungstatbestand der Überschuldung soll verhindert werden, dass die Insolvenz einer überlebensunfähigen Gesellschaft bis zur Zahlungsunfähigkeit hinausgezögert wird. Der Insolvenzgrund wird also gegenüber der Zahlungsunfähigkeit vorverlegt.[297] Ist das Vorliegen einer Überschuldung zweifelhaft, kann ein Eigenantrag wegen drohender Zahlungsunfähigkeit in Betracht kommen. Zwar verliert der Überschuldungstatbestand des § 19 InsO durch den Insolvenzgrund der drohenden Zahlungsunfähigkeit beim Eigenantrag des Schuldners an

292 Vgl. *Schmerbach*, in: FK-InsO, 3. Aufl. 2002, § 19 Rdn. 6a-b.
293 Vgl. BGHZ 119, 201 (213 f.); 129, 136 (154).
294 Vgl. hierzu *Haarmeyer/Wutzke/Förster*, Handbuch zur Insolvenzordnung, 3. Aufl. 2001, Rdn. 1/97 f.
295 Vgl. *Uhlenbruck*, KTS 1994, S. 169 (173); *Burger/Schellberg*, KTS 1995, S. 563 (570).
296 *Schmerbach*, in: FK-InsO, 3. Aufl. 2002, § 19 Rdn. 4.
297 *Schmerbach*, in: FK-InsO, 3. Aufl. 2002, § 19 Rdn. 4.

Bedeutung, er wird aber nicht funktionslos, denn eine Pflicht zur Antragstellung[298] besteht nur in den Fällen der Überschuldung, nicht aber in den Fällen der drohenden Zahlungsunfähigkeit.[299]

4. Der weitere Verfahrensablauf

Erweist sich der Eröffnungsantrag als zulässig[300] und begründet[301], wird das eigentliche Insolvenzverfahren durch einen Eröffnungsbeschluss eingeleitet (§§ 27 ff. InsO), in dem regelmäßig zugleich ein Verwalter ernannt sowie der Berichtstermin (§ 29 Abs. 1 Nr. 1 InsO) über den Fortgang des Insolvenzverfahrens und der Prüfungstermin (§ 29 Abs. 1 Nr. 2 InsO) für die angemeldeten Forderungen bestimmt werden. Mit dem Eröffnungsbeschluss geht das Verwaltung- und Verfügungsrecht des Schuldners über das beschlagnahmte Vermögen – die Insolvenzmasse – auf den Insolvenzverwalter über (§§ 80 Abs. 1, 35, 36 InsO). Gleichzeitig entsteht ein Einzelzwangsvollstreckungsverbot zu Lasten der Insolvenzgläubiger (§ 89 Abs. 1 InsO). Der Verwalter nimmt das gesamte zur Insolvenzmasse gehörende Vermögen sofort in Besitz und Verwaltung (§§ 148 ff. InsO). Er entscheidet über die Fortsetzung der die Insolvenzmasse betreffenden Prozesse (§§ 240 ZPO, 85 ff. InsO) sowie die Erfüllung von Verträgen (§§ 103 ff. InsO). Der Verwalter prüft ferner, ob er Gegenstände, die in anfechtbarer Weise aus dem Schuldnervermögen entfernt worden sind, im Wege der Insolvenzanfechtung zur Masse zurückholen kann (§§ 129 ff. InsO).

Das weitere Handeln des Verwalters richtet sich danach, ob die Gläubigerversammlung im Berichtstermin (§§ 156 ff. InsO) die Liquidierung, die Sanierung oder die übertragende Sanierung beschließt und ob ein Insolvenzplan aufgestellt werden soll. Beschließt die Gläubigerversammlung die Liquidierung, so schließt sich unmit-

298 Eine Antragspflicht besteht nur bei Vermögensmassen, bei denen eine natürliche Person nicht unbeschränkt haftet, und nur bei den Insolvenzgründen der §§ 17 und 19 InsO, vgl. *Schmerbach*, in: FK-InsO, 3. Aufl. 2002, § 15 Rdn. 28. Die Pflicht zur Antragstellung ist nicht in der Insolvenzordnung geregelt, sondern im Zusammenhang mit den gesellschaftsrechtlichen und sonstigen Vorschriften. Bei AG und GmbH ergibt sich die Pflicht zur Antragstellung aus § 92 Abs. 2 AktG bzw. § 64 Abs. 1 GmbHG.

299 *Schmerbach*, in: FK-InsO, 3. Aufl. 2002, § 19 Rdn. 5.

300 Der Antrag wird als unzulässig abgewiesen, wenn eine allgemeine Verfahrensvoraussetzung (Zuständigkeit des Gerichts, Partei- und Prozessfähigkeit des Antragstellers, Insolvenzfähigkeit des Rechtsträgers) oder die Antragsberechtigung des Antragenden fehlt, der antragstellende Gläubiger seine Forderung oder den Eröffnungsgrund nicht glaubhaft gemacht hat, das rechtliche Interesse an der Eröffnung des Insolvenzverfahrens fehlt oder das beantragte Verfahren in der gewählten Verfahrensart (Regelinsolvenzverfahren oder Verbraucherinsolvenzverfahren) unzulässig ist.

301 Der Antrag wird als unbegründet abgewiesen, wenn das Gericht vom Vorliegen eines Eröffnungsgrundes nicht überzeugt ist. Abweisung mangels Masse erfolgt, wenn aus der Insolvenzmasse voraussichtlich nicht einmal die Verfahrenskosten gedeckt werden können, vgl. § 26 Abs. 1 Satz 1 InsO.

telbar an diese Entscheidung die Verwertung der Insolvenzmasse an (§§ 159 ff. InsO). Hierbei werden sämtliche Forderungen eingezogen und alle übrigen Vermögensgegenstände veräußert. Die Insolvenzgläubiger, die am Verwertungserlös teilhaben wollen, müssen ihre Forderungen beim Verwalter zur Eintragung in die Tabelle anmelden (§§ 174 Abs. 1, 175 Abs. 1 InsO). Die Prüfung, ob die jeweilige Forderung zu Recht besteht, erfolgt im Prüfungstermin (§ 176 InsO). Eine Forderung gilt als festgestellt, soweit gegen sie ein Widerspruch weder vom Insolvenzverwalter noch vom Insolvenzgläubiger erhoben wird (§ 178 Abs. 1 InsO). Durch Eintragung in die Tabelle wird die Forderung – ohne Prozess – tituliert (§ 178 Abs. 2 und Abs. 3 InsO). Erfolgt ein Widerspruch, so muss außerhalb des Insolvenzverfahrens um die Berechtigung der Aufnahme in die Tabelle prozessiert werden (§ 179 InsO).

Auf das Feststellungsverfahren (§§ 174 ff. InsO) folgen die Erlösverteilung (§§ 187 ff. InsO) und der Schlusstermin (§ 197 InsO). Sobald die Schlussverteilung vollzogen ist, beschließt das Insolvenzgericht die Aufhebung des Insolvenzverfahrens (§ 200 InsO), womit die Forderungen der Gläubiger in Höhe der ausgezahlten Quote erlöschen.[302] Nach Verfahrensaufhebung können die Gläubiger ihre restlichen Forderungen gegen den Schuldner unbeschränkt geltend machen (§ 201 InsO). Ist der Schuldner eine natürliche Person, so kann er die Restschuldbefreiung (§§ 287 ff. InsO) beantragen. Über den Antrag entscheidet das Insolvenzgericht nach Verhandlung im Schlusstermin (§§ 289 ff. InsO). Kündigt das Insolvenzgericht die Restschuldbefreiung an (§ 291 Abs. 1 InsO), wird der Schuldner nach der „Wohlverhaltensperiode"[303] von seinen restlichen Verbindlichkeiten befreit, wenn er während dieser Zeit seinen Obliegenheiten nachkommt (§ 295 InsO).

IV. Rechtsfolgen der Verfahrenseröffnung

1. Auflösung und Abwicklung

In gesellschaftsrechtlicher Hinsicht hat die Eröffnung des Insolvenzverfahrens einschneidende Konsequenzen, denn nach § 262 Abs. 1 Nr. 3 AktG bzw. § 60 Abs. 1 Nr. 4 GmbHG ist die Eröffnung des Insolvenzverfahrens ein Grund für die Auflösung der Gesellschaft.[304] Allerdings bedeutet Auflösung kein sofortiges Erlöschen. Eine juristische Person löst sich nicht ohne weiteres „in Luft" auf, sondern es bedarf

302 Vgl. *Haarmeyer/Wutzke/Förster*, Handbuch zur Insolvenzordnung, 3. Aufl. 2001, Rdn. 1/50.

303 Vgl. hierzu *Haarmeyer/Wutzke/Förster*, Handbuch zur Insolvenzordnung, 3. Aufl. 2001, Rdn. 8/265 ff.

304 Abzugrenzen ist das Insolvenzrecht insofern von der gesellschaftlichen Liquidation durch Beschluss der Gesellschafter nach § 262 Abs. 1 Nr. 2 AktG bzw. § 60 Abs. 1 Nr. 2 GmbHG. Grundsätzlich geschieht die Liquidation in der Weise, dass die laufenden Geschäfte beendet, die Schulden getilgt, die Forderungen eingezogen werden und das Vermögen in Geld umgesetzt und verteilt wird, vgl. §§ 268, 271 AktG bzw. §§ 70, 72 GmbHG.

grundsätzlich einer Abwicklung der Rechtsverhältnisse.[305] Die juristische Person wird lediglich in den Abwicklungszustand versetzt, besteht also zum Zwecke der Liquidation fort, weil es sonst an einem Gemeinschuldner fehlen würde.[306] Durch die Auflösung verliert die juristische Person nicht ihre Existenz; sie besteht bis zur Vollbeendigung fort.[307]

2. Vollbeendigung (Erlöschen)

Die Auflösung der Gesellschaft wird von Amts wegen ins Register eingetragen, vgl. § 263 Satz 2, 3 AktG bzw. § 65 Abs. 1 Satz 2, 3 GmbHG. Dazu übermittelt die Geschäftsstelle des Insolvenzgerichts dem Registergericht eine Ausfertigung des Eröffnungsbeschlusses (§ 31 Nr. 1 InsO). AG und GmbH sind gem. § 141 a Abs. 1 Satz 2 FGG[308] von Amts wegen zu löschen, wenn das Insolvenzverfahren über das Vermögen der Gesellschaft durchgeführt worden ist und keine Anhaltspunkte dafür vorliegen, dass die Gesellschaft noch Vermögen besitzt. Nach überwiegender Auffassung führt nur der „Doppeltatbestand von Vermögenslosigkeit und Löschung“ zur Vollbeendigung der Gesellschaft.[309] Beides zusammen lässt die juristische Person als Rechtsträgerin erlöschen. In der Konsequenz bedeutet dies auch, dass ein Insolvenzverfahren über das Vermögen einer juristischen Person nicht mit der Verteilung des Verwertungserlöses, sondern erst mit der Vollbeendigung der Gesellschaft durch die Löschung im Handelsregister endet.[310]

B. Die Insolvenzfähigkeit juristischer Personen des privaten Rechts

I. Grundsatz § 11 Abs. 1 Satz 1 InsO

Maßgeblich für die Frage der Insolvenzfähigkeit kommunaler Eigengesellschaften ist zunächst § 11 Abs. 1 Satz 1 InsO „Ein Insolvenzverfahren kann über das Vermögen jeder natürlichen und jeder juristischen Person eröffnet werden.“ Die Aktiengesellschaft und die Gesellschaft mit beschränkter Haftung sind gem. § 1 Abs. 1 Satz 1 AktG bzw. § 13 Abs. 1 GmbHG Kapitalgesellschaften mit eigener Rechtspersön-

305 Vgl. *Schmidt*, Gesellschaftsrecht, 4. Aufl. 2002, § 11 V. 3.
306 Vgl. *Häsemeyer*, Insolvenzrecht, 3. Aufl. 2003, Rdn. 9.03, 30.01; *Kuhn/Uhlenbruck*, KO, 11. Aufl. 1994, § 213 Rdn. 5; *Hess*, KO, 5. Aufl. 1995, § 213 Rdn. 8.
307 Vgl. *Schmidt*, Gesellschaftsrecht, 4. Aufl. 2002, § 11 V. 4. a).
308 § 141 a FGG eingefügt durch Art. 23 EGInsO.
309 Vgl. etwa *Schmidt*, Gesellschaftsrecht, 4. Aufl. 2002, § 11 V. 6. a); *Ott*, in: MüKo-InsO, Bd. 1, 2001, § 11 Rdn. 13, 71.
310 *Haarmeyer/Wutzke/Förster*, Handbuch zur Insolvenzordnung, 3. Aufl. 2001, Rdn. 4/49; *Kilger/Schmidt*, Insolvenzgesetze, 17. Aufl. 1997, § 207 KO Anm. 7, § 213 KO Anm. 3f.

lichkeit. Als juristische Personen des Privatrechts sind sie also nach § 11 Abs. 1 Satz 1 InsO grundsätzlich insolvenzfähig.

II. Die Gesellschafterstellung der öffentlichen Hand

Die Insolvenzfähigkeit kommunaler Kapitalgesellschaften könnte möglicherweise aufgrund der Gesellschafterstellung der Gemeinde ausgeschlossen sein. Ohne bereits an dieser Stelle auf öffentlich-rechtliche Bindungen einzugehen, die der Gemeinde eventuell „nachwirkende Pflichten“[311] gegenüber ihren Eigengesellschaften auferlegen, drängt sich im Hinblick auf den Topos von der „grundsätzlich unbegrenzten Finanzkraft des Staates“[312] sofort der Unterschied gegenüber der normalen handelsrechtlichen Kapitalgesellschaft auf, deren Gesellschafter regelmäßig nur über begrenzte finanzielle Kapazitäten verfügen und nur wegen der mit den Kapitalgesellschaften verknüpften persönlichen Haftungsbeschränkung bereit sind, das Risiko der wirtschaftlichen Unternehmung einzugehen. Zur Klärung des Einflusses der Gesellschafterstellung der Gemeinde auf die Insolvenzfähigkeit kommunaler Eigengesellschaften ist zunächst die Insolvenzfähigkeit der öffentlichen Hand selbst zu untersuchen. Die Gesellschafterstellung der Gemeinde kann in erster Linie dann Auswirkungen auf die Insolvenzfähigkeit ihrer kommunalen Eigengesellschaften haben, wenn die Gemeinde selbst insolvenzunfähig ist. Sollte sich herausstellen, dass die öffentliche Hand selbst ebenso insolvent werden kann wie die kommunalen Unternehmen in Privatrechtsform, so besteht – auch im Hinblick auf den Topos von der „grundsätzlich unbegrenzten Finanzkraft des Staates“ – kein Grund, an der Insolvenzfähigkeit der kommunalen Eigengesellschaften zu zweifeln. Sollte sich jedoch herausstellen, dass die öffentliche Hand selbst insolvenzunfähig ist, so wäre zu prüfen, ob die dafür maßgeblichen Gründe auch im Bezug auf die kommunalen Unternehmen in Privatrechtsform Geltung beanspruchen können.

C. Die Insolvenzfähigkeit juristischer Personen des öffentlichen Rechts

I. Grundsatz § 11 Abs. 1 Satz 1 InsO

§ 11 Abs. 1 Satz 1 InsO trifft keine Unterscheidung zwischen juristischen Personen des Privatrechts und juristischen Personen des öffentlichen Rechts. Rechtsprechung und ganz überwiegende Ansicht im Schrifttum schließen daraus, dass auch die juri-

311 *Kund*, Nachwirkende Pflichten der Gemeinden bei der Ausgliederung öffentlicher Aufgaben auf Private, 1988.

312 So z. B. *Alfuß*, Staatliche Haftungsbeschränkung durch Inanspruchnahme privatrechtlicher Organisationsformen, 1977, S. 30.

stischen Personen des öffentlichen Rechts grundsätzlich insolvenzfähig sind.[313] Für die grundsätzliche Einbeziehung öffentlicher Rechtsträger spricht auch die Ausnahmeregelung des § 12 Abs. 1 InsO. Nach dieser Vorschrift ist das Insolvenzverfahren über das Vermögen des Bundes oder eines Landes generell unzulässig (§ 12 Abs. 1 Nr. 1 InsO), das Insolvenzverfahren über das Vermögen einer juristischen Person des öffentlichen Rechts, die der Aufsicht des Landes untersteht, dann unzulässig, wenn das Landesrecht dies bestimmt (§ 12 Abs. 1 Nr. 2 InsO).

Der Grundsatz findet seine Bestätigung in weiteren Gesetzesvorschriften. Nach § 89 Abs. 2 BGB gilt die Pflicht des Vereinsvorstandes, im Falle der Zahlungsunfähigkeit oder der Überschuldung die Eröffnung des Insolvenzverfahrens zu beantragen (§ 42 Abs. 2 BGB), entsprechend „soweit bei Körperschaften, Stiftungen und Anstalten des öffentlichen Rechts das Insolvenzverfahren zulässig ist." Auch die Ausnahmeregelungen über die Beitragspflichten zur Insolvenzsicherung der betrieblichen Altersversorgung in § 17 Abs. 2 BetrAVG[314] und zur Aufbringung des Insolvenzgeldes in § 359 Abs. 2 Satz 2 SGB III[315], die für die Fälle geschaffen wurden, in denen ein Insolvenzverfahren *nicht* zulässig ist, gehen von der grundsätzlichen Insolvenzfähigkeit juristischer Personen des öffentlichen Rechts aus.

Aus den gesetzlichen Regelungen ergibt sich, dass die Statthaftigkeit des Insolvenzverfahrens der Regelfall, sein Ausschluss dagegen die Ausnahme sein soll. Auch im Hinblick auf die gegen Hoheitsträger gerichtete Einzelzwangsvollstreckung zeigt der Wortlaut der einzelnen Bestimmungen, dass die gesetzliche Regelung nicht ausnahmsweise Erlaubnis bei grundsätzlichem Verbot bedeutet, sondern ausnahms-

313 BVerfGE 60, 135 (137); 65, 359 (362); *Hess*, in: Hess/Weis/Wienberg, InsO, Bd. 1, 2. Aufl. 2001, § 12 Rdn. 6; *Ott*, in: MüKo-InsO, Bd. 1, 2001, § 11 Rdn. 12 und § 12 Rdn. 8; *Weber*, in: Jaeger, KO, Bd. 2, 8. Aufl. 1973, § 213 Anm. 2b; *Lehmann*, Die Konkursfähigkeit juristischer Personen des öffentlichen Rechts, 1999, S. 19; *Everhardt/Gaul*, BB 1976, S. 467 (467); *Herdt*, BB 1977, S. 1357 (1358).

314 Gesetz zur Verbesserung der betrieblichen Altersversorgung (BetrAVG) vom 19.12.1974 (BGBl. I 1974, S. 3610). Nach § 17 Abs. 2 BetrAVG gelten die §§ 7-15 BetrAVG, die die Insolvenzsicherung regeln, „nicht für den Bund, die Länder, die Gemeinden sowie die Körperschaften, Stiftungen und Anstalten des öffentlichen Rechts, bei denen das Insolvenzverfahren nicht zulässig ist, und solche juristischen Personen des öffentlichen Rechts, bei denen der Bund, ein Land oder eine Gemeinde kraft Gesetzes die Zahlungsfähigkeit sichert."

315 Sozialgesetzbuch Drittes Buch – Arbeitsförderung – (SGB III) vom 24.3.1997 (BGBl. I 1997, S. 594). Nach § 359 Abs. 2 Satz 2 SGB III werden bei den für das Insolvenzgeld aufzubringenden Mitteln „die Entgeltsummen des Bundes, der Länder, der Gemeinden sowie der Körperschaften, Stiftungen und Anstalten des öffentlichen Rechts, über deren Vermögen ein Insolvenzverfahren nicht zulässig ist, und solcher juristischer Personen des öffentlichen Rechts, bei denen der Bund, ein Land oder eine Gemeinde kraft Gesetzes die Zahlungsfähigkeit sichert, nicht berücksichtigt." § 359 Abs. 2 Satz 2 SGB III entspricht § 186 c Abs. 2 Satz 2 AFG. Das Arbeitsförderungsgesetz (AFG) war bis zum 31.12.1997 Grundlage des Arbeitsförderungsrechts. Durch das Arbeitsförderungs-Reformgesetz (AFRG) wurde das Arbeitsförderungsrecht zum 1.1.1998 als Drittes Buch (SGB III) in das Sozialgesetzbuch eingegliedert.

weise Einschränkung bei grundsätzlicher Erlaubnis.[316] § 882 a ZPO regelt die Zwangsvollstreckung wegen einer Geldforderung gegen den Bund oder ein Land (Abs. 1) bzw. gegen Körperschaften, Anstalten und Stiftungen des öffentlichen Rechts (Abs. 3). Nach § 15 Nr. 3 EGZPO bleiben unberührt „die landesgesetzlichen Vorschriften über die Zwangsvollstreckung wegen Geldforderungen gegen einen Gemeindeverband oder eine Gemeinde, soweit nicht dingliche Rechte verfolgt werden."

II. Ausschluss des Insolvenzverfahrens durch gesetzliche Regelungen

Entgegen dem Ergebnis, dass die Statthaftigkeit des Insolvenzverfahrens der Regelfall, sein Ausschluss dagegen die Ausnahme sein soll, sind die juristischen Personen des öffentlichen Rechts praktisch zumeist insolvenzunfähig. Der Ausnahmecharakter des Ausschlusses des Insolvenzverfahrens wird durch weitreichende gesetzliche Ausschlussregelungen in sein Gegenteil verkehrt.

1. Bund und Länder

Eine explizite Regelung hinsichtlich der Insolvenzfähigkeit von Bund und Ländern findet sich in § 12 Abs. 1 Nr. 1 InsO: „Unzulässig ist das Insolvenzverfahren über das Vermögen des Bundes oder eines Landes." Der Staat bzw. seine verfassungsmäßigen Organe müssen die Tilgung der Verbindlichkeiten sicherstellen. Dafür steht ein breites Spektrum gesetzlicher Möglichkeiten zur Verfügung, wie die Festsetzung des Steueraufkommens, die Geldpolitik (bis hin zur Inflation) und die Kürzung staatlicher Leistungen.[317]

2. Gemeinden

a) Grundsatz § 12 Abs. 1 Nr. 2 InsO

Maßgeblich ist § 12 Abs. 1 Nr. 2 InsO: „Unzulässig ist das Insolvenzverfahren über das Vermögen einer juristischen Person des öffentlichen Rechts, die der Aufsicht des Landes untersteht, wenn das Landesrecht dies bestimmt." Die Gemeinden sind nach § 1 Abs. 2 GO NW Gebietskörperschaften, die nach § 11 GO NW der Aufsicht

316 *Miedtank*, Die Zwangsvollstreckung gegen Bund, Länder, Gemeinden und andere juristische Personen des öffentlichen Rechts, 1964, S. 10 unter Verweis auf § 15 Nr. 3 EGZPO; § 882 a ZPO. Zur Entwicklung der genannten Vorschriften siehe unten Zweiter Teil C. II. 3. b.

317 Vgl. *Häsemeyer*, Insolvenzrecht, 3. Aufl. 2003, Rdn. 30.02; *Goetsch*, in: Breutigam/Blersch/Goetsch, InsO, § 12 Rdn. 3.

des Landes unterstehen. Eine landesgesetzliche Regelung findet sich in § 125 Abs. 2 GO NW „Ein Insolvenzverfahren über das Vermögen der Gemeinde findet nicht statt.“ Die Unzulässigkeit des Insolvenzverfahrens gilt auf Grund der Verweisungsvorschrift des § 57 Abs. 3 KrO NW ebenfalls für die Kreise als Gemeindeverbände.

b) Fortgeltung alten Landesrechts

Unter Geltung der KO, die keine dem § 12 Abs. 1 Nr. 2 InsO entsprechende Vorschrift hatte, fand § 213 KO[318] Anwendung auf die Gemeinden. Allerdings hatte Art. IV EGÄndGKO[319] i.V.m. § 15 Nr. 3 EGZPO[320] es dem Landesrecht vorbehalten, die Zulässigkeit des Konkurses zu beschränken oder auszuschließen. Aufgrund dieses Vorbehalts haben die meisten Länder schon alsbald den Konkurs über das Vermögen einer Gemeinde für unzulässig erklärt. § 116 Abs. 2 DGO vom 30.1.1935 hat dann die Unzulässigkeit des Konkurses allgemein bestimmt, und entsprechende Vorschriften finden sich in den nach 1945 erlassenen Gemeindeordnungen (fast) aller Länder der Bundesrepublik.[321] Nach der Aufhebung des EGÄndGKO durch Art. 2 Nr. 3 des EGInsO[322] ist die Regelungskompetenz der Länder nun in § 12

318 § 213 KO lautete: „Auf das Konkursverfahren über das Vermögen einer juristischen Person sowie eines Vereins, der als solcher verklagt werden kann, finden die Vorschriften der §§ 207, 208 entsprechende Anwendung.“ (Die §§ 207, 208 KO regelten den Konkurs der Aktiengesellschaft.)

319 Art. IV EGÄndGKO (Einführungsgesetz zu dem Gesetz betreffend Änderungen der Konkursordnung vom 17.5.1898) lautete: „Unberührt bleiben die landesgesetzlichen Vorschriften, welche die Zulässigkeit des Konkursverfahrens über das Vermögen der in § 15 Nr. 3 des Einführungsgesetzes zur Civilprozeßordnung bezeichneten juristischen Personen beschränken oder ausschließen.“

320 § 15 Nr. 3 EGZPO (Gesetz betreffend die Einführung der Zivilprozessordnung vom 30.1.1877) lautete: „Unberührt bleiben [...] die landesgesetzlichen Vorschriften über die Zwangsvollstreckung wegen Geldforderungen gegen den Fiskus, eine Körperschaft, Stiftung, oder Anstalt des öffentlichen Rechts oder eine unter der Verwaltung der öffentlichen Behörde stehende Körperschaft oder Stiftung, soweit nicht dingliche Rechte verfolgt werden [...]“.

321 Art. 77 Abs. 3 BayGO, § 129 Abs. 2 BbgGO; § 146 Abs. 2 HessGO, § 62 Abs. 2 KV M-V, § 136 Abs. 2 NdsGO, § 138 Abs. 2 KSVG Saar, § 131 Abs. 2 GO SH, § 69 Abs. 3 ThürKO. In den Gemeindeordnungen von Baden-Württemberg, Rheinland-Pfalz, Sachsen und Sachsen-Anhalt fehlt eine Vorschrift über den Konkurs- bzw. Insolvenzausschluss, weil insoweit die allgemein für landesunmittelbare juristische Personen des öffentlichen Rechts geltenden Ausschlussvorschriften als ausreichend angesehen werden (siehe hierzu die Nachweise in Fn. 334). Sachsen und Sachsen-Anhalt haben deshalb auf eine eigene Regelung für Gemeinden verzichtet. Baden-Württemberg und Rheinlad-Pfalz haben ihre diesbezüglichen kommunalen Bestimmungen 1987 aufgehoben, als sie in ihren Ausführungsgesetzen zu zivilprozessualen Gesetzen des Bundes den Konkurs für landesunmittelbare Personen allgemein für unzulässig erklärten. Vgl. hierzu *Engelsing*, Zahlungsunfähigkeit von Kommunen und anderen juristischen Personen des öffentlichen Rechts, 1999, S. 155 f. und 150 f.

322 Einführungsgesetz zur Insolvenzordnung (EGInsO) vom 5.10.1994 (BGBl. I 1994, S. 2911).

Abs. 1 Nr. 2 InsO statuiert.[323] Für die am 1. Januar 1999 in Kraft getretene Insolvenzordnung ist von der Fortgeltung der in § 125 Abs. 2 GO NW angeordneten Konkursunfähigkeit der Gemeinden auszugehen;[324] die ausdrückliche Anpassung der Bestimmung an die Insolvenzordnung erfolgte durch Gesetz vom 15.6.1999.[325]

3. Sonstige Körperschaften, Anstalten und Stiftungen des öffentlichen Rechts

a) Grundsatz § 12 Abs. 1 Nr. 2 InsO

§ 12 Abs. 1 Nr. 2 InsO trifft keine Unterscheidung zwischen unter-staatlichen Gebietskörperschaften einerseits und Körperschaften, Anstalten und Stiftungen des öffentlichen Rechts andererseits. Auch die letztgenannten sind juristische Personen des öffentlichen Rechts und unterstehen der Aufsicht des Landes.[326] Als landesgesetzliche Regelung bestimmt § 78 Abs. 3 Satz 2 VwVG NW[327] „Ein Insolvenzverfahren findet nicht statt.“[328]

b) Fortgeltung alten Landesrechts

Für die sonstigen Körperschaften, Anstalten und Stiftungen des öffentlichen Rechts konnten die Landesgesetzgeber den Konkurs ebenfalls aufgrund des Art. IV EGÄndGKO i.V.m. § 15 Nr. 3 EGZPO beschränken oder ausschließen.

Durch Gesetz vom 20.8.1953[329] wurde § 15 Nr. 3 EGZPO[330] im Zusammenhang mit dem neu eingefügten § 882 a ZPO, der die Zwangsvollstreckung gegen den

323 Die Landeskompetenz ergibt sich aus Art. 72 Abs. 1 GG i.V.m. Art. 74 Abs. 1 Nr. 1 GG.

324 Vgl. *Goetsch*, in: Breutigam/Blersch/Goetsch, InsO, § 12 Rdn. 10.

325 GVBl. NW 1999, S. 386.

326 Vgl. §§ 18 ff. Landesorganisationsgesetz (LOG NRW) vom 10.7.1962 (GVBl. NW 1962, S. 421). Für die bundesunmittelbaren juristischen Personen des öffentlichen Rechts bleibt es beim Grundsatz des § 11 Abs. 1 Satz 1 InsO.

327 Verwaltungsvollstreckungsgesetz für das Land Nordrhein-Westfalen (VwVG NW) i.d.F. der Bekanntmachung vom 19.2.2003 (GVBl. NW 2003, S. 156). § 78 Abs. 3 Satz 2 VwVG NW wurde (inhaltsgleich) durch Gesetz vom 6.10.1987 (GVBl. NW 1987, S. 342) eingefügt.

328 Die generelle Ausschlussvorschrift des § 78 Abs. 3 Satz 2 VwVG NW gilt selbstverständlich *auch* für die Gemeinden. Die spezielle Bestimmung des § 125 Abs. 2 GO NW ist im Grunde entbehrlich. Seine Existenz erklärt sich historisch damit, dass zunächst nur die Gemeinden von den Ländern für konkursunfähig erklärt wurden und diese Vorschriften dann später beim Erlass der generellen Konkursausschlussregelungen nicht aufgehoben wurden, vgl. *Engelsing*, Zahlungsunfähigkeit von Kommunen und anderen juristischen Personen des öffentlichen Rechts, 1999, S. 155 f.

329 BGBl. I 1953, S. 952.

330 § 15 Nr. 3 EGZPO n. F. lautete: „Unberührt bleiben [...] die landesgesetzlichen Vorschriften über die Zwangsvollstreckung wegen Geldforderungen gegen einen Gemeindeverband oder eine Gemeinde, soweit nicht dingliche Rechte verfolgt werden [...]“.

Bund, die Länder und die Körperschaften, Anstalten und Stiftungen des öffentlichen Rechts nunmehr einheitlich regelte, dahingehend geändert, dass eine Beschränkung der Einzelzwangsvollstreckung durch Ländergesetze nur noch bezüglich der Gemeinden und Gemeindeverbände statthaft war. Da Art. IV EGÄndGKO unverändert blieb, war streitig, ob der Konkurs über das Vermögen von juristischen Personen des öffentlichen Rechts – abgesehen von den Gebietskörperschaften – noch durch Landesgesetz ausgeschlossen werden konnte. Während einerseits geltend gemacht wurde, Art. IV EGÄndKO enthalte eine „statische Verweisung" auf § 15 Nr. 3 EGZPO a. F., lasse also nach wie vor den Ausschluss der Konkursfähigkeit zu,[331] stand die Gegenmeinung auf dem Standpunkt, die Neufassung des § 15 Nr. 3 EGZPO habe die den Konkurs ausschließenden Landesgesetze, soweit sie nicht die Gebietskörperschaften beträfen, im Sinne einer „dynamischen Verweisung" außer Kraft gesetzt.[332] Das Bundesverfassungsgericht[333] hat sich der zuerst genannten Ansicht angeschlossen und ausgeführt, in der Gesetzgebungsgeschichte fehle jeder Hinweis, dass die Änderung des Zwangsvollstreckungsrechts auf die konkursrechtliche Regelung durchschlagen sollte. Ziel des Bundesgesetzgebers sei es gewesen, verschiedene Vorschriften über die Einzelzwangsvollstreckung gegen Bund, Länder sowie gegen Körperschaften, Anstalten und Stiftungen des öffentlichen Rechts zu vereinheitlichen und mit § 882 a Abs. 1 und 3 ZPO eine neue bundesweite Regelung einzuführen. Damit seien für den landesrechtlichen Vorbehalt auf dem Gebiete der Einzelzwangsvollstreckung nur noch die Gemeinden und Gemeindeverbände übrig geblieben (§ 15 Nr. 3 EGZPO n. F.). Nur unter diesem Blickwinkel sei § 15 Nr. 3 EGZPO entsprechend enger gefasst worden. Im Ergebnis hatten daher die Länder nach wie vor die Möglichkeit, die Konkursfähigkeit der juristischen Personen des öffentlichen Rechts auszuschließen. Bis auf Mecklenburg-Vorpommern haben alle Bundesländer die ihrer Aufsicht unterstehenden öffentlich-rechtlichen juristischen Personen durch formelles Gesetz für konkursunfähig erklärt.[334] Auch bezüglich der sonstigen Kör-

331 Vgl. *Säuberlich*, BB 1979, S. 168 (169); *Piette*, BayVBl. 1980, S. 332 (334); *ders.* BayVBl. 1981, S. 171 (172); *Roth*, BayVBl. 1981, S. 491 (494).

332 Vgl. *Everhardt/Gaul*, BB 1976, S. 467 (468); *Appel*, BayVBl. 1980, S. 652 (653). Nach a. A. sollten die vor diesem Zeitpunkt erlassenen landesrechtlichen Konkursausschlussregelungen ihre Wirksamkeit behalten, vgl. hierzu *Weber*, in: Jaeger, KO, Bd. 2, 8. Aufl. 1973, § 213 Anm. 3; *Herdt*, BB 1977, S. 1357 (1359).

333 BVerfGE 60, 135 (155 f.); vgl. *hierzu* Kleber, ZIP 1982, S. 1299 ff.

334 Die aufgrund des Vorbehalts erlassenen landesgesetzlichen Regelungen sind weit verstreut. Berlin, Hamburg und Niedersachsen sowie Sachsen-Anhalt und Thüringen haben die ihrer Aufsicht unterstehenden juristischen Personen des öffentlichen Rechts in einem speziellen Gesetz für konkursunfähig bzw. für gesamtvollstreckungsunfähig erklärt (Berlin: Gesetz über die Konkursunfähigkeit juristischer Personen des öffentlichen Rechts vom 27.3.1990, GVBl. S. 682; Hamburg: Gesetz über die Konkursunfähigkeit juristischer Personen des öffentlichen Rechts vom 25.4.1988, GVBl. S. 49; Niedersachsen: Gesetz über die Konkursunfähigkeit juristischer Personen des öffentlichen Rechts vom 27.3.1987, GVBl. S. 67; Sachsen-Anhalt: Gesetz über die Gesamtvollstreckungsunfähigkeit juristischer Personen des öffentlichen Rechts vom 18.12.1992, GVBl. S. 869; Thüringen: Gesetz über die Gesamtvollstreckung in das Vermögen juristischer Personen des öffentlichen Rechts vom 10.11.1995,

perschaften, Anstalten und Stiftungen des öffentlichen Rechts ist die Regelungskompetenz der Bundesländer nunmehr in § 12 Abs. 1 Nr. 2 InsO statuiert. Für die am 1. Januar 1999 in Kraft getretene Insolvenzordnung ist wie bei den Gemeinden von der Fortgeltung der in § 78 Abs. 3 Satz 2 VwVG NW angeordneten Konkursunfähigkeit auszugehen; die ausdrückliche Anpassung der Bestimmung an die Insolvenzordnung erfolgte durch Gesetz vom 18.12.2002.[335]

c) Die Praxisrelevanz der gesetzlichen Ausschlussregelungen

Die Frage der Insolvenzfähigkeit bzw. der Insolvenzunfähigkeit juristischer Personen des öffentlichen Rechts ist vor allem wegen der Beitragspflichten zur Insolvenzsicherung der betrieblichen Altersversorgung und zur Aufbringung des Insolvenzgeldes in den Mittelpunkt des Interesses gerückt. 1974 wurden durch Erlass des Gesetzes zur Verbesserung der betrieblichen Altersversorgung (BetrAVG)[336] sowie

GVBl. S. 341). Brandenburg (§ 38 Abs. 3 Satz 2 BbgVwVG [vom 18.12.1991, GVBl. S. 668]), Hessen (§ 26 Abs. 1 Satz 4 HessVwVG [vom 4.7.1966, GVBl. I S. 151]), das Saarland (§ 37 Abs. 1 Satz 4 VwVG Saar [vom 27.3.1974, ABl. S. 430]) und Schleswig-Holstein (§ 52 Satz 2 VwVG SH [eingefügt durch Gesetz vom 3.10.1986, GVBl. S. 209] i.V.m. § 131 Abs. 2 GO SH) haben die Bestimmung über den Ausschluss des Konkursverfahrens ebenso wie Nordrhein-Westfalen in ihren Verwaltungsvollstreckungsgesetzen verankert. Die restlichen fünf Länder haben das Konkursverfahren – im Fall Sachsens das Gesamtvollstreckungsverfahren – in ihren Ausführungsgesetzen zu zivilprozessualen Gesetzen des Bundes ausgeschlossen (Baden-Württemberg: § 45 AGGVG BW [Gesetz zur Ausführung des Gerichtsverfassungsgesetzes und von Verfahrensgesetzen der ordentlichen Gerichtsbarkeit vom 16.12.1975, GVBl. S. 868, § 45 eingefügt durch Gesetz vom 16.12.1987, GVBl. S. 43]; Bayern: Art. 25 BayAGGVG [Gesetz zur Ausführung des Gerichtsverfassungsgesetzes und von Verfahrensgesetzen des Bundes vom 23.6.1981, GVBl. S. 188; damit wurde Art. 10 des Bayrischen Gesetzes zur Ausführung der Reichs-Civilprozeßordnung und Concursordnung vom 26.6.1899, GVBl. S. 401, ersetzt]; Bremen: § 4 BremAG ZPO-KO-ZV [Gesetz zur Ausführung der Zivilprozessordnung, der Konkursordnung und des Zwangsversteigerungsgesetzes vom 19.3.1963, SaBremR 310-a-1, § 4 eingefügt durch das Gesetz über die Konkursunfähigkeit juristischer Personen des öffentlichen Rechts vom 15.12.1987, GVBl. S. 293]; Rheinland-Pfalz: § 8 a Abs. 1 AG ZPO-ZVG-KO RP [Landesgesetz zur Ausführung der Zivilprozessordnung, des Gesetzes über die Zwangsversteigerung, die Zwangsverwaltung und der Konkursordnung vom 30.8.1974, GVBl. S. 371, § 8 a eingefügt durch das Landesgesetz über die Konkursunfähigkeit juristischer Personen des öffentlichen Rechts vom 27.3.1987, GVBl. S. 64]; Sachsen: § 9 Abs. 1 SächsVerfAG [Gesetz zur Ausführung von Verfahrensgesetzen vom 21.6.1994, GVBl. S. 1012].

335 GVBl. NW 2003, S. 24.

336 Kernstück des Gesetzes zur Verbesserung der betrieblichen Altersversorgung ist die in den §§ 7-15 BetrAVG normierte Sicherung der einmal erworbenen Anwartschaften auf eine betriebliche Altersversorgung gegen die Insolvenz des Arbeitgebers. Dabei ist unwesentlich, ob die Versorgung unmittelbar aus Mitteln des Arbeitgebers erfolgen soll, oder ob die Versorgung durch eine vom Arbeitgeber abgeschlossene Lebensversicherung oder durch eine vom Arbeitgeber finanzierte rechtsfähige Unterstützungskasse durchgeführt wird. Träger der In-

durch Änderung des Arbeitsförderungsgesetzes (AFG) – nunmehr Sozialgesetzbuch Drittes Buch -Arbeitsförderung- (SGB III)[337] – Regelungen geschaffen, durch die die Arbeitnehmer besser gegen eine Insolvenz ihres Betriebs abgesichert werden sollten. Die für die Insolvenzsicherung erforderlichen Mittel werden im Umlageverfahren von den Arbeitgebern aufgebracht und durch Beitragsbescheid erhoben. Die Neuregelungen brachten auch für die juristischen Personen des öffentlichen Rechts finanzielle Nachteile mit sich. Nach § 10 BetrAVG und § 359 Abs. 1 SGB III sind sie grundsätzlich ebenfalls verpflichtet, sich an den Umlagen zu beteiligen, die zur Insolvenzsicherung erhoben werden. Ausgenommen sind nach § 17 Abs. 2 BetrAVG und der weitgehend wortgleichen Vorschrift des § 359 Abs. 2 Satz 2 SGB III nur Bund, Länder und Gemeinden sowie die „Körperschaften, Stiftungen und Anstalten des öffentlichen Rechts, bei denen der Konkurs nicht zulässig ist, und solche juristischen Personen des öffentlichen Rechts, bei denen der Bund, ein Land oder eine Gemeinde kraft Gesetzes die Zahlungsfähigkeit sichert.“[338]

Die genannten Bestimmungen unterstellen somit die Unzulässigkeit des Insolvenzverfahrens bei Bund, Ländern und Gemeinden und lassen die Frage der Beitragspflicht anderer öffentlicher Verwaltungsträger je nach Vorliegen der einen oder der anderen Alternative offen. Die Träger der Insolvenzsicherung wandten sich alsbald nach Inkrafttreten der Regelungen mit Beitragsbescheiden an die nicht eindeutig ausgenommenen Körperschaften und Anstalten, die aus verschiedenen Gründen die Geltung der Ausnahmevorschriften für sich in Anspruch nahmen.[339] Das Bundesverfassungsgericht[340] hat hinsichtlich der ersten Alternative der Ausnahmevorschriften („Körperschaften, Stiftungen und Anstalten des öffentlichen Rechts, bei denen der Konkurs nicht zulässig ist“) festgestellt, dass der Gesetzgeber damit auf den rechtlichen Ausschluss des Konkurses und nicht auf die tatsächliche Insolvenzgefahr abgestellt habe. Ob bei einem Arbeitgeber tatsächlich eine Insolvenzgefahr

solvenzsicherung nach dem BetrAVG ist gem. § 14 Abs. 1 BetrAVG der Pension-Sicherungs-Verein Versicherungsverein auf Gegenseitigkeit.

337 Nach § 183 SGB III haben die Arbeitnehmer Anspruch auf Insolvenzgeld, wenn ihr Arbeitgeber in den letzten drei Monaten vor Eröffnung des Insolvenzverfahrens, vor Abweisung des Antrags auf Eröffnung des Insolvenzverfahrens mangels Masse oder vor der vollständigen Beendigung der Betriebstätigkeit das Arbeitsentgelt nicht oder nicht vollständig bezahlt hat. Träger der Insolvenzsicherung sind gem. § 358 Abs. 1 SGB III die Berufsgenossenschaften.

338 Siehe hierzu bereits die Erläuterungen in Fn. 314 und Fn. 315.

339 Zur Insolvenzsicherungspflicht der betrieblichen Altersversorgung (§ 17 Abs. 2 BetrAVG): BVerfG (K), NJW 1994, S. 2348 (vorgehend BVerwGE 75, 318) und BVerfGE 89, 144 (vorgehend BSG vom 17.9.1981 – 10/8b RAr 11/80 –) für Rundfunkanstalten; BVerwGE 72, 212 für Sozialversicherungsträger; BVerwGE 64, 248 für Industrie- und Handelskammern; zur Umlagepflicht für das Konkursausfallgeld (§ 186 c Abs. 2 Satz 2 AFG): BVerfGE 89, 132 (vorgehend BSG vom 17.9.1981 – 10/8b/12 RAr 17/79 –) für Industrie- und Handelskammern; BVerfGE 66, 1 (vorgehend BSG vom 17.9.1981 – 10/8b/12 RAr 16/79 –) für Kirchen und ihre Organisationen; BVerfGE 65, 359 (vorgehend BSG 17.9.1981 – 10/8b RAr 19/80 –) für Landesärztekammern.

340 Vgl. BVerfGE 89, 132 (142 f.).

bestehe, ließe sich im vorhinein nur schwer ermitteln. Es wäre auch fraglich, ob sich ein solches Abgrenzungskriterium im Hinblick auf Art. 3 Abs. 1 GG auf die öffentliche Hand hätte beschränken lassen. Machte der Gesetzgeber die Befreiung von der Umlagepflicht aber auch für private Unternehmen davon abhängig, dass eine Insolvenzgefahr tatsächlich nicht bestehe, so wäre eine solche Regelung kaum handhabbar. Hinsichtlich der zweiten Alternative („solche juristischen Personen des öffentlichen Rechts, bei denen der Bund, ein Land oder eine Gemeinde kraft Gesetzes die Zahlungsfähigkeit sichert“) hat das Bundesverfassungsgericht[341] festgestellt, dass der Gesetzgeber bei juristischen Personen des öffentlichen Rechts, die nicht von vornherein konkursunfähig seien, für die Befreiung von der Umlagepflicht eine ausdrückliche Sicherung der Zahlungsfähigkeit durch ein Gesetz im materiellen und formellen Sinn verlange. Denn nur so sei sichergestellt, dass es in diesen Fällen nicht zur Insolvenz komme.

Durch Einführung des § 78 Abs. 3 Satz 2 VwVG NW im Jahr 1987 sollte die Konkursfähigkeit der in § 1 VwVG NW genannten Körperschaften, Anstalten und Stiftungen des öffentlichen Rechts, die unter Landesaufsicht stehen, auch *rechtlich* ausgeschlossen werden. Diese juristischen Personen werden im wesentlichen durch Beiträge ihrer Mitglieder und Umlagen finanziert, die je nach Finanzbedarf erhöht oder gesenkt werden. Die theoretische Möglichkeit eines Konkurses war bisher schon so gering, dass sie praktisch ausgeschlossen war. Da die Konkursfähigkeit dieser juristischen Personen in Nordrhein-Westfalen aber nicht rechtlich ausgeschlossen war, wurden sie zu Beiträgen für die Insolvenzsicherung und zum Konkursausfallgeld herangezogen.[342] Die nordrhein-westfälische Landesregierung spricht in der Begründung zum Entwurf der neuen Konkursausschlussregelung offen von der „Entlastung“, die den juristischen Personen des öffentlichen Rechts durch den Wegfall der Insolvenzsicherungspflicht zuteil werde.[343] Der auch rechtliche Ausschluss der Konkursfähigkeit durch Einführung des § 78 Abs. 3 Satz 2 VwVG NW führte so zu einer unmittelbar beabsichtigten Kostenentlastung für die juristischen Personen des öffentlichen Rechts.[344]

4. Schlussfolgerungen

Die bisherigen Ausführungen legen den Schluss nahe, dass die Insolvenzfähigkeit der juristischen Personen des öffentlichen Rechts nur durch gesetzliche Regelungen

341 Vgl. BVerfGE 89, 132 (144).

342 Vgl. *Huken/Bösche*, VwVG NW, § 78 Fn. 2).

343 Gesetzesbegründung, LT-Drs. 10/1760, S. 33 f.

344 Vgl. kritisch zu den Motiven des Landesgesetzgebers *Kempen*, DÖV 1988, S. 547 (548): *„Gläubigerschutz“ und „Gewährleistung der öffentlichen Aufgabenerfüllung“ sind für die Landesgesetzgeber in den Hintergrund getreten. Entscheidend ist heute die Überlegung, dass man den im Land ansässigen „eigenen“ juristischen Personen des öffentlichen Rechts mit dem gesetzgeberischen Ausschluss der Konkursfähigkeit unter die Arme greifen kann.“*

ausgeschlossen werden kann. *Everhardt/Gaul* schlussfolgern etwa: *„Da § 213 KO keine Unterscheidung zwischen juristischen Personen des Privatrechts und des öffentlichen Rechts trifft, ist von der generellen Konkursfähigkeit der juristischen Personen des öffentlichen Rechts auszugehen. Daraus ergibt sich, dass die Unzulässigkeit des Konkurses sich nicht aus der Natur der juristischen Personen des öffentlichen Rechts ergibt, sondern in einem besonderen Gesetz geregelt sein muß.“*[345] *Kuhl/Wagner* schließen für die privatrechtlich organisierten kommunalen Eigengesellschaften daraus, dass auch hier die Gesellschafterstellung der öffentlichen Hand allein nicht von der Konkursfähigkeit befreien könne. Allenfalls aus Gesetzes- oder Verfassungsrecht könnte eine Konkursunfähigkeit der kommunalen Eigengesellschaften herrühren; entsprechende Vorschriften bestünden – soweit ersichtlich – jedoch nicht. Somit seien die kommunalen Eigengesellschaften als konkursfähig zu erachten.[346] Nach der überwiegend in Rechtsprechung[347] und Literatur[348] vertretenen Auffassung bestehen daher keine Besonderheiten für kommunale Eigengesellschaften, die in der Form von juristischen Personen des Privatrechts geführt werden, deren Gesellschafter aber öffentlich-rechtliche Körperschaften sind. § 11 InsO soll auf sie regelmäßig anwendbar sein.

a) Deklaratorischer Charakter der gesetzlichen Ausschlussregelungen?

Sieht man die kommunalen Eigengesellschaften deswegen als insolvenzfähig an, weil – anders als bei den juristischen Personen des öffentlichen Rechts – keine gesetzlichen Ausschlussregelungen existieren, so übersieht man eines: die Möglichkeit, dass es sich bei den gesetzlichen Ausschlussregelungen um rein deklaratorische Vorschriften handelt. Bei Rechtsakten mit deklaratorischer Wirkung wird im Gegensatz zu solchen mit konstitutiver Wirkung, durch die ein Recht oder Rechtsverhältnis begründet, aufgehoben oder gestaltet wird, das Bestehen eines Rechts oder Rechtsverhältnisses lediglich festgestellt.[349] Die Existenz gesetzlicher Ausschlussregelungen bei den juristischen Personen des öffentlichen Rechts darf nicht zwangsläufig zu dem Schluss führen, die bestehenden Regelungen hätten hinsichtlich der Insolvenzunfähigkeit konstitutive Wirkung. Im Gegenteil wird es an einem ausdrücklichen Ausschluss der Insolvenzfähigkeit gerade dort fehlen, wo ein Vermögensverfall besonders fern liegend erscheint, der Gesetzgeber also keinen Regelungsbedarf

345 *Everhardt/Gaul*, BB 1976, S. 467 (467).
346 *Kuhl/Wagner*, ZIP 1995, S. 433 (435).
347 Vgl. BVerwG, ZIP 1999, S. 1816 (1819).
348 Vgl. *Hirte*, in: Uhlenbruck (Hrsg.), InsO, 12. Aufl. 2003, § 12 Rdn. 13; *Schmerbach*, in: FK-InsO, 3. Aufl. 2002, § 12 Rdn. 2 c; *Ott*, in: MüKo-InsO, Bd. 1, 2001, § 12 Rdn. 16; *Kirchhof*, in: HK-InsO, 3. Aufl. 2003, § 12 Rdn. 7; *Haarmeyer/Wutzke/Förster*, Handbuch zur Insolvenzordnung, 3. Aufl. 2001, Rdn. 1/60, 3/37; *Parmentier*, DVBl. 2002, S. 1378 (1382); *dies.*, ZIP 2001, S. 551 (552).
349 Vgl. *Creifelds*, Rechtswörterbuch, 17. Aufl. 2002, Stichwort „Deklaratorische Wirkung“.

gesehen hat. In diesen Fällen muss es genügen, wenn sich die Insolvenzunfähigkeit zwingend aus allgemeinen Erwägungen ergibt.[350] Die Frage, ob die Insolvenzfähigkeit kommunaler Eigengesellschaften aufgrund der Gesellschafterstellung der öffentlichen Hand ausgeschlossen sein könnte, kann daher nicht mit dem bloßen Hinweis auf die Nichtexistenz gesetzlicher Ausschlussregelungen beantwortet werden, wenn die bestehenden gesetzlichen Ausschlussregelungen sich als rein deklaratorische Vorschriften herausstellen sollten. Um solche würde es sich handeln, wenn sich die Insolvenzunfähigkeit schon aus allgemeinen Erwägungen ergäbe.

b) Kirchen und Rundfunkanstalten

Teilweise ist anerkannt, dass sich die Insolvenzunfähigkeit von juristischen Personen des öffentlichen Rechts nicht aus insolvenzrechtlichen Vorschriften, sondern unmittelbar aus verfassungsrechtlichen Erwägungen ergibt. Kirchen und kirchliche Organisationen, die als Körperschaften des öffentlichen Rechts anerkannt sind, sind schon aufgrund des in der Verfassung enthaltenen Selbstbestimmungsrechts nicht insolvenzfähig.[351] Art. 140 GG i.V.m. Art. 137 Abs. 3 WRV gewährleistet, dass sie ihre Angelegenheiten ihrem kirchlichen Auftrag und ihrem Selbstverständnis entsprechend eigenhändig ordnen und verwalten können.[352] Mit dieser verfassungsrechtlichen Garantie ist nach der Auffassung des Bundesverfassungsgerichts[353] die Anwendung konkursrechtlicher Vorschriften unvereinbar, denn die Verwirklichung des kirchlichen Auftrags würde in vieler Hinsicht nahezu unmöglich, wenn ein Konkursverwalter das Verwaltungs- und Verfügungsrecht über das Vermögen einer kirchlichen Organisation erhielte. Auch öffentlich-rechtliche Rundfunkanstalten sind nicht insolvenzfähig.[354] Das Bundesverfassungsgericht[355] hat dieses Ergebnis unmittelbar aus Art. 5 Abs. 1 Satz 2 GG hergeleitet und argumentiert, mit der Rechtsstel-

350 *Lehmann*, Die Konkursfähigkeit juristischer Personen des öffentlichen Rechts, 1999, S. 25; vgl. auch *Stoll*, KTS 1992, S. 521 (533).

351 BVerfGE 66, 1 (19); *Hess*, in: Hess/Weis/Wienberg, InsO, Bd. 1, 2. Aufl. 2001, § 12 Rdn. 8; *Ott*, in: MüKo-InsO, Bd. 1, 2001, § 12 Rdn. 4; *Häsemeyer*, Insolvenzrecht, 3. Aufl. 2003, Rdn. 30.05; *Kuhl/Wagner*, ZIP 1995, S. 433 (434); *Lehmann*, Die Konkursfähigkeit juristischer Personen des öffentlichen Rechts, 1999, S. 112 ff.

352 Vgl. *Ehlers*, in: Sachs (Hrsg.), GG, 3. Aufl. 2003, Art. 140 GG / Art. 137 WRV Rdn. 7 f.

353 BVerfGE 66, 1 (21). Diese Rechtsprechung wurde im Gesetzgebungsverfahren zur InsO ausdrücklich bestätigt, vgl. den Bericht des Rechtsausschusses, BT-Drs. 12/7302, S. 156.

354 BVerfGE 89, 144 (152); *Ott*, in: MüKo-InsO, Bd. 1, 2001, § 12 Rdn. 5; *Häsemeyer*, Insolvenzrecht, 3. Aufl. 2003, Rdn. 30.05; *Kuhl/Wagner*, ZIP 1995, S. 433 (434); *Kempen*, DÖV 1988, S. 547 (552); *Gundlach*, DÖV 1999, S. 815 (817); *Römer*, Die Konkursunfähigkeit öffentlich-rechtlicher Rundfunkanstalten, 1987, S. 173 ff.; a. A.: BVerwGE 75, 318 (322 f.); *Hess*, in: Hess/Weis/Wienberg, InsO, Bd. 1, 2. Aufl. 2001, § 12 Rdn. 6; *Stoll*, KTS 1992, S. 521 (536 f.); *Lehmann*, Die Konkursfähigkeit juristischer Personen des öffentlichen Rechts, 1999, S. 142 ff.

355 BVerfGE 89, 1 (152 f.).

lung öffentlich-rechtlicher Rundfunkanstalten wäre ein Konkursverfahren nicht zu vereinbaren. Es wäre nicht ausgeschlossen, dass im Falle eines Konkurses über das Vermögen einer öffentlich-rechtlichen Rundfunkanstalt der Konkursverwalter kraft seiner Verwaltungs- und Verfügungsbefugnisse den finanziellen Rahmen des Programms der Rundfunkanstalt bestimme oder beeinflusse. Das aber wäre mit der durch Art. 5 Abs. 1 Satz 2 GG gewährleisteten Programmfreiheit im Sinne eines Verbots jeder fremden Einflussnahme auf Auswahl, Inhalt und Gestaltung der Programme nicht vereinbar.

Darüber hinaus hat das Bundesverfassungsgericht[356] ausdrücklich offen gelassen, ob sich auch aus allgemeinen rechtlichen Erwägungen der Ausschluss des Konkurses ergeben kann.

III. Ausschluss des Insolvenzverfahrens durch allgemeine Erwägungen

1. Funktionsgewährleistung der öffentlichen Aufgabenerfüllung

Gegen die Insolvenzfähigkeit der juristischen Personen des öffentlichen Rechts spricht nach *Kempen* unter Verweis auf den schon von *Otto Mayer* erhobenen Einwand *„Von selbst versteht sich die Anwendbarkeit der Konkursordnung auf juristische Personen des öffentlichen Rechts nicht."*[357] die Überlegung, dass der Konkurs das Funktionieren der öffentlichen Aufgabenerfüllung nachhaltig störe, wenn nicht hindere.[358] Mit der Zulassung des Konkurses würde in Kauf genommen, dass Private in Verfolgung ihrer Vermögensinteressen in die Erfüllung öffentlicher Aufgaben eingreifen. Unabhängig davon, ob die Eröffnung des Konkursverfahrens für die juristische Person des öffentlichen Rechts zum Verlust der Rechtsfähigkeit oder zur Auflösung führe, störe der Konkurs die Erfüllung öffentlicher Aufgaben schon deshalb, weil der Gemeinschuldner nach § 6 Abs. 1 KO[359] mit der Eröffnung des Konkursverfahrens die Verwaltungs- und Verfügungsbefugnis über das zur Konkursmasse gehörende Vermögen verliere. Ohne Verwaltungs- und Verfügungsbefugnis ließen sich die Vermögensgegenstände aber nicht mehr im Sinne der ursprünglich vorgesehenen öffentlichen Zwecksetzung einsetzen.[360] Der Übergang der Befugnisse auf einen Insolvenzverwalter sei mit den öffentlichen Aufgaben des Staates und den verfassungsmäßigen Befugnissen seiner Organe unvereinbar.[361]

356 BVerfGE 66, 1 (19).
357 *Mayer*, Deutsches Verwaltungsrecht, Bd. 2, 3. Aufl. 1924, S. 350 mit Fn. 18.
358 *Kempen*, DÖV 1988, S. 547 (549); vgl. auch *Wolff/Bachof/Stober*, Verwaltungsrecht II, 5. Aufl. 1987, § 84 Rdn. 17. Vgl. allgemein zum Konflikt zwischen Konkurs- und öffentlichem Recht *Stoll*, Insolvenz und hoheitliche Aufgabenerfüllung, 1992.
359 Jetzt § 80 Abs. 1 InsO.
360 *Kempen*, DÖV 1988, S. 547 (549 f.).
361 Vgl. *Goetsch*, in: Breutigam/Blersch/Goetsch, InsO, § 12 Rdn. 3; auch *Häsemeyer*, Insolvenzrecht, 3. Aufl. 2003, Rdn. 9.03, 30.03.

a) Heranziehung des § 882 a Abs. 2 ZPO

Das Problem der Funktionsgewährleistung der öffentlichen Aufgabenerfüllung wird dadurch zu lösen versucht, dass das Einzelzwangsvollstreckungsverbot des § 882 a Abs. 2 ZPO[362] herangezogen wird.

aa) Zweck des Einzelzwangsvollstreckungsverbots

Nach § 882 a Abs. 2 Satz 1 ZPO ist die Zwangsvollstreckung wegen einer Geldforderung „unzulässig in Sachen, die für die Erfüllung öffentlicher Aufgaben des Schuldners unentbehrlich sind oder deren Veräußerung ein öffentliches Interesse entgegensteht." Dieser Vollstreckungsschutz soll die juristischen Personen des öffentlichen Rechts vor Beeinträchtigungen ihrer Tätigkeit im Gemeinwohlinteresse bewahren. Damit findet die Einzelzwangsvollstreckung ihre Grenze dort, wo sie die Erfüllung der der juristischen Person des öffentlichen Rechts obliegenden öffentlichen Aufgaben, also das entsprechende öffentliche Interesse gefährden würde.[363] Bei der Abwägung des Gläubigerinteresses zu vollstrecken und des Interesses der juristischen Person des öffentlichen Rechts, ihre sächlichen Verwaltungsmittel zur Aufgabenerfüllung behalten zu dürfen, erweist sich das Interesse an der Funktionserhaltung der öffentlichen Aufgabenerfüllung als höherrangig.[364]

bb) Vollstreckungsschutz

Unter „Sachen" sind nach einer verbreiteten Auffassung körperliche Sachen im Sinne des § 808 ZPO zu verstehen;[365] nach anderer und – im Hinblick auf die systematische Stellung des § 882 a ZPO in einem eigenen Vierten Titel im Zweiten Abschnitt des Achten Buchs der ZPO – überzeugenderer Auffassung fallen unter „Sachen" im Sinne des § 882 a Abs. 2 Satz 1 ZPO sowohl bewegliche als auch unbewegliche Sachen,[366] da es dem Sinn und Zweck des § 882 a Abs. 2 ZPO widersprechen würde, wenn es keinen Vollstreckungsschutz für öffentliche Grundstücke und Gebäude gäbe.[367] „Unentbehrlich" sind Sachen für die Erfüllung öffentlicher Aufgaben, wenn diese auf andere Weise nicht erfüllt werden können.[368] Hierbei

362 § 882 a ZPO eingefügt durch Gesetz vom 20.8.1953 (BGBl. I 1953, S. 952).

363 Vgl. BVerfGE 60, 135 (157).

364 *Loeser*, in: Wieczorek/Schütze, ZPO, Bd. 4/2, 3. Aufl. 1999, § 882 a Rdn. 39.

365 *Stöber*, in: Zöller, ZPO, 24. Aufl. 2004, § 882 a Rdn. 6; *Hartmann*, in: Baumbach/Lauterbach, ZPO, 62. Aufl. 2004, § 882 a Rdn. 11.

366 *Walker*, in: Schuschke, ZPO, Bd. 1, 1992, § 882 a Rdn. 8.

367 *Engelsing*, Zahlungsunfähigkeit von Kommunen und anderen juristischen Personen des öffentlichen Rechts, 1999, S. 60.

368 *Stöber*, in: Zöller, ZPO, 24. Aufl. 2004, § 882 a Rdn. 6.

muss ein strenger Maßstab angelegt werden. Eine andere Art der Aufgabenerfüllung muss objektiv gänzlich unmöglich oder völlig unzumutbar sein.[369] Nach allgemeiner Meinung unterfallen nur die Sachen des Verwaltungsvermögens, nicht dagegen die Sachen des Finanzvermögens dem Vollstreckungsschutz des § 882 a Abs. 2 Satz 1 ZPO.[370] Die Sachen des Verwaltungsvermögens dienen unmittelbar hoheitlichen Zwecken, während die Sachen des Finanzvermögens – hierzu zählen insbesondere Bargeld, Kapitalbeteiligungen an (rein) gewerblichen Unternehmen und nicht gewidmete Grundstücke – nur mittelbar, nämlich nicht durch ihren Gebrauch, sondern durch ihren Vermögenswert oder durch ihre Erträge hoheitlichen Zwecken dienen.[371] Ohne die Sachen im Verwaltungsgebrauch wie Verwaltungsgebäude samt Inventar kann die Verwaltung gar nicht tätig werden.[372] Dagegen sind die Sachen des Finanzvermögens grundsätzlich für die öffentliche Aufgabenerfüllung entbehrlich, denn diese dienen nur mittelbar öffentlichen Zwecken.[373] Das „öffentliche Interesse“ steht der Veräußerung entgegen bei Kunstschätzen, Archiven, Bibliotheken und ähnlichen Einrichtungen der Kulturpflege.[374] Diese Sachen sind – obwohl die Kulturpflege eine öffentliche Aufgabe im Sinne des § 882 a Abs. 2 Satz 1 Alt. 1 ZPO ist – im Einzelfall für die kulturelle Versorgung der Bevölkerung entbehrlich und werden wegen ihrer besonderen Bedeutung für das Gemeinwohl von § 882 a Abs. 2 Satz 1 Alt. 2 ZPO erfasst. Dabei müssen an das öffentliche Interesse erhöhte Anforderungen gestellt werden,[375] jedoch darf an die Interessenabwägung nicht derselbe strenge Maßstab angelegt werden wie bei der „Unentbehrlichkeit“, da der zweiten Alternative sonst jeder Anwendungsbereich entzogen würde.

cc) Geltungsbereich

Der Geltungsbereich des § 882 a Abs. 2 ZPO erstreckt sich auf Bund und Länder (§ 882 a Abs. 1 Satz 1 ZPO) sowie auf alle Körperschaften, Anstalten oder Stiftungen des öffentlichen Rechts (§ 882 a Abs. 3 Satz 1 ZPO). Ausgenommen sind die Gemeinden und Gemeindeverbände, für die der Regelungsvorbehalt des § 15 Nr. 3 EGZPO aufrechterhalten wurde.[376]

369 *Hartmann*, in: Baumbach/Lauterbach, ZPO, 62. Aufl. 2004, § 882 a Rdn. 11.

370 BVerfGE 64, 1 (44); *Loeser*, in: Wieczorek/Schütze, ZPO, Bd. 4/2, 3. Aufl. 1999, Rdn. 56.

371 Vgl. *Wolff/Bachof/Stober*, Verwaltungsrecht, Bd. 2, 6. Aufl. 2000, § 75 Rdn. 8.

372 *Engelsing*, Zahlungsunfähigkeit von Kommunen und anderen juristischen Personen des öffentlichen Rechts, 1999, S. 63.

373 *Engelsing*, Zahlungsunfähigkeit von Kommunen und anderen juristischen Personen des öffentlichen Rechts, 1999, S. 64.

374 Gesetzesbegründung, BT-Drs. 1/3284, S. 23 f.

375 Vgl. *Engelsing*, Zahlungsunfähigkeit von Kommunen und anderen juristischen Personen des öffentlichen Rechts, 1999, S. 26 ff. und S. 66, nach dem das Recht des Gläubigers, gegen die öffentliche Hand vollstrecken zu können, durch Art. 19 Abs. 4 GG, Art. 14 Abs. 1 GG und den allgemeinen Justizgewährleistungsanspruch verfassungsrechtlich garantiert ist.

376 Siehe hierzu oben Zweiter Teil C. II. 2. b) und 3. b).

b) Auswirkung auf das Insolvenzverfahren

Ein Auswirkung des Einzelzwangsvollstreckungsverbots auf das Insolvenzverfahren ergibt sich aus §§ 35, 36 Abs. 1 Satz 1 InsO.[377] § 35 InsO definiert den Begriff der Insolvenzmasse: „Das Insolvenzverfahren erfasst das gesamte Vermögen, das dem Schuldner zur Zeit der Eröffnung des Verfahrens gehört und das er während des Verfahrens erlangt.“ Mit dem Eröffnungsbeschluss geht das Verwaltung- und Verfügungsrecht des Schuldners über das beschlagnahmte Vermögen – die Insolvenzmasse – auf den Insolvenzverwalter über (§§ 80 Abs. 1, 35, 36 InsO).[378] Die positive Bestimmung der Insolvenzmasse in § 35 wird durch § 36 Abs. 1 Satz 1 InsO dahingehend eingeschränkt, dass nur das der Zwangsvollstreckung unterliegende Vermögen Teil der Insolvenzmasse ist: „Gegenstände, die nicht der Zwangsvollstreckung unterliegen, gehören nicht zur Insolvenzmasse.“ Dieses vollstreckungsfreie Vermögen verbleibt in der Verwaltungs- und Verfügungszuständigkeit des Schuldners. Umstritten ist, ob sich § 882 a Abs. 2 ZPO als Regelung über die Zulässigkeit des Insolvenzverfahrens oder als Regelung über den Umfang der Insolvenzmasse auswirkt.

aa) Regelung der Zulässigkeit des Insolvenzverfahrens

Säuberlich ist der Auffassung, wegen § 882 a ZPO sei ein Gesamtkonkurs bei den juristischen Personen des öffentlichen Rechts ausgeschlossen, da nach § 882 a ZPO die Zwangsvollstreckung in die für die Erfüllung öffentlicher Aufgaben unentbehrlichen Sachen unzulässig sei. Dieser Ausschluss betreffe alle unmittelbar der Verwaltung dienenden Gegenstände. Für die juristischen Personen des öffentlichen Rechts wäre daher allenfalls ein Sonderkonkurs zulässig.[379] Weil nach wie vor als Grundregel gilt: „Eine Person, ein Vermögen, ein Insolvenzverfahren“[380], ist das Insolvenz-

377 Vgl. BVerfGE 60, 135 noch in Bezug auf § 1 KO i.V.m. § 882 a ZPO. *Kempen*, DÖV 1988, S. 547 (550) und *Roth*, BayVBl. 1981, S. 491 (494) nehmen an, dass die Verweisung des § 1 KO nur als statische Verweisung aufgefasst werden könne, die auf den erst später durch Gesetz vom 20.8.1953 eingefügten § 882 a Abs. 2 ZPO nicht Bezug nehme. Dem hält *Stoll*, KTS 1992, S. 521 (532) entgegen, der § 882 a Abs. 2 ZPO konkretisierte und vereinheitlichte schon bisher geltendes Recht, denn es habe bereits früher dem § 882 a Abs. 2 ZPO ähnliche Pfändungsbeschränkungen gegeben. Deshalb gehe es nicht an, daraus, dass die Norm als solche zur Zeit des Inkrafttretens der Konkursordnung noch nicht bestand, zu schließen, sie sei von der Verweisung des § 1 KO ausgenommen. Für § 36 Abs. 1 Satz 1 InsO ist der Verweis auf den früher eingefügten § 882 a Abs. 2 ZPO unproblematisch, vgl. *Engelsing*, Zahlungsunfähigkeit von Kommunen und anderen juristischen Personen des öffentlichen Rechts, 1999, S. 133.

378 Siehe hierzu oben Zweiter Teil A. III. 4.

379 *Säuberlich*, BB 1979, S. 168 (169); vgl. hierzu auch *Piette*, BayVBl. 1981, S. 171 (172); *Roth*, BayVBl. 1981, S. 491 (494); *Kempen*, DÖV 1988, S. 547 (550).

380 *Henckel*, in: Jaeger, KO, Bd. 1, 9. Aufl. 1997, § 1 Rdn. 149.

verfahren über besondere verselbständigte Vermögensmassen (Sonderinsolvenzverfahren) nur zulässig, wenn der Gesetzgeber eine gesondert haftende Vermögensmasse festgelegt hat.[381] Eine solche gesetzliche Bestimmung für eine gesondert haftende Vermögensmasse dürfte nach Auffassung *Säuberlichs* bei den juristischen Personen des öffentlichen Rechts generell nicht vorliegen, so dass der Konkurs für sie rechtlich nicht zulässig sei.[382] Tatsächlich hat der Gesetzgeber nur wenige gesondert haftende Vermögensmassen festgelegt: Nach § 11 Abs. 2 Nr. 2 InsO kann ein Sonderinsolvenzverfahren über einen Nachlass (§ 1975 BGB), das Gesamtgut einer fortgesetzten Gütergemeinschaft (§§ 1483, 1489, 1975 BGB) oder ein von den Ehegatten gemeinsam verwaltetes Gesamtgut (§§ 1416, 1450 BGB) durchgeführt werden. In diesen Fällen geht es um die Realisierung einer auf das Sondervermögen beschränkten Vermögenshaftung. Schuldner sind auch die Vermögensträger, also Erben oder Ehegatten, jedoch in ihrer Haftung beschränkt auf das der Insolvenz unterliegende Sondervermögen.[383]

bb) Regelung des Umfangs der Insolvenzmasse

Dem Ansatz *Säuberlichs* wird entgegengehalten, er vermenge die Fragen nach dem „Ob" und „Wie" des Konkurses.[384] Der formalen Aussage nach regele § 882 a Abs. 2 ZPO nämlich den Umfang der Konkursmasse, nicht aber die Zulässigkeit des Konkurses an sich.[385] Die Norm des § 882 a Abs. 2 ZPO teile nicht das pfändbare Vermögen in zwei Massen, sondern trenne pfändbares von unpfändbarem Vermögen. An sich läge also ein Gesamtkonkurs vor, bei dem – ähnlich wie die Pfändungsverbote des § 811 Nr. 1-3, 5-8, 11-14 ZPO – auch § 882 a Abs. 2 ZPO den Umfang der Konkursmasse einschränke.[386] Zur Konkursmasse gehörten dann nur die Vermögensgegenstände, die für die Erfüllung öffentlicher Aufgaben entbehrt werden könnten, und die, deren Veräußerung nicht gegen das öffentliche Interesse verstoße. Das der öffentlichen Aufgabenerfüllung dienende Vermögen wäre damit „konkursfest", und aus der Sicht der öffentlichen Funktionsgewährleistung wäre nichts gegen den Konkurs der juristischen Personen des öffentlichen Rechts einzuwenden. Im Ergebnis lasse sich mit dem Hinweis auf den Widerspruch zwischen Konkursverfahren und öffentlicher Aufgabenerfüllung die Konkursunfähigkeit juri-

381 Vgl. *Uhlenbruck*, in: Uhlenbruck (Hrsg.), InsO, 12. Aufl. 2003, § 35 Rdn. 7; *Henckel*, in: Jaeger, KO, Bd. 1, 9. Aufl. 1997, § 1 Rdn. 149 ff.; *Kuhn/Uhlenbruck*, KO, 11. Aufl. 1994, § 1 Rdn. 8; vgl. auch BGHZ 23, 307 (315) für Gesellschaften des bürgerlichen Rechts, bei denen ein Sonderkonkurs über das Gesellschaftsvermögen nicht möglich ist.

382 *Säuberlich*, BB 1979, S. 168 (169).

383 *Haarmeyer/Wutzke/Förster*, Handbuch zur Insolvenzordnung, 3. Aufl. 2001, Rdn. 1/59.

384 *Lehmann*, Die Konkursfähigkeit juristischer Personen des öffentlichen Rechts, 1999, S. 23.

385 Vgl. *Everhardt/Gaul*, BB 1976, S. 467 (469); *Stoll*, KTS 1992, S. 521 (531); *Lehmann*, Die Konkursfähigkeit juristischer Personen des öffentlichen Rechts, 1999, S. 24.

386 *Stoll*, KTS 1992, S. 521 (531).

stischer Personen des öffentlichen Rechts nicht begründen. Die Abwägung dieser beiden Positionen sei in § 882 a Abs. 2 ZPO auch für den Insolvenzfall abschließend erfolgt.[387]

cc) Stellungnahme

Die Auffassung *Säuberlichs* ist mit den von der gegnerischen Auffassung vorgebrachten Argumenten abzulehnen. Dabei ist zu berücksichtigen, dass *Säuberlich* in seinem Ansatz nicht nur das Verwaltungsvermögen, sondern – entgegen allgemeiner Meinung[388] – auch das Finanzvermögen vom Vollstreckungsschutz des § 882 a Abs. 2 ZPO erfasst sieht, weil auch dieses unmittelbar der Verwaltung diene.[389] Unter dieser Prämisse erscheint es folgerichtig, einen Gesamtkonkurs als ausgeschlossen anzusehen, denn wenn Verwaltungs- und Finanzvermögen dem Vollstreckungsschutz des § 882 a Abs. 2 ZPO unterfallen, verbleibt tatsächlich keine Vermögensmasse mehr, über die ein Gesamtkonkurs eröffnet werden könnte. Der Ansatz *Säuberlichs* liegt also in einer abweichenden Meinung darüber begründet, welche Sachen unmittelbar hoheitlichen Zwecken dienen und vom Vollstreckungsschutz des § 882 a Abs. 2 ZPO erfasst werden und für welche Sachen dies nicht zutrifft.

Die Auffassung, nach der die Funktionsgewährleistung der öffentlichen Aufgabenerfüllung durch die Anwendung des § 882 a Abs. 2 ZPO im Insolvenzfall abgesichert ist, erscheint überzeugend. Geht man mit der allgemeinen Meinung davon aus, dass das Finanzvermögen nur mittelbar hoheitlichen Zwecken dient und nicht vom Vollstreckungsschutz des § 882 a Abs. 2 ZPO erfasst wird, kommt man zu dem Ergebnis, dass § 882 a Abs. 2 ZPO den Umfang der Insolvenzmasse einschränkt, indem es pfändbares von unpfändbarem Vermögen – § 36 InsO spricht eindeutig von „Unpfändbare[n] Gegenstände[n]“ – trennt. Die Sachen, die für die Erfüllung öffentlicher Aufgaben unentbehrlich sind oder deren Veräußerung ein öffentliches Interesse entgegensteht, verbleiben in der Verwaltungs- und Verfügungszuständigkeit der juristischen Personen des öffentlichen Rechts und lassen sich auch weiterhin im Sinne der ursprünglich vorgesehenen öffentlichen Zwecksetzung einsetzen.

Fraglich ist, ob die Funktionsgewährleistung der öffentlichen Aufgabenerfüllung auch für die Zeit *nach* Beendigung des Insolvenzverfahrens abgesichert ist. Sollten die Rechtsfolgen der Verfahrenseröffnung bei den juristischen Personen des öffentlichen Rechts dieselben sein wie bei den juristischen Personen des privaten Rechts,[390] so würden auch die juristischen Personen des öffentlichen Rechts mit Abschluss des Insolvenzverfahrens ihre Rechtsfähigkeit verlieren. Eine Beeinträchtigung der Funktionsgewährleistung der öffentlichen Aufgabenerfüllung wäre kaum

387 *Stoll*, KTS 1992, S. 521 (533).
388 Siehe hierzu oben Zweiter Teil C. III. 1. a) bb).
389 *Säuberlich*, BB 1979, S. 168 (169).
390 Siehe zu den Rechtsfolgen der Verfahrenseröffnung oben Zweiter Teil A. IV.

von der Hand zu weisen, wenn eine Körperschaft, Anstalt oder Stiftung des öffentlichen Rechts infolge Existenzbeendigung ihre öffentlichen Aufgaben nicht mehr wahrnehmen könnte.

Stoll schlussfolgert aus der Anwendung des § 882 a Abs. 2 ZPO im Konkurs, dass das Verfahren nicht zu einer Auflösung der juristischen Person führe. Der hinter den Pfändungsverboten des § 811 ZPO stehende Gedanke, dass unabhängig vom Konkurs eine unangetastete persönliche Sphäre stehen könne, die aufrecht erhalten werde, während der übrige Teil des Vermögens liquidiert werde, lasse sich auf § 882 a Abs. 2 ZPO nicht übertragen. Denn sollte das pfändbare Vermögen im Konkurs liquidiert und die juristische Person somit aufgelöst werden, wäre die Existenz des pfändungsfreien Vermögens ohne Sinn. Die Anwendung des § 882 a Abs. 2 ZPO im Konkurs könnte also durchaus als Gesamtkonkurs über das nicht der Aufgabenerfüllung der juristischen Person dienende Vermögen unter Aufrechterhaltung ihrer Rechtspersönlichkeit verstanden werden.[391] Die Auffassung *Stolls* erscheint logisch: Wofür sollten die gem. § 882 a Abs. 2 ZPO von der Einzelzwangsvollstreckung ausgenommenen Sachen, die für die Erfüllung öffentlicher Aufgaben des Schuldners unentbehrlich sind, oder deren Veräußerung ein öffentliches Interesse entgegensteht, vor dem Zugriff der Gläubiger im Insolvenzverfahren geschützt werden, wenn keine juristische Person mehr besteht, der die Erfüllung der öffentlichen Aufgabe obliegt? Zur Beantwortung dieser Frage ist zu überprüfen, welche Rechtsfolgen die Eröffnung des Insolvenzverfahrens für die juristischen Personen des öffentlichen Rechts hat.

c) Der Verlust der Rechtsfähigkeit

Es wurde bereits festgestellt, dass die Eröffnung des Insolvenzverfahrens für sämtliche juristischen Personen – jedenfalls für die des privaten Rechts – den Verlust der Rechtsfähigkeit zumindest mittelbar zur Folge hat. Zwar besteht die juristische Person während des Insolvenzverfahrens zum Zwecke der Liquidation fort,[392] mit dem zur Vollbeendigung führenden „Doppeltatbestand von Vermögenslosigkeit und Löschung“ erlischt die juristische Person als Rechtsträgerin jedoch endgültig.[393] Uneinheitlich wird die Frage beantwortet, ob sich diese nach den Maßstäben des Zivilrechts entwickelte Lösung auch auf die juristischen Personen des öffentlichen Rechts übertragen lässt.[394]

391 *Stoll*, KTS 1992, S. 521 (531, 533); ebenso *Engelsing*, Zahlungsunfähigkeit von Kommunen und anderen juristischen Personen des öffentlichen Rechts, 1999, S. 134.

392 Siehe hierzu oben Zweiter Teil A. IV 1.

393 Siehe hierzu oben Zweiter Teil A. IV 2.

394 Vgl. z. B. *Renck*, BayVBl. 1982, S. 300 (301) *„...steht der Anwendbarkeit des Konkursrechts dann nichts im Wege, wenn es ohne seine Vorschriften über Bestand und Vertretung juristischer Personen anwendbar ist. Man wird nicht ohne weiteres annehmen dürfen, dass der Konkurs die Liquidation einer juristischen Person des öffentlichen Rechts erfordert.“*

aa) Die Auffassung des Bundessozialgerichts

Das Bundessozialgericht[395] vertritt die Auffassung, die Eröffnung, Abwicklung und Beendigung des Konkurses habe nicht ohne weiteres die Auflösung[396] der juristischen Person des öffentlichen Rechts zur Folge. Aus § 89 Abs. 2 BGB gehe hervor, dass die juristische Person des öffentlichen Rechts mit der Eröffnung des Konkursverfahrens nicht ihre Rechtsfähigkeit verliere, denn auf die für eingetragene Vereine geltende Vorschrift des § 42 Abs. 1 BGB werde nicht verwiesen. Die Konkursordnung enthalte über die Auflösung keine Regelungen, vielmehr fänden sich die entsprechenden Vorschriften in den die juristischen Personen betreffenden Gesetzen (z. B. § 262 Abs. 1 Nr. 3 AktG, § 60 Abs. 1 Nr. 4 GmbHG). Die juristischen Personen des Privatrechts bestünden jedoch auch nach beendetem Konkurs fort, wenn noch verteilbares Vermögen vorhanden sei oder wenn der Zusammenschluss noch ernstlich Rechte für sich in Anspruch nehme. Außerdem könne die juristische Person ihr Fortbestehen beschließen (z. B. § 274 Abs. 2 Nr. 1 AktG). Für die juristischen Personen des öffentlichen Rechts gelte nichts anderes. Da sie nur durch Gesetz oder durch einen anderen auf eine gesetzliche Ermächtigung gestützten Hoheitsakt wieder aufgelöst werden könnten, ändere der Konkurs an der Existenz der juristischen Person nichts. Sie bestünden weiter, falls gesetzlich eine Auflösung durch den Konkurs nicht vorgesehen sei. Bei öffentlich-rechtlichen Rechtsträgern, die das Recht hätten, Beiträge oder Gebühren zu erheben, sei nach beendigtem Konkurs in der Regel auch noch Vermögen vorhanden, denn Beiträge und Gebühren, die nach der Konkurseröffnung entrichtet worden seien, fielen nach § 1 Abs. 1 KO nicht in die Konkursmasse. Die juristische Person könne ihre öffentlichen Aufgaben weiter betreiben, zumal nach § 1 Abs. 1 KO, § 882 a Abs. 2, 3 ZPO die Konkursmasse nicht die Sachen umfasse, die für die Erfüllung ihrer öffentlichen Aufgaben unentbehrlich seien oder deren Veräußerung ein öffentliches Interesse entgegenstehe.

bb) Die Auffassung des Bundesverfassungsgerichts

Das Bundesverfassungsgericht[397] ist der Auffassung, dass die juristische Person des öffentlichen Rechts bei Konkurseröffnung nur noch einstweilen für den Zweck der

395 Vorlagebeschluss vom 17.9.1981 – 10/8b RAr 19/80 –, zitiert nach der Juris-Datenbank (Nr. KSRE 017911106). Vgl. auch *Engelsing*, Zahlungsunfähigkeit von Kommunen und anderen juristischen Personen des öffentlichen Rechts, 1999, S. 144 f. m.w.N.; im Ergebnis auch *Storr*, Der Staat als Unternehmer, 2001, S. 389.

396 Das Bundessozialgericht meint aus dem Zusammenhang ersichtlich nicht nur die *Auflösung* der juristischen Person, sondern auch und vor allem deren endgültiges *Erlöschen*.

397 BVerfGE 60, 135 (158). Vgl. auch *Lehmann*, Die Konkursfähigkeit juristischer Personen des öffentlichen Rechts, 1999, S. 26 f.; ebenso schon *Weber*, in: Jaeger, KO, Bd. 2, 8. Aufl. 1973, § 213 Anm. 13; *Roth*, BayVBl. 1981 S. 491 (494); ähnlich auch *Widtmann*, GewArch 1977, S. 209 (211).

Liquidation fortbestehe. Nach Abwicklung des Konkursverfahrens ende auch diese gegenständlich beschränkte Rechtsfähigkeit und damit die Existenz der juristischen Person überhaupt. Letztendlich würde also ein Konkurs jede Betätigung der betreffenden juristischen Person des öffentlichen Rechts zur Bewältigung ihrer öffentlichen Aufgabe beenden.

cc) Stellungnahme

Zu entscheiden ist, ob der Gesetzgeber die juristischen Personen des öffentlichen Rechts bei der Zulässigkeit des Insolvenzverfahrens bzw. der Insolvenzfähigkeit gleichbehandeln, die Rechtsfolgen eines Insolvenzverfahrens aber unterschiedlich ausgestalten wollte.

(1) Fortbestehen wegen fehlendem Verweis auf § 42 Abs. 1 BGB?

Insbesondere ist zu erwägen, welche Bedeutung der Tatsache beigemessen werden muss, dass § 89 Abs. 2 BGB nur auf § 42 Abs. 2 BGB, nicht aber auf § 42 Abs. 1 BGB verweist, welcher in seiner damaligen Fassung den Verlust der Rechtsfähigkeit eines Vereins für den Fall der Eröffnung des Konkursverfahrens vorsah.[398] Das Bundessozialgericht zieht daraus die Schlussfolgerung, die juristischen Personen des öffentlichen Rechts würden mit der Eröffnung des Konkursverfahrens nicht ihre Rechtsfähigkeit verlieren. Nach anderer Auffassung ist diese Schlussfolgerung wenig überzeugend, weil die beiden Absätze des § 42 BGB *„offenbar im Zusammenhang"* gelesen werden sollen.[399]

Im Ergebnis lässt entgegen der Auffassung des Bundessozialgerichts der fehlende Verweis auf § 42 Abs. 1 BGB a. F. nicht den Schluss auf das Fortbestehen des Rechtsträgers nach Beendigung des Insolvenzverfahrens zu. Richtig ist, dass es weder in der Konkurs- noch in der Insolvenzordnung eine allgemeine, für alle juristischen Personen geltende Vorschrift gibt, die generell die Auflösung einer juristischen Person mit Eröffnung des Konkurs- bzw. Insolvenzverfahrens vorsieht; die Auflösung ist in speziellen Vorschriften geregelt, vgl. z. B. § 262 Abs. 1 Nr. 3 AktG, § 60 Abs. 1 Nr. 4 GmbHG. Allerdings betreffen diese Vorschriften nur die Auflösung der juristischen Person, die – wie bereits ausgeführt[400] – nicht mit dem Erlöschen der juristischen Person gleichzusetzen ist. Dagegen treffen diese Vorschriften keine Aussage über den Verlust der Rechtsfähigkeit, und sie verweisen auch nicht auf § 42 Abs. 1 BGB. Die juristischen Personen sind nach Durchführung des Insol-

398 § 42 Abs. 1 BGB i.d.F. des Gesetzes vom 25.3.1930 lautete: „Der Verein verliert die Rechtsfähigkeit durch die Eröffnung des Konkurses."

399 *Lehmann*, Die Konkursfähigkeit juristischer Personen des öffentlichen Rechts, 1999, S. 27.

400 Siehe zu den Rechtsfolgen der Verfahrenseröffnung oben Zweiter Teil A. IV.

venzverfahrens von Amts wegen zu löschen. Die Löschung im Handelsregister führt zum Erlöschen der Gesellschaft und bedeutet zweifellos – ohne dass es wegen des fehlenden Verweises auf § 42 Abs. 1 BGB in Frage gestellt würde – auch den Verlust der Rechtsfähigkeit. Bei juristischen Personen wie z. B. AG und GmbH ist die Existenz untrennbar mit der Rechtsfähigkeit verbunden. Das Erlöschen der juristischen Person impliziert den Verlust der Rechtsfähigkeit, und auch umgekehrt gilt, dass ein Verlust der Rechtsfähigkeit ohne gleichzeitiges Erlöschen der juristischen Person nicht denkbar ist.

Anders ist dies jedoch im Falle des rechtsfähigen Vereins nach § 21 BGB. Hier bedeutet der Verlust der Rechtsfähigkeit nicht unvermeidlich das Erlöschen des Vereins, denn der Verein kann als nichtrechtsfähiger Verein fortbestehen, wenn die Satzung oder ein Beschluss der Mitgliederversammlung dies bestimmen.[401] Der früher in § 42 Abs. 1 BGB geregelte Verlust der Rechtsfähigkeit des Vereins war sozusagen ein „Minus" gegenüber dem Erlöschen der juristischen Person des privaten Rechts. Ausnahmsweise führte die Eröffnung des Konkurs- bzw. Insolvenzverfahrens nicht zum Erlöschen der juristischen Person, sondern *nur* zum Verlust der Rechtsfähigkeit.[402] Als Spezialregelung des Vereinsrechts[403] konnte § 42 Abs. 1 BGB a. F. aber weder für die juristischen Personen des privaten Rechts noch für die des öffentlichen Rechts herangezogen werden.

Die hier vertretene Auffassung, dass der in § 89 Abs. 2 BGB fehlende Verweis auf § 42 Abs. 1 BGB nicht die Schlussfolgerung auf das Fortbestehen der juristischen Personen des öffentlichen Rechts zulässt, wird bestätigt durch die Neufassung des § 42 Abs. 1 BGB, welcher nicht mehr den Verlust der Rechtsfähigkeit, sondern die Auflösung des Vereins für den Fall der Eröffnung des Insolvenzverfahrens vorsieht.[404] Ob der Gesetzgeber sich bei der ursprünglichen Fassung des § 42 Abs. 1 BGB tatsächlich im Ausdruck vergriffen hat,[405] kann hier offen bleiben. Jedenfalls ist der Wortlaut des § 42 Abs. 1 BGB den übrigen Vorschriften angeglichen worden, die der Verfahrenseröffnung schon bisher nur Auflösungswirkung beimessen, vgl. z. B. § 262 Abs. 1 Nr. 3 AktG, § 60 Abs. 1 Nr. 4 GmbHG. Auch für den rechtsfähigen Verein gilt nun, dass er während des Insolvenzverfahrens fortbesteht und mit

401 Vgl. BGHZ 96, 253 (357); *Heinrichs*, in: Palandt, BGB, 57. Aufl. 1998, § 42 Rdn. 2.

402 Vgl. RG, JW 1936, S. 2063 (2063).

403 Dies verkennt *Engelsing*, Zahlungsunfähigkeit von Kommunen und anderen juristischen Personen des öffentlichen Rechts, 1999, S. 143 f., wenn er § 42 Abs. 1 BGB als Beweis dafür heranzieht, dass *„das Insolvenzverfahren nicht zwingend zur Existenzbeendigung einer juristischen Person führt."*

404 § 42 Abs. 1 BGB lautet seit der Neufassung durch Art. 33 Nr. 1 EGInsO: „Der Verein wird durch die Eröffnung des Insolvenzverfahrens aufgelöst."

405 So *Schmidt*, Gesellschaftsrecht, 4. Aufl. 2002, § 11 VI. 4. a) unter Verweis auf den Wortlaut des § 39 I BGB-E II: „Der Verein wird aufgelöst durch die Eröffnung des Konkurses."

Abschluss des Verfahrens erlischt.[406] Eine Entziehung der Rechtsfähigkeit ist seit der Neufassung des § 42 BGB nur noch in §§ 43 und 73 BGB vorgesehen.[407]

(2) Fortbestehen mangels spezialgesetzlicher Auflösungsregelungen?

Zu beantworten bleibt die Frage, ob spezielle Vorschriften zu fordern sind, die – wie bei den juristischen Personen des privaten Rechts – die Auflösung regeln, denn § 89 Abs. 2 BGBG verweist (auch insoweit) nicht auf § 42 Abs. 1 BGB. Grundsätzlich können aufgrund eines Gesetzes errichtete juristische Personen des öffentlichen Rechts nur durch einen der Errichtung entsprechenden Akt, also ebenfalls durch Gesetz oder einen anderen auf gesetzliche Ermächtigung gestützten Hoheitsakt wieder aufgelöst werden, d. h. ihre Existenz verlieren.[408] *Lehmann* ist der Auffassung, die in § 89 Abs. 2 i.V.m. § 42 Abs. 2 BGB vorgesehene Verpflichtung zur Stellung des Antrags auf Eröffnung des Konkurs- bzw. Insolvenzverfahrens sei als hinreichende gesetzliche Anordnung der Auflösung anzusehen.[409] Diese Auffassung ist deswegen nicht überzeugend, weil sie auf einer petitio principii gründet: Die Verpflichtung zur Stellung des Antrags auf Eröffnung des Konkurs- bzw. Insolvenzverfahrens kann nur dann als hinreichende gesetzliche Anordnung angesehen werden, wenn man bereits voraussetzt, dass die Eröffnung des Konkurs- bzw. Insolvenzverfahrens notwendig die Auflösung und zumindest mittelbar den Verlust der Rechtsfähigkeit der juristischen Person zur Folge hat. Diese nach den Maßstäben des Zivilrechts entwickelte Lösung wird aber für die juristischen Personen des öffentlichen Rechts gerade in Zweifel gezogen.

Möglicherweise lässt sich gegen das Erfordernis einer spezialgesetzlichen Regelung einwenden, der Gesetzgeber habe ein Insolvenzverfahren über das Vermögen einer juristischen Person des öffentliche Rechts nicht ernsthaft in Betracht gezogen und daher auch die Auflösung nicht spezialgesetzlich geregelt. *Engelsing*[410] entkräftet diesen von ihm selbst vorgebrachten Einwand mit dem Verweis auf die ausdrückliche Vorschrift des § 77 Abs. 1 HandwO, wonach die Eröffnung des Insolvenzver-

406 Vgl. *Heinrichs*, in: Palandt, BGB, 63. Aufl. 2003, § 42 Rdn. 2; *Reuter*, in: MüKo-BGB, Bd. 1, 4. Aufl. 2001, § 42 Rdn. 6. Nach § 42 Abs. 1 Satz 3 BGB kann das Fortbestehen als nichtrechtsfähiger Verein beschlossen werden. Dies entspricht der Rechtsprechung des BGH, BGHZ 96, 253 (357), zu § 42 Abs. 1 a. F.

407 Vgl. *Heinrichs*, in: Palandt, BGB, 63. Aufl. 2003, § 41 Rdn. 1a.

408 Vgl. *Forsthoff*, Verwaltungsrecht I, 10. Aufl. 1973, § 25 II. 2. (S. 493) für Körperschaften, § 25 II 3. (S. 506) für Anstalten; *Wolff/Bachof/Stober*, Verwaltungsrecht II, 5. Aufl. 1987, § 84 Rdn. 14 für Körperschaften, § 98 Rdn. 38 für Anstalten.

409 *Lehmann*, Die Konkursfähigkeit juristischer Personen des öffentlichen Rechts, 1999, S. 27; ähnlich *Everhardt/Gaul*, BB 1976, S. 467 (469).

410 *Engelsing*, Zahlungsunfähigkeit von Kommunen und anderen juristischen Personen des öffentlichen Rechts, 1999, S. 144; vgl. auch *Stoll*, KTS 1992, S. 521 (535 f.), der mit dem argumentum e contrario aus § 77 Abs. 1 HandwO schließt, dass Handwerkskammern mit Eröffnung des Konkursverfahrens *nicht aufgelöst* werden, sondern bestehen bleiben.

fahrens über das Vermögen der Handwerksinnung die Auflösung kraft Gesetzes zur Folge hat.[411] § 77 Abs. 1 HandwO sei insoweit lex specialis gegenüber § 882 a Abs. 2 i.V.m. Abs. 3 ZPO.[412] Wenn Handwerksinnungen durch Konkurs kraft Gesetzes aufgelöst würden, dann bräuchte ihr notwendiges Verwaltungsvermögen nicht mehr erhalten zu werden, und der Konkursrichter bräuchte infolgedessen die Unterscheidung von notwendigem Verwaltungsvermögen und Finanzvermögen nicht mehr zu beachten. Er könne bei Überschuldung oder Zahlungsunfähigkeit den Konkurs über das gesamte Vermögen eröffnen.[413] Die Einordnung des § 77 Abs. 1 HandwO als lex specialis zu § 882 a Abs. 2 ZPO bestätigt die Auffassung *Stolls*, der die insolvenzrechtliche Bedeutung des § 882 a Abs. 2 ZPO darin sieht, dass das Verfahren nicht zur Auflösung der juristischen Person führt.[414] Nach anderer Auffassung handelt es sich bei § 77 Abs. 1 HandwO um eine ausdrückliche Regelung der Konkurs- bzw. Insolvenzfähigkeit,[415] bzw. um eine Regelung, aus der sich ergibt, dass Handwerksinnungen insolvenzfähig sind.[416]

Letztere Auffassung, wonach § 77 Abs. 1 HandwO primär die *Insolvenzfähigkeit* von Handwerksinnung bzw. Kreishandwerkerschaft normiert und erst in zweiter Linie die Rechtsfolgen der Verfahrenseröffnung regelt, ist überzeugend. Dies wird offensichtlich, wenn man sich die fiktive Rechtslage bei Fehlen der Vorschrift verdeutlicht: Handwerksinnung und Kreishandwerkerschaft sind nach § 53 bzw. § 89 Abs. 1 Nr. 1 i.V.m. § 53 HandwO Körperschaften des öffentlichen Rechts. Für sie gilt der landesgesetzliche Ausschluss des Insolvenzverfahrens nach § 78 Abs. 3 Satz 2 VwVG NW, denn Handwerksinnung und Kreishandwerkerschaft unterstehen der Aufsicht des Landes.[417] Zwar ist nach § 75 Satz 1 bzw. § 89 Abs. 1 Nr. 5 i.V.m. § 75 Satz 1 HandwO die Handwerkskammer zuständig für die Aufsicht über Handwerksinnung und Kreishandwerkerschaft, jedoch ist nicht nur die unmittelbare Aufsicht des Staates über die Handwerkskammer, sondern auch die der Kammer über Handwerksinnung und Kreishandwerkerschaft *Staats*aufsicht.[418] Weil die Aufsicht

411 Dasselbe gilt nach § 89 Abs. 1 Nr. 5 i.V.m. § 77 Abs. 1 HandwO für die Kreishandwerkerschaften.

412 Vgl. *Musielak/Detterbeck*, Das Recht des Handwerks, 3. Aufl. 1995, § 77 HandwO Rdn. 1; im Anschluss an *Junge*, GewArch 1958, S. 221 (222); *Stoll*, KTS 1992, S. 521 (536), weist zutreffend darauf hin, dass sicher nicht die Beschränkungen in der Einzelzwangsvollstreckung aufgehoben würden: lediglich für den Insolvenzfall werde das Interesse der Gläubiger höher bewertet als die Erfüllung öffentlicher Aufgaben. Es liege demnach ein Spezialgesetz zu §§ 1 KO (jetzt §§ 35, 36 Abs. 1 Satz 1 InsO), 882 Abs. 2 ZPO vor.

413 *Junge*, GewArch 1958, S. 221 (222).

414 *Stoll*, KTS 1992, S. 521 (531, 533). Siehe hierzu schon oben Zweiter Teil C. III. 1 b) cc).

415 Vgl. *Ott*, in: MüKo-InsO, Bd. 1, 2001, § 12 Rdn. 12; *Widtmann*, GewArch 1977, S. 209 (211), der mit dem argumentum e contrario aus § 77 Abs. 1 HandwO schließt, dass Handwerkskammern *nicht konkursfähig* sind.

416 Vgl. *Honig*, HandwO, 2. Aufl. 1999, § 77 Rdn. 3.

417 Ebenso *Engelsing*, Zahlungsunfähigkeit von Kommunen und anderen juristischen Personen des öffentlichen Rechts, 1999, S. 153.

418 Vgl. *Honig*, HandwO, 2. Aufl. 1999, § 75 Rdn. 1; *Kormann*, GewArch 1987, S. 249 (Fn. 3).

der Handwerkskammer über Handwerksinnung und Kreishandwerkerschaft dem Bereich der Organisationsfunktion zuzurechnen ist, handelt es sich um eine delegierte Staatsaufsicht, deren Ausübung wiederum staatlicher Rechtsaufsicht des Landes unterliegt.[419] § 77 Abs. 1 HandwO verdrängt als bundesgesetzliche Regelung über die Zulässigkeit des Insolvenzverfahrens die Möglichkeit von landesgesetzlichen Ausschlussregelungen auf der Grundlage des § 12 Abs. 1 Nr. 2 InsO.[420] Die Kompetenz des Bundes ergibt sich aus Art. 74 Abs. 1 Nr. 11 GG („Recht der Wirtschaft"); von dieser Kompetenz hat der Bund beim Erlass der Handwerksordnung – noch unter Geltung des Art. 72 Abs. 2 GG a. F. – rechtmäßig Gebrauch gemacht.[421] Umgekehrt folgt daraus: Soweit keine gesetzlichen Regelungen über die Zulässigkeit des Insolvenzverfahrens nach dem Muster des § 77 Abs. 1 HandwO existieren, greifen die landesgesetzlichen Ausschlussregelungen.[422] Da aufgrund weitreichender gesetzlicher Ausschlussregelungen die juristischen Personen des öffentlichen Rechts praktisch zumeist insolvenzunfähig sind, ergibt sich konsequenterweise für den Landesgesetzgeber auch nicht die Notwendigkeit zur Schaffung spezialgesetzlicher Auflösungsregelungen.

(3) Schlussfolgerung

Weder aus dem fehlenden Verweis des § 89 Abs. 2 BGB auf § 42 Abs. 1 BGB noch aus dem Fehlen von spezialgesetzlichen Auflösungsregelungen nach dem Muster des § 77 Abs. 1 HandwO kann die Schlussfolgerung gezogen werden, dass der Gesetzgeber die juristischen Personen des öffentlichen Rechts bei der Frage der Zulässigkeit des Insolvenzverfahrens bzw. der Insolvenzfähigkeit gleichbehandeln, die Rechtsfolgen eines Insolvenzverfahrens aber unterschiedlich ausgestalten wollte. Wie bei den juristischen Personen des privaten Rechts gilt auch für die des öffentlichen Rechts, dass die Eröffnung des Insolvenzverfahrens den Verlust der Rechtsfähigkeit zumindest mittelbar zur Folge hat. Zwar besteht die juristische Person während des Insolvenzverfahrens zum Zwecke der Liquidation fort, nach Abschluss des Insolvenzverfahrens endet aber die Existenz der juristischen Person überhaupt.

419 Vgl. *Kormann*, GewArch 1987, S. 249 (253).

420 Vgl. *Ott*, in: MüKo-InsO, Bd. 1, 2001, § 12 Rdn. 12; *Engelsing*, Zahlungsunfähigkeit von Kommunen und anderen juristischen Personen des öffentlichen Rechts, 1999, S. 153.

421 Vgl. *Engelsing*, Zahlungsunfähigkeit von Kommunen und anderen juristischen Personen des öffentlichen Rechts, 1999, S. 153.

422 Deswegen sind auch Handwerkskammern nur insolvenzfähig, soweit der Landesgesetzgeber nichts anderes bestimmt hat, vgl. *Ott*, in: MüKo-InsO, Bd. 1, 2001, § 12 Rdn. 17; *Schmerbach*, in: FK-InsO, 3. Aufl. 2002, § 12 Rdn. 4; vgl. auch *Junge*, GewArch 1958, S. 221 (221), der von einer dynamischen Verweisung des Art. IV EGÄndKO auf § 15 Nr. 3 EGZPO n. F. ausgeht; a. A.: *Widtmann*, GewArch 1977, S. 209 (211 ff.).

Zwar kann die juristische Person ihr Fortbestehen beschließen,[423] vgl. z. B. § 274 Abs. 2 Nr. 1 AktG, bzw. § 60 Abs. 1 Nr. 4 GmbHG. Voraussetzung hierfür ist aber, dass das Verfahren auf Antrag des Schuldners eingestellt (§§ 212, 213 InsO) oder nach Bestätigung eines Insolvenzplans, der den Fortbestand der Gesellschaft vorsieht, aufgehoben (§ 258 Abs. 1 InsO) worden ist. Soweit das Verfahren auf Antrag des Schuldners eingestellt wird, müssen die relevanten Eröffnungsgründe weggefallen sein (§ 212 InsO) oder alle Gläubiger zugestimmt haben (§ 213 InsO). Soweit das Verfahren nach Bestätigung eines Insolvenzplans aufgehoben wird, haben sich die Beteiligten des Insolvenzverfahrens für eine Sanierung des Unternehmens entschieden, weil eine Fortführung für die Beteiligten oder für neue Geldgeber vorteilhafter erscheint als eine Zerschlagungsliquidation. Dem Beschluss über das Fortbestehen geht also zwingend die Beendigung des Insolvenzverfahrens durch Einstellung oder Aufhebung voraus. Nicht etwa kann die juristische Person nach Durchführung des „typischen" Insolvenzverfahrens[424] in Form der Zerschlagungsliquidation ihr Fortbestehen beschließen. Die Vermögensverteilung ist bereits ein die Vollbeendigung einleitender unumkehrbarer Rechtsakt.[425]

Ein Fortbestehen der juristischen Personen des öffentlichen Rechts unter Aufrechterhaltung ihrer Rechtspersönlichkeit lässt sich auch nicht der Vorschrift des § 882 a Abs. 2 ZPO entnehmen. § 882 a Abs. 2 ZPO sichert die Funktionsgewährleistung der öffentlichen Aufgabenerfüllung für die Dauer des Insolvenzverfahrens, das sich über einen Zeitraum von mehreren Monaten oder Jahren erstrecken kann.[426] Die Sachen, die für die Erfüllung öffentlicher Aufgaben unentbehrlich sind oder deren Veräußerung ein öffentliches Interesse entgegensteht, verbleiben solange in der Verwaltungs- und Verfügungszuständigkeit der juristischen Personen des öffentlichen Rechts und lassen sich bis zur Beendigung des Insolvenzverfahrens im Sinne der ursprünglich vorgesehenen öffentlichen Zwecksetzung einsetzen. Danach erlischt die juristische Person des öffentlichen Rechts. Entgegen der Auffassung des Bundessozialgerichts ist bei den juristischen Personen des öffentlichen Rechts, die das Recht zur Erhebung von Beiträgen oder Gebühren haben, nach beendigtem Insolvenzverfahren auch regelmäßig kein verteilbares Vermögen mehr vorhanden. Nach § 35 InsO umfasst die Insolvenzmasse – anders als nach § 1 Abs. 1 KO – nicht nur das bei Eröffnung der Verfahrens vorhandene Vermögen, sondern auch das während des Insolvenzverfahrens hinzu erworbene Vermögen. Hierzu zählen auch Beiträge und Gebühren, die nach der Eröffnung des Verfahrens entrichtet worden sind.

423 Vgl. die Argumentation des BSG, Vorlagebeschluss vom 17.9.1981 – 10/8b RAr 19/80 –, zitiert nach der Juris-Datenbank (Nr. KSRE017911106); *Engelsing*, Zahlungsunfähigkeit von Kommunen und anderen juristischen Personen des öffentlichen Rechts, 1999, S. 143.

424 Siehe zum Verfahrensablauf oben Zweiter Teil A. III. 4.

425 *Schmidt*, Gesellschaftsrecht, 4. Aufl. 2002, § 11 V. 5.

426 Nach Angaben des Statistischen Bundesamtes wird der Großteil der eröffneten Insolvenzverfahren bis zum Ende des dem Eröffnungsjahr folgenden Jahres finanziell abgewickelt, vgl. Zeitreihenservice des Statistischen Bundesamtes http://www-zr.destatis.de.

Im Ergebnis wäre somit eine Beeinträchtigung der Funktionsgewährleistung der öffentlichen Aufgabenerfüllung zu konstatieren, da die Eröffnung des Insolvenzverfahrens auch für die juristischen Personen des öffentlichen Rechts den Verlust der Rechtsfähigkeit zumindest mittelbar zur Folge hat. Nach Abschluss des Insolvenzverfahrens endet die Existenz der juristischen Personen des öffentlichen Rechts, so dass sie ihre öffentlichen Aufgaben nicht mehr wahrnehmen können.

d) Die Errichtung von „Nachfolge-Personen"

Gegen eine Beeinträchtigung der Funktionsgewährleistung der öffentlichen Aufgabenerfüllung sprechen allerdings die Möglichkeit und die Verpflichtung der öffentlichen Rechtsträger zur Errichtung von „Nachfolge-Personen", die die Aufgaben der in Insolvenz gefallenen juristischen Personen übernehmen und weiterführen können bzw. müssen.

aa) Die Austauschbarkeit der öffentlichen Aufgabenträger

Das Bundesverwaltungsgericht[427] hat in Bezug auf die öffentlich-rechtlichen Rundfunkanstalten festgestellt, dass ein Konkurs der Rundfunkanstalt die „Grundversorgung" der Bevölkerung mit Hörfunk- und Fernsehprogrammen nicht hindere, denn diese Aufgabe könne gegebenenfalls auch durch andere Rundfunkanstalten wahrgenommen werden. Art. 5 Abs. 1 Satz 2 GG gewährleiste die Erfüllung der Aufgaben, die den öffentlich-rechtlichen Rundfunkanstalten obliegen, nicht aber garantiere er die Existenz der einzelnen Rundfunkanstalt. Auch wenn das Bundesverfassungsgericht[428] im konkreten Fall der öffentlich-rechtlichen Rundfunkanstalten eine andere Sichtweise vertreten hat, könnte regelmäßig die Austauschbarkeit der öffentlichen Aufgabenträger eine Beeinträchtigung der Funktionsgewährleistung der öffentlichen Aufgabenerfüllung verhindern. Die Wahrnehmung der einer juristischen Person des öffentlichen Rechts übertragenen Funktionen steht in der Regel nicht zur Disposition des Staates.[429] Im Insolvenzfall müsste der Staat die anfallenden Aufgaben wiederum übernehmen und die dafür erforderlichen Sachmittel erneut beschaffen.[430] Regelmäßig würde die Liquidation des Funktionsträgers im Insolvenzverfahren also die umgehende Errichtung einer neuen Organisation erforderlich machen.[431]

427 Vgl. BVerwGE 75, 318 (322 f.) für den WDR.

428 Vgl. BVerfGE 89, 144 (152) für den SDR. Siehe hierzu schon oben Zweiter Teil C. II. 4. b). Ausführlich zum Funktionsgewährleistungsanspruch der öffentlich-rechtlichen Rundfunkanstalten *Bethge*, Staatshaftung für den staatsfreien Rundfunk?, 1978, S. 58 ff.

429 *Ott*, in: MüKo-InsO, Bd. 1, 2001, § 12 Rdn. 8.

430 *Wolff/Bachof/Stober*, Verwaltungsrecht II, 5. Aufl. 1987, § 84 Rdn. 17.

431 *Ott*, in: MüKo-InsO, Bd. 1, 2001, § 12 Rdn. 8.

bb) Kontinuität der öffentlichen Aufgabenerfüllung

Kempen ist der Auffassung, die These von der Auswechselbarkeit des öffentlichen Funktionsträgers achte den Gesichtspunkt zu gering, dass die Erfüllung öffentlicher Aufgaben notwendig ein hohes Maß an Kontinuität voraussetze.[432] In der Einzelzwangsvollstreckung trage § 882 a Abs. 2 ZPO diesem Gesichtspunkt Rechnung. Im Interesse der öffentlichen Funktionsgewährleistung solle dem einzelnen vollstrekkenden Gläubiger der Zugriff auf die zur öffentlichen Aufgabenerfüllung notwendigen Gegenstände verwehrt sein. Es solle in der Einzelzwangsvollstreckung also nicht ausreichen, dass die betreffenden Gegenstände neu angeschafft oder „ausgetauscht" werden könnten. Die Kontinuität der öffentlichen Aufgabenerfüllung solle von vornherein gewahrt bleiben. In der Gesamtvollstreckung solle dies nun aber erst recht gelten, denn dort stünden nicht nur einzelne Gegenstände auf dem Spiel, sondern gleich das gesamte dem öffentlichen Zweck gewidmete Vermögen, das ausgetauscht werden müsste.[433] Im Ergebnis folgert *Kempen* aus dem den § 882 a Abs. 2 ZPO tragenden Gedanken der Kontinuität der öffentlichen Aufgabenerfüllung, dass eine Auswechslung des öffentlichen Funktionsträgers im Zuge des Insolvenzverfahrens nicht ohne weiteres in Frage komme.

cc) Stellungnahme

Stoll wirft *Kempen* insoweit eine ignoratio quaestionis vor: Während er die These beweisen wolle, dass der Aufgabenträger nicht beliebig austauschbar sei, belege er die Aussage, dass die Gegenstände der Aufgabenerfüllung – zumindest in der Einzelzwangsvollstreckung – nicht beliebig austauschbar seien. Infolgedessen sei er gezwungen, dieses Ergebnis im Wege eines argumentum a minori ad maius auf den Konkurs zu übertragen.[434] Tatsächlich bedarf es keines Erstrechtschlusses von der Kontinuität der Gegenstände in der Einzelzwangsvollstreckung auf die Kontinuität der Aufgabenträger im Insolvenzverfahren, wenn man – anders als *Kempen* – davon ausgeht, dass § 882 a Abs. 2 ZPO auch im Insolvenzverfahren Anwendung findet. *Kempen* ist der Ansicht, § 1 KO[435] nehme als statische Verweisung nicht auf den später eingefügten § 882 a ZPO Bezug.[436] Bei dieser Betrachtungsweise würde nicht nur das Finanzvermögen, sondern das gesamte dem öffentlichen Zweck gewidmete

432 *Kempen*, DÖV 1988, S. 547 (550).

433 *Kempen*, DÖV 1988, S. 547 (550).

434 *Stoll*, KTS 1992, S. 521 (529).

435 § 1 Abs. 1 KO lautete: *„Das Konkursverfahren umfasst das gesamte, einer Zwangsvollstrekkung unterliegende Vermögen des Gemeinschuldners, welches ihm zur Zeit der Eröffnung des Verfahrens gehört (Konkursmasse)."* (*Kempen* spricht insoweit von § 1 Abs. 4 KO, der sich jedoch nur auf die als Sollvorschrift gefasste Ausnahme des § 812 ZPO bezieht, vgl. hierzu *Henckel*, in: Jaeger, KO, Bd. 1, 9. Aufl. 1997, § 1 Rdn. 69).

436 *Kempen*, DÖV 1988, S. 547 (550).

Vermögen liquidiert. Auch die Sachen, die für die Erfüllung öffentlicher Aufgaben unentbehrlich sind oder deren Veräußerung ein öffentliches Interesse entgegensteht, wären dem Zugriff der Gläubiger im Insolvenzverfahren nicht entzogen. Da zumindest für § 36 Abs. 1 Satz 1 InsO der Verweis auf den früher eingefügten § 882 a Abs. 2 ZPO unproblematisch ist,[437] sichert § 882 a Abs. 2 ZPO auch im Insolvenzverfahren die Kontinuität der öffentlichen Aufgabenerfüllung.

Ein darüber hinausgehender Bestandsschutz der öffentlichen Aufgabenträger ist nicht erforderlich.[438] Das durch § 882 a Abs. 2 ZPO geschützte Vermögen der untergegangenen juristischen Person fällt, soweit nichts anderes bestimmt ist, nach Beendigung des Insolvenzverfahrens an den übergeordneten Träger, also den Bund oder das Land; insoweit kann nichts anderes gelten als bei der Auflösung einer juristischen Person des öffentlichen Rechts durch Gesetz oder einen anderen auf gesetzliche Ermächtigung gestützten Hoheitsakt.[439] Anschließend würde das durch § 882 a Abs. 2 ZPO geschützte Vermögen auf die zu errichtende „Nachfolge-Person" übergehen, die zur Gesamtrechtsnachfolge in das Vermögen der untergegangenen juristischen Person berufen ist und es im Sinne der ursprünglich vorgesehenen öffentlichen Zwecksetzung einsetzen kann.

e) Zwischenergebnis

Im Ergebnis ist festzustellen, dass sich mit der Funktionsgewährleistung der öffentlichen Aufgabenerfüllung der Ausschluss des Insolvenzverfahrens bei juristischen Personen des öffentlichen Rechts regelmäßig nicht begründen lässt.

Die öffentliche Aufgabenerfüllung steht unter dem Vorbehalt der Verfolgung privater Vermögensinteressen.[440] *Engelsing* hat als Anknüpfungspunkte für die Ableitung einer Garantie der Vollstreckung gegen die öffentliche Hand den allgemeinen Justizgewähranspruch sowie die Grundrechte aus Art. 14 Abs. 1 und Art. 19 Abs. 4 GG herausgearbeitet.[441] Der Gesetzgeber hat den Interessenausgleich zwischen der Funktionsgewährleistung der öffentlichen Aufgabenerfüllung einerseits und der Verfolgung privater Vermögensinteressen andererseits – insbesondere durch das Einzelzwangsvollstreckungsverbot des § 882 a Abs. 2 ZPO – hergestellt. Obwohl das Insolvenzverfahren auch bei den juristischen Personen des öffentlichen Rechts zur Existenzbeendigung führt, wird die Funktionsgewährleistung der öffentlichen Aufgabenerfüllung durch die Anwendung des § 882 a Abs. 2 ZPO im Insolvenzver-

437 Siehe hierzu schon die Erläuterungen in Fn. 377.

438 *Lehmann*, Die Konkursfähigkeit juristischer Personen des öffentlichen Rechts, 1999, S. 25.

439 *Wolff/Bachof/Stober*, Verwaltungsrecht II, 5. Aufl. 1987, § 84 Rdn. 17 und *Lindner*, Entstehung und Untergang von Körperschaften des öffentlichen Rechts, 2002, S. 139, für Körperschaften; *Forsthoff*, Verwaltungsrecht I, 10. Aufl. 1973, § 25 II. 3. (S. 506) für Anstalten.

440 *Stoll*, KTS 1992, S. 521 (525).

441 *Engelsing*, Zahlungsunfähigkeit von Kommunen und anderen juristischen Personen des öffentlichen Rechts, 1999, S. 26 ff.

fahren abgesichert. Die Sachen, die für die Erfüllung öffentlicher Aufgaben unentbehrlich sind oder deren Veräußerung ein öffentliches Interesse entgegensteht, verbleiben in der Verwaltungs- und Verfügungszuständigkeit der juristischen Personen des öffentlichen Rechts und lassen sich bis zum Abschluss des Insolvenzverfahrens im Sinne der ursprünglich vorgesehenen öffentlichen Zwecksetzung einsetzen. Nach Beendigung des Insolvenzverfahrens können die öffentlichen Aufgaben durch „Nachfolge-Personen" erfüllt werden, zu deren Errichtung die übergeordneten Träger verpflichtet sind und die zur Gesamtrechtsnachfolge in das Vermögen der untergegangenen juristischen Person berufen sind. Das Argument der Kontinuität der öffentlichen Aufgabenerfüllung verlangt insoweit regelmäßig nicht das Fortbestehen der einzelnen juristischen Person des öffentlichen Rechts.

2. Das Fehlen einer übergeordneten Zwangsgewalt

Gegen die Insolvenzfähigkeit der juristischen Personen des öffentlichen Rechts spricht nach verbreiteter Auffassung das Fehlen einer mit Zwangskompetenz ausgestatteten übergeordneten Stelle und unentbehrlicher Verfahrensvorschriften.[442] *Stoll* stellt insoweit fest, dass sich die Stoßrichtung dieses Arguments nicht ausschließlich gegen die Konkursfähigkeit richte. Zwangsgewalt sei Kennzeichen jeglicher Art von Vollstreckung. Bedenken wegen einer fehlenden Zwangsgewalt müssten also in gleicher Weise auch hinsichtlich der Singularvollstreckung gegen die öffentliche Hand Geltung beanspruchen.[443]

a) Bedenken bei der Einzelzwangsvollstreckung

aa) Die These *Otto Mayers*: Kein Zwang des Staates gegen sich selbst

Otto Mayer vor allem ist es, der eine gerichtliche Zwangsvollstreckung gegen den Staat für unzulässig erachtet, obwohl auch er die staatliche Unterwerfung unter die Gerichtsgewalt des Erkenntnisverfahrens anerkennt. Nur im Erkenntnisverfahren werde der Staat gleich einem Privatmann behandelt, *„um die Sache in einer Recht und Gerechtigkeit sichernden Form von überzeugender Zweckmäßigkeit zur Entscheidung zu bringen."*[444] Eine gegen den Staat gerichtete Vollstreckung sei jedoch

442 Vgl. für Bund und Länder: *Weber*, in: Jaeger, KO, Bd. 2, 8. Aufl. 1973, § 213 Anm. 2; *Hess*, KO, 5. Aufl. 1995, § 213 Rdn. 5; Kilger/*Schmidt*, Insolvenzgesetze, 17. Aufl. 1997, § 213 KO Anm. 1; *Schmerbach*, in: FK-InsO, 3. Aufl. 2002, § 12 Rdn. 1; *Goetsch*, in: Breutigam/Blersch/Goetsch, InsO, § 12 Rdn. 3; auch *Forsthoff/Simons*, Die Zwangsvollstreckung gegen Rechtssubjekte des öffentlichen Rechts, 1931, S. 42.

443 *Stoll*, KTS 1992, S. 521 (524).

444 *Mayer*, Deutsches Verwaltungsrecht, Bd. 1, 3. Aufl. 1924, S. 381.

ein begrifflicher Widersinn, da die zwingende Staatsgewalt sich nicht selbst zwingen könne: *„Nun es ernsthaft an den Zwang geht, ergibt sich der Widersinn, dass der Hort des Rechtes im Namen dieses Rechtes mit äußerem Zwang dazu gebracht werden soll, sein Recht zu achten und ihm genug zu tun. Hier muss die Gleichstellung aufhören: gegen den Staat greifen die gewöhnlichen Zwangsmittel nicht Platz.“*[445]

bb) Der wirkliche Staatswille und der abweichende Staatsorganwille

Der Auffassung *Otto Mayers* muss mit *Otto Bachof* entgegengehalten werden, dass sie auf einer unberechtigten Gleichsetzung des abstrakten Staatswillens mit dem konkreten Willen des handelnden Staatsorgans beruht.[446] Der Staat als solcher ist nicht handlungsfähig. Er handelt durch seine Organe, die gehalten sind, den durch Übereinstimmung der drei Gewalten gebildeten Staatswillen in die Tat umzusetzen. Führt ein Staatsorgan das gerichtliche Urteil, in welchem sich der verbindliche Wille des Staates letztlich verdichtet, nicht aus, so weicht sein Wille pflichtwidrig vom wirklichen Staatswillen ab.[447] Nicht der „Staat“ muss zur Einhaltung des Rechts gezwungen werden. Es ist das einzelne Staatsorgan, das notfalls mit Zwang angehalten werden muss, seinen abweichenden Einzelwillen dem wirklichen Staatswillen unterzuordnen. Es ist daher ein „schiefes Bild“, von einem Zwang des Staates gegen sich selbst zu sprechen. Vielmehr handelt es sich darum, die im konkreten Fall auftretende Diskrepanz zwischen dem in der Rechtsordnung geoffenbarten wirklichen Staatswillen und dem hiervon abweichenden Staatsorganwillen zu beheben.[448]

cc) Zwischenergebnis

Die für den Bereich der Einzelzwangsvollstreckung getroffene Unterscheidung zwischen wirklichem Staatswillen und abweichendem Staatsorganwillen führt zu der Einsicht, dass die These *Otto Mayers*, die zwingende Staatsgewalt könne sich nicht selbst zwingen, – zumindest in der Einzelzwangsvollstreckung – nicht Platz greifen kann.

445 *Mayer*, Deutsches Verwaltungsrecht, Bd. 1, 3. Aufl. 1924, S. 381; zustimmend *Jellinek*, VVDStRL 2 (1925), S. 8 (68).

446 *Bachof*, Die verwaltungsgerichtliche Klage auf Vornahme einer Amtshandlung, 2. Aufl. 1968, S. 151; *Dagtoglou*, VerwArch 50 (1959), S. 165 (169).

447 *Miedtank*, Die Zwangsvollstreckung gegen Bund, Länder, Gemeinden und andere juristische Personen des öffentlichen Rechts, 1964, S. 4 f.

448 *Bachof*, Die verwaltungsgerichtliche Klage auf Vornahme einer Amtshandlung, 2. Aufl. 1968, S. 151; *Dagtoglou*, VerwArch 50 (1959), S. 165 (169); *Miedtank*, Die Zwangsvollstreckung gegen Bund, Länder, Gemeinden und andere juristische Personen des öffentlichen Rechts, 1964, S. 4 f.

b) Konsequenzen für die Gesamtvollstreckung

aa) Kein Unterschied zur Einzelzwangsvollstreckung?

Stoll ist der Auffassung, dass die vor dem Hintergrund der Einzelzwangsvollstreckung entwickelte Unterscheidung zwischen dem wirklichen Staatswillen und dem abweichenden Staatsorganwillen auch für die Situation des Bankrotts Sinn ergebe. Den betreffenden Staatsorganen werde die Verfügungsbefugnis entzogen. Ihr Wille, wie bisher weiter zu wirtschaften – und die Gläubiger ohne Beachtung des Gleichbehandlungsgrundsatzes zu befriedigen – widerspreche dem in der staatlichen Rechtsordnung zum Ausdruck kommenden „wirklichen Staatswillen". Dasselbe Spannungsverhältnis ergebe sich im übrigen auch bei anderen Begrenzungen hoheitlicher Macht, etwa den Grundrechten. Auch hier unterwerfe sich der Staat selbst Beschränkungen, an die er später gebunden sei. Die einmal generell gesetzlich verankerte Bindung seiner hoheitlichen Befugnisse könne sich somit im Einzelfall gegen ihn wenden.[449]

bb) Stellungnahme

Ob die Unterscheidung zwischen wirklichem Staatswillen und abweichendem Staatsorganwillen auch für den Bereich der Gesamtvollstreckung Sinn macht, erscheint fraglich. Der maßgebliche Unterschied zwischen Einzelzwangsvollstreckung und Gesamtvollstreckung liegt in der Konstruktion des „wirklichen Staatswillens". Die Rechtsprechung setzt voraus, dass öffentliche Rechtsträger angesichts ihrer Bindung an Gesetz und Recht gem. Art. 20 Abs. 3 GG ihre Verpflichtungen auch ohne Vollstreckungsdruck erfüllen.[450] Allerdings steht die Ansicht, dass eine Zwangsvollstreckung gegen den Staat bzw. seine Organe aus rechtsstaatlichen Gründen nicht notwendig sein sollte, mit der Wirklichkeit nicht immer im Einklang.[451] Die Autorität eines gerichtlichen Urteils reicht zuweilen nicht aus, um ein Staatsorgan zur Erfüllung des rechtskräftig festgestellten Anspruchs zu bewegen.[452]

Während es im Bereich der Einzelzwangsvollstreckung daher angemessen erscheint, den „wirklichen Staatswillen" unter rechtsstaatlichen Gesichtspunkten da-

449 *Stoll*, KTS 1992, S. 521 (524).

450 BVerwGE 36, 179 (181); 38, 99 (101 f.); 40, 323 (327 f.); BVerwG NJW 1976, S. 1648 (1650); BGH NJW-RR 1989, S. 1189 (1189); ebenso *Ule*, DVBl. 1959, S. 537 (540).

451 *Miedtank*, Die Zwangsvollstreckung gegen Bund, Länder, Gemeinden und andere juristische Personen des öffentlichen Rechts, 1964, S. 8, unter Verweis auf die Sachverhalte von RGZ 108, 144; OVG Lüneburg, DVBl. 1950, S. 248; BGH, DVBl. 1962, S. 177; vgl. hierzu auch *Ipsen*, MDR 1949, S. 507 (508).

452 *Miedtank*, Die Zwangsvollstreckung gegen Bund, Länder, Gemeinden und andere juristische Personen des öffentlichen Rechts, 1964, S. 8, unter Verweis auf die Amtliche Begründung zu § 172 VwGO, 3 Bt. Ds. 55.

hingehend auszulegen, dass das dem Gläubiger im vorausgegangen Erkenntnisverfahren zugesprochene Recht nun auch durchgesetzt werden soll, bereitet die Definition des „wirklichen Staatswillens“ im Bereich der Gesamtvollstreckung Schwierigkeiten. Bedenkt man, dass das Insolvenzverfahren letztlich zum Verlust der Rechtsfähigkeit bzw. zur Existenzbeendigung der juristischen Person des öffentlichen Rechts führt,[453] so müsste der „wirkliche Staatswille“ nicht nur auf die anteilige Befriedigung der Gläubiger abzielen, sondern – dies gilt für den Fall der Insolvenzeröffnung über das Vermögen des Bundes oder eines Landes – gleichzeitig auch den Verlust der eigenen Rechtsfähigkeit zumindest in Kauf nehmen. Der „wirkliche Staatswille“ kann aber nicht auf den Zustand der eigenen „Nichtexistenz“ ausgerichtet sein, sei es auch nur in Gestalt der „billigenden Inkaufnahme“. In einer Bankrottlage müsste man annehmen, dass der Staat zur Selbsterhaltung handeln würde.[454]

Das von *Stoll* als Parallele herangezogene Spannungsverhältnis der Begrenzung hoheitlicher Macht durch die Grundrechte ist mit der Unterwerfung des Staates unter das Insolvenzverfahren nicht vergleichbar. Während es sich bei der – wie *Stoll* richtig feststellt – nur im Einzelfall gegen den Staat wendenden Bindung seiner hoheitlichen Befugnisse an die Grundrechte lediglich um eine Beschränkung staatlicher Macht handelt, bedeutet die Unterwerfung des Staates unter das Insolvenzverfahren – entgegen der Auffassung *Stolls*[455] – die Beendigung der staatlichen Existenz.

Etwas anderes gilt für die juristischen Personen des öffentlichen Rechts, die unter Aufsicht des Landes oder des Bundes stehen. Hier ist ein den Verlust der Rechtsfähigkeit billigend in Kauf nehmender „wirklicher Staatswille“ der übergeordneten Zwangsgewalt möglich und denkbar, denn durch den Untergang dieser Körperschaften, Anstalten und Stiftungen des öffentlichen Rechts wird der Bestand des Gemeinwesens nicht in Frage gestellt.

c) Zwischenergebnis

Im Ergebnis ist festzustellen, dass sich mit dem Fehlen einer mit Zwangskompetenz ausgestatteten übergeordneten Stelle und unentbehrlicher Verfahrensvorschriften der Ausschluss des Insolvenzverfahrens bei juristischen Personen des öffentlichen Rechts regelmäßig nicht begründen lässt. Die vor dem Hintergrund der Einzelzwangsvollstreckung entwickelte Unterscheidung zwischen wirklichem Staatswillen und abweichendem Staatsorganwillen lässt sich im Bereich der Gesamtvollstreckung grundsätzlich fruchtbar machen, um Bedenken wegen des Fehlens einer übergeordneten Zwangsgewalt zu entkräften. Etwas anderes gilt nur, wenn der „wirkliche

453 Siehe hierzu oben Zweiter Teil C. III. 1. c) cc).

454 Vgl. hierzu *Lehmann*, Die Konkursfähigkeit juristischer Personen des öffentlichen Rechts, 1999, S. 86.

455 *Stoll*, KTS 1992, S. 521 (531, 533).

Staatswille“ gleichzeitig den Untergang des Gemeinwesens billigend in Kauf nehmen müsste.

3. Die einzelnen juristischen Personen des öffentlichen Rechts

a) Bund und Länder

aa) Insolvenzunfähigkeit aufgrund allgemeiner Erwägungen

Bund und Länder sind aufgrund allgemeiner Erwägungen nicht insolvenzfähig.[456] Die gesetzliche Ausschlussregelung des § 12 Abs. 1 Nr. 1 InsO hat insoweit lediglich deklaratorischen Charakter.[457]

Sowohl die Funktionsgewährleistung der öffentlichen Aufgabenerfüllung als auch das Fehlen einer übergeordneten Zwangsgewalt sprechen gegen die Insolvenzfähigkeit von Bund und Ländern. Zwar erstreckt sich der Geltungsbereich des § 882 a Abs. 2 ZPO auch auf Bund und Länder,[458] so dass die Funktionsgewährleistung der öffentlichen Aufgabenerfüllung durch die Anwendung des § 882 a Abs. 2 ZPO im Insolvenzfall abgesichert wäre. Im übrigen kann das Insolvenzverfahren auf den Staat aber keine Anwendung finden, weil es den Besonderheiten des Gemeinwesens „Staat“ nicht Rechnung trägt: Weder kann der Staat durch den Verlust der Rechtsfähigkeit untergehen, noch ist unter dem Aspekt der Austauschbarkeit der öffentlichen Aufgabenträger die Errichtung eines „Nachfolge-Staates“ denkbar, der im Wege der Gesamtrechtsnachfolge in Rechte und Pflichten des untergegangenen Staates eintritt. Fast überflüssig ist der Hinweis, dass es wegen der Souveränität der Staaten keine höhere neutrale Instanz gibt, die als übergeordnete Zwangsgewalt die Zahlungsunfähigkeit von Bund und Ländern verbindlich feststellen könnte.[459]

Den Staat als juristische Person des öffentlichen Rechts zu begreifen, die selbst Träger von Rechten und Pflichten sein kann und durch ihre Organe handelt, bereitet heute keine gedankliche Schwierigkeit mehr. Die Lehre vom Staat als juristischer Person – als Gebietskörperschaft – darf als herrschend gelten.[460] Die Besonderheit

456 Vgl. *Weber*, in: Jaeger, KO, Bd. 2, 8. Aufl. 1973, § 213 Anm. 2; Kilger/*Schmidt*, Insolvenzgesetze, 17. Aufl. 1997, § 213 KO Anm. 1; *Forsthoff/Simons*, Die Zwangsvollstreckung gegen Rechtssubjekte des öffentlichen Rechts, 1931, S. 42; *Ehlers*, Verwaltung in Privatrechtsform, 1984, S. 316. Vgl. zu den Vorschlägen für ein rechtlich geordnetes Insolvenzverfahren für Staaten *Paulus*, ZRP 2002, S. 383.

457 Vgl. *Goetsch*, in: Breutigam/Blersch/Goetsch, InsO, § 12 Rdn. 3.

458 Siehe hierzu oben Zweiter Teil C. III. 1. a) cc).

459 Vgl. *Engelsing*, Zahlungsunfähigkeit von Kommunen und anderen juristischen Personen des öffentlichen Rechts, 1999, S. 159 m.w.N.

460 *Ipsen*, Staatrecht I, 15. Aufl. 2003, Rdn. 11; *Maurer*, Staatsrecht I, 3. Aufl. 2003, § 1 Rdn. 15; kritisch *Böckenförde*, Organ, Organisation, Juristische Person, FS für H. J. Wolff, 1973, S. 269 (287 ff.).

des Gemeinwesens „Staat“ liegt im Gegensatz zu anderen juristischen Personen des öffentlichen Rechts, die durch Gesetz oder einen anderen auf gesetzliche Ermächtigung gestützten Hoheitsakt errichtet bzw. aufgelöst werden können, darin, dass es sich beim „Staat“ als solchem um „vorgegebene Materie“[461] handelt. Aus der Sicht des Völkerrechts ist der Staat ein Völkerrechtssubjekt, dessen konstituierende Merkmale das Staatsgebiet, das Staatsvolk und die Staatsgewalt sind.[462] Entsprechend kann der Staat auch nur durch den Wegfall des Staatsgebietes, den Untergang des Staatsvolkes oder der Staatsgewalt untergehen.[463] Für das (innerstaatliche) Staatsrecht genügt es, dass sich der jeweilige Staat nach seinem Verständnis selbst als Staat betrachtet und begreift. Nach Art. 20 Abs. 1 GG ist die Bundesrepublik Deutschland ein Bundesstaat. In dem Begriff „Bundes*staat*“ wird die Staatlichkeit des Gemeinwesens vorausgesetzt,[464] und zwar sowohl die Staatlichkeit des Gesamtstaates als auch der Gliedstaaten.[465] Nach herkömmlicher Definition ist der Bundesstaat eine durch die Verfassung des Gesamtstaates geformte staatsrechtliche Verbindung von Staaten in der Weise, dass die Teilnehmer Staaten bleiben oder sind (Gliedstaaten), aber auch der organisierte Staatenverband selbst (Gesamtstaat) die Qualität eines Staates besitzt.[466] Die Existenz eines Landes kann – abgesehen von der in Art. 29 GG vorgesehenen Neugliederung des Bundesgebietes – nur durch Änderung des Grundgesetzes berührt werden.[467] Das Bundesverfassungsgericht[468] hat zu Art. 79 Abs. 3 GG ausgeführt, die „Länder“ seien hier, wie es dem Begriff und der Qualität des Bundesstaates entspreche, gegen eine Verfassungsänderung gesichert, durch die sie die Qualität von „Staaten“ oder ein Essentiale der Staatlichkeit einbüßten. Als „Staaten“ stellen Bund und Länder die höchsten Stufen gesellschaftlicher Organisation dar und tragen besondere Verantwortung für die Entwicklung des gesamten sozialen und politischen Lebens.[469] Nach verbreiteter Ansicht ist deswegen – selbst unter Berücksichtigung der durch § 882 a Abs. 2 ZPO abgesicherten Funktionsgewährleistung der öffentlichen Aufgabenerfüllung – der Übergang der Verwaltungs- und Verfügungsbefugnis über das Staatsvermögen auf den Insolvenzverwalter mit den verfassungsrechtlichen Kompetenzen der Staatsorgane unvereinbar, weil durch eine solche Aufspaltung die Handlungsmöglichkeiten der Staatsorgane entscheidend beeinträchtigt würden.[470]

461 *Isensee*, Staat und Verfassung, in: Isensee/Kirchhof (Hrsg.), HStR, Bd. 1, 1987, § 13 Rdn. 8.
462 Vgl. zur von *Jellinek*, Allgemeine Staatslehre, 3. Aufl. 1913, S. 174 ff., 394 ff. entwickelten „Drei-Elemente-Lehre“ *Doehring*, Allgemeine Staatslehre, 2. Aufl. 2000, Rdn. 39 ff.; *Isensee*, Staat und Verfassung, in: Isensee/Kirchhof (Hrsg.), HStR, Bd. 1, 1987, § 13 Rdn. 30 ff.
463 Vgl. *Schwacke/Schmidt*, Staatsrecht, 4. Aufl. 1999, 2.2.3 (S. 16 f.).
464 *Sachs*, in: Sachs (Hrsg.), GG, 3. Aufl. 2003, Art. 20 Rdn. 7.
465 Vgl. *Degenhart*, Staatsrecht I, 19. Aufl. 2003, Rdn. 99 ff.
466 Vgl. *Stern*, Staatsrecht, Bd. 1, 2. Aufl. 1984, § 19 I 1 (S. 644 f.).
467 *Sachs*, in: Sachs (Hrsg.), GG, 3. Aufl. 2003, Art. 20 Rdn. 67.
468 BVerfGE 34, 9 (19 f.).
469 *Lehmann*, Die Konkursfähigkeit juristischer Personen des öffentlichen Rechts, 1999, S. 173.
470 Vgl. *Ott*, in: MüKo-InsO, Bd. 1, 2001, § 12 Rdn. 10; auch *Baur/Stürner*, Zwangsvollstreckungs-, Konkurs- und Vergleichsrecht, Bd. 2, 12. Aufl. 1990, Rdn. 6.39.

bb) Der Staatsbankrott

Von privater Insolvenz zu unterscheiden ist der schon von *Adam Smith*[471] beschriebene „Staatsbankrott", der auf ein reines Entschuldungsverfahren hinausläuft.[472] Hier handelt es sich im Gegensatz zum Insolvenzverfahren nicht um die Verwertung des Staatsvermögens zur Befriedigung der Gläubiger, sondern um eine Nichterfüllung staatlicher Verbindlichkeiten. *Jaeger* formuliert: *„Was Finanzwissenschaft und Völkerrecht „Staatsbankrott" nennen, ist kein Konkursverfahren, sondern ein auf Nichtkönnen oder Nichtwollen beruhender Zustand der Nichterfüllung öffentlich-rechtlicher oder bürgerlich-rechtlicher Verbindlichkeiten, der sich seinem Wesen nach nicht durch eine konkursmäßige Haftungsverwirklichung lösen lässt.*[473] Der Staatsbankrott liegt somit vor, wenn der Staat seinen Zahlungsverpflichtungen nicht nachkommt, sei es infolge Zahlungsunfähigkeit oder aber aus Rechtsgründen, so wenn die Verbindlichkeit bestritten wird, oder aus politischen Motiven, insbesondere wenn beim Wandel der Machtverhältnisse die Verbindlichkeiten aus früheren Zeiten grundsätzlich negiert werden. Die Nichterfüllung staatlicher Verbindlichkeiten kann durch ausdrückliche Verweigerung des Schuldendienstes erfolgen, aber auch in latenter Form, etwa durch Geldverschlechterung oder Vornahme willkürlicher Abzüge.[474]

Auch das Bundesverfassungsgericht hat den Unterschied zwischen Staatsbankrott und regulärem Konkurs bekräftigt. In seiner Leitentscheidung[475] zum Kriegsfolgenrecht betont es das Prinzip der Sanierung. Das Reich habe sich in der Lage eines „Staatsbankrotts" befunden. Da das allgemeine Konkursrecht für einen Staatsbankrott weder gedacht noch geeignet sei,[476] mussten spezielle gesetzliche Maßnahmen getroffen werden. Anders als beim Konkurs eines privaten Schuldners sei bei der Bereinigung eines Staatsbankrotts die gesamte künftige Finanzwirtschaft und dadurch mittelbar die ganze künftige Staatspolitik mit im Spiele; im Vordergrund stehe nicht die Abrechnung über die Vergangenheit, sondern die Schaffung einer Grundlage für die Zukunft.[477] Dieses Prinzip der Sanierung finde sich allenthalben in der Geschichte der Staatsbankrotte und sei unvermeidlich, weil gesunde staatliche Finanzen die erste Voraussetzung für eine geordnete Entwicklung des ganzen sozialen und politischen Lebens seien. Hierin liege der Grund für die „Konkursunfähigkeit" des Staates. Nach den Ausführungen des Bundesverfassungsgerichts stellt der

471 *Adam Smith*, Der Wohlstand der Nationen, 5. Buch, 3. Kapitel (Staatsschulden), S. 803.

472 Ausführlich zum „Staatsbankrott" *Kratzmann*, JZ 1982, S. 319; historische Beispiele bei *Lehmann*, Die Konkursfähigkeit juristischer Personen des öffentlichen Rechts, 1999, S. 63 ff.

473 *Jaeger*, KO, 7. Aufl. 1936, § 213 Anm. 1; übernommen von *Weber*, in: Jaeger, KO, 8. Aufl. 1973, § 213 Anm. 2; zustimmend *Forsthoff/Simons*, Die Zwangsvollstreckung gegen Rechtssubjekte des öffentlichen Rechts, 1931, S. 42.

474 *Lehmann*, Die Konkursfähigkeit juristischer Personen des öffentlichen Rechts, 1999, S. 62 f.

475 BVerfGE 15, 126 (135 ff.).

476 Ebenso BVerfGE 9, 305 (306 f.); 19, 150 (159); 53, 164 (176 f.).

477 Ebenso BVerfGE 41, 126 (151).

Staatsbankrott also eine Selbstrettung des Gemeinwesens Staat dar, da er im Ergebnis auf die Funktionserhaltung abzielt.

b) Gemeinden

aa) Keine Vergleichbarkeit mit Bund und Ländern

Bei der Feststellung der Insolvenzunfähigkeit wird teilweise nicht zwischen Bund und Ländern einerseits und Gemeinden andererseits unterschieden, sondern allgemein auf die Bedeutung der öffentlichen Aufgaben hingewiesen.[478] Die Argumente, die für die Insolvenzunfähigkeit des Staates sprechen, sind jedoch hier nicht anwendbar, denn den Gemeinden fehlt die dem Staat eigentümliche herausgehobene Position.[479]

Auch bei den Gemeinden wäre die Funktionsgewährleistung der öffentlichen Aufgabenerfüllung im Insolvenzfall abgesichert, obwohl sie aufgrund des Regelungsvorbehalts des § 15 Nr. 3 EGZPO vom Geltungsbereich des § 882 a Abs. 2 ZPO ausgenommen sind.[480] Das Verhältnis der landesrechtlichen Vorschriften zu § 882 a ZPO ist umstritten. Nach einer Auffassung soll § 882 a ZPO für Gemeinden auch dann nicht gelten, wenn ein Landesgesetzgeber vom Regelungsvorbehalt des § 15 Nr. 3 EGZPO keinen Gebrauch gemacht hat,[481] nach anderer und überzeugenderer Auffassung gilt § 882 a ZPO subsidiär für Gemeinden, wenn keine landesrechtlichen Normen über die Vollstreckung gegen Gemeinden bestehen, weil anderenfalls die Gemeinden im Gegensatz zu allen anderen juristischen Personen des öffentlichen Rechts überhaupt keinen Vollstreckungsschutz genössen.[482] In Nordrhein-Westfalen gilt für die Vollstreckung zivilgerichtlicher Titel gegen die Gemeinden § 125 Abs. 1 GO NW: „Zur Einleitung der Zwangsvollstreckung gegen die Gemeinde wegen einer Geldforderung bedarf der Gläubiger einer Zulassungsverfügung der Aufsichtsbehörde, [...]. In der Verfügung hat die Aufsichtsbehörde die Vermögensgegenstände zu bestimmen, in welche die Zwangsvollstreckung zugelassen wird, und über den Zeitpunkt zu befinden, in dem sie stattfinden soll. [...]" Da den Gemeinden durch die Zulassungsverfügung der Aufsichtsbehörde ein weitgehender Vollstreckungsschutz gewährleistet wird, bedarf es der ergänzenden Heran-

478 Vgl. z. B. *Baumann*, Konkurs und Vergleich, 2. Aufl. 1981, § 9 I. 1. c) (S. 79).

479 *Lehmann*, Die Konkursfähigkeit juristischer Personen des öffentlichen Rechts, 1999, S. 91, unter Verweis auf *Waldecker*, Die Zwangsvollstreckung gegen Gemeinden in Preußen, 1918, S. 12.

480 Siehe hierzu oben Zweiter Teil C. III. 1. a) cc).

481 *Miedtank*, Die Zwangsvollstreckung gegen Bund, Länder, Gemeinden und andere juristische Personen des öffentlichen Rechts, 1964, S. 71.

482 *Engelsing*, Zahlungsunfähigkeit von Kommunen und anderen juristischen Personen des öffentlichen Rechts, 1999, S. 91 m.w.N.

ziehung des § 882 a Abs. 2 ZPO nicht.[483] Etwas anderes muss jedoch für das Insolvenzverfahren gelten. Nach § 125 Abs. 2 GO NW ist das Insolvenzverfahren über das Vermögen der Gemeinde ausgeschlossen – konsequenterweise existieren auch keine landesrechtlichen Normen, welche der Gemeinde im Insolvenzfall Vollstrekkungsschutz gewähren, so dass § 882 a Abs. 2 ZPO nach hier vertretener Auffassung ergänzend herangezogen werden müsste. Da auch Gemeinden Körperschaften im Sinne des § 882 a Abs. 3 Satz 1 ZPO sind, wäre die Funktionsgewährleistung der öffentlichen Aufgabenerfüllung auch bei den Gemeinden durch die Anwendung des § 882 a Abs. 2 ZPO im Insolvenzfall abgesichert. Anders als beim „Staat" ist es bei den Gemeinden durchaus denkbar, dass diese als juristische Person untergehen könnten, denn die einzelne Gemeinde unterliegt keinem Bestandsschutz. Art. 28 Abs. 2 GG als institutionelle Garantie[484] der kommunalen Selbstverwaltung enthält die *institutionelle Rechtssubjektsgarantie*.[485] Die Gemeinde ist nicht individuell, sondern institutionell garantiert.[486] Gewährleistet ist, dass es überhaupt Gemeinden als Basis des Verwaltungsaufbaus geben muss. Sie dürfen vom Gesetzgeber weder ganz abgeschafft noch durch unselbständige staatliche Verwaltungseinheiten ersetzt werden. Gegen Auflösungen und Eingemeindungen sind Gemeinden also nicht absolut geschützt. Allerdings darf dies nicht willkürlich geschehen, sondern nur aus Gründen des öffentlichen Wohls.[487] Der Gemeinwohlvorbehalt und die Auflösung einer Gemeinde im Zuge des Insolvenzverfahrens scheinen nicht von vornherein unvereinbar.[488] *Lehmann*[489] hat in diesem Zusammenhang auf das Argument der „Säuberungswirkung" des Konkurses hingewiesen. Schließlich werde durch das Insolvenzverfahren eine lebensunfähige Gemeinde beseitigt und zugleich schaffe der Staat – hier verweist *Lehmann* auf das ähnliche Argument des Bundesverfassungsgerichts zum Staatsbankrott – die Voraussetzungen für den Neubeginn einer geordneten Finanzwirtschaft. Voraussetzung für die Auflösung wäre eine gesetzliche Anordnung; aufgrund der bestehenden gesetzlichen Ausschlussregelung des § 12 Abs. 1 Nr. 2 InsO i.V.m. § 125 Abs. 2 GO NW hat sich bislang für den Landesge-

483 *Engelsing*, Zahlungsunfähigkeit von Kommunen und anderen juristischen Personen des öffentlichen Rechts, 1999, S. 93.

484 Dazu *Burmeister*, Verfassungstheoretische Neukonzeption der kommunalen Selbstverwaltungsgarantie, 1977, S. 108 ff.

485 Vgl. richtungsweisend zu den drei Garantieebenen des Art. 28 Abs. 2 GG *Stern*, in: BK, Art. 28 (1964) Rdn. 66; *ders.*, Staatsrecht, Bd. 1, 2. Aufl. 1984, § 12 II 4 b) (S. 409).

486 BVerfGE 86, 90 (107) - st. Rspr.; *Stern*, in: BK, Art. 28 (1964) Rdn. 78; *ders.*, Staatsrecht, Bd. 1, 2. Aufl. 1984, § 12 II 4 c) (S. 409 f.); *Nierhaus*, in: Sachs (Hrsg.), GG, 3. Aufl. 2003, Art. 28 Rdn. 35; *Dreier*, in: Dreier (Hrsg.), GG, Bd. 2, 1998, Art. 28 Rdn. 93.

487 BVerfGE 50, 50 (50); 50, 195 (203 f.); 86, 90 (107). Siehe zu möglichen Verstößen die Zusammenstellung bei *Stern*, Staatsrecht, Bd. 1, 2. Aufl. 1984, § 12 II 4 c) (S. 411).

488 *Lehmann*, Die Konkursfähigkeit juristischer Personen des öffentlichen Rechts, 1999, S. 101, weist zutreffend darauf hin, dass das öffentliche Wohl nicht mit den privaten Vermögensinteressen der Gläubiger gleichgesetzt werden kann.

489 *Lehmann*, Die Konkursfähigkeit juristischer Personen des öffentlichen Rechts, 1999, S. 101.

setzgeber nicht die Notwendigkeit zur Schaffung einer solchen Auflösungsregelung ergeben.[490]

bb) Die Selbstverwaltungsgarantie des Art. 28 Abs. 2 GG

Entscheidend für die Frage der Insolvenzfähigkeit von Gemeinden ist aber, dass Art. 28 Abs. 2 GG nicht nur das bloße „Ob" der Existenz von Gemeinden garantiert, sondern auch gewisse inhaltliche Kernelemente eigenverantwortlicher Aufgabenerfüllung umfasst. Der Schwerpunkt der institutionellen Garantie des Art. 28 Abs. 2 GG liegt nicht in der institutionellen Rechtssubjektsgarantie, sondern in der *objektiven Rechtsinstitutionsgarantie.*[491] Art. 28 Abs. 2 Satz 1 GG gewährleistet den Gemeinden das Recht, „alle Angelegenheiten der örtlichen Gemeinschaft im Rahmen der Gesetze in eigener Verantwortung zu regeln." Diese Gewährleistung sichert den Gemeinden einen grundsätzlich alle Angelegenheiten der örtlichen Gemeinschaft umfassenden Aufgabenbereich („Allzuständigkeit") sowie die Befugnis zu eigenverantwortlicher Führung der Geschäfte in diesem Bereich („Eigenverantwortlichkeit").[492] Die Selbstverwaltung ist „im Rahmen der Gesetze" gewährleistet; der Vorbehalt bezieht sich auf beide Garantieelemente („Allzuständigkeit" und „Eigenverantwortlichkeit").[493]

Damit der Gesetzesvorbehalt nicht zur „Achillesferse"[494] der Selbstverwaltungsgarantie wird, sind dem Zugriff des Gesetzgebers Schranken gesetzt. Gesetzliche Einschränkungen der gemeindlichen Selbstverwaltungsgarantie müssen demnach zunächst den Kernbereich der Selbstverwaltungsgarantie unangetastet lassen; hiernach darf der Wesensgehalt der gemeindlichen Selbstverwaltung nicht ausgehöhlt werden.[495] Bei der Bestimmung des Kernbereichs ist nach Auffassung des Bundesverfassungsgerichts[496] der historischen Entwicklung und den verschiedenen Erscheinungsformen der Selbstverwaltung Rechnung zu tragen. Weil ein gegenständlich konkretisierter Aufgabenkatalog nicht existiert, wird der Kernbereich allerdings

490 Siehe hierzu oben Zweiter Teil C. III. 1. c) cc) (2). Anders *Lehmann*, Die Konkursfähigkeit juristischer Personen des öffentlichen Rechts, 1999, S. 101, der § 89 Abs. 2 BGB insoweit als hinreichende gesetzliche Anordnung ansieht.

491 *Stern*, Staatsrecht, Bd. 1, 2. Aufl. 1984, § 12 II 4 d) (S. 411).

492 BVerfGE 56, 298 (312); vgl. zu den Elementen der objektiven Rechtsinstitutionsgarantie *Stern*, Staatsrecht, Bd. 1, 2. Aufl. 1984, § 12 II 4 d) (S. 411 ff.); *Nierhaus*, in: Sachs (Hrsg.), GG, 3. Aufl. 2003, Art. 28 Rdn. 42, 43 ff.; *Dreier*, in: Dreier (Hrsg.), GG, Bd. 2, 1998, Art. 28 Rdn. 103 ff., 106 ff.

493 BVerfGE 79, 127 (146); *Stern*, in: BK, Art. 28 (1964) Rdn. 114, *Nierhaus*, in: Sachs (Hrsg.), GG, 3. Aufl. 2003, Art. 28 Rdn. 46; *Dreier*, in: Dreier (Hrsg.), GG, Bd. 2, 1998, Art. 28 Rdn. 109.

494 *Schmidt-Aßmann*, Kommunalrecht, in: Schmidt-Aßmann (Hrsg.), Besonderes Verwaltungsrecht, 12. Aufl. 2003, 1. Kap. Rdn. 20.

495 BVerfGE 56, 298 (312); 79, 127 (143, 146).

496 BVerfGE 79, 127 (146).

nur in seltenen Fällen besonders massiver Eingriffe des Gesetzgebers als Sperre wirksam werden.[497] Das Bundesverfassungsgericht siedelt daher seit der „Rastede"-Entscheidung[498] schon im Vorfeld das gemeindespezifische materielle Aufgabenverteilungsprinzip an, wonach der Gesetzgeber den Gemeinden Aufgaben mit örtlichem Bezug – die Regel-Ausnahme-Systematik des Art. 28 Abs. 2 Satz 1 GG respektierend – nur dann entziehen darf, wenn anders die ordnungsgemäße Aufgabenerfüllung nicht sicherzustellen wäre.[499] Auch wenn das Bundesverfassungsgericht in seinen Entscheidungsgründen „geradezu peinlich genau"[500] die Verwendung der Begriffe „Übermaßverbot" und „Verhältnismäßigkeit" vermieden hat, kann nach überwiegender Auffassung auf die rechtsstaatliche Schranke des Übermaßverbots, wonach Eingriffe geeignet, erforderlich und verhältnismäßig sein müssen, nicht verzichtet werden.[501] In späteren Entscheidungen hat das Bundesverfassungsgericht[502] die Zulässigkeit eines gesetzlichen Eingriffs in das kommunale Selbstverwaltungsrecht ausdrücklich am Verhältnismäßigkeitsgrundsatz gemessen. Insgesamt ist jedenfalls nicht zu erkennen, dass die Anwendung des materiellen Aufgabenverteilungsprinzips oder des Verhältnismäßigkeitsgrundsatzes zu unterschiedlichen Ergebnissen führt.[503]

Aus der Selbstverwaltungsgarantie des Art. 28 Abs. 2 Satz 1 GG wird auch die Insolvenzunfähigkeit der Gemeinden abgeleitet, denn Art. 28 Abs. 2 Satz 1 GG verbiete es, Maßnahmen zuzulassen, die die Gemeinden im Hinblick auf die Erfüllung ihres Verfassungsauftrags handlungsunfähig machen würden.[504] Zu den Aufgaben, die die Gemeinden in eigener Verantwortung zu erledigen haben und ohne die eine eigenverantwortliche Tätigkeit nicht möglich wäre, gehört traditionell und in erster Linie ein „Bündel" von Hoheitsrechten, die zwar nicht als solche, wohl aber in einzelnen Elementen zum Kernbereich der kommunalen Selbstverwaltungsange-

497 Vgl. *Schmidt-Aßmann*, Kommunalrecht, in: Schmidt-Aßmann (Hrsg.), Besonderes Verwaltungsrecht, 12. Aufl. 2003, 1. Kap. Rdn. 21.

498 BVerfGE 79, 127 (150, 154).

499 Vgl. hierzu näher *Schoch*, VerwArch 81 (1990), S. 18 (32 ff.); *Clemens*, NVwZ 1990, S. 834 (835 ff.); *Schmidt-Aßmann*, Kommunale Selbstverwaltung „nach Rastede", FS für H. Sendler, 1991, S. 121 (134 ff.).

500 So *Schoch*, VerwArch 81 (1990), S. 18 (32 f.).

501 Vgl. *Nierhaus*, in: Sachs, GG (Hrsg.), 3. Aufl. 2003, Art. 28 Rdn. 56; ähnlich *Püttner*, Kommunale Selbstverwaltung, in: Isensee/Kirchhof (Hrsg.), HStR, Bd. 4, 1990, § 107 Rdn. 24; für eine differenzierte Verhältnismäßigkeitsprüfung *Ehlers*, DVBl. 2000, S. 1301 (1307 f.); nach a. A. kommt bereits dem Aufgabenverteilungsprinzip die Funktion des Verhältnismäßigkeitsgrundsatzes zu, vgl. *Dreier*, in: Dreier (Hrsg.), GG, Bd. 2, 1998, Art. 28 Rdn. 119; *Vogelsang*, in: Friauf/Höfling (Hrsg.), GG, Art. 28 Rdn. 148; ähnlich auch *Knemeyer/Wehr*, VerwArch 92 (2001), S. 317 (341). Ausführlich zur Anwendbarkeit des Verhältnismäßigkeitsgrundsatzes nach „Rastede" *Frenz*, Die Verwaltung 28 (1995), S. 33 ff.

502 BVerfGE 95, 1 (27), 103, 332 (367).

503 *Nierhaus*, in: Sachs, GG (Hrsg.), 3. Aufl. 2003, Art. 28 Rdn. 56.

504 Vgl. *Gern*, Deutsches Kommunalrecht, 3. Aufl. 2003, Rdn. 717; auch *Baur/Stürner*, Zwangsvollstreckungs-, Konkurs- und Vergleichsrecht, Bd. 2, 12. Aufl. 1990, Rdn. 6.41.

legenheiten gehören.[505] Zu den sogenannten „Gemeindehoheiten“ [506] zählen: die Gebietshoheit, die Organisationshoheit, die Personalhoheit, die Planungshoheit, die Finanz- und Abgabenhoheit und die Rechtsetzungshoheit. *Lehmann* sieht durch die Zulassung des Insolvenzverfahrens über das Vermögen der Gemeinde die Organisationshoheit, die Personalhoheit sowie die Finanzhoheit der Gemeinde beeinträchtigt, denn im Zeitpunkt der Konkurseröffnung ginge die Verfügungsmacht über das Gemeindevermögen nach § 6 KO[507] auf den Konkursverwalter über. Auch der Schutz des § 882 a ZPO würde hier nicht genügen, um eine wirklich freie Entscheidung zu ermöglichen.[508]

Lehmann ist dahingehend zuzustimmen, dass der Konflikt zwischen Durchführung des Insolvenzverfahrens und kommunaler Selbstverwaltungsgarantie nicht durch § 882 a Abs. 2 ZPO aufgelöst werden kann. Zwar wäre die Funktionsgewährleistung der öffentlichen Aufgabenerfüllung auch bei den Gemeinden durch die Anwendung des § 882 a Abs. 2 ZPO im Insolvenzfall abgesichert,[509] und nach Beendigung des Insolvenzverfahrens würden „Nachfolge-Personen“ die öffentlichen Aufgaben der untergegangenen Gemeinde erfüllen. Für die Dauer des Insolvenzverfahrens aber wäre der Kernbereich gemeindlicher Selbstverwaltung angetastet.[510] Elemente der Organisations-, der Personal- und der Finanzhoheit wären beeinträchtigt. Die Organisationshoheit umschreibt die Befugnis der Gemeinden, Aufbau und Zusammenwirken ihrer Beschluss- und Vollzugsorgane sowie gemeindeinterner räumlicher Untergliederungen und gemeindeeigener Einrichtungen und Betriebe zu regeln.[511] Hierzu gehört auch die Funktionsfähigkeit der Gemeindeorgane mit der Folge, dass sie in der Lage bleiben müssen, eigenständig und selbstverantwortlich über Angelegenheiten der Gemeinde zu entscheiden.[512] Der Kernbereich der kommunalen Selbstverwaltung verbietet nach der Auffassung des Bundesverfassungsgerichts[513] insoweit „Regelungen, die eine eigenständige organisatorische Gestaltungsfähigkeit im Ergebnis ersticken würden.“ Auch wenn der Insolenzverwalter nicht die Stellung eines Gemeindeorgans hat und in diesem Sinne „verwaltend“ tätig wird, so regelt er doch in gewissem Umfang die Angelegenheiten der örtlichen Gemeinschaft,[514] ohne dabei jedoch an die Vorgaben der Gemeindeordnung gebunden zu

505 *Vogelsang*, in: Friauf/Höfling (Hrsg.), GG, Art. 28 Rdn. 148; *Schmidt-Aßmann*, Kommunalrecht, in: Schmidt-Aßmann (Hrsg.), Besonderes Verwaltungsrecht, 12. Aufl. 2003, 1. Kap. Rdn. 23.

506 Vgl. zu den Gemeindehoheiten im einzelnen *Stern*, in: BK, Art. 28 (1964) Rdn. 97 ff.; *ders.*, Staatsrecht, Bd. 1, 2. Aufl. 1984, § 12 II 4 (S. 413 f.) m.w.N.

507 Jetzt § 80 Abs. 1 InsO. Siehe hierzu oben Zweiter Teil A. III. 4.

508 *Lehmann*, Die Konkursfähigkeit juristischer Personen des öffentlichen Rechts, 1999, S. 102.

509 Siehe hierzu oben Zweiter Teil C. III. 3. b) aa).

510 *Lehmann*, Die Konkursfähigkeit juristischer Personen des öffentlichen Rechts, 1999, S. 104.

511 Vgl. *Pagenkopf*, Kommunalrecht, Bd. 1, 2. Aufl. 1975, S. 68 ff.; eingehend *Schmidt-Jortzig*, Kommunale Organisationshoheit, 1979, S. 26 ff., 287 ff.

512 *Nierhaus*, in: Sachs (Hrsg.), GG, 3. Aufl. 2003, Art. 28 Rdn. 44 a.

513 BVerfGE 91, 228 (239).

514 Siehe zur Stellung des Insolvenzverwalters oben Zweiter Teil A. III. 4.

sein.[515] Soweit die Verwaltungs- und Verfügungsbefugnisse über das Gemeindevermögen auf den Insolvenzverwalter übergehen, würden die Gemeindeorgane funktionslos werden. Die Annahme einer die Organisationshoheit „erstickenden“ Regelung liegt nahe. Betroffen wäre auch die Finanzhoheit der Gemeinde als Befugnis zu einer eigenverantwortlichen Einnahmen- und Ausgabenwirtschaft.[516] Da das gesamte Finanzvermögen der Gemeinde der Zwangsvollstreckung unterliegt,[517] würden wesentliche Bereiche der Selbstverwaltung „ausgehöhlt“. Einschränkungen ergäben sich vor allem im Hinblick auf die freiwilligen Selbstverwaltungsaufgaben, bei denen die Gemeinden eigenverantwortlich über das „Ob“ und das „Wie“ der Aufgabenerfüllung entscheiden können; der strenge Maßstab des § 882 a Abs. 2 ZPO, wonach die „Unentbehrlichkeit“ nur dann anzunehmen ist, wenn eine andere Art der Aufgabenerfüllung objektiv gänzlich unmöglich oder völlig unzumutbar ist,[518] trägt dem Selbstverwaltungsrecht der Gemeinde nicht ausreichend Rechnung. Im Ergebnis folgt daher aus Art. 28 Abs. 2 Satz 1 GG die Insolvenzunfähigkeit von Gemeinden, weil für die Dauer des Insolvenzverfahrens der Kernbereich gemeindlicher Selbstverwaltung angetastet wäre.

c) Körperschaften, Anstalten und Stiftungen des öffentlichen Rechts

Im Gegensatz zu Bund, Ländern und Gemeinden ist das Insolvenzverfahren bei sonstigen Körperschaften, Anstalten und Stiftungen des öffentlichen Rechts nicht durch allgemeine Erwägungen ausgeschlossen. Sie sind grundsätzlich insolvenzfähig. Weder die „Funktionsgewährleistung der öffentlichen Aufgabenerfüllung“ noch das „Fehlen einer übergeordneten Zwangsgewalt“ gebieten notwendig den Ausschluss des Insolvenzverfahrens. Nach Ansicht des Bundesverfassungsgerichts[519] kann allerdings ein gewichtiges Interesse bestehen, für juristische Personen des öffentlichen Rechts, die unter Aufsicht des Staates für das Gemeinwohl tätig werden und einen festen Bereich öffentlicher Aufgaben haben, ein Konkursverfahren völlig auszuschließen.

515 § 56 Abs. 1 InsO verlangt ausdrücklich die Unabhängigkeit des Insolvenzverwalters. Insoweit liegt auch eine Beeinträchtigung der Personalhoheit der Gemeinde vor, denn schließlich hat die Gemeinde keinen Einfluss auf die Bestellung des Insolvenzverwalters.

516 Vgl. zur Finanzhoheit BVerfGE 26, 228 (244); 71, 25 (36). Die Finanzhoheit hat durch Art. 28 Abs. 2 Satz 3 GG eine Absicherung erfahren, ohne dass es sich insoweit um eine konstitutive Neuerung handeln würde, vgl. die Gesetzesbegründung, BT-Drs. 12/6633, S. 7.

517 Siehe hierzu oben Zweiter Teil C. III. 1. a) bb).

518 Siehe hierzu oben Zweiter Teil C. III. 1. a) bb).

519 BVerfGE 60, 135 (158).

IV. Ergebnis

Entgegen der von *Everhardt/Gaul*[520] vertretenen Auffassung muss die Insolvenzunfähigkeit juristischer Personen des öffentlichen Rechts nicht unbedingt in einem besonderen Gesetz geregelt sein; sie kann sich auch aus der Natur der juristischen Person des öffentlichen Rechts ergeben. Bund und Länder sowie Gemeinden sind bereits aus allgemeinen Erwägungen nicht insolvenzfähig. Bei Bund und Ländern ist die Insolvenzunfähigkeit Ausfluss der staatlichen Souveränität. Bei den Gemeinden ist die Insolvenzunfähigkeit aus der Selbstverwaltungsgarantie des Art. 28 Abs. 2 Satz 1 GG abzuleiten. Die gesetzlichen Ausschlussregelungen des § 12 Abs. 1 Nr. 1 InsO bzw. § 12 Abs. 1 Nr. 2 InsO i.V.m. § 125 Abs. 2 GO NW haben daher lediglich deklaratorischen Charakter. Im übrigen sind Körperschaften, Anstalten und Stiftungen des öffentlichen Rechts grundsätzlich insolvenzfähig. Weder die „Funktionsgewährleistung der öffentlichen Aufgabenerfüllung" noch das „Fehlen einer übergeordneten Zwangsgewalt" gebieten notwendig den Ausschluss des Insolvenzverfahrens. Die gesetzliche Ausschlussregelung des § 12 Abs. 1 Nr. 2 InsO i.V.m. § 78 Abs. 3 Satz 2 VwVG NW hat insoweit konstitutive Wirkung.

D. Ergebnis

Entgegen der von *Kuhl/Wagner*[521] vertretenen Auffassung kann die Frage, ob die Insolvenzfähigkeit kommunaler Eigengesellschaften aufgrund der Gesellschafterstellung der öffentlichen Hand ausgeschlossen sein könnte, nicht mit dem bloßen Hinweis auf die Nichtexistenz gesetzlicher Ausschlussregelungen beantwortet werden. Bei den gesetzlichen Ausschlussregelungen hat nur § 12 Abs. 1 Nr. 2 InsO i.V.m. § 78 Abs. 3 Satz 2 VwVG NW konstitutive Wirkung. Im übrigen sind die gesetzlichen Ausschlussregelungen deklaratorischer Natur. Soweit die Gemeinde in Gestalt rechtlich nicht verselbständigter Eigenbetriebe nach § 114 GO NW wirtschaftlich tätig wird, sind diese gem. § 95 Abs. 1 Nr. 3 GO NW i.V.m. §§ 1, 9 EigenbetriebsVO NW Sondervermögen der Gemeinde und infolgedessen nicht insolvenzfähig. Dabei folgt die Insolvenzunfähigkeit aber nicht aus der gesetzlichen Ausschlussregelung des § 12 Abs. 1 Nr. 2 InsO i.V.m. § 125 Abs. 2 GO NW, sondern unmittelbar aus der gemeindlichen Selbstverwaltungsgarantie des Art. 28 Abs. 2 Satz 1 GG. Da es mithin auf die einfachgesetzliche Ausschlussregelung nicht ankommt, ist die Frage berechtigt, ob die Gesellschafterstellung der insolvenzunfähigen Gemeinde auch die kommunalen Eigengesellschaften von der Insolvenzfähigkeit befreien kann.

Im Ergebnis ist diese Frage zu verneinen. Aus Art. 28 Abs. 2 Satz 1 GG folgt die Insolvenzunfähigkeit von Gemeinden, weil für die Dauer des Insolvenzverfahrens

520 *Everhardt/Gaul*, BB 1976, S. 467 (467). Siehe hierzu oben Zweiter Teil C. II. 4.
521 *Kuhl/Wagner*, ZIP 1995, S. 433 (435). Siehe hierzu oben Zweiter Teil C. II. 4.

der Kernbereich gemeindlicher Selbstverwaltung angetastet wäre.[522] Die Argumente, die für die Insolvenzunfähigkeit der Gemeinden sprechen, lassen sich für die kommunalen Eigengesellschaften nicht fruchtbar machen. Die Eröffnung des Insolvenzverfahrens über das Vermögen der kommunalen Eigengesellschaften lässt die „Gemeindehoheiten" der Gemeinde unberührt, denn der Übergang der Verwaltungs- und Verfügungsbefugnisse auf den Insolvenzverwalter beschränkt sich auf das Vermögen der juristischen Person des privaten Rechts. Dem steht nicht entgegen, dass Art. 28 Abs. 2 GG anerkanntermaßen auch die wirtschaftlichen Betätigung der Gemeinden schützt.[523] Nach *Stern* gehört die wirtschaftliche Betätigung der Gemeinden im Sinne einer Gütererzeugung und -verteilung sowie der Erbringung von Leistungen durch eigene kommunale Untenehmen sogar zum Wesensgehalt der kommunalen Selbstverwaltung.[524] Allerdings kann nur die Möglichkeit, sich *überhaupt* wirtschaftlich zu betätigen und Aufgaben in dieser Form zu erledigen, dem Kernbereichsschutz zugerechnet werden.[525] Nicht etwa ist der Kernbereich kommunaler Selbstverwaltung angetastet, wenn über einzelne kommunale Wirtschaftsunternehmen das Insolvenzverfahren eröffnet wird.[526]

Im übrigen kann für die kommunalen Eigengesellschaften nichts anderes gelten als für die sonstigen Körperschaften, Stiftungen und Anstalten des öffentlichen Rechts. Wird die Gemeinde in Gestalt öffentlich-rechtlicher Unternehmen mit eigener Rechtspersönlichkeit tätig – hier kommt vornehmlich die rechtsfähige Anstalt nach § 114 a GO NW in Betracht –, sind diese grundsätzlich insolvenzfähig.[527] Weder die „Funktionsgewährleistung der öffentlichen Aufgabenerfüllung" noch das „Fehlen einer übergeordneten Zwangsgewalt" gebieten notwendig den Ausschluss des Insolvenzverfahrens. Der „öffentliche Zweck"[528] des kommunalen Unternehmens könnte im Insolvenzfall durch von der Gemeinde zu errichtende „Nachfolge-Gesellschaften" erfüllt werden.

Aspekte des Gläubigerschutzes bleiben trotz des Topos von der „grundsätzlich unbegrenzten Finanzkraft des Staates"[529] bei der Frage nach den Auswirkungen der Gesellschafterstellung der Gemeinde auf die Insolvenzfähigkeit kommunaler Eigen-

522 Siehe hierzu oben Zweiter Teil C. III. 3. b) bb).

523 Vgl. *Schmidt-Aßmann*, Kommunalrecht, in: Schmidt-Aßmann (Hrsg.), Besonderes Verwaltungsrecht, 12. Aufl. 2003, 1. Kap. Rdn. 120; *Erichsen*, Kommunalrecht des Landes Nordrhein-Westfalen, 2. Aufl. 1997, § 11 D 1 (S. 271); *Jarass*, DÖV 2002, S. 489 (497); *Schink*, NVwZ 2002, S. 129 (132 f.); *Held*, WiVerw 1998, S. 264 (265 f.); vgl. zu den „Kompetenzgrenzen" des Art. 28 Abs. 2 GG *Kluth*, Grenzen kommunaler Wettbewerbsteilnahme, 1987, S. 46 ff.; *Berg*, WiVerw 2000, S. 141 (146 ff.); *Burmeister*, Selbstverwaltungsgarantie und wirtschaftliche Betätigung der Kommunen, in: Püttner (Hrsg.), HkWP, Bd. 5, 2. Aufl. 1984, S. 3 (39 ff.).

524 *Stern*, in: BK, Art. 28 (1964) Rdn. 163.

525 Vgl. *Schink*, NVwZ 2002, S. 129 (133).

526 Gegen einen Bestandsschutz für einzelne Unternehmen auch *Rennert*, JZ 2003, S. 385 (389).

527 Siehe hierzu oben Zweiter Teil C. III. 3. c).

528 Siehe hierzu oben Erster Teil A. III. 1.

529 Siehe hierzu oben Zweiter Teil B. II.

gesellschaften letztlich unberücksichtigt.[530] Der Gläubigerschutz wird auch bei den juristischen Personen des öffentlichen Rechts nicht als allgemeine Erwägung für die Insolvenzunfähigkeit fruchtbar gemacht. Ausnahmsweise stellt *Gern* im Hinblick auf die Insolvenzunfähigkeit von Gemeinden fest: *„Das Rechtsstaatsprinzip verbietet, Gläubiger der Gemeinde durch Einstellung der Zahlungen und Eröffnung des Konkurses zu schädigen.“*[531] Allerdings folgert auch *Gern* hieraus nicht die Insolvenzunfähigkeit kommunaler Eigengesellschaften, sondern nur eine Nachschusspflicht der tragenden Kommune zur Wiederherstellung der Liquidität.[532]

Im Ergebnis ist festzustellen, dass die Gesellschafterstellung der insolvenzunfähigen Gemeinde keinen Einfluss auf die Insolvenzfähigkeit der kommunalen Eigengesellschaften hat.

530 Vgl. hierzu umfassend *Parmentier*, Gläubigerschutz in öffentlichen Unternehmen, 2000.

531 *Gern*, Deutsches Kommunalrecht, 3. Aufl. 2003, Rdn. 717.

532 Siehe zur Insolvenzabwendungspflicht der Gemeinde unten Dritter Teil C. III.

Dritter Teil: Privatrechtliche und öffentlich-rechtliche Verpflichtungen der Gemeinde

Die kommunalen Eigengesellschaften – juristische Personen des Privatrechts, deren Alleingesellschafter die Gemeinden sind – sind im Gegensatz zu den öffentlich-rechtlichen Gebietskörperschaften prinzipiell insolvenzfähig.[533] Weder existieren gesetzliche Ausschlussregelungen wie bei den juristischen Personen des öffentlichen Rechts, noch befreit die Gesellschafterstellung der insolvenzunfähigen Gemeinde die kommunalen Eigengesellschaften von der Insolvenzfähigkeit.[534]

Von der Frage der Unzulässigkeit des Insolvenzverfahrens zu unterscheiden ist die Frage, inwieweit „nachwirkende Pflichten"[535] der Gemeinde existieren. Solche sind in zweierlei Hinsicht denkbar: Zum einen könnte die Gemeinde als Alleingesellschafterin des kommunalen Unternehmens einem Haftungsdurchgriff der von dem Insolvenzverfahren betroffenen Gläubiger ausgesetzt sein, zum anderen besteht möglicherweise eine Insolvenzabwendungspflicht der Gemeinde, die – anders als ein Haftungsdurchgriff – schon im Vorfeld eines möglichen Insolvenzverfahrens ein Tätigwerden der Gemeinde zur Verhinderung der Insolvenz ihrer Eigengesellschaft verlangen könnte.[536]

Da die Erfüllung öffentlicher Aufgaben in Rechtsformen des privaten Rechts die Verknüpfung zweier Rechtssysteme erforderlich macht, „die von verschiedenen Prämissen ausgehen und wesensmäßig von divergierenden Zielen geprägt sind"[537], hängt die Beantwortung der Frage nach den „nachwirkenden Pflichten" der Ge-

533 Etwas anderes gilt auch nicht für die kommunalen Eigengesellschaften in Sachsen. § 3 SächsEigBG vom 19.4.1994 (SächsGVBl. 1994, S. 773), auf den *Kirchhof*, in: HK-InsO, 3. Aufl. 2003, § 12 Rdn. 7, in diesem Zusammenhang verweist, regelt die Rechtsgrundlagen für die Eigenbetriebe der Gemeinden, die nach § 91 Abs. 1 Nr. 1 GO Sachsen Sondervermögen der Gemeinden sind. Nicht erfasst werden von § 3 SächsEigBG Rechtsformen des privaten Rechts, in denen Unternehmen der Gemeinde nach § 95 Nr. 2 GO Sachsen ebenfalls geführt werden können.

534 Siehe hierzu oben Zweiter Teil D.

535 Vgl. *Kund*, Nachwirkende Pflichten der Gemeinden bei der Ausgliederung öffentlicher Aufgaben auf Private, 1988.

536 Vgl. *Ehlers*, Verwaltung in Privatrechtsform, 1984, S. 318 ff. m.w.N.; *ders.*, Empfiehlt es sich, das Recht der öffentlichen Unternehmen im Spannungsfeld von öffentlichem Auftrag und Wettbewerb national und gemeinschaftsrechtlich neu zu regeln?, in: Verhandlungen des vierundsechzigsten Deutschen Juristentages, Berlin 2002, Bd. I Gutachten, Teil E, S. E 78 f.; *Kuhl/Wagner*, ZIP 1995, S. 433 (435 ff., 437 ff.); *Erbguth/Stollmann*, DÖV 1993, S. 798 (807); *Spannowsky*, ZGR 1996, S. 400 (419); *Ott*, in: MüKo-InsO, Bd. 1, 2001, § 12 Rdn. 20.

537 Vgl. *v. Danwitz*, AöR 120 (1995), S. 594 (598).

meinde unmittelbar von der Wahl des „Rechtsregimes“[538] ab. Zu prüfen ist hierbei insbesondere, ob die Verwendung privatrechtlicher Organisationsformen zu einem Austausch der öffentlich-rechtlichen Handlungsmaßstäbe führt oder ob die Gemeinde weiterhin öffentlich-rechtlichen Bindungen unterliegt. Zuvor stellt sich jedoch die Frage nach der dogmatischen Grundlage für privatrechtsförmliches Handeln der Verwaltung. Im Hinblick auf die überkommene Trennung von öffentlichem und privatem Recht[539] erscheint es keineswegs selbstverständlich, dass die öffentliche Verwaltung zur Verwendung privatrechtlicher Organisationsformen berechtigt sein soll. *Berkemann* formuliert drastisch: *„Es stellt – zum »profanen« Zivilrecht in Beziehung gebracht – geradezu eine Anomalie dar, wenn der Staat, der entsprechend seinem Wesen nur zur öffentlichen Zweckverfolgung tätig werden darf, sich derselben Gestaltungsformen bedient, die die Zivilistik für den Rechtsverkehr inter privatos entwickelt hat.“*[540]

A. Die Freiheit der Rechtsformwahl

Für kommunale Unternehmen, die sich ausschließlich in der Trägerschaft einer Gemeinde befinden, stehen sowohl Rechtsformen des öffentlichen Rechts[541] als auch Rechtsformen des Privatrechts – insbesondere Aktiengesellschaft (AG) und Gesellschaft mit beschränkter Haftung (GmbH)[542] – zur Verfügung.

538 Diesen Ausdruck verwendet *Schmidt-Aßmann*, DVBl. 1989, S. 533 (535 mit Fn. 14); ebenso *Ehlers*, Verwaltung und Verwaltungsrecht im demokratischen und sozialen Rechtsstaat, in: Erichsen/Ehlers (Hrsg.), Allgemeines Verwaltungsrecht, 12. Aufl. 2002, § 2 Rdn. 38.

539 Vgl. zur Zweiteilung des Rechts *Ehlers*, Verwaltung in Privatrechtsform, 1984, S. 30 ff.; *Storr*, Der Staat als Unternehmer, 2001, S. 456 ff.

540 *Berkemann*, Die staatliche Kapitalbeteiligung an Aktiengesellschaften, 1966, S. 21.

541 *Püttner*, Überblick über die Rechtsformen, in: Püttner (Hrsg.), HkWP, Bd. 5, 2. Aufl. 1984, S. 119 (119 f.), unterscheidet nach dem Grad der Verselbständigung *Regiebetriebe*, *Eigenbetriebe*, *rechtsfähige Anstalten* und *Stiftungen* des öffentlichen Rechts. Der Eigenbetrieb ist zwar wie der Regiebetrieb rechtlich unselbständig, im Gegensatz zu ihm aber organisatorisch und finanzwirtschaftlich gegenüber der Kommunalverwaltung verselbständigt. Vgl. zu den Organisationsformen kommunaler Unternehmen auch *Cronauge*, Kommunale Unternehmen, 3. Aufl. 1997, Rdn. 137 ff.

542 Siehe hierzu oben Erster Teil A. IV. 2. a).

I. Die These von der Wahlfreiheit

1. Inhalt und Grenzen der Wahlfreiheit

Sowohl die Rechtsprechung[543] als auch weite Teile der Literatur[544] gehen davon aus, dass es der Verwaltung im Bereich der Leistungsverwaltung grundsätzlich freistehe, sich sowohl der Formen des öffentlichen als auch derjenigen des privaten Rechts zu bedienen. Nach Auffassung des BGH besteht *„eine grundsätzliche Freiheit der Formenwahl in dem Sinne, dass Staat und Gemeinden sich sowohl öffentlich-rechtlicher als auch privatrechtlicher Formen bedienen können“*[545]. Der Grundsatz der Wahlfreiheit wird dabei sowohl auf die Organisations- als auch auf die Handlungsformen bezogen.[546] Ein Träger öffentlicher Gewalt kann dementsprechend nach seinem Ermessen entscheiden, ob er ein Unternehmen in öffentlich-rechtlicher Form oder privatrechtlich als Kapitalgesellschaft bzw. in den sonstigen Formen des Privatrechts führen will.

Hinsichtlich der Handlungsformen wird weiterhin vorausgesetzt, dass es um die Erledigung „unmittelbarer Verwaltungsaufgaben“[547] geht. Werden dagegen nur mittelbar öffentliche Zwecke verfolgt – dies soll der Fall sein bei den fiskalischen Hilfsgeschäften der Verwaltung (Stichwort: Bleistiftkauf) oder bei der Teilnahme am wirtschaftlichen Wettbewerb –, sollen ausschließlich die Formen des Privatrechts zur Anwendung gelangen.[548]

543 Vgl. BGHZ 3, 110 (120 f.); 9, 145 (147); 17, 191 (192); 29, 76 (80); 33, 230 (233); 36, 91 (96); 37, 1 (27); 43, 337 (341 f.); 52, 325 (328); 59, 303 (305 f.); 65, 284 (287); 79, 111 (115); 91, 84 (95 f.); BVerwGE 7, 180 (181); 13, 47 (54); 19, 308 (312); 35, 103 (105); 47, 247 (250); 94, 229 (231 f.); BVerwG, NVwZ 1990, S. 754 (754).

544 *Rüfner*, Formen öffentlicher Verwaltung im Bereich der Wirtschaft, 1967, S. 348 ff.; *Ossenbühl*, DÖV 1971, S. 513 (515); *Forsthoff*, Verwaltungsrecht I, 10. Aufl. 1973, § 22 I. (S. 407 ff.); *Bethge*, Die Verwaltung 10 (1977), S. 313 (322); *Ehlers*, Verwaltung in Privatrechtsform, 1984, S. 64 ff.; *Püttner*, Die öffentlichen Unternehmen, 2. Aufl. 1985, S. 85 ff.; *Maurer*, Allgemeiner Verwaltungsrecht, 14. Aufl. 2002, § 3 Rdn. 9; *Wolff/Bachof/Stober*, Verwaltungsrecht II, 5. Aufl. 1987, § 104a Rdn. 3; *Scholz/Pitschas*, Kriterien für die Wahl der Rechtsform, in: Püttner (Hrsg.), HkWP, Bd. 5, 2. Aufl. 1984, S. 128 (129); *Koch*, Der rechtliche Status kommunaler Unternehmen in Privatrechtsform, 1994, S. 24 ff.; *Storr*, Der Staat als Unternehmer, 2001, S. 473 ff.; *Mann*, Die öffentlich-rechtliche Gesellschaft, 2002, S. 39 ff.; *Weiß*, Privatisierung und Staatsaufgaben, 2002, S. 271 ff.

545 BGHZ 91, 84 (95 f.).

546 Dem Grundsatz der Wahlfreiheit entsprechend steht es den Gemeinden frei, die Benutzungsverhältnisse ihrer öffentlichen Einrichtungen öffentlich-rechtlich oder privatrechtlich auszugestalten. Diese Wahlfreiheit ist zu unterscheiden von der kommunalrechtlichen Verpflichtung der Gemeinden, ihre Einwohner im Rahmen des geltenden Rechts zur Benutzung der öffentlichen Einrichtung zuzulassen (§ 8 Abs. 2 GO NW). Die Rechtsprechung und der überwiegende Teil des Schrifttums ordnen die Zulassungsverpflichtung unter Rückgriff auf die zum Subventionsrecht entwickelte Zwei-Stufen-Theorie auch dann dem öffentlichen Recht zu, wenn das anschließende Benutzungsverhältnis privatrechtlich ausgestaltet wird.

547 Siehe hierzu unten Dritter Teil C. I.

548 Vgl. die Nachweise bei *Ehlers*, Verwaltung in Privatrechtsform, 1984, S. 65.

Die Grenzen der Wahlfreiheit hält man für erreicht, wenn der Verwaltung ausdrücklich die Verwendung öffentlich-rechtlicher[549] oder privatrechtlicher[550] Gestaltungsformen vorgeschrieben ist,[551] oder wenn „die in Frage stehende Tätigkeit nur im Verhältnis der Über- und Unterordnung ausgeübt“[552] werden könne. Da der Eingriffsverwaltung nur öffentlich-rechtliche Gestaltungsmittel – insbesondere der Verwaltungsakt – zur Verfügung stehen, kommt insoweit eine Formenwahlfreiheit nicht in Betracht. Sie ist von vornherein auf den Bereich der Leistungsverwaltung beschränkt. Ferner wird die Verwaltung in den Fällen, in denen sie sich für eine privatrechtliche Organisationsform entschieden hat, hinsichtlich der Ausgestaltung ihrer Außenbeziehungen auf das Privatrecht verwiesen. Sei nämlich der Übertritt ins Privatrecht vollzogen, müssten alle daran geknüpften Rechtskonsequenzen übernommen werden. Die juristische Person des Privatrechts könne als solche mit ihren Partnern nur in zivilrechtliche Vertragsbeziehungen treten; die Formen des öffentlichen Rechts seien ihr verschlossen. Habe die Verwaltung dagegen eine öffentlich-rechtliche Organisationsform gewählt, stehe es ihr immer noch offen, welchem Rechtskreis sie ihr Tätigwerden nach außen hin unterstellen wolle.[553]

2. Dogmatische Grundlage

a) Kein Konsens der Verwaltungsrechtswissenschaft

Als Begründung für die These von der Wahlfreiheit wird häufig auf ihre lange traditionelle Anerkennung verwiesen[554] sowie auf die Tatsache, dass das Privatrecht im Gegensatz zum öffentlichen Recht über sachgerechtere Gestaltungsmöglichkeiten verfüge.[555] *Ehlers* hat insoweit zutreffend darauf hingewiesen, dass pragmatische Erwägungen und Zweckmäßigkeitsgesichtspunkte allein kein Ersatz für die rechtliche Herleitung des Grundsatzes von der Wahlfreiheit sein können.[556] Hinsichtlich darüber hinausgehender Erklärungsversuche ist die Verwaltungsrechtswissenschaft

549 Das gesetzliche Vorkaufrecht der Gemeinde gegenüber dem Verkäufer kann beispielsweise nach § 28 Abs. 2 BauGB nur durch Verwaltungsakt ausgeübt werden.

550 Die Eisenbahnen des Bundes sowie die Nachfolgeunternehmen der Deutschen Bundespost sind etwa nach Art. 87 e Abs. 3 GG, Art. 143 b Abs. 1 GG (Art. 87 f Abs. 2 GG) zwingend in privatrechtlicher Form zu führen.

551 Vgl. *Ehlers*, Verwaltung in Privatrechtsform, 1984, S. 65.

552 BGHZ 91, 84 (95 f.).

553 Vgl. *Erbguth/Stollmann*, DÖV 1993, S. 798 (799).

554 Vgl. *Rüfner*, Formen öffentlicher Verwaltung im Bereich der Wirtschaft, 1967, S. 370.

555 So etwa *Ossenbühl*, DÖV 1971, S. 513 (518): *„Die öffentliche Hand hat die ihr zugefallenen Leistungsaufgaben von jeher zum großen Teil in den Formen des Privatrechts erfüllt, weil das öffentliche Recht keine oder jedenfalls keine optimal geeigneten Handlungsformen bereithielt.“* Vgl. auch *Bethge*, Die Verwaltung 10 (1977), S. 313 (322).

556 *Ehlers*, Verwaltung in Privatrechtsform, 1984, S. 69. Ebenso *Wolff/Bachof/Stober*, Verwaltungsrecht, Bd. 1, 11. Aufl. 1999, § 23 Rdn. 4.

allerdings von einem Konsens weit entfernt. So wird die Wahlfreiheit als abgeleiteter Rechtssatz bezeichnet, der eine Ausnahmebestimmung zu der Regel bilde, dass die öffentliche Verwaltung grundsätzlich in den Formen des für sie geltenden Sonderrechts, also dem öffentlichen Recht zu erfolgen habe;[557] sie wird – gleichsam als Unterfall des allgemeinen Verfahrensermessens der Verwaltung im Sinne des § 10 VwVfG – als eine Ermessensentscheidung der Verwaltung aufgefasst, die zur Erreichung einer vorgegebenen Zielsetzung am besten geeignete Handlungsform zu bestimmen;[558] oder aus der Organisationsgewalt[559] – hier insbesondere aus Art. 28 Abs. 2 GG[560] – abgeleitet. In der Rechtsprechung wird die Wahlfreiheit teilweise auf den Satz gestützt, aus der öffentlich-rechtlichen Zielsetzung dürfe nicht auf die öffentlich-rechtliche Erledigung geschlossen werden.[561]

b) Die Selbstverwaltungsgarantie des Art. 28 Abs. 2 GG

Zumindest für die Gemeinden scheint weitgehend Einigkeit darin zu bestehen, dass sich die Freiheit der Rechtsformwahl aus der kommunalen Selbstverwaltungsgarantie des Art. 28 Abs. 2 GG ergeben soll.[562] Das Selbstverwaltungsrecht erstrecke sich auch auf die Befugnis, die Organisation der Kommunalverwaltung einschließlich der kommunalen Unternehmen eigenverantwortlich zu gestalten. Kommunale Organisationshoheit, Personalhoheit und Finanzhoheit heißen die dem zugrunde liegenden verfassungsrechtlichen Garantien der kommunalen Selbstverwaltung. Insbesondere im Hinblick auf die von Art. 28 Abs. 2 GG geschützte wirtschaftliche Betätigung der Gemeinden[563] wird den Gemeinden das Recht zugestanden, im Rahmen ihrer ökonomischen Eigenverantwortlichkeit auch über die Form des Aufgabenvollzuges zu entscheiden.[564] Vor diesem Hintergrund entscheide die Gemeinde grundsätzlich nach pflichtgemäßem Ermessen über die Rechtsform ihrer kommunalen Unterneh-

557 So *Frotscher*, Die Ausgestaltung kommunaler Nutzungsverhältnisse bei Anschluss und Benutzungszwang, 1974, S. 11.

558 Vgl. *v. Danwitz*, JuS 1995, S. 1 (5). Entgegen dem anders lautenden Nachweis bei *Storr*, Der Staat als Unternehmer, 2001, S. 473 mit Fn. 336, belegt *di Fabio*, Risikoentscheidungen im Rechtsstaat, 1994, S. 331, anhand des § 10 VwVfG nicht etwa den Grundsatz der *Formenwahlfreiheit*, sondern den Grundsatz der *Formfreiheit*.

559 *Erbguth/Stollmann*, DÖV 1993, S. 798 (799); *Stober*, NJW 1984, S. 449 (454).

560 Vgl. statt vieler *Stern*, in: BK, Art. 28 (1964) Rdn. 161. Siehe zur Selbstverwaltungsgarantie des Art. 28 Abs. 2 GG unten Dritter Teil A. I. 2 b.

561 BVerwGE 7, 264 (264); 35, 103 (105); 47, 247 (250); 94, 229 (232); BGHZ 91, 84 (95 f.).

562 *Vitzthum*, AöR 104 (1979), S. 580 (581); *Ehlers*, Verwaltung in Privatrechtsform, 1984, S. 372 f.; *ders.*, DÖV 1986, S. 897 (897 f.); *Stober*, NJW 1984, S. 449 (453); *Hauser*, Die Wahl der Organisationsform kommunaler Einrichtungen, 1987, S. 4 f.; *Schmidt*, Öffentliches Wirtschaftsrecht, Allgemeiner Teil, 1990, § 11 II. 1. d) aa) (S. 528); *ders.*, ZGR 1996, S. 345 (349); *Unruh*, DÖV 1997, S. 653 (662).

563 Siehe hierzu oben Zweiter Teil D.

564 Vgl. *Scholz/Pitschas*, Kriterien für die Wahl der Rechtsform, in: Püttner (Hrsg.), HkWP, Bd. 5, 2. Aufl. 1984, S. 128 (129).

men. Sie könne frei wählen, ob sie ihre Aufgaben in traditionell öffentlich-rechtlicher Organisations- und Handlungsform, in öffentlich-rechtlicher Organisations-, aber privatrechtlicher Handlungsform oder in privatrechtlichen Organisations- und Handlungsformen erbringen wolle.[565]

3. Motive für die Wahl der Rechtsform

Auch wenn die Suche nach der dogmatischen Grundlage der These von der Wahlfreiheit bisher zu keinem befriedigenden Ergebnis geführt hat,[566] so steht doch fest, dass kommunale Unternehmen ab einer gewissen Größenordnung die Aufgabenerfüllung in privatrechtlichen Organisationsformen bevorzugen.[567] Der Trend zur „Organisationsprivatisierung"[568] wird mit dem Hinweis auf das Fehlen geeigneter öffentlich-rechtlicher Organisationsformen nur unzureichend erklärt. Die tatsächlichen Motive für die Wahl einer privaten Rechtsform sind vielfältig. Die Entscheidung wird immer mehr von den Entwicklungstendenzen im technologischen, betriebswirtschaftlichen, gesellschaftsrechtlichen und steuerrechtlichen Bereich beeinflusst.[569] Hinzu kommen finanzierungs- und personalpolitische sowie haushalts- und haftungsrechtliche Überlegungen.[570] Im einzelnen werden folgende Gründe für die Wahl einer privatrechtlichen Organisationsform angeführt:[571] einfachere Errichtung und Auflösung von Privatrechtsvereinigungen, größere Flexibilität bei der Ausgestaltung des Dienst- und Besoldungsrechts sowie der internen Aufbau- und Ablauforganisation, größere Flexibilität bei der Haushaltsgebarung, gesteigerte Kreditwürdigkeit, steuerliche Gründe, größere Flexibilität bei der Kooperation mit anderen Rechtssubjekten und schließlich die Möglichkeit der Haftungsbeschränkung. Auch wenn verschiedene Analysen zu dem Ergebnis kommen, dass den in der Praxis vorgebrachten Argumenten für eine privatrechtliche Organisationsform bei näherer

565 *Kraft*, Eigengesellschaften, in: Püttner (Hrsg.), HkWP, Bd. 5, 2. Aufl. 1984, S. 168 (171).

566 Vgl. zur Kritik an der These von Wahlfreiheit *Koch*, Der rechtliche Status kommunaler Unternehmen in Privatrechtsform, 1994, S. 25 f. m.w.N.

567 Vgl. *Ehlers*, DÖV 1986, S. 897 (899).

568 Im Unterschied zur materiellen „Aufgabenprivatisierung", bei der öffentliche Aufgaben auf Private zur selbständigen Erledigung übertragen werden, bleibt die öffentliche Hand bei der formellen „Organisationsprivatisierung" für die Aufgabenerfüllung weiterhin selbst verantwortlich. Nur die Form der Leistungserbringung – nicht die Leistung selbst – wird privatisiert. Vgl. hierzu *Vitzthum*, AöR 104 (1979), S. 580 (586 ff.).

569 *Scholz/Pitschas*, Kriterien für die Wahl der Rechtsform, in: Püttner (Hrsg.), HkWP, Bd. 5, 2. Aufl. 1984, S. 128 (130).

570 *Vitzthum*, AöR 104 (1979), S. 580 (590).

571 Vgl. die (fast) übereinstimmende Auflistung bei *Erbguth/Stollmann*, DÖV 1993, S. 798 (802 ff.) und *Unruh*, DÖV 1997, S. 653 (654 ff.); beide im Anschluss an *Ehlers*, Verwaltung in Privatrechtsform, 1984, S. 292 ff. Ausführlich zu den Gründen bei der Rechtsformwahl auch *Engel*, Grenzen und Formen der mittelbaren Kommunalverwaltung, 1981, S. 38 ff.; *Hauser*, Die Wahl der Organisationsform kommunaler Einrichtungen, 1987, S. 19 ff.; *Gaß*, Die Umwandlung gemeindlicher Unternehmen, 2003, S. 58 ff.

Betrachtung die Überzeugungskraft abzusprechen ist,[572] kann sich die Verwaltungsrechtswissenschaft nicht der Tatsache verschließen, dass die öffentliche Verwaltung in großem Maße auf privatrechtliche Organisationsformen zurückgreift.

II. Kritik an der These von der Wahlfreiheit

1. Die „Flucht ins Privatrecht"

Die These von der Wahlfreiheit der Verwaltung bei der Erfüllung öffentlicher Aufgaben findet nicht ungeteilte Zustimmung. Ihre Kritiker[573] sehen insbesondere die Gefahr, dass sich die Verwaltung durch die Wahl einer Privatrechtsform den Bindungen des eigens zu ihrer Disziplinierung geschaffenen öffentlichen Rechts entziehen könnte.[574] Es gehe also nicht nur um die Wahl der Rechtsform, sondern vor allem um die Wahl des „Rechtsregimes". *Fleiner*[575] hat in diesem Zusammenhang erstmalig von der „Flucht ins Privatrecht" gesprochen.

2. Das Plädoyer *Burmeisters*

Deutliche und in diesem Zusammenhang oftmals zitierte[576] Kritik an einem „hoheitlichen Privatrecht" sowie der darauf basierenden Rechtsfigur des „Verwaltungsprivatrechts" findet sich bei *Joachim Burmeister*, der in seinem „Plädoyer für ein rechtsstaatliches Instrumentarium staatlicher Leistungsverwaltung und Wirtschaftsagende"[577] drei Problemkomplexe zur Frage der privatrechtsförmlichen öffentlichen Verwaltung aufwirft. Es sind dies die *verfassungsrechtliche Gewaltenteilung*, der *effektive Rechtsschutz* gegenüber Äußerungen der öffentlichen Gewalt sowie die *Kompetenzbegrenzung der staatlichen Funktionsträger*.[578] *Burmeister* konstatiert zunächst eine dem Gewaltenteilungsprinzip zuwiderlaufende Fehlentwicklung: Die Frage nach der Tauglichkeit des rechtsstaatlichen Verwaltungsinstrumentariums stelle sich überhaupt nur, weil die Exekutive durch Wahrnehmung planerischer Verwaltungsagenden in eine quasi-legislative Rolle hineingewachsen

572 Vgl. die Analysen von *Erbguth/Stollmann*, DÖV 1993, S. 798 (804 ff.) und *Unruh*, DÖV 1997, S. 653 (654 ff.).

573 Vgl. z. B. *Pestalozza*, Formenmissbrauch des Staates, 1973, S. 166 ff.; *Kempen*, Die Formenwahlfreiheit der Verwaltung, 1989, S. 122 f.

574 *Ehlers*, Verwaltung und Verwaltungsrecht im demokratischen und sozialen Rechtsstaat, in: Erichsen/Ehlers (Hrsg.), Allgemeines Verwaltungsrecht, 12. Aufl. 2002, § 2 Rdn. 38.

575 *Fleiner*, Institutionen des Deutschen Verwaltungsrechts, 8. Aufl. 1928, S. 326.

576 Vgl. z. B. *Ehlers*, Verwaltung in Privatrechtsform, 1984, S. 65 mit Fn. 3; *ders.*, DÖV 1986, S. 897 (898 mit Fn. 7); *Erbguth/Stollmann*, DÖV 1993, S. 798 (799 mit Fn. 7).

577 *Burmeister*, WiR 1972, S. 311 ff.

578 *Burmeister*, WiR 1972, S. 311 (324 ff.).

sei und deshalb Handlungsrequisiten wie der Verwaltungsakt nicht mehr als rollenangemessene Ausstattung erschienen.[579] Unter dem Aspekt der Gewährleistung eines effektiven Rechtsschutzes macht *Burmeister* die Verwischung der Grenzlinie zwischen privatem und öffentlichem Recht für die unerträgliche Komplikation des Gerichtsschutzes verantwortlich.[580] Der in der Verwaltungspraxis bestehende Formensynkretismus sorge für immer neues Anschauungsmaterial der hoffnungslos diffusen Situation. In diesem Bereich noch eine Systematik entdecken zu wollen, bedürfe schon einer logisch nicht mehr nachvollziehbaren Spitzfindigkeit.[581]

Die schwerwiegendsten Bedenken gegen die These von der Wahlfreiheit resultieren bei *Burmeister* aber aus der mit zunehmender Verwischung der beiden Rechtskomplexe eingetretenen Einebnung des staatlich-bürgerlichen Funktionsdualismus.[582] Das Zwittergebilde des „hoheitlichen Privatrechts" gefährde das Grundprinzip des Dualismus von staatlicher Funktionswahrnehmung und bürgerlicher Rechtsausübung. Letztlich münde der Trend zur Privatisierung der hoheitlichen Organisations- und Handlungsformen in die Grundproblematik der Abschichtung des staatlichen Funktionskreises von der bürgerlichen Rechtssphäre.[583] *Burmeisters* Intention liegt darin, die Trennung zwischen qualitativ-öffentlichen und qualitativ-privaten Funktionsbereichen nach außen eindeutig erkennbar zu machen, da eine undifferenzierte formale Gleichschaltung von staatlicher Funktionswahrnehmung und bürgerlicher Rechtsausübung sich als wirksamer Hebel einer materiellen Gleichstellung auswirken könne.[584] Er schlussfolgert aus der Notwendigkeit, den qualitativ-öffentlichen Funktionsbereich nach außen erkennbar zu machen, die Verpflichtung, die staatlichen Leistungseinrichtungen in den Organisationsformen des öffentlichen Rechts zu strukturieren. Wenn die Verwaltung am allgemeinen Wirtschaftsverkehr teilnehme, dann müsse die spezifisch öffentliche – und vom reinen Erwerbsstreben fundamental zu unterscheidende – Zweckbindung der Tätigkeit zumindest durch die öffentlich-rechtliche Organisationsstruktur der Leistungseinrichtung im Rechtsverkehr unzweideutig ausgewiesen werden.[585]

Burmeister geht es nicht um die Elimination jeglicher privater Rechtsformen aus der Verwaltungspraxis. Soweit die öffentliche Hand in Verfolgung von Verwaltungszwecken an dem von den Prinzipien des Wettbewerbs beherrschten Wirtschaftsverkehr teilnimmt, bietet auch nach seiner Auffassung das Privatrecht die allein sachadäquaten Handlungsformen.[586] Er unterscheidet jedoch deutlich zwischen den privatrechtlichen *Handlungs*formen und den privatrechtlichen *Organisa-*

579 *Burmeister*, WiR 1972, S. 311 (328 ff.).

580 *Burmeister*, WiR 1972, S. 311 (333 ff.); *ders.*, Vom staatsbegrenzenden Grundrechtsverständnis zum Grundrechtsschutz für Staatsfunktionen, 1971, S. 68 ff.

581 *Burmeister*, WiR 1972, S. 311 (334 f.)

582 Vgl. hierzu ausführlich *Burmeister*, Vom staatsbegrenzenden Grundrechtsverständnis zum Grundrechtsschutz für Staatsfunktionen, 1971, S. 72 ff.

583 *Burmeister*, WiR 1972, S. 311 (339 ff.).

584 *Burmeister*, WiR 1972, S. 311 (323).

585 *Burmeister*, WiR 1972, S. 311 (344 f. und 350).

586 *Burmeister*, WiR 1972, S. 311 (343).

*tions*formen, denn die privatrechtliche Ausgestaltung des Leistungsverhältnisses sei keineswegs an die Einkleidung des Leistungsträgers in die Unternehmensformen des Privatrechts gekoppelt. Die öffentliche Hand sei nicht gehindert, die am wirtschaftlichen Wettbewerb teilnehmenden Einrichtungen der Leistungsverwaltung in öffentlich-rechtlichen Organisationsformen zu strukturieren und gleichwohl die Modalitäten der Leistungserbringung in privatrechtsförmlichen Kategorien auszugestalten.[587]

III. Stellungnahme

Da – selbst von den Kritikern der These von der Wahlfreiheit – anerkannt ist, dass die Verwaltung im Bereich der Leistungsverwaltung zur Verwendung privatrechtlicher – weil allein sachadäquater – *Handlungs*formen befugt ist, soll sich die weitere Untersuchung auf die Frage beschränken, ob der Grundsatz der Wahlfreiheit darüber hinaus auch für die Verwendung privatrechtlicher *Organisations*formen gilt.

1. Kein Verbot privatrechtlicher Organisationsformen

Aus dem Wortlaut des Grundgesetzes lassen sich keine Anhaltspunkte für ein generelles Verbot privatrechtlicher Organisationsformen entnehmen.[588] Weder aus der Kompetenzverteilungsregel des Art. 30 GG, welcher die Tätigkeitsbereiche von Bund und Ländern abgrenzt und auch bei der staatlichen Verwendung privatrechtlicher Organisationsformen stets zu beachten ist,[589] noch aus Art. 33 Abs. 4 GG oder Art. 83 ff. GG ergibt sich ein solches Verbot.

Das öffentliche Dienstrecht verbietet die Erfüllung von Verwaltungsaufgaben durch Verwaltungsträger des Privatrechts nicht. Zwar muss der Funktionsvorbehalt des Art. 33 Abs. 4 GG nicht nur auf die Eingriffs-, sondern in extensiver Interpretation auch auf die Leistungsverwaltung bezogen werden.[590] Der Wortlaut spricht jedoch dafür, dass die Ausübung hoheitsrechtlicher Befugnisse „in der Regel“ durch Beamte, d. h. in Ausnahmefällen also durch Angestellte und Arbeiter in privatrechtlichen Arbeitsverhältnissen zu bewältigen ist.[591] Nichts anderes muss – auch wenn Art. 33 Abs. 4 GG unmittelbar nur die Personalstruktur des öffentlichen Dienstes

587 *Burmeister*, WiR 1972, S. 311 (344 f.).

588 Lediglich die landesverfassungsrechtliche Regelung des Art. 111a Abs. 2 BayVerf schreibt vor, dass Rundfunk in öffentlicher Verantwortung und in öffentlich-rechtlicher Trägerschaft betrieben wird. Nach *Erbguth/Stollmann*, DÖV 1993, S. 798 (799 mit Fn. 7), handelt es sich dabei aber um eine nicht zu verallgemeinernde Sonderbestimmung.

589 BVerfGE 12, 205 (244 ff.); *Ehlers*, Verwaltung in Privatrechtsform, 1984, S. 113 ff.

590 *Battis*, in: Sachs (Hrsg.), GG, 3. Aufl. 2003, Art. 33 Rdn. 55 m.w.N.

591 Vgl. *Ehlers*, Verwaltung in Privatrechtsform, 1984, S. 121 ff.; im Ergebnis auch *Erbguth/Stollmann*, DÖV 1993, S. 798 (799 f.).

betrifft – für den Einsatz privatrechtlicher Organisationsformen gelten.[592] Die Übertragung einiger kommunaler Aufgaben auf juristische Personen des Privatrechts verstößt daher nicht gegen den Funktionsvorbehalt des Art. 33 Abs. 4 GG.[593] Dabei kann offen bleiben, inwieweit die durch Zwangsbefugnisse gekennzeichnete Eingriffsverwaltung Sache staatlicher und kommunaler Behörden bleiben muss, denn insoweit bestehen tatsächlich kaum Privatisierungsforderungen.[594]

Die Art. 83 ff. GG befassen sich in erster Linie mit der Verteilung von Organisationsgewalt auf Bund und Länder. Schon bevor der verfassungsändernde Gesetzgeber mit der Neufassung des Art. 87 d Abs. 1 Satz 2 GG[595] die Möglichkeit schuf, durch Bundesgesetz über die „öffentlich-rechtliche oder privatrechtliche Organisationsform" in der Luftverkehrsverwaltung zu entscheiden, war nach überwiegender Ansicht[596] die Nennung von Behörden, Zentralstellen, Körperschaften und Anstalten des öffentlichen Rechts im Achten Abschnitt des Grundgesetzes keine abschließende Aufzählung möglicher Verwaltungsträger. Die Wahrnehmung öffentlicher Aufgaben durch verwaltungseigene juristische Personen des Privatrechts sei nämlich schon vor dem Inkrafttreten des Grundgesetzes eine vertraute Erscheinung gewesen. Hätte der Verfassungsgeber insoweit eine von der Staatspraxis und Verfassungstradition abweichende Regelung treffen wollen, dann hätte er dies im Grundgesetz unzweideutig zum Ausdruck bringen müssen. Das Fehlen einer abweichenden gesetzlichen Regelung sowie das Schweigen der Verfassung im übrigen sprechen nach dieser Auffassung für die Zulässigkeit der öffentlichen Verwaltung durch privatrechtlich organisierte Gesellschaften.[597] Seit der Bahnreform und der Postreform II ist in Art. 87 e Abs. 3 GG und Art. 143 b Abs. 1 GG die Organisationsprivatisierung der bisherigen Sondervermögen des Bundes „Deutsche Bundespost"[598] und „Deutsche Bundesbahn" zwingend vorgeschrieben. Ob es sich hierbei um explizite, abschließend gemeinte Ausnahmen von der Verpflichtung auf öffentlich-rechtliche Formen oder aber um einen exemplarischen Ausdruck eines allgemeinen Grundsatzes der Wahlfreiheit handelt, hängt davon ab, ob sich darüber hinaus allgemein tragende Argu-

592 Vgl. *Ehlers*, Verwaltung in Privatrechtsform, 1984, S. 121 ff.; auch *Koch*, Der rechtliche Status kommunaler Unternehmen in Privatrechtsform, 1994, S. 29 f.

593 *Engel*, Grenzen und Formen der mittelbaren Kommunalverwaltung, 1981, S. 239; *Hauser*, Die Wahl der Organisationsform kommunaler Einrichtungen, 1987, S. 4.

594 *Gröpl*, Möglichkeiten und Grenzen der Privatisierung kommunaler Aufgaben, in: Hoffmann/Kromberg/Roth/Wiegand (Hrsg.), Kommunale Selbstverwaltung im Spiegel von Verfassungsrecht und Verwaltungsrecht, 1996, S. 99 (105).

595 Grundgesetzänderung vom 14.7.1992 (BGBl. I 1992, S. 1254).

596 *Ehlers*, Verwaltung in Privatrechtsform, 1984, S. 115 ff.; *Stober*, NJW 1984, S. 449 (452).

597 *Stober*, NJW 1984, S. 449 (452).

598 Darüber hinaus kann dem Wortlaut des Art. 87 f Abs. 2 Satz 1 GG („als privatwirtschaftliche Tätigkeiten" … „und durch andere private Anbieter") ein Gebot zur materiellen Aufgabenprivatisierung durch Vermögensprivatisierung entnommen werden, vgl. *Windthorst*, in: Sachs (Hrsg.), GG, 3. Aufl. 2003, Art. 87 f Rdn. 24 m.w.N.

mente für oder gegen die Verwendung privatrechtlicher Organisationsformen finden lassen.[599]

2. Vorrang öffentlich-rechtlicher Organisationsformen?

Der nordrhein-westfälische Gesetzgeber hat bei Novellierung des Gemeindewirtschaftsrechts im Jahre 1979 davon abgesehen, den öffentlich-rechtlichen Organisationsformen einen Vorrang vor den privatrechtlichen einzuräumen.[600] Der dahingehende von den Ländern gemeinsam erarbeitete Musterentwurf der Gemeindeordnung aus dem Jahre 1974 wurde nicht übernommen.[601] Aus dem nach § 108 Abs. 1 Satz 1 Nr. 2 GO NW erforderlichen „wichtigen Interesse"[602] der Gemeinde kann eine Subsidiarität der privatrechtlichen Organisationsform im Verhältnis zur öffentlich-rechtlichen bzw. ein Vorrang öffentlich-rechtlicher Organisationsformen nicht hergeleitet werden.[603] Der in § 108 Abs. 3 GO NW festgelegte Nachrang der Aktiengesellschaft[604] gegenüber anderen Rechtsformen gilt nicht nur gegenüber öffentlich-rechtlichen Rechtsformen, sondern insbesondere auch gegenüber der GmbH. Wenngleich sich den einfachgesetzlichen Regeln der Gemeindeordnung kein Vorrang öffentlich-rechtlicher Organisationsformen entnehmen lässt, vertritt ein Teil der Literatur die Auffassung, dass die Verwendung öffentlich-rechtlicher Organisationsformen die Regel und die Inanspruchnahme privatrechtlicher Organisationsformen die Ausnahme bleiben muss.[605]

599 Vgl. *Weiß*, Privatisierung und Staatsaufgaben, 2002, S. 274.

600 Einen „echten" Vorrang öffentlich-rechtlicher Organisationsformen erkennen ausdrücklich an: § 117 Abs. 1 Nr. 1 LSA GO (wenn „der öffentliche Zweck des Unternehmens nicht ebenso durch einen Eigenbetrieb oder eine Anstalt des öffentlichen Rechts erfüllt wird oder erfüllt werden kann") und § 73 Abs. 1 Nr. 2 Thür KO (wenn „der öffentliche Zweck nicht ebensogut in einer Rechtsform des öffentlichen Rechts, insbesondere durch einen Eigenbetrieb der Gemeinde, erfüllt werden kann"); einen „unechten" Vorrang im Sinne eine „Funktionssperre" sehen vor § 69 Abs. 1 Nr. 1 MeVo KV (wenn „der öffentliche Zweck des Unternehmens nicht wirtschaftlicher durch einen Eigenbetrieb erfüllt wird oder erfüllt werden kann") und § 102 Abs. 1 Nr. 1 Sch-H GO (wenn „die kommunale Aufgabe dauerhaft mindestens ebensogut wie in Organisationsformen des öffentlichen Rechts erfüllt wird").

601 Nach § 2 Abs. 1 Nr. 1 Musterentwurf sollte ein über den „öffentlichen Zweck" hinaus gesondert festzustellendes „wichtiges Interesse" der Gemeinde an der Beteiligung an einer Gesellschaft – oder einer sonstigen Vereinigung in privatrechtlicher Rechtsform – nötig sein sowie der Nachweis, dass der verfolgte Zweck „nicht ebenso gut auf andere Weise erfüllt wird oder erfüllt werden kann"; vgl. hierzu *Scholz*, DÖV 1976, S. 441 (445).

602 Siehe hierzu oben Erster Teil B. IV. 2.

603 *Rehn/Cronauge*, GO NW, § 108 Erl. III. 2.; a. A. wohl *Rennert*, Die Verwaltung 35 (2002), S. 319 (331 mit Fn. 38).

604 Siehe hierzu oben Erster Teil A. IV. 3. und B. IV. 4.

605 Vgl. *Ehlers*, DÖV 1986, S. 897 (903); *Unruh*, DÖV 1997, S. 653 (662); *Weiß*, Privatisierung und Staatsaufgaben, 2002, S. 278; *Rennert*, Die Verwaltung 35 (2002), S. 319 (331 f.).

Hinsichtlich der von *Burmeister* aufgeworfenen Problemkomplexe zur Frage der privatrechtsförmlichen öffentlichen Verwaltung sollen im folgenden der Aspekt des *effektiven Rechtsschutzes* gegenüber Äußerungen der öffentlichen Gewalt sowie der *Aspekt der Kompetenzbegrenzung der staatlichen Funktionsträger* daraufhin untersucht werden, ob sich hiermit ein Vorrang öffentlich-rechtlicher Organisationsformen begründen lässt.

a) Die Komplikation des Gerichtsschutzes

Burmeister macht unter dem Aspekt der Gewährleistung eines effektiven Rechtsschutzes die Verwischung der Grenzlinie zwischen privatem und öffentlichem Recht für die unerträgliche Komplikation des Gerichtsschutzes verantwortlich.[606] *„Der in der Verwaltungspraxis bestehende Formensynkretismus sorgt für immer neues Anschauungsmaterial der hoffnungslos diffusen Situation. In diesem Bereich noch eine Systematik entdecken zu wollen, bedarf schon einer logisch nicht mehr nachvollziehbaren Spitzfindigkeit.“*[607]

aa) Der Anspruch auf Benutzung öffentlicher Einrichtungen

Die von *Burmeister* im Jahr 1972 konstatierte hoffnungslos diffuse Situation im Gerichtsschutz ist unverändert geblieben. *Ehlers* hat insoweit daran erinnert, welche Schwierigkeiten es bereite, den Anspruch der Einwohner auf Benutzung der öffentlichen Einrichtungen durchzusetzen, wenn die Kommune die Einrichtungen durch ein Privatrechtssubjekt betreiben lasse.[608] Der grundsätzlich gegen die Kommune zu richtende Zulassungsanspruch der Einwohner aus § 8 Abs. 2 GO NW ist im Falle einer Einrichtung in der Rechtsform der GmbH oder der AG darauf gerichtet, dass die Kommune in entsprechender Weise auf ihre Gesellschaft einwirkt.[609] Im Hinblick auf die aus Art. 19 Abs. 4 GG abgeleitete Garantie des effektiven Rechtsschutzes[610] ergeben sich hier zwei Schwierigkeiten: Der Zulassung zur öffentlichen Ein-

606 *Burmeister*, WiR 1972, S. 311 (333 ff.); *ders.*, Vom staatsbegrenzenden Grundrechtsverständnis zum Grundrechtsschutz für Staatsfunktionen, 1971, S. 68 ff.

607 *Burmeister*, WiR 1972, S. 311 (334 f.).

608 *Ehlers*, DÖV 1986, S. 897 (903).

609 *Püttner*, DVBl. 1975, S. 353 ff.

610 Vgl. hierzu *Sachs*, in: Sachs (Hrsg.), GG, 3. Aufl. 2003, Art. 19 Rdn. 143 ff. Auch wenn sich das Gebot des effektiven Rechtsschutzes primär auf Aspekte des gerichtlichen Verfahrens (Verfahrensdauer, Kontrolldichte, Durchsetzbarkeit der Entscheidung, vorläufiger und vorbeugender Rechtsschutz) bezieht, kann doch argumentiert werden, dass die „Zwischenschaltung“ von Privatrechtssubjekten im Rahmen kommunaler Betätigung den gerichtlichen Rechtsschutz wenn nicht „vereitelt“, so doch zumindest „unzumutbar erschwert“; vgl. die ähnliche Argumentation des Bundesverfassungsgerichts für die Vorwirkungen für das Verwaltungsverfahren, BVerfGE 61, 82 (110).

richtung begehrende Einwohner muss zunächst erkennen, dass es sich um eine vor den Verwaltungsgerichten auszutragende öffentlich-rechtliche Streitigkeit handelt, bei der nicht etwa das involvierte Privatrechtssubjekt, sondern die dahinter stehende Gemeinde der richtige Klagegegner ist. Hat der Einwohner seinen Anspruch dann erfolgreich gerichtlich geltend gemacht, ergibt sich praktisch die Schwierigkeit, dass sein Einwirkungsanspruch naturgemäß schwieriger durchzusetzen ist als ein unmittelbarer Zulassungsanspruch. Ein Vorrang öffentlich-rechtlicher Organisationsformen könnte insoweit für mehr Transparenz bei der Frage des richtigen Klagegegners und damit für mehr Rechtssicherheit bei der Wahl des Rechtsweges sorgen. Gleichzeitig wäre eine schnelle und unkomplizierte Durchsetzung des Zulassungsanspruchs garantiert.

bb) Konkurrentenschutz gegen kommunale Wirtschaftsbetätigung

(1) Die Verlagerung des Rechtsschutzes auf die Zivilgerichte

Noch schwieriger gestaltet sich die Beurteilung des Gerichtsschutzes im Bereich der Konkurrentenklagen. Die zunehmende Verlagerung öffentlich-rechtlicher Aufgaben auf kommunale Unternehmen in Privatrechtsform und deren Teilnahme am wirtschaftlichen Wettbewerb hat die Bemühungen der Privaten verstärkt, die kommunale Konkurrenz vom Markt zurückzudrängen. Besonderes Augenmerk wird hierbei auf die Frage der Zulässigkeit der kommunalwirtschaftlichen Aktivitäten, also das nach §§ 107, 108 GO NW zu beurteilende „Ob" der Betätigung gelegt. Obwohl die Einhaltung dieser Vorschriften sachnäher von den Verwaltungsgerichten zu überprüfen wäre, hat sich der begehrte Rechtsschutz gegen kommunalwirtschaftliche Aktivitäten zunehmend auf die Zivilgerichte verlagert. Hintergrund dieser Entwicklung war die Bereitschaft einiger Oberlandesgerichte,[611] Zweifel der Verwaltungsgerichte[612] an einem auf § 107 GO NW gestützten subjektiven Abwehrrecht der privaten Konkurrenten durch Heranziehung der Blankettnorm des § 1 UWG zu überwinden. Dahinter stand die Überlegung, dass zu den in § 1 UWG generalklauselartig verdichteten „guten Sitten" des Wettbewerbs auch die Vorschriften über die Zulässigkeit kommunalen Wirtschaftens zählen sollten. Ein Verstoß gegen die Schranken der kommunalwirtschaftlichen Betätigung war nach der Interpretation der Zivilgerichte gleichzeitig ein Verstoß gegen die guten Sitten im Sinne des § 1 UWG.[613]

611 OLG Düsseldorf, NWVBl. 1997, S. 353 („Nachhilfeunterricht"); OLG Hamm, NJW 1998, S. 3504 („Gelsengrün"); im Grundsatz auch OLG Düsseldorf, NVwZ 2000, S. 111 („Altautorecycling") und OLG Düsseldorf, NVwZ 2002, S. 248 („Gebäudemanagement"). Anders das OLG Karlsruhe, NJW-RR 1998, S. 229 („Kfz-Schilder-Verkauf").

612 Vgl. die Grundsatzentscheidung des BVerwG zu den kommunalen Bestattungsdiensten, BVerwGE 39, 329 (336).

613 Vgl. hierzu *Heßhaus*, NWVBl. 2003, S. 173 (174); *Faber*, DVBl. 2003, S. 761 (764).

(2) Das Grundsatzurteil des BGH

Mittlerweile dürfen die Divergenzen in der Rechtsprechung durch ein Grundsatzurteil des BGH vom 25.4.2002[614] als ausgeräumt gelten. Es ist geklärt, dass § 1 UWG auch für die Kommunalwirtschaft nur das Verhalten im Wettbewerb, nicht aber den Marktzutritt regelt.[615] Für das nordrhein-westfälische Gemeindewirtschaftsrecht hat der BGH in seinem Urteil vom 26.9.2002[616] noch einmal ausdrücklich bestätigt, dass allein die Verletzung von Marktzutrittsvorschriften nicht zu einem Verstoß gegen die Lauterkeit des Wettbewerbs führe. Vielmehr müsse im einzelnen geprüft werden, ob der verletzten Norm eine Schutzfunktion zugunsten des lauteren Wettbewerbs zukomme. Dies sei bei § 107 GO NW nicht der Fall, da er nicht das Marktverhalten der Gemeinden regele.

Die Entscheidung des BGH ist unter dem Aspekt des Gerichtsschutzes zu begrüßen, weil das Kommunalwirtschaftsrecht von seinem Regelungsgehalt her eindeutig dem Verwaltungsrecht zuzuordnen ist und nicht in die Hände der Zivilgerichtsbarkeit gelegt werden sollte.[617] Die Praxis der Zivilgerichte führte zu einer unerfreulichen Divergenz der verwaltungs- und zivilgerichtlichen Rechtsprechung und damit zu einer großen Rechtsunsicherheit.[618]

(3) Die Etablierung eines verwaltungsgerichtlichen Rechtsschutzes

Mit dem Paradigmenwechsel in der Zivilrechtsprechung stellt sich die Frage nach verwaltungsgerichtlichem Rechtsschutz für die privaten Konkurrenten.[619] Die verwaltungsgerichtliche Rechtsprechung[620] gewährte den privaten Konkurrenten in der Vergangenheit nur vereinzelt ein subjektives Abwehrrecht gegen die kommunale Wirtschaftsbetätigung. Man konnte insoweit sogar von einer *„Kommunallastigkeit*

614 BGHZ 150, 343 (347): *„Es ist nicht Sinn des § 1 UWG, den Anspruchsberechtigten zu ermöglichen, Wettbewerber unter Berufung darauf, dass ein Gesetz ihren Marktzutritt verbiete, vom Markt fernzuhalten, wenn das betreffende Gesetz den Marktzutritt nur aus Gründen verhindern will, die den Schutz des lauteren Wettbewerbs nicht berühren."* Zum Urteil des BGH *Ehlers*, JZ 2003, S. 318 ff.

615 *Wieland*, Die Verwaltung 36 (2003), S. 225 (236).

616 BGH, NVwZ 2003, S. 246 („Altautorecycling").

617 *Wieland*, Die Verwaltung 36 (2003), S. 225 (236).

618 *Faber*, DVBl. 2003, S. 761 (764) stellt insoweit treffend fest, dass bis zu diesem Zeitpunkt eine gute forensische Beratung der privaten Konkurrenzwirtschaft nur hätte lauten können, unerwünschte wirtschaftliche Betätigung der Kommunen in jedem Fall vor die Kammern für Handelssachen bei den Landgerichten also die Zivilgerichtsbarkeit zu bringen.

619 Vgl. z. B. *Faber*, DVBl. 2003, S. 761 (765) m.w.N.; *Mann*, JZ 2002, S. 819 (824) m.w.N.

620 Der VerfGH Rheinland-Pfalz, NVwZ 2000, S. 801 (803 f.), hat – allerdings in nicht tragenden Entscheidungsgründen zum Normenkontrollantrag einer Stadt – die Ansicht vertreten, der neu gefasste § 85 Abs. 1 Nr. 3 RhPfGO sei nach Wortlaut und Gesetzeszweck eine drittschützende Norm im Sinne des § 42 Abs. 2 VwGO.

des Gerichtsschutzes im Bereich kommunaler Wirtschaftstätigkeit“[621] sprechen, weil die Verwaltungsgerichte auf der anderen Seite den Kommunen großzügig Rechtsschutz gewährten, wenn diese ihr Selbstverwaltungsrecht aus Art. 28 Abs. 2 GG *gegen* die Wirtschaftsfreiheit Privater in Stellung brachten, um Beschränkungen des kommunalen Expansionsdrangs abzuwehren.[622] Das OVG NW hat zuletzt in seinem Beschluss vom 13.8.2003[623] den drittschützenden Charakter des § 107 Abs. 1 Satz 1 GO NW erstmals anerkannt. Dabei hat das Gericht den drittschützenden Charakter nicht aus der Funktionssperre des § 107 Abs. 1 Satz 1 Nr. 3 GO NW abgeleitet, sondern aus der Betätigungsschranke des § 107 Abs. 1 Satz 1 Nr. 1 GO NW, wonach ein öffentlicher Zweck die wirtschaftliche Betätigung erfordern müsse. Diese Beschränkung diene deshalb dem Schutz privater Konkurrenten, weil § 107 Abs. 5 GO NW die Zulässigkeit kommunalwirtschaftlicher Betätigung an eine Marktanalyse u. a. über die Auswirkungen auf das Handwerk und die mittelständische Wirtschaft knüpfe und die Gemeinde zum „Branchendialog“ verpflichte. Dies erhelle, dass die wirtschaftliche Betätigung der Gemeinde auch als mögliche Beeinträchtigung der örtlichen Wirtschaft gesehen werde. Auch die Begründung des Gesetzentwurfs[624] bestätige den drittschützenden Charakter des § 107 Abs. 1 Satz 1 Nr. 1 GO NW, denn hiernach habe sich der Entwurf unter Ablehnung von Extrempositionen (Aufgabe des Subsidiaritätsprinzips einerseits, Verbot kommunalwirtschaftlicher Betätigung andererseits), für einen Mittelweg entschieden, der den „unterschiedlichen Interessen gerecht werde“. Wenngleich zweifelhaft sein mag, ob sich subjektive Rechte privater Konkurrenten tatsächlich mit der vom Gericht herangezogenen Gesetzessystematik und Entstehungsgeschichte begründen lassen,[625] ist die Anerkennung des drittschützenden Charakters des § 107 Abs. 1 Satz 1 GO NW jedenfalls im Ergebnis überzeugend und zu begrüßen.[626]

cc) Zwischenergebnis

Im Ergebnis lässt sich die „diffuse Situation“ des Gerichtsschutzes im Bereich des Anspruchs der Einwohner auf Benutzung öffentlicher Einrichtungen für einen Vorrang öffentlich-rechtlicher Organisationsformen fruchtbar machen. Im Bereich der Konkurrentenklagen lässt sich dagegen vor dem Hintergrund des Paradigmenwechsels in der Zivilrechtsprechung und der Etablierung eines verwaltungsgerichtlichen Rechtsschutzes eine „diffuse Situation“ nicht mehr feststellen. Im übrigen ist die Vielzahl von Konkurrentenklagen nicht darauf zurückzuführen, dass die Gemeinde sich privatrechtlicher *statt* öffentlich-rechtlicher Organisationsformen bedient, son-

621 *Stober*, NJW 2002, S. 2357 (2366).
622 *Weidemann*, DVBl. 2000, S. 1571 (1580).
623 OVG NW, NVwZ 2003, S. 1520 ff.
624 Gesetzesbegründung, LT-Drs. 12/3730, S. 105 f.
625 Kritisch *Antweiler*, NVwZ 2003, S. 1466 ff.
626 Vgl. zum Beschluss des OVG NW auch *Grooterhorst/Törnig*, DÖV 2004, S. 685 ff.

dern darauf, dass die Gemeinde sich *überhaupt* wirtschaftlich betätigt. Hierbei handelt es sich um den von *Burmeister* aufgeworfenen Aspekt der Kompetenzbegrenzung der staatlichen Funktionsträger, der im folgenden näher behandelt werden soll.

b) Der staatlich-bürgerliche Funktionsdualismus

Das ausschlaggebende Argument für einen Vorrang öffentlich-rechtlicher Organisationsformen ist die von *Burmeister* befürchtete Einebnung des staatlich-bürgerlichen Funktionsdualismus.[627] Verfassungssystematisch geht es um die Frage, ob der Staat dem Bürger gegenüber überhaupt privatrechtlich handeln kann. Bejaht man dies, dann ist auch nichts gegen die dieser Betätigung vorgelagerte privatrechtliche Organisation einzuwenden.[628] Mit *Burmeister* ist davon auszugehen, dass die Gemeinden bei der Teilnahme am Wirtschaftsverkehr nicht „Gleiche unter Gleichen“ sind, sondern als Rechtsträger institutionalisierter Staatlichkeit immer nur in Wahrnehmung von Hoheitsaufgaben und in Verfolgung kompetenziell übertragener Funktionen tätig werden. Er bedient sich insoweit mehrfach des Beispiels vom gemeindlichen Grundstückskauf:[629] Die Gemeinde sei nicht gehindert, ein Grundstück nach §§ 433 ff. BGB zu erwerben. Die Befugnis der Gemeinde, sich des Mittels des privatrechtlichen Kaufvertrags zur Erfüllung einer ihr übertragenen Selbstverwaltungsaufgabe oder Auftragsangelegenheit zu bedienen, erschließe der Gemeinde aber nicht etwa Handlungsbefugnisse als Privatrechtssubjekt, die außerhalb des ihr nach Art. 28 Abs. 2 GG zuerkannten Status und Kompetenzbereichs als Einrichtung mittelbarer Staatsverwaltung oder des ihr zur auftragsgemäßen Erledigung übertragenen Aufgabenbereichs lägen. Was für jeden juristischen Laien kraft seines gesunden Menschenverstandes einsichtig sei, dass nämlich eine Gemeinde Grundstücke kaufen dürfe, um ihre Selbstverwaltungsaufgaben zu erfüllen, nicht aber, um beispielsweise Bodenspekulationen zu betreiben, scheine der Verwaltungsrechtstheorie erhebliche rechtskonstruktive Schwierigkeiten zu bereiten.[630]

Auch wenn die Ansichten *Burmeisters* auf manche Kritik gestoßen sind und sich dem Vorwurf der „Realitätsferne“[631] ausgesetzt sahen, ist ein Umdenken zu konsta-

627 Siehe hierzu oben Dritter Teil A. II. 2.

628 So *Stober*, NJW 1984, S. 449 (452).

629 *Burmeister*, Die Privatrechtsfähigkeit des Staates, in: Prütting (Hrsg.), Recht und Gesetz im Dialog III, 1986, S. 1 (8); *ders.*, Die privatrechtlichen Handlungsformen der Verwaltung aus verfassungsrechtlicher Sicht, in: Burmeister (Hrsg.), Die verfassungsrechtliche Stellung der Verwaltung in Frankreich und der Bundesrepublik Deutschland, 1991, S. 78 (84); *ders.*, VVDStRL 52 (1993), S. 190 (221).

630 *Burmeister*, Die Privatrechtsfähigkeit des Staates, in: Prütting (Hrsg.), Recht und Gesetz im Dialog III, 1986, S. 1 (8).

631 Vgl. z. B. die Diskussionsbeiträge in der Aussprache zum zweiten Beratungsgegenstand „Verträge und Absprachen zwischen der Verwaltung und Privaten“ auf der Tagung des Vereinigung der Deutschen Staatsrechtslehrer 1992 von *Grimm*, *Pitschas* und *Ipsen*, VVDStRL 52 (1993), S. 323 (324 f., 328 f., 339 f.).

tieren, welches die Verneinung der Privatrechtsfähigkeit des Staates zu bestätigen scheint. Bisher wurde die Frage, ob die wirtschaftliche Betätigung der öffentlichen Hand einem allgemeinen Subsidiaritätsanspruch zugunsten der Privatwirtschaft unterliegt, überwiegend verneint. Es galt das Diktum des Bundesverfassungsgerichts,[632] das Grundgesetz sei wirtschaftspolitisch neutral. Diese „wirtschaftspolitische Neutralität“ des Grundgesetzes besteht nach Auffassung des Bundesverfassungsgerichts darin, dass sich der Verfassungsgeber nicht ausdrücklich für eine bestimmte Wirtschaftsordnung entschieden habe. Dies ermögliche dem Gesetzgeber, die ihm jeweils sachgemäße Wirtschaftspolitik zu verfolgen, sofern er dabei das Grundgesetz beachte. Nach ständiger Rechtsprechung[633] schützt jedoch namentlich Art. 12 Abs. 1 GG nicht vor Konkurrenz, auch nicht vor dem Wettbewerb der öffentlichen Hand. Der Schutzbereich des Art. 12 Abs. 1 GG sei nur dann eröffnet, wenn die private wirtschaftliche Betätigung „unzumutbar eingeschränkt“ oder „unmöglich“ gemacht werde oder wenn eine „unerlaubte Monopolstellung“ entstehe.[634] Doch befindet sich diese Auffassung mittlerweile in der Defensive. Zur Frage des grundrechtlichen Abwehranspruchs privater Unternehmen gegen kommunale Wirtschaftstätigkeit aus Art. 12 Abs. 1 GG hat ein Umdenken eingesetzt. Die Zahl derer, die bereits das bloße Tätigwerden eines öffentlichen Unternehmens als rechtfertigungsbedürftigen Grundrechtseingriff qualifizieren will,[635] wächst. Ein Teil der Grundrechtslehre entnimmt den Wirtschaftsgrundrechten des Grundgesetzes ein objektives Subsidiaritätsprinzip, welches den Markt im Grundsatz den Privaten vorbehält und den Staat auf seine hoheitlichen Funktionen als Marktveranstalter, Normgeber und Regulierer zurückdrängt. Die Marktteilnahme des Staates wird nach dieser Ansicht zur „rechtfertigungsbedürftigen Ausnahme“.[636] Versteht man die

632 BVerfGE 4, 7 (18); 50, 290 (336 ff.).

633 BVerwGE 39, 329 (336 f.); 71, 183 (192 f.).

634 Vgl. hierzu *Pieroth/Hartmann*, DVBl. 2002, S. 421 ff.

635 Vgl. *Breuer*, Die staatliche Berufsregelung und Wirtschaftslenkung, in: Isensee/Kirchhof (Hrsg.), HStR, Bd. 6, 2. Aufl. 2001, § 148 Rdn. 59 f.; *di Fabio*, in: Maunz/Dürig, GG, Bd. 1, Art. 2 Abs. 1 (2001) Rdn. 122; *Ehlers*, Verwaltung in Privatrechtsform, 1984, S. 100 f.; *ders.*, JZ 1990, S. 1089 (1096 f.); *ders.*, Empfiehlt es sich, das Recht der öffentlichen Unternehmen im Spannungsfeld von öffentlichem Auftrag und Wettbewerb national und gemeinschaftsrechtlich neu zu regeln?, in: Verhandlungen des vierundsechzigsten Deutschen Juristentages, Berlin 2002, Bd. I Gutachten, Teil E, S. 40; *Kluth*, Grenzen kommunaler Wettbewerbsteilnahme, 1987, S. 63 ff.; *ders.*, WiVerw 2000, S. 184 (197 ff.); *Schmidt*, Öffentliches Wirtschaftsrecht, Allgemeiner Teil, 1990, § 11 II. 1. c) (S. 523); *Schliesky*, Öffentliches Wettbewerbsrecht, 1997, S. 88 ff.; *Tettinger*, Besonderes Verwaltungsrecht/1, 7. Aufl. 2004, Rdn. 324, *ders.*, NJW 1998, S. 3473 (3474); *ders.*, DVBl. 1999, S. 679 (686 f.); *Pielow*, NWVBl. 1999, S. 369 (375 f.); *Hösch*, Die kommunale Wirtschaftstätigkeit, 2000, S. 55 ff.; *ders.*, DÖV 2000, S. 393 (398 f.); *Löwer*, VVDStRL 60 (2000), S. 416 (445 f.); *Burgi*, VerwArch 93 (2002), S. 255 (260); *Jarass*, DÖV 2002, S. 489 (492 ff.).

636 *Rennert*, Die Verwaltung 35 (2002), S. 319 (344); *ders.*, JZ 2003, S. 385 (395). Sehr pointiert *Löwer*, VVDStRL 60 (2000), S. 416 (419) *„Wenn er* [der Staat] *als Marktteilnehmer auftreten will, ist das Intervention und nur rechtfertigungsfähig aus seinem Bauprinzip, der Kompetenz zur Erfüllung von Staatsaufgaben.“*

staatliche Konkurrenz grundsätzlich als Eingriff in die Grundrechte der privaten Unternehmer,[637] dann gibt es auch kein zwingendes Argument, welches den Staat berechtigen soll, die Wahrnehmung von Hoheitsaufgaben nach außen vollkommen zu kaschieren und sich als „Gleicher unter Gleichen“ zu gerieren, was er nicht ist und von Rechts wegen nicht sein darf.[638] Auch die Selbstverwaltungsgarantie der Gemeinden, die den Grundrechten der privaten Konkurrenten im Versuch einer „praktischen Konkordanz“[639] als Gegengewicht entgegengesetzt wird, kann zu keinem anderen Ergebnis führen, denn die Selbstverwaltungsgarantie des Art. 28 Abs. 2 GG ist kein Grundrecht, welches die Rechtsstellung der Gemeinden im Sinne von Privatautonomie und Freiheit definieren und die Gemeinden „auf gleiche Augenhöhe“[640] mit ihren privaten Konkurrenten heben würde. Art. 28 Abs. 2 GG enthält eine allein im innerstaatlichen Kompetenzgefüge wirksame Aufgabenzuweisungsnorm mit der Konsequenz, dass die wirtschaftliche Betätigung der Gemeinden und ihrer Unternehmen an die Grundrechte gebunden[641] und nicht Ausübung grundrechtlicher Freiheit ist.[642] Die wirtschaftliche Betätigung der Gemeinden ist „kompetenzgebundene Verwaltungstätigkeit“[643] und muss als solche den prinzipiellen Vorrang der grundrechtlichen Freiheit respektieren.[644]

So wie die Verwendung öffentlicher Organisationsformen zur äußeren Erkennbarkeit und damit zur Aufrechterhaltung des staatlich-bürgerlichen Funktionsdualismus beitragen kann, werfen umgekehrt durchgeführte Organisationsprivatisierungen die Frage auf, ob tatsächlich eine Staatsaufgabe vorliegt. *Weiß* stellt in diesem Zusammenhang fest, dass formelle Privatisierungen regelmäßig nur ein erster Schritt hin zur materiellen Privatisierung sein werden, denn *„wenn die Aufgabe vom Staat in privater Form, somit wie eine private erledigt werden kann, wieso sollte dann nicht eine materielle Privatisierung möglich sein?“*[645] Die Nutzung privatrechtlicher Organisationsformen ist als Vorstufe der Vermögensprivatisierung[646] also regelmäßig ein Indiz dafür, dass für die Wahrnehmung dieser öffentlichen Aufgabe der Staat gerade nicht erforderlich und deswegen – mangels Staatsaufgabe – unzuständig ist.

637 Näher zur „objektiv berufsregelnden Tendenz“ *Kluth*, WiVerw 2000, S. 184 (197 ff.).
638 So *Burmeister*, WiR 1972, S. 311 (341).
639 Vgl. hierzu *Wieland/Hellermann*, DVBl. 1996, S. 401 (407 f.).
640 So treffend *Rennert*, Die Verwaltung 35 (2002), S. 319 (348).
641 Siehe zur Grundrechtsbindung der kommunalen Unternehmen und den Ausnahmen bei „fiskalischer Betätigung“ unten Dritter Teil C. I. 2. a) bb) und 2. b).
642 *Berg*, WiVerw 2000, S. 141 (145 ff.); *Schink*, NVwZ 2002, S. 129 (133).
643 *Pielow*, NWVBl. 1999, S. 369 (371); *Burgi*, VerwArch 93 (2002), S. 255 (260) m.w.N.
644 Vgl. *Rennert*, Die Verwaltung 35 (2002), S. 319 (348).
645 *Weiß*, Privatisierung und Staatsaufgaben, 2002, S. 279.
646 *Schmidt*, ZGR 1996, S. 345 (348) sieht in der Vermögensprivatisierung sogar das Hauptmotiv für die Wahl privatrechtlicher Organisationsformen.

IV. Ergebnis

Auch wenn die Aufrechterhaltung des staatlich-bürgerlichen Funktionsdualismus für einen Vorrang öffentlich-rechtlicher Organisationsformen spricht, ist den Gemeinden die Verwendung privatrechtlicher Formen nicht verboten. Die Frage nach der dogmatischen Grundlage für privatrechtsförmliches Handeln der Verwaltung braucht für den Bereich der kommunalen Wirtschaftstätigkeit nicht letztgültig beantwortet zu werden, da die privatrechtliche Formenwahl in der Gemeindeordnung zumindest abstrakt vorgesehen ist.[647] § 108 GO NW gestattet den Gemeinden in weitem Umfang die Gründung und die Beteiligung an Gesellschaften des privaten Rechts. Gleichwohl ist hiermit die Frage nach Bedeutung und Reichweite der „Freiheit der Rechtsformwahl“ nur teilweise beantwortet. Vielmehr zeigt sich, dass bei Annahme der These von der Wahlfreiheit weitere Schwierigkeiten entstehen; insbesondere ist die Frage zu beantworten, nach welchen Kriterien die Zuordnung rechtlicher Beziehungen zum öffentlichen oder privaten Recht vorzunehmen ist. Der eigentliche Austragungsort der Diskussion um das Handeln der Verwaltung in Formen des Privatrechts ist daher nicht das „Ob“ der Wahlfreiheit, sondern die Frage nach den Konsequenzen der Wahlfreiheit. *Koch* stellt insoweit fest, von einer echten „Wahlfreiheit“ könne nur dann gesprochen werden, wenn die „Wahl“ zwischen öffentlich-rechtlichen und privatrechtlichen Handlungsformen eine Wahl des anwendbaren Rechts, des jeweils maßgebenden Normenregimes sei.[648]

Um den Bedenken der Kritiker zu begegnen, die Verwaltung könne nach eigenem Gutdünken über das anwendbare Recht entscheiden, geht die herrschende Meinung davon aus, dass der Verwaltung öffentlich-rechtliche Vorschriften und Regelungen in das Privatrecht folgen. Es soll ein sogenanntes „Verwaltungsprivatrecht“[649] gelten. Letztlich kann die Lehre vom Verwaltungsprivatrecht als Konsequenz der These von der Wahlfreiheit natürlich keine dogmatische Begründung für die These liefern. *Burmeister* hat insoweit richtig festgestellt, die Lehre vom Verwaltungsprivatrecht zeichne sich durch die Eigentümlichkeit aus, niemals und nirgends eine *Erklärung* ihrer Kernthese, der Staat bzw. seine Untergliederungen seien prinzipiell befugt, ins Gewand eines Privatrechtssubjektes zu schlüpfen und als Aktiengesellschaft, Gesellschaft mit beschränkter Haftung, eingetragener Verein usw. unmittelbar staatliche Verwaltungsaufgaben zu vollziehen, geliefert zu haben.[650] Trotz der berechtigten Kritik *Burmeisters* soll – insbesondere im Hinblick auf die einfachgesetzliche Grundlage des § 108 GO NW – die These von der Wahlfreiheit angenommen werden mit der Konsequenz, dass zum einen die Gemeinde wirtschaftliche Unternehmen in Rechtsformen des privaten Rechts errichten kann, und dass zum anderen in diesen Fällen das Privatrecht die anzuwendenden Handlungsmaßstäbe liefert.

647 *Kraft*, Das Verwaltungsgesellschaftsrecht, 1982, S. 7.

648 *Koch*, Der rechtliche Status kommunaler Unternehmen in Privatrechtsform, 1994, S. 34.

649 Siehe hierzu unten Dritter Teil C I.

650 *Burmeister*, WiR 1972, S. 311 (342): *„Die Legitimation der öffentlichen Hand zum Agieren in Privatrechtsform ist nicht Beweisgegenstand, sondern Prämisse dieser Theorie.“*

B. *Privatrechtsordnung als Rechtsgrundlage*

Als Konsequenz der strikten Anwendung des Privatrechts – namentlich des Gesellschaftsrechts – kommt die haftungsbeschränkende Wirkung der Errichtung juristischer Personen des Privatrechts auch den Gemeinden zugute.[651] Das Grundgesetz begründet keine ausdrückliche Haftung der Gemeinden für ihre Unternehmen in Privatrechtsform. Es kennt nur eine Verantwortlichkeit des Staates für Amtspflichtverletzungen (Art. 34 GG). Darüber hinaus gibt es keine anspruchsbegründende Norm, die den Gläubigern im Falle der Insolvenz kommunaler Unternehmen einen unmittelbaren Anspruch gegen die Gemeinde gibt. Das Grundgesetz soll im Gegenteil eher Argumente für eine Haftungsbegrenzung liefern.[652] Die Haftung der Gemeinde ist bei kommunalen Unternehmen in privatrechtlichen Organisationsformen daher zunächst auf den Ausnahmefall der sogenannten Durchgriffshaftung beschränkt.[653]

I. Durchgriffshaftung

Normalerweise sind Gesellschaft und Gesellschafter verschiedene Rechtssubjekte mit verschiedenen, voneinander getrennten Vermögensmassen. Dies gilt grundsätzlich auch für die Einmann-Gesellschaft.[654] Ausnahmsweise können die Gläubiger der juristischen Person aber berechtigt sein, die „hinter" der juristischen Person stehenden Mitglieder im Wege des sogenannten „Durchgriffs" in Anspruch zu nehmen.[655] Als „Durchgriff" bezeichnet man eine Methode, mit der die rechtliche Selbständigkeit einer Rechtsperson beiseite geschoben, also gleichsam hinwegfingiert wird;[656] die Durchgriffshaftung ist ein besonderer Teilaspekt aus dem mit dem Schlagwort „Durchgriff" bezeichneten Problemkreis.[657] Das Bundessozialgericht[658]

651 *Püttner*, Die öffentlichen Unternehmen, 2. Aufl. 1985, S. 186 f.; *Büchner*, Die rechtliche Gestaltung kommunaler öffentlicher Unternehmen, 1982, S. 111 f.; *Hauser*, Die Wahl der Organisationsform kommunaler Einrichtungen, 1987, S. 171 f.; *Breuer*, Umwandlung kommunaler Eigenbetriebe und nichtwirtschaftlicher Unternehmen i.S.d. Gemeindeordnung NW in Gesellschaften, 1991, S. 213 mit Fn. 12.

652 Vgl. *Hauser*, Die Wahl der Organisationsform kommunaler Einrichtungen, 1987, S. 172, unter Hinweis auf Art. 115 GG, der zum Zwecke der Risikoeingrenzung für die Übernahme von Bürgschaften, die zu Ausgaben in künftigen Rechnungsjahren führen können, eine gesetzliche Ermächtigung verlange.

653 Vgl. *Püttner*, Die öffentlichen Unternehmen, 2. Aufl. 1985, S. 187.

654 BGHZ 22, 226 (229 f.). Siehe zur „Einmann-Gesellschaft" die Erläuterungen in Fn. 13.

655 *Heinrichs*, in: Palandt, BGB, 63. Aufl. 2003, Einf v § 21 Rdn. 12.

656 *Schmidt*, Gesellschaftsrecht, 4. Aufl. 2002, § 9 I. 1. a).

657 *Schmidt*, Gesellschaftsrecht, 4. Aufl. 2002, § 9 I. 2. b) und § 9 IV. Nützlich ist insbesondere die Unterscheidung zwischen Zurechnungsdurchgriff und Haftungsdurchgriff, vgl. *Hueck/Fastrich*, in: Baumbach/Hueck, GmbHG, 17. Aufl. 2000, § 13 Rdn. 14 m.w.N.

658 BSG, NJW 1984, S. 2117 (2118).

beschreibt die Durchgriffshaftung folgendermaßen: „*In diesen Fällen versagt die Berufung auf das Haftungsprivileg des § 13 Abs. 2 GmbHG; die haftungsausschließende Trennung zwischen Gesellschaft und Gesellschafter ist aufgehoben, die Schuldverpflichtung greift auf den Gesellschafter durch.*" Eine Durchgriffshaftung scheidet aus im Fall einer eigenständigen Verpflichtung der Gesellschafter, insbesondere bei zusätzlicher Haftung z. B. aus Bürgschaft oder Garantieversprechen, unerlaubter Handlung, nach Rechtsscheinsgrundsätzen oder aus culpa in contrahendo.[659]

1. Der Rechtsgedanke der §§ 242, 826 BGB

Die Rechtsprechung[660] lässt – in Anwendung der Rechtsgedanken der §§ 242, 826 BGB – den Durchgriff zu, wenn die Rechtsform der juristischen Person rechtsmissbräuchlich verwendet wird oder die Berufung auf die rechtliche Selbständigkeit der juristischen Person gegen Treu und Glauben verstößt. Der BGH hat ausgeführt, es sei „*Aufgabe des Richters, einem treuwidrigen Verhalten der hinter der juristischen Person stehenden natürlichen Person entgegenzutreten und die juristische Konstruktion hintanzusetzen, wenn die Wirklichkeiten des Lebens, die wirtschaftlichen Bedürfnisse und die Macht der Tatsachen eine solche Handhabung gebieten.*"[661] In der Rechtsprechung[662] sind für einen direkten Haftungsdurchgriff der Gläubiger einer Kapitalgesellschaft gegen dahinter stehende Gesellschafter insbesondere folgende Fallgruppen in Betracht gezogen worden: Hervorrufen des Rechtsscheins persönlicher Haftung, Vermögensvermischung mit dem der Gesellschafter, Vorschieben der juristischen Person zur Erlangung rechtswidriger Vorteile (Schmiergelder) sowie unlauteres Vorschieben der juristischen Person zur Erlangung persönlicher Vorteile. Der Anspruch richtet sich gegen den Gesellschafter, der für den Durchgriffstatbestand verantwortlich oder mitverantwortlich ist.[663] Liegen die Voraussetzungen, die bei einem privaten Gesellschafter zur Durchgriffshaftung führen würden, bei der öffentlichen Hand als Gesellschafterin vor, so kann hier ebenfalls der direkte Durchgriff auf das Vermögen der öffentlichen Trägerin erfolgen.[664]

659 *Hueck/Fastrich*, in: Baumbach/Hueck, GmbHG, 17. Aufl. 2000, § 13 Rdn. 14.
660 RGZ 99, 232 (234); 129, 50 (54); 169, 240 (248); BGHZ 22, 226 (230); 31, 258 (271); 68, 312 (314 f.).
661 BGHZ 54, 222 (224); 78, 318 (333).
662 BGHZ 22, 226 (230); 68, 312 (315).
663 BGHZ 125, 366 (368).
664 Vgl. *Klein*, Die Betätigung der öffentlichen Hand als Aktionärin, 1992, S. 151.

2. Die Unterkapitalisierung von Gesellschaften

Ein über die Durchgriffshaftung aufzufangender Fall könnte auch vorliegen, wenn risikoreiche Geschäfte unter dem Deckmantel einer nur mit geringer Kapitaldecke ausgestatteten juristischen Person betrieben werden, so dass letztendlich – namentlich bei Eröffnung des Insolvenzverfahrens[665] – die Gläubiger der Gesellschaft das Risiko zu tragen haben. *Schmidt* stellt fest: *„Wer nach Herzenslust Gesellschaften [...] gründet, sie im Fall eines Misserfolgs auf Kosten der Gläubiger liquidiert und dann durch neue, schuldenfreie Gesellschaften ersetzt, muss mit haftungsrechtlichen Konsequenzen rechnen.“*[666]

a) Eigenkapitalausstattung und Gläubigergefährdung

Das Gesetz schreibt für die Gründung von Kapitalgesellschaften nur ein abstrakt bemessenes Garantiekapital vor (§ 7 AktG: Grundkapital i.H.v. 50.000 Euro, § 5 Abs. 1 GmbHG: Stammkapital i.H.v. 25.000 Euro). Es gewährleistet keine dem konkreten Unternehmenszweck entsprechende Eigenkapitalausstattung, sondern überlässt die Entscheidung über Art und Umfang der Finanzierung den Gesellschaftern.[667] Im Hinblick darauf, dass den Gläubigern einer Gesellschaft nur das Gesellschaftsvermögen haftet, haben die Gesellschafter ein Interesse, das Garantiekapital möglichst niedrig festzusetzen. Konsequenz ist häufig die formelle („nominelle“) oder materielle Unterkapitalisierung der Gesellschaft,[668] d. h. das Eigenkapital und damit vor allem das Garantiekapital stehen nicht in angemessenem Verhältnis zu Geschäftsart und -umfang der Gesellschaft. Nach der häufig zitierten Definition von *Peter Ulmer*[669] ist eine Gesellschaft unterkapitalisiert, *„wenn das Eigenkapital nicht ausreicht, um den nach Art und Umfang der angestrebten oder tatsächlichen Geschäftstätigkeit unter Berücksichtigung der Finanzierungsmethoden bestehenden, nicht durch Kredite Dritter zu deckenden mittel- oder langfristigen Finanzierungsbedarf zu befriedigen.“* Unterkapitalisierung ist damit ein Tatbestand, der sich auf die Fähigkeit der Gesellschaft zu angemessenem Wirtschaften bezieht.[670] Obwohl in der Unterkapitalisierung eine nicht unerhebliche Gläubigergefährdung liegt,[671] ist sie nach allgemeiner Meinung in gewissem Maß hinzunehmen, weil eine präzise

665 Siehe zu den Eröffnungsgründen oben Zweiter Teil A. III. 3.
666 *Schmidt*, Gesellschaftsrecht, 4. Aufl. 2002, § 9 IV 1.c).
667 *Hueck/Fastrich*, in: Baumbach/Hueck, GmbHG, 17. Aufl. 2000, § 5 Rdn. 5.
668 Vgl. *Schmidt*, Gesellschaftsrecht, 4. Aufl. 2002, § 9 IV 4.a).
669 *Ulmer*, in: Hachenburg, GmbHG, Bd. 1, 8. Aufl. 1992, Anh. § 30 Rdn. 16; zustimmend etwa *Schmidt*, Gesellschaftsrecht, 4. Aufl. 2002, § 9 IV 4.a).
670 *Schmidt*, Gesellschaftsrecht, 4. Aufl. 2002, § 9 IV 4.a).
671 Die Unterkapitalisierung nimmt unter den Insolvenzursachen einen der vordersten Plätze ein, vgl. *Meyer*, Haftungsbeschränkung im Recht der Handelgesellschaften, 2000, S. 1079 ff.

betriebswirtschaftliche Bestimmung der Höhe des jeweils erforderlichen Eigenkapitals nicht möglich ist.

b) Formelle Unterkapitalisierung

Bei der formellen oder „nominellen“ Unterkapitalisierung wird zwar das Eigenkapital Geschäftsart und -umfang der Gesellschaft nicht gerecht, doch wird diese Lücke durch ausreichendes Fremdkapital – insbesondere Gesellschafterdarlehen – ausgeglichen. Bringen die Gesellschafter die Mittel durch Gesellschafterdarlehen auf, besteht die Gefahr, dass sie diese Mittel der Gesellschaft rechtzeitig vor Eröffnung des Insolvenzverfahrens entziehen. Der BGH[672] lehnt bei einer solchen formellen Unterkapitalisierung einer GmbH eine Durchgriffshaftung ab. § 5 Abs. 1 GmbHG begnüge sich damit, ein Mindestkapital[673] vorzuschreiben. Wenn dies auch nicht bedeute, dass das haftende Kapital ganz ohne Rücksicht auf das für die satzungsmäßigen Gesellschaftszwecke benötigte Kapital festgesetzt werden dürfe, sei der GmbH nicht verwehrt, eine Unterkapitalisierung oder einen bloß vorübergehenden Geldbedarf durch Darlehen ihrer Gesellschafter zu decken. Solange der Gesellschafter den Geldbedarf der GmbH durch „Darlehen“ decke, könne ihm die Tatsache der Unterkapitalisierung nicht vorgeworfen werden.[674] Es gehe nicht an, allgemein in solchen Fällen, in denen die im Rechtsverkehr auftretende GmbH nicht mehr über die erforderliche Kreditunterlage verfüge, den Alleingesellschafter schon deshalb mithaften zu lassen, weil er der Gesellschaft mit eigenem Kapital aushelfe.[675]

Abhilfe schaffen die in Rechtsprechung[676] und Literatur[677] entwickelten Regeln über kapitalersetzende Gesellschafterdarlehen. Der BGH[678] unterstellt diese wie echtes Eigenkapital den allgemeinen Kapitalerhaltungsvorschriften der §§ 30, 31 GmbHG. Soweit ein Gesellschafter entgegen dem Zweck der Schutzvorschriften über die Aufbringung und Erhaltung des Stammkapitals der Gesellschaft Mittel entziehe, die wirtschaftlich als Kapitalgrundlage zu betrachten seien, werde eine über das gewöhnliche Maß hinausgehende Gefährdung der Gläubiger durch die – eine Erstattungspflicht an die Gesellschaft vorsehenden – §§ 30, 31 GmbHG und die Bestimmungen des Insolvenzrechts ausgeschaltet. Die durch GmbH-Novelle 1980 eingefügten §§ 32 a, 32 b GmbHG knüpfen an diese allgemeinen Grundsätze an. Sie regeln für eigenkapitalersetzende Darlehen von Gesellschaftern und wirt-

672 BGHZ 68, 312 (318).

673 Der BGH geht insoweit von einem Stammkapital von 20.000 DM aus; die Argumentation behält aber (erst recht) nach Anhebung des Mindestbetrags auf 25.000 Euro ihre Gültigkeit.

674 BGHZ 68, 312 (318) unter Verweis auf BGHZ 31, 258 (271).

675 BGHZ 68, 312 (318) unter Verweis auf BGH, WM 1958, S. 460 (462).

676 Vgl. BGHZ 31, 258 (268 ff.); 67, 171 (174 ff.); 75, 334 (336 f.); 76, 326 (328 ff.); 81, 252 (255 f.); 81, 311 (314 ff.); 81, 365 (366 f.); 90, 370 (376 ff.); 90, 381 (388 f.).

677 Vgl. *Hueck/Fastrich*, in: Baumbach/Hueck, GmbHG, 17. Aufl. 2000, §§ 32 a, 32 b mit Erl.

678 BGHZ 68, 312 (319).

schaftlich entsprechende Vorgänge die Behandlung bei Insolvenz der Gesellschaft durch eine weitgehende Gleichstellung mit nachrangigen Insolvenzforderungen.[679] Die vorher angewandten Rechtsprechungsgrundsätze zu §§ 30, 31 GmbHG behalten jedoch weiterhin Gültigkeit. Insbesondere sind die Rechtsfolgen nach §§ 30, 31 GmbHG im Gegensatz zu §§ 32 a, 32 b GmbHG nicht von der Eröffnung des Insolvenzverfahrens abhängig. Sie gelten auch im Vorfeld der Insolvenz sowie bei Liquidation außerhalb des Insolvenzverfahrens.[680]

c) Materielle Unterkapitalisierung

aa) Allgemeiner Begründungsansatz

Bei der materiellen Unterkapitalisierung unterbleibt die notwendige Mittelzuführung gänzlich. Hier können nur zusätzliche Haftungsregeln die Errichtung einer von vornherein defizitären Gesellschaftsstruktur sanktionieren.[681] Eine verbreitete Auffassung befürwortet daher – zumindest bei qualifizierter materieller Unterkapitalisierung, d. h. wenn die finanzielle Ausstattung der Gesellschaft „eindeutig und für den Insider klar erkennbar unzureichend ist“ – die direkte Außenhaftung der Gesellschafter, insbesondere den Haftungsdurchgriff im Insolvenzfall.[682] Das Bundessozialgericht[683] hat für das Recht der GmbH die Ansicht vertreten, dass die Haftungsbeschränkung des § 13 Abs. 2 GmbHG einem Gesellschafter nicht gewährt werden dürfe, wenn das Eigenkapital der Gesellschaft klar und eindeutig nicht ausreiche, um im Krisenfall den Gläubigern Schutz zu gewähren. Zwar sei gesetzlich nicht bestimmt, dass das Stammkapital einer GmbH nach dem mutmaßlichen Kapitalbedarf der Gesellschaft bemessen werden müsse, dies bedeute jedoch nicht, dass das haftende Kapital rechtsfolgenlos ganz ohne Rücksicht auf das für die satzungsmäßigen Gesellschaftszwecke benötigte Kapital festgesetzt werden dürfe. Es müsse eine gewisse Relation zwischen dem nach Art und Umfang der beabsichtigten oder tatsächlichen Geschäftstätigkeit bestehenden Finanzbedarf und dem haftenden Eigen-

679 *Hueck/Fastrich*, in: Baumbach/Hueck, GmbHG, 17. Aufl. 2000, §§ 32 a Rdn. 1.

680 *Hueck/Fastrich*, in: Baumbach/Hueck, GmbHG, 17. Aufl. 2000, §§ 32 a Rdn. 72 ff.

681 Ausführlich *Weitbrecht*, Haftung der Gesellschafter bei materieller Unterkapitalisierung der GmbH, 1990.

682 *Ulmer*, in: Hachenburg, GmbHG, Bd. 1, 8. Aufl. 1992, Anh. § 30 GmbHG Rdn. 50 ff.; *ders.*, Gesellschafterdarlehen und Unterkapitalisierung bei GmbH und GmbH & Co KG, FS für K. Duden, 1977, S. 661 (676 ff.); *Emmerich*, in: Scholz, GmbHG, 9. Aufl. 2000, § 13 Rdn. 82 ff., 95 m.w.N.; für den Haftungsdurchgriff schon bei einfacher Unterkapitalisierung *Wiedemann*, Gesellschaftsrecht, Bd. 1, 1980, § 4 III 1 b) (S. 224 ff.), § 10 IV 3 b) (S. 572 f.).

683 BSG, NJW 1984, S. 2117 (2119), das im konkreten Fall allerdings mit Rücksicht auf eine Reihe weiterer Umstände, die zusammen mit der feststehenden Unterkapitalisierung der GmbH den Missbrauchstatbestand erfüllten, hat dahinstehen lassen, ob die fehlende Kapitalausstattung allein ausreichte, den Haftungsdurchgriff gegen den Gesellschafter zu begründen.

kapitalbedarf gewährleistet sein, da anderenfalls durch das Institut der juristischen Person die Möglichkeit geschaffen würde, Unternehmen mit einem für ihre Zwecke offensichtlich unzureichenden Kapital zu betreiben und das Risiko allein auf die Gläubiger der Gesellschaft abzuwälzen.

Die überwiegende Rechtsprechung[684] hat bisher davon Abstand genommen, eine Durchgriffshaftung bei materieller Unterkapitalisierung der Gesellschaft zum generellen Prinzip zu erheben. Der BGH[685] hat wiederholt festgestellt, über die Rechtsform einer juristischen Person dürfe *„nicht leichtfertig oder schrankenlos hinweggegangen werden."* Ein allgemeiner Haftungstatbestand der Unterkapitalisierung ist somit bisher nicht gesichert und auch hinsichtlich der Voraussetzungen und Rechtsfolgen noch nicht eindeutig präzisiert. Der Gesetzgeber hat in der GmbH-Novelle 1980 Vorschläge in diese Richtung nicht aufgegriffen und sich statt dessen auf die Anhebung des Mindeststammkapitals und die Regelung für eigenkapitalersetzende Gesellschafterdarlehen in §§ 32 a, 32 b GmbHG und verwandte Tatbestände (§ 32 a KO, § 3 b AnfG) beschränkt.

bb) Besonderheiten kommunaler Unternehmen in Privatrechtsform

Auch wenn das auf dem Trennungsprinzip beruhende Haftungsprivileg der Gesellschafter seiner grundsätzlichen Geltung nicht entkleidet werden darf, müssen die Besonderheiten kommunaler Unternehmen berücksichtigt werden. Nach § 107 Abs. 1 Nr. 1 GO NW darf die Gemeinde sich nur wirtschaftlich betätigen, wenn „ein öffentlicher Zweck die Betätigung erfordert". Insoweit wurde bereits festgestellt, dass sich der öffentliche Zweck jedenfalls nicht im alleinigen Zweck der Gewinnerzielung erschöpfen darf, sondern vielmehr in der Wahrnehmung einer unmittelbar sozial- und gemeinwohlnützigen Aufgabe liegen muss.[686] § 108 Abs. 1 Satz 1 Nr. 7 GO NW verpflichtet die Gemeinde ausdrücklich, das Unternehmen oder die Einrichtung durch Gesellschaftsvertrag, Satzung oder sonstiges Organisationsstatut auf diesen öffentlichen Zweck auszurichten. Hier wird die Entscheidung über die erwerbswirtschaftliche, die sozialwirtschaftliche oder die ideelle Zielsetzung der Gesellschaft gefällt.[687] Aus betriebswirtschaftlicher Perspektive kann die Gemeinde so Art und Umfang der Gesellschaftstätigkeit nachteilig beeinflussen, weil nicht mehr die Erzielung von Gewinnen, sondern der öffentliche Zweck im Vordergrund steht.

684 Grundlegend BGHZ 68, 312 ff. Eine persönliche Haftung der Gesellschafter wegen materieller Unterkapitalisierung ist vom BGH bisher, soweit ersichtlich, nur ein einziges Mal bejaht worden im Falle eines Vereins, der von Anfang an vermögenslos war und auch keine Aussicht hatte, jemals Vermögen zu erwerben, BGHZ 54, 222 (224 ff.).

685 BGHZ 20, 4 (11); 26, 31 (37); 54, 222 (224); 61, 380 (383); 78, 318 (333); 102, 95 (101).

686 Siehe hierzu oben Erster Teil A. III. 1.

687 *Schön*, ZGR 1996, S. 429 (440) m.w.N.

(1) Die Auffassung *Schöns*

Schön hat darauf hingewiesen, dass das gesetzliche Kapitalsicherungssystem von GmbH und AG keinen ausreichenden Schutz biete, wenn eine Kapitalgesellschaft nicht lediglich auf Gewinnerzielung, sondern in erster Linie auf ideelle oder gemischtwirtschaftliche Zwecke ausgerichtet sei. Das gesetzliche Bild der Kapitalgesellschaft sei die auf Gewinnerzielung ausgerichtete Gesellschaft, in der das Gewinnerzielungsinteresse der Gesellschafter einen institutionellen Schutz für die Gläubiger schaffe. Dieser typisierte Gleichlauf des Gesellschafter- und des Gläubigerinteresses falle weg, wenn der Zweck des Unternehmens nicht in erster Linie auf Gewinnerzielung gerichtet sei. In diesen Fällen stehe nicht die Erhaltung und Mehrung des Kapitals im Vordergrund, sondern die Verwendung des Eigenkapitals für eine öffentliche Aufgabe.[688] Während bei einer gewöhnlichen Kapitalgesellschaft der Formalzweck der Gewinnerzielung die Geschäftsleiter grundsätzlich davon abhalte, am Markt Leistungen zu nachteiligen Konditionen anzubieten, könne die Zwecksetzung öffentlicher Unternehmen die Geschäftsleitung geradezu verpflichten, der Öffentlichkeit Leistungen unter dem Marktpreis oder sogar unter den Selbstkosten anzubieten. In diesen Fällen könne das haftende Gesellschaftsvermögen in Verfolgung des Gesellschaftszwecks systematisch vermindert oder aufgezehrt werden.[689] Weil der strukturelle Gläubigerschutz der Gewinnerzielungsabsicht und des Kapitalerhaltungsrechts nicht greife, müsse der Gesellschafter für eine materiell angemessene Kapitalausstattung sorgen. Fehle es jedoch von vornherein sowohl an einer angemessenen Kapitalausstattung als auch am Ziel der Kapitalvermehrung, dann müsse die Gemeinde den Gläubigern im Konkurs der Kapitalgesellschaft auf den Ausfall ihrer Forderungen haften.[690]

Nach Auffassung von *Schön* bildet somit die unzureichende Kapitalausstattung von Kapitalgesellschaften mit ideeller oder gemischtwirtschaftlicher Zielsetzung – hierzu gehören insbesondere die auf einen öffentlichen Zweck verpflichteten privatrechtlichen Kapitalgesellschaften der Gemeinde – einen Hauptanwendungsfall der Lehre von der materiellen Unterkapitalisierung.[691] Die Gläubiger eines solchen Unternehmens könnten die Gemeinde im Insolvenzfall in Anspruch nehmen, soweit es von vornherein sowohl an einer angemessenen Kapitalausstattung als auch am Ziel der Kapitalvermehrung gefehlt hat. Die notwendige Bedingung der materiellen Unterkapitalisierung wird also um die hinreichende Bedingung der fehlenden Gewinnerzielungsabsicht erweitert.[692] Dem steht nicht entgegen, dass eine Gewinnmitnahme durch die Eingrenzung auf den öffentlichen Zweck nicht ausgeschlossen ist,

688 *Schön*, ZGR 1996, S. 429 (454 f.).
689 *Schön*, ZGR 1996, S. 429 (452 f.).
690 *Schön*, ZGR 1996, S. 429 (455).
691 *Schön*, ZGR 1996, S. 429 (457 These 4 c).
692 Ähnlich *Parmentier*, Gläubigerschutz in öffentlichen Unternehmen, 2000, S. 229.

denn maßgeblich ist, dass im Konfliktfall der (primären) öffentlichen Zwecksetzung der Vorrang gegenüber dem (sekundären) Ertragsgebot gebührt.[693]

(2) Stellungnahme

Erweitert man – wie von *Schön* befürwortet – die notwendige Bedingung der materiellen Unterkapitalisierung um die hinreichende Bedingung der fehlenden Gewinnerzielungsabsicht, so bilden die auf einen öffentlichen Zweck verpflichteten privatrechtlichen Eigengesellschaften der Gemeinde einen Hauptanwendungsfall der Lehre von der materiellen Unterkapitalisierung. Die Gläubiger eines solchen Unternehmens könnten die Gemeinde im Insolvenzfall in Anspruch nehmen, soweit es in dem Unternehmen von vornherein sowohl an einer angemessenen Kapitalausstattung als auch am (primären) Ziel der Kapitalvermehrung gefehlt hat. Sie müssten daher die materielle Unterkapitalisierung der Gesellschaft sowie die fehlende Gewinnerzielungsabsicht nachweisen. Hat die Gemeinde es in der Praxis versäumt, bei Festlegung des satzungsmäßigen Gesellschaftszwecks eindeutige öffentliche Zielsetzungen zu formulieren – *Schön* weist insoweit richtig darauf hin, dass kapitalkräftige private Mitgesellschafter in der Regel nur zu gewinnen sein werden, wenn die Satzung die Gesellschaft gerade nicht auf sozialwirtschaftliche Zielsetzungen festlegt[694] –, so wird den Gläubigern der Nachweis der fehlenden Gewinnerzielungsabsicht deutlich erschwert, denn fehlt eine präzise Zweckbestimmung in der Satzung, ist von einer gewinnorientierten Unternehmensführung auszugehen,[695] gleichgültig ob dies den faktischen Gegebenheiten entspricht oder nicht.

Allerdings ist fraglich, ob die öffentliche Zweckbindung kommunaler Unternehmen bzw. die daraus resultierende fehlende Gewinnerzielungsabsicht eine solche Modifikation des Privatrechts – namentlich des Gesellschaftsrechts – rechtfertigen kann. Unterkapitalisierung ist ein Tatbestand, der sich auf die Fähigkeit der Gesellschaft zu angemessenem Wirtschaften bezieht. Der Vorwurf der Unterkapitalisierung knüpft dabei an die Unangemessenheit der Kapitalausstattung für die konkrete Unternehmung an. Besonders risikoreiche und kapitalintensive Unternehmungen benötigen ein größeres Kapitalpolster, allerdings ist kein noch so großes finanzielles Polster geeignet, die stetige Verlustneigung einer Gesellschaft aufzufangen.[696] Wenn bei einem kommunalen Unternehmen die Gewinnerzielung (oder besser: die Gewinnmitnahme[697]) derart sekundär ist, dass das Vermögen in Erfüllung des öffentlichen Zwecks unwiderruflich verbraucht wird, dann wird auch die Erhöhung des Garantiekapitals die Insolvenz des Unternehmens nicht verhindern, sondern nur

693 Siehe hierzu oben Erster Teil A. III. 1.

694 *Schön*, ZGR 1996, S. 429 (440).

695 Vgl. die Nachweise bei *Schön*, ZGR 1996, S. 429 (440).

696 So auch *Parmentier*, Gläubigerschutz in öffentlichen Unternehmen, 2000, S. 231.

697 Siehe hierzu oben Erster Teil A. III. 1.

aufschieben können. In der Konsequenz wäre der Haftungsdurchgriff wegen materieller Unterkapitalisierung die Regel bei den auf einen öffentlichen Zweck verpflichteten privatrechtlichen Eigengesellschaften der Gemeinde, weil keine noch so hohe Kapitalausstattung die Insolvenz des Unternehmens auf Dauer verhindern kann. Eine solch weitgehende Modifikation des Gesellschaftsrechts ist aber nicht gerechtfertigt.

3. Zwischenergebnis

Liegen die Voraussetzungen, die bei einem privaten Gesellschafter – in Anwendung der Rechtsgedanken der §§ 242, 826 BGB – zur Durchgriffshaftung führen würden, bei der öffentlichen Hand als Gesellschafterin vor, so kann hier ebenfalls der direkte Durchgriff auf das Vermögen der öffentlichen Trägerin erfolgen. In der Rechtsprechung sind für einen direkten Haftungsdurchgriff der Gläubiger einer Kapitalgesellschaft gegen dahinter stehende Gesellschafter insbesondere folgende Fallgruppen in Betracht gezogen worden: Hervorrufen des Rechtsscheins persönlicher Haftung, Vermögensvermischung mit dem der Gesellschafter, Vorschieben der juristischen Person zur Erlangung rechtswidriger Vorteile (Schmiergelder) sowie unlauteres Vorschieben der juristischen Person zur Erlangung persönlicher Vorteile. Die formelle Unterkapitalisierung einer GmbH begründet dagegen keinen Fall der Durchgriffshaftung. Der BGH unterstellt kapitalersetzende Gesellschafterdarlehen wie echtes Eigenkapital den allgemeinen Kapitalerhaltungsvorschriften der §§ 30, 31 GmbHG. Die §§ 32 a, 32 b GmbHG knüpfen an diese allgemeinen Grundsätze für die Behandlung eigenkapitalersetzender Darlehen an; sie regeln ihre Behandlung bei Insolvenz der Gesellschaft durch eine weitgehende Gleichstellung mit nachrangigen Insolvenzforderungen. Ein allgemeiner Haftungstatbestand der materiellen Unterkapitalisierung ist bisher nicht gesichert und auch hinsichtlich seiner Voraussetzungen und Rechtsfolgen noch nicht eindeutig präzisiert. Die Besonderheiten der privatrechtlichen Eigengesellschaften der Gemeinde rechtfertigen keine Modifikation des Gesellschaftsrechts.

II. Konzernrechtliche Haftung

Die Haftung der Gemeinde für ihre Eigengesellschaften könnte nach den Grundsätzen der Konzernhaftung[698] begründet werden, wenn das Konzernrecht auf die Beziehungen der öffentlichen Hand zu ihren Unternehmen in privatrechtlicher Organisationsform anzuwenden wäre.[699]

698 Siehe hierzu unten Dritter Teil B. II. 2.
699 Siehe hierzu unten Dritter Teil B. II. 3.

1. Gegenstand und Zweck des Konzernrechts

Unter dem Begriff „Konzernrecht" werden die schutz- und organisationsrechtlichen Aspekte aller Formen von Unternehmensverbindungen verstanden.[700] Dabei beschränkt sich das Konzernrecht nicht nur auf solche Unternehmensverbindungen, bei denen ein herrschendes und ein oder mehrere abhängige Unternehmen unter der einheitlichen Leitung des herrschenden Unternehmens zusammengefasst sind (§ 18 Abs. 1 Satz 1 AktG), sondern erfasst werden auch Abhängigkeitsverhältnisse im sogenannten „faktischen Konzern"[701], wo ein Unternehmen Einfluss auf ein anderes ausübt, ohne dass die Beherrschungsmöglichkeiten sich zu einer einheitlichen Konzernleitung verdichtet hätten (§ 18 Abs. 1 Satz 3 AktG). Hauptzweck der konzernrechtlichen Vorschriften ist es, ein abhängiges Unternehmen und damit insbesondere dessen Minderheitsaktionäre und Gläubiger vor fremdbestimmten Einflussnahmen zu schützen.[702]

2. Grundsätze der Konzernhaftung

a) Haftung des herrschenden Unternehmens nach § 302 Abs. 1 AktG

Nach § 302 Abs. 1 AktG ist das herrschende Unternehmen bei Vorliegen eines Beherrschungs- oder Gewinnabführungsvertrags (§ 291 Abs. 1 Satz 1 AktG) grundsätzlich verpflichtet, jeden während der Vertragsdauer bei der abhängigen Gesellschaft entstehenden Jahrsfehlbetrag auszugleichen.[703] § 302 Abs. 1 AktG begründet eine sogenannte „Innenhaftung" des herrschenden Unternehmens gegenüber der abhängigen Gesellschaft. Unmittelbare Ansprüche der Gläubiger der abhängigen Gesellschaft gegen das herrschende Unternehmen existieren nicht. Die Gläubiger haben im Regelfall nur die Möglichkeit, in den Ausgleichsanspruch der abhängigen Gesellschaft aus § 302 Abs. 1 AktG zu vollstrecken und sodann gegen das herrschende Unternehmen vorzugehen.[704] Im Ergebnis wird während der gesamten Dauer eines Beherrschungs- oder Gewinnabführungsvertrags eine mittelbare Haftung des herr-

700 Vgl. *Emmerich*, in: Emmerich/Habersack, Konzernrecht, 3. Aufl. 2003, Einl. Rdn. 1.

701 Unterschieden werden der einfache faktische Konzern und der qualifizierte faktische Konzern, vgl. *Emmerich/Sonnenschein*, Konzernrecht, 6. Aufl. 1997, § 19 I.

702 Die Begründung des Regierungsentwurfs (BT-Drs. 4/171, S. 94) spricht von „Schutzvorschriften für die außenstehenden Aktionäre und die Gläubiger der verbundenen Unternehmen".

703 Begründet wird diese Regelung überwiegend mit der Notwendigkeit, einen Ausgleich für die weitgehenden Eingriffsrechte zu schaffen, die Beherrschungs- und Gewinnabführungsverträge dem herrschenden Unternehmen eröffnen, vgl. die Nachweise bei *Emmerich*, in: Emmerich/Habersack, Konzernrecht, 3. Aufl. 2003, § 302 Rdn. 16 f., der seinerseits auf die mangelhaften Kapitalerhaltungsvorschriften verweist, deren strikte Beachtung Voraussetzung für die Anerkennung der Haftungsbeschränkung bei der juristischen Person sei.

704 *Emmerich*, in: Emmerich/Habersack, Konzernrecht, 3. Aufl. 2003, § 302 Rdn. 4.

schenden Unternehmens für die Verbindlichkeiten der abhängigen Gesellschaft begründet.[705] Das herrschende Unternehmen muss unabhängig von der Ursache des Fehlbetrags das volle Unternehmensrisiko der abhängigen Gesellschaft tragen. Die Verlustübernahme kommt so mittelbar den Gesellschaftsgläubigern zugute, da das ihnen haftende Vermögen der abhängigen Gesellschaft vermehrt und ihnen damit ein zahlungsfähiger Schuldner erhalten wird. Zahlungsfähigkeit des herrschenden Unternehmens unterstellt, bedeutet dies der Sache nach, dass eine Insolvenz der abhängigen Gesellschaft nicht mehr denkbar ist.[706]

§ 302 Abs. 1 AktG findet seinem Wortlaut nach auf Beherrschungs- und Gewinnabführungsverträge im Sinne des § 291 Abs. 1 Satz 1 AktG mit einer abhängigen deutschen Aktiengesellschaft (AG) oder Kommanditgesellschaft auf Aktien (KGaA) Anwendung. Die Rechtsform des herrschenden Unternehmens spielt hingegen keine Rolle.[707] Weithin anerkannt ist die entsprechende Anwendung des § 302 Abs. 1 AktG auf Beherrschungs- und Gewinnabführungsverträge mit Gesellschaften anderer Rechtsformen[708] – namentlich der GmbH[709] – sowie auf qualifizierte[710] faktische *Aktien*-Konzerne.[711] Bei letzteren soll auch nach Aufgabe der Rechtsprechung zum qualifizierten faktischen *GmbH*-Konzern[712] das herrschende Unternehmen haften, wenn es der Gesellschaft in qualifizierter Weise Nachteile zufügt.

b) Haftung des herrschenden Unternehmens nach §§ 311, 317 AktG

Die §§ 311 ff. AktG enthalten Vorschriften für Abhängigkeitsverhältnisse einer AG oder KGaA von einem Unternehmen. Sie tragen dem Umstand Rechnung, dass es bei Bestehen eines Abhängigkeitsverhältnisses im Sinne des § 17 AktG eines besonderen Schutzes der abhängigen Gesellschaft sowie ihrer Gläubiger und außenstehenden Aktionäre bedarf, da der bei einer unabhängigen Gesellschaft typischerweise gegebene Gleichlauf von Gesellschafter- und Gesellschaftsinteresse möglicherweise beeinträchtigt ist.[713] Die Schutz- und Privilegierungsfunktion der §§ 311 ff. AktG kommt insbesondere in den Vorschriften der §§ 311, 317 AktG zum Ausdruck. Nach § 311 AktG besteht eine Ausgleichspflicht des herrschenden Unternehmens für veranlasste nachteilige Rechtsgeschäfte oder Maßnahmen. § 311 AktG verbietet

705 *Emmerich*, in: Emmerich/Habersack, Konzernrecht, 3. Aufl. 2003, § 302 Rdn. 1.
706 *Emmerich*, in: Emmerich/Habersack, Konzernrecht, 3. Aufl. 2003, § 302 Rdn. 30.
707 *Emmerich*, in: Emmerich/Habersack, Konzernrecht, 3. Aufl. 2003, § 302 Rdn. 18.
708 *Emmerich*, in: Emmerich/Habersack, Konzernrecht, 3. Aufl. 2003, § 302 Rdn. 25.
709 Ebenso *Zöllner*, in: Baumbach/Hueck, GmbHG, 17. Aufl. 2000, GmbH-KonzernR Rdn. 77.
710 Unter „qualifizierten faktischen Konzernen" sind solche Abhängigkeits- oder Konzernverhältnisse zu verstehen, in denen das auf Einzeleingriff, Nachteilsausgleich und Schadensersatzpflicht aufgebaute gesetzliche Haftungssystem der §§ 311 und 317 AktG funktionsunfähig ist; vgl. *Emmerich/Sonnenschein/Habersack*, Konzernrecht, 7. Aufl. 2001, § 28 I.
711 *Emmerich*, in: Emmerich/Habersack, Konzernrecht, 3. Aufl. 2003, § 302 Rdn. 26.
712 Siehe hierzu unten Dritter Teil B. II. 3 d) bb) (2).
713 *Habersack*, in: Emmerich/Habersack, Konzernrecht, 3. Aufl. 2003, § 311 Rdn. 1.

somit nicht die der abhängigen Gesellschaft zum Nachteil gereichende Einflussnahme des herrschenden Unternehmens; vielmehr ist die Durchführung von nachteiligen Rechtsgeschäften oder Maßnahmen erlaubt, sofern nur der Nachteil ausgeglichen wird.[714] Wird ein Nachteilsausgleich nicht durchgeführt, so ist das herrschende Unternehmen gem. § 317 Abs. 1 AktG der Gesellschaft und den unmittelbar betroffenen außenstehenden Aktionären zum Schadensersatz verpflichtet.[715] Die Geltendmachung der Ansprüche der Gesellschaft gegen das herrschende Unternehmen erfolgt grundsätzlich durch den Vorstand. Nach § 317 Abs. 4 i.V.m. § 309 Abs. 4 Satz 3 AktG können aber auch die Gläubiger der Gesellschaft deren Ansprüche gegen das herrschende Unternehmen geltend machen, soweit sie von der Gesellschaft keine Befriedigung erlangen können. Die §§ 311 ff. AktG knüpfen an einfache Abhängigkeitsverhältnisse im Sinne des § 17 AktG an. Darüber hinaus findet das auf Einzeleingriff, Nachteilsausgleich und Schadensersatzpflicht aufgebaute gesetzliche Haftungssystem der §§ 311 und 317 AktG Anwendung auf den einfachen faktischen Konzern.[716]

c) Konzernvertrauenshaftung

Das schweizerische Bundesgericht[717] hat bereits im Jahr 1994 den Gedanken einer Konzernvertrauenshaftung in die konzernhaftungsrechtliche Diskussion eingeführt. Danach soll die Muttergesellschaft eines Konzerns, die durch ihr Verhalten ein berechtigtes Vertrauen der Gläubiger einer Tochtergesellschaft in ihre Konzerverantwortung erweckt hat, den Gläubigern entsprechend den Grundsätzen über die Haftung aus c.i.c. zum Schadensersatz verpflichtet sein, wenn sie dieses Konzernvertrauen später in treuwidriger Weise enttäuscht hat.

In Deutschland hat sich das Konzernvertrauen als haftungsbegründender Tatbestand bislang nicht durchsetzen können; es mehren sich aber die Stimmen, die für die Übernahme des Gedankens der Konzernvertrauenshaftung eintreten.[718] Insbesondere für die Situation der Eigengesellschaften der öffentlichen Hand wird eine solche Konzernvertrauenshaftung angenommen. *Parmentier*[719] hat diesen Aspekt unter Hinweis auf die gesteigerte Erwartungshaltung des Rechtsverkehrs in die Dis-

714 *Habersack*, in: Emmerich/Habersack, Konzernrecht, 3. Aufl. 2003, § 311 Rdn. 2.

715 *Habersack*, in: Emmerich/Habersack, Konzernrecht, 3. Aufl. 2003, § 311 Rdn. 4.

716 Nach h. M. lässt sich den §§ 311 ff. AktG die Entscheidung des Gesetzgebers für die Zulässigkeit des einfachen faktischen Konzerns entnehmen, *Habersack*, in: Emmerich/ Habersack, Konzernrecht, 3. Aufl. 2003, § 311 Rdn. 2 und 8 m.w.N.

717 BGE 120 (1994) II, 331 (auch abgedruckt in AG 1996, S. 44).

718 Dafür *Druey*, „Konzernvertrauen", FS für M. Lutter, 2000, S. 1069 (1076 ff.); *Fleischer*, NZG 1999, S. 685 (690 ff.); *ders.*, ZHR 163 (1999), S. 461 (474 ff.); dagegen *Lutter*, Haftung aus Konzernvertrauen?, GS für B. Knobbe-Keuk, 1997, S. 229 (233. ff); *Stein*, Haftung aus in Anspruch genommenem Marktvertrauen?, FS für M. Peltzer, 2001, S. 557 (568 ff.).

719 *Parmentier*, DVBl. 2002, S. 1378 ff.

kussion um die haftungsrechtliche Situation verselbständigter Verwaltungseinheiten eingebracht: Dem Staat und seinen Untergliederungen werde im Hinblick auf ihre fehlende Insolvenzfähigkeit und ihr theoretisch unbeschränktes Einnahmepotential sowie ihre rechtsstaatliche Bindung ein besonderes Vertrauen entgegengebracht. Dieses Vertrauen in die öffentliche Hand erstrecke sich auch auf ihre öffentlichen Unternehmen in privatrechtlichen Organisationsformen und beruhe sowohl auf der als sicher angenommenen Liquidität der Trägerkörperschaft als auch auf der Erwartung, dass diese selbst in Krisenzeiten für die Zahlungsfähigkeit ihrer Eigengesellschaft zu sorgen beabsichtige. *Parmentier* sieht den „doppelten Vertrauenstatbestand“[720] der Konzernvertrauenshaftung im Fall der kommunalen Eigengesellschaft in hervorragender Weise erfüllt. Das besondere Vertrauen des Rechtsverkehrs gründe sich – abgesehen von der Bonität und der rechtsstaatlichen Bindung – vor allem auf die „besondere Kapitalausstattungspflicht“ der Verwaltung.[721] Das Konzernvertrauen sei insoweit systemverwandt mit der materiellen Unterkapitalisierung der Tochtergesellschaft. Anders als für den privaten Gesellschafter bestehe für die Verwaltung, die sich der Rechtsform der Kapitalgesellschaft diene, eine Pflicht zur Ausstattung mit angemessenem Stammkapital jenseits des gesetzlichen Mindestkapitals, denn die Entscheidung über die Kapitalausstattung beruhe auf der Privatautonomie des Gesellschafters, über welche die Verwaltung nicht verfüge. Dieser besonderen Kapitalausstattungspflicht korrespondiere die Inanspruchnahme erhöhten (Konzern-)Vertrauens.[722] Darüber hinaus konstatiert *Parmentier* auch ein wirtschaftliches Eigeninteresse der Trägerkörperschaft. Eigengesellschaften seien in dem herkömmlich als Daseinsvorsorge bezeichneten Bereich tätig und nähmen Aufgaben des Staates wahr, die anderenfalls die Trägerkörperschaft selbst erbringen müsste. Hieraus ergebe sich ein über das der privaten Konzernspitze hinausgehendes wirtschaftliches Eigeninteresse der Trägerkörperschaft.[723] Im Ergebnis bejaht *Parmentier* für die Situation der Eigengesellschaft beide in Anlehnung an die Grundsätze der c.i.c. entwickelten Vertrauenstatbestände: Inanspruchnahme besonderen Vertrauens und eigenes wirtschaftliches Interesse. Sie ist der Auffassung, die zu maßgeblicher Einflussnahme auf die Eigengesellschaften verpflichtende Ingerenzpflicht der öffentlichen Hand bringe typischerweise die Schaffung des doppelten Vertrauenstatbestandes mit sich, denn eine Konzernvertrauenshaftung sei insbesondere bei nachhaltigem Einwirken auf die beherrschte Gesellschaft propagiert worden.[724]

720 Um der uferlosen Weite einer Konzernvertrauenshaftung zu begegnen, sollen in Anlehnung an die Grundsätze der c.i.c. zwei Tatbestände eine haftungsbegründende Wirkung entfalten: Inanspruchnahme besonderen persönlichen Vertrauens und eigenes wirtschaftliches Interesse; vgl. *Parmentier*, DVBl. 2002, S. 1378 (1386 f.).

721 *Parmentier*, DVBl. 2002, S. 1378 (1386) unter Verweis auf *dies.*, ZIP 2001, S. 551 (554 f.); *dies.*, Gläubigerschutz in öffentlichen Unternehmen, 2000, S. 232 ff.

722 *Parmentier*, DVBl. 2002, S. 1378 (1386).

723 *Parmentier*, DVBl. 2002, S. 1378 (1387).

724 *Parmentier*, DVBl. 2002, S. 1378 (1387 f.).

3. Anwendbarkeit auf die öffentliche Hand

Vor allem *Emmerich*[725] vertritt die Anwendbarkeit des Konzernrechts zur Regelung der Beziehungen der öffentlichen Hand zu ihren Beteiligungsunternehmen in privater Rechtsform. Schließe die öffentliche Hand mit einem ihrer Unternehmen in Privatrechtsform einen Vertrag ab, durch den sie sich einen bestimmenden Einfluss auf die Verwaltung der Gesellschaft sichere, handele es sich der Sache nach um einen Beherrschungsvertrag im Sinne des § 291 AktG. Anwendbar seien dann die Vorschriften der §§ 302 ff. AktG. Greife der Staat dagegen ohne Abschluss eines Beherrschungsvertrags durch nachteilige Weisungen in die Verwaltung einer seiner Gesellschaften ein, richte sich seine Verpflichtung zum Nachteilsausgleich bei einer AG nach §§ 311, 317 AktG; bei einer GmbH führe der Verstoß gegen die Treuepflicht der Gemeinde zur Schadensersatzpflicht nach den im Konzernrecht anerkannten Regeln.

a) Unternehmensqualität der Gemeinde

Die Anwendung der Vorschriften des Konzernrechts auf die Gemeinde ist nur dann gerechtfertigt, wenn sich die Gemeinde als „Unternehmen" im Sinne des Konzernrechts qualifizieren lässt. Eine gesetzliche Definition des Unternehmensbegriffs existiert nicht; die Abgrenzung orientiert sich primär am Schutzzweck des Gesetzes: Unternehmensqualität besitzt jeder Gesellschafter, der nicht nur in der Gesellschaft selbst, sondern auch außerhalb von ihr unternehmerische Interessen verfolgt, weil bereits daraus typischerweise die Konfliktlagen resultieren, denen das Konzernrecht begegnen soll. Keine noch so hohe Beteiligung an einer Gesellschaft qualifiziert den Gesellschafter allein als herrschendes Unternehmen. Es muss vielmehr eine wirtschaftliche Interessenbindung außerhalb der Gesellschaft hinzukommen, die stark genug ist, um die ernste Besorgnis zu begründen, der Gesellschafter könne um ihretwillen seinen Einfluss zum Nachteil der Gesellschaft gelten machen.[726]

Die Rechtsform des Gesellschafters spielt keine Rolle. Im Hinblick darauf, dass Bund, Länder und Gemeinden in der Regel an zahlreichen Unternehmen[727] beteiligt sind, steht der Anwendbarkeit des Konzernrechts auf die Beziehungen der öffentlichen Hand zu ihren Beteiligungsunternehmen in privater Rechtsform regelmäßig nichts entgegen. Der BGH hat im VEBA/Gelsenberg-Urteil[728] festgestellt, dass auch

725 *Emmerich*, Das Wirtschaftsrecht der öffentlichen Unternehmen, 1969, S. 215 ff.; *ders.*, in: Emmerich/Habersack, Konzernrecht, 3. Aufl. 2003, § 15 Rdn. 26 ff.; *Emmerich/Sonnenschein/Habersack*, Konzernrecht, 7. Aufl. 2001, § 2 III.

726 *Emmerich*, in: Emmerich/Habersack, Konzernrecht, 3. Aufl. 2003, § 15 Rdn. 10.

727 Zu berücksichtigen sind auch die in öffentlich-rechtlicher Form betriebenen Unternehmen einschließlich der Regiebetriebe, vgl. *Emmerich*, in: Emmerich/Habersack, Konzernrecht, 3. Aufl. 2003, § 15 Rdn. 28.

728 BGHZ 69, 334 (338 ff.).

die Bundesrepublik Deutschland herrschendes Unternehmen im Sinne des Konzernrechts sein könne. Dass die öffentliche Hand von außen her bestimmte Interessen in die Gesellschaft herein trägt, ist unzweifelhaft. Die verfassungs- und kommunalrechtlich geforderte Einwirkungspflicht (vgl. § 108 Abs. 1 Nr. 6 GO NW) gebietet es ihr, gerade in diesem Sinne tätig zu werden. Im VEBA/Gelsenberg-Urteil hat der BGH[729] darauf hingewiesen, dass es aus Sicht des abhängigen Unternehmens, das nach dem Willen des Gesetzgebers vor fremdbestimmten unternehmerischen Einflüssen geschützt werden solle, keinen Unterschied mache, ob die Einflussnahme durch die öffentliche Hand *„auch oder vorwiegend vom öffentlichen Wohl"* bestimmt sei. Die Gefahr, ein Opfer fremdbestimmten unternehmerischen Einflusses zu werden, bleibe mindestens dieselbe. Das Urteil muss sinngemäß auf alle öffentlichen Rechtsträger erstreckt werden, denn es gibt keine Gründe, diese anders zu behandeln als den Bund.[730] Später hat der BGH[731] ergänzt bzw. klargestellt, dass Körperschaften des öffentlichen Rechts bereits dann als Unternehmen im konzernrechtlichen Sinne anzusehen seien, wenn sie lediglich *ein* in privater Rechtsform organisiertes Unternehmen beherrschen. In diesem Fall kann das „unternehmerische Fremdinteresse" keinesfalls *auch* aus der Beteiligung an einem anderen Unternehmen herrühren, sondern ausschließlich aus der einseitigen Förderung öffentlicher Aufgaben. Anders als bei privaten Gesellschaftern ist bei öffentlich-rechtlichen Körperschaften im Regelfall davon auszugehen, dass sie sich bei der Ausübung ihres Einflusses auf die beherrschte Gesellschaft nicht nur von typischen Gesellschafterinteressen, sondern auch von anderen Interessen leiten lassen, nämlich solchen, die aus ihrer öffentlich-rechtlichen Aufgabenstellung herrühren. Der Konzernkonflikt tritt in anderer Gestalt auf als bei privaten Unternehmen, ist aber für die vom Konzernrecht geschützten außenstehenden Gesellschafter und Gläubiger nicht weniger gefährlich als der Konflikt zwischen mehreren wirtschaftlichen Interessen.[732] Im Ergebnis genügt es für die Anwendbarkeit des Konzernrechts also, wenn die Gemeinde nur ein in privater Rechtsform betriebenes Unternehmen beherrscht, ohne dass es auf die zusätzliche Verfolgung unternehmerischer Interessen außerhalb der Gesellschaft noch ankäme, weil die Gemeinde im Gegensatz zum privaten Beteiligungsträger stets über das wirtschaftliche Interesse hinaus noch an das öffentliche Interesse gebunden ist. Hier liegt ein potentieller Konflikt mit den erwerbswirtschaftlichen Interessen der Minderheitsaktionäre, weil der (primären) öffentlichen Zwecksetzung der Vorrang gegenüber dem (sekundären) Ertragsgebot gebührt.[733]

729 BGHZ 69, 334 (340).

730 Vgl. z. B. *Paschke*, ZHR 152 (1988), S. 263 (266 ff.); dem folgend *Raiser*, ZGR 1996, S. 458 (463 f). Umfassend auch *Ehinger*, Die juristischen Personen des öffentlichen Rechts als herrschende Unternehmen, 2000; *ders.*, DZWIR 2000, S. 322 ff.

731 BGHZ 135, 107 (113); dem folgend OLG Celle, DZWIR 2001, S. 160 (163 f.).

732 Vgl. *Müller-Rabe*, Haftung der Gebietskörperschaften bei Einflussnahmen auf gemischtwirtschaftliche Aktiengesellschaften, 1970, S. 107 ff.; *Paschke*, ZHR 152 (1988), S. 263 (268 f.); *Kuhl/Wagner*, ZIP 1995, S. 433 (440); *Raiser*, ZGR 1996, S. 458 (464 f.).

733 Siehe hierzu oben Erster Teil A. III. 1.

b) Abhängigkeit der Eigengesellschaft

Von der Einmann-Gesellschaft wird vermutet, dass sie von ihrem einzigen Gesellschafter abhängig ist (§ 17 Abs. 2 AktG). Die Vermutung dürfte kaum jemals widerlegbar sein, gibt es doch bei der Einmann-Gesellschaft nur einen einzigen Willen, der letztlich in allen Fragen entscheidet, nämlich den des Alleingesellschafters. Aus demselben Grund bilden die Einmann-Gesellschaft und ihr Gesellschafter regelmäßig einen Konzern (§ 18 Abs. 1 Satz 3 AktG). *Altmeppen*[734] hat mit Nachdruck betont, dass *„jede Einmann-Gesellschaft von ihrer Muttergesellschaft »total«, »qualifiziert« und in welcher Steigerungsform auch immer »beherrscht« wird."* Bei der Einmann-Gesellschaft handelt es sich also regelmäßig sogar um einen „qualifizierten faktischen Konzern". Das alles gilt auch für die Eigengesellschaften der Gemeinden.

c) Das Fehlen von Minderheitsgesellschaftern

Zweifel an der Anwendbarkeit des Konzernrechts auf die Rechtsverhältnisse der Gemeinden zu ihren Eigengesellschaften ergeben sich aus dem Fehlen von Minderheitsgesellschaftern. Nach Auffassung des BGH[735] bedurfte es der Ausdehnung des Unternehmensbegriffs,[736] *„um der Gefahr einer einseitigen Förderung öffentlicher Aufgaben und politischer Ziele zu Lasten von Minderheitsaktionären begegnen zu können."* Im Fall der Eigengesellschaft ist mangels anderer Gesellschafter ein Minderheitenschutz gerade nicht erforderlich. Die Anwendbarkeit des Konzernrechts ist aber aus dem Aspekt des Gläubigerschutzes gerechtfertigt, denn das Konzernrecht soll nicht nur die Minderheitsaktionäre abhängiger Unternehmen, sondern ebenso deren Gläubiger vor fremdbestimmten Einflussnahmen schützen.[737] Insbesondere die Vorschriften der §§ 311 ff. AktG[738] gelangen auch beim Fehlen von Minderheitsaktionären uneingeschränkt zur Anwendung.[739] Im übrigen – also bei Haftung des herrschenden Unternehmens nach § 302 Abs. 1 AktG[740] – ist zwischen der Einmann-*AG* und der Einmann-*GmbH* zu unterscheiden. Hier wirken sich die Unterschiede in der Organisationsverfassung beider Gesellschaftsformen aus: In der AG ist die Geschäftsführung Sache allein des Vorstands. In der GmbH können die Gesellschafter (als Gesamtheit) auch in Geschäftsführungsangelegenheiten Beschlüsse fassen, die dann vom Geschäftsführer zu vollziehen sind. Für das GmbH-Recht

734 *Altmeppen*, NJW 2002, S. 321 (322).
735 BGHZ 135, 107 (113 f.).
736 Siehe hierzu oben Dritter Teil B. II. 3. a).
737 Die Begründung des Regierungsentwurfs (BT-Drs. 4/171, S. 94) spricht von „Schutzvorschriften für die außenstehenden Aktionäre und die Gläubiger der verbundenen Unternehmen".
738 Siehe zur Haftung nach §§ 311, 317 AktG oben Dritter Teil B. II. 2 b).
739 *Emmerich/Sonnenschein/Habersack*, Konzernrecht, 7. Aufl. 2001, § 24 V. I.
740 Siehe hierzu oben Dritter Teil B. II. 2 a).

bedeutet dies, dass für eine Treupflicht des Alleingesellschafters gegenüber „seiner GmbH“[741] und damit zugleich für einen die Haftung aus § 302 Abs. 1 AktG begründenden „Missbrauch der Leitungsmacht“[742] nach Aufgabe der Rechtsprechung zum qualifizierten faktischen *GmbH*-Konzern[743] grundsätzlich kein Raum ist.[744]

d) Die konzernrechtliche Haftung der Gemeinde

aa) Abschluss eines Beherrschungsvertrags

Schließt die Gemeinde mit einem ihrer Unternehmen in Privatrechtsform einen Vertrag ab, durch den sie sich einen bestimmenden Einfluss auf die Verwaltung der Gesellschaft sichert, so handelt es sich um einen Beherrschungsvertrag im Sinne des § 291 AktG, der der Zustimmung der Hauptversammlung oder der Gesellschafterversammlung bedarf und ins Handelsregister einzutragen ist. Anwendbar sind dann auch die Schutzvorschriften der §§ 302, 303 AktG sowie bei einer AG zusätzlich die §§ 304, 305 AktG.

bb) Der (qualifizierte) faktische Konzern

Bei einer Eigengesellschaft wird es im Gegensatz zu gemischt-wirtschaftlichen Unternehmen regelmäßig nicht zum Abschluss eines Beherrschungsvertrags kommen, da die Gemeinde als Alleingesellschafterin ohnehin bestimmenden Einfluss auf die Verwaltung der Gesellschaft hat. Faktische Konzernverhältnisse sind im Verhältnis Gemeinde - Eigengesellschaft die Regel.[745]

(1) Der qualifizierte faktische *AG*-Konzern

Im Fall einer abhängigen Aktiengesellschaft (AG) haftet die Gemeinde nach den §§ 311, 317 AktG für veranlasste nachteilige Rechtsgeschäfte oder Maßnahmen; ist das auf Einzeleingriff, Nachteilsausgleich und Schadensersatzpflicht aufgebaute Haftungssystem der §§ 311, 317 AktG funktionsunfähig, weil der zuvor zugefügte Nachteil nicht quantifizierbar, d. h. betriebswirtschaftlich nicht messbar ist (qualifi-

741 Anders etwa *Burgard*, ZIP 2002, S. 827 (831 ff.).
742 BGHZ 122, 123 (130). Siehe hierzu unten Dritter Teil B. II. 3. d) bb).
743 Siehe hierzu unten Dritter Teil B. II. 3 d) bb) (2).
744 *Emmerich/Sonnenschein/Habersack*, Konzernrecht, 7. Aufl. 2001, § 30 V. 2, § 31 II. 2.
745 Siehe hierzu oben Dritter Teil B. II. 3. b. Vgl. auch *Gundlach*, LKV 2000, S. 58 (61 f.).

zierter faktischer Konzern), so haftet die Gemeinde nach § 302 Abs. 1 AktG.[746] Die Haftung greift unabhängig davon ein, ob die abhängige AG über Minderheitsaktionäre verfügt oder nicht,[747] gilt also uneingeschränkt auch für die Eigengesellschaft. Maßgeblich sind insoweit die vom BGH[748] entwickelten Grundsätze zum qualifizierten faktischen *GmbH*-Konzern: *„Der eine GmbH beherrschende Unternehmer haftet entsprechend den §§ 302, 303 AktG, wenn er die Konzernleitungsmacht in einer Weise ausübt, die keine angemessene Rücksicht auf die eigenen Belange der abhängigen Gesellschaft nimmt, ohne dass sich der ihr insgesamt zugefügte Nachteil durch Einzelausgleichsmaßnahmen kompensieren ließe.“*[749] Im Fall der Einmann-Gesellschaft sollte es (erst) dann an einer solchen angemessenen Rücksichtnahme fehlen, *„wenn die Gesellschaft infolge der im Konzerninteresse ausgeübten Einwirkungen ihren Verbindlichkeiten nicht nachkommen kann“*[750], wenn also die Gesellschaft infolge der nachteiligen Einflussnahme durch den Gesellschafter in die Insolvenz getrieben wird.[751] Diese für die Einmann-*GmbH* entwickelte Modifikation – Haftung nur bei existenzvernichtenden[752] Eingriffen des Alleingesellschafters – gilt für die Einmann-*AG* nicht[753] mit der Folge, dass die Grundsätze zum qualifizierten faktischen Konzern unabhängig davon eingreifen, ob die nachteilige Einflussnahme den Fortbestand der Gesellschaft zu beinträchtigen geeignet ist.[754] Die praktische Folge ist, dass die AG und mit ihr die Gesellschaftsgläubiger bereits gegen existenzgefährdende Maßnahmen geschützt ist, das herrschende Unternehmen also schon im Vorfeld der Existenzvernichtung von der abhängigen Gesellschaft auf Verlustausgleich in Anspruch genommen werden kann.[755] Insbesondere konzernintegrative Maßnahmen, die zwar die Überlebensfähigkeit der abhängigen Gesellschaft nicht beeinträchtigen, die aber einem Einzelausgleich nach §§ 311, 317 AktG nicht zugänglich sind, verpflichten das herrschende Unternehmen nach § 302 Abs. 1 AktG zum Verlustausgleich.[756]

Da die Gemeinde im qualifizierten faktischen *AG*-Konzern entsprechend den §§ 302, 303 AktG haftet, wenn sie die Konzernleitungsmacht in einer Weise ausübt, die keine angemessene Rücksicht auf die eigenen Belange der abhängigen Gesell-

746 Für die Anwendung der Grundsätze auf den qualifizierten faktischen *AG*-Konzern (auch nach Aufgabe der Rechtsprechung zum qualifizierten faktischen *GmbH*-Konzern) *Habersack,* in: Emmerich/Habersack, Konzernrecht, 3. Aufl. 2003, Anh. § 317 Rdn. 5.; *Cahn,* ZIP 2001, S. 2159 (2160); *Eberl-Borges,* Jura 2002, S. 761 (764).

747 *Habersack,* in: Emmerich/Habersack, Konzernrecht, 3. Aufl. 2003, Anh. § 317 Rdn. 5.

748 BGHZ 122, 123 („TBB“); im Anschluss an BGHZ 95, 330 („Autokran“); BGHZ 107, 7 („Tiefbau“); BGHZ 115, 187 („Video“).

749 BGHZ 122, 123 (130).

750 BGHZ 122, 123 (130).

751 *Habersack,* in: Emmerich/Habersack, Konzernrecht, 3. Aufl. 2003, Anh. § 318 Rdn. 34.

752 Für Haftung schon bei Existenzgefährdung *Burgard,* ZIP 2002, S. 827 (830).

753 Vgl. zur Begründung *Habersack,* in: Emmerich/Habersack, Konzernrecht, 3. Aufl. 2003, Anh. § 317 Rdn. 5.

754 *Emmerich/Sonnenschein/Habersack,* Konzernrecht, 7. Aufl. 2001, § 28 III. 2.

755 *Habersack,* in: Emmerich/Habersack, Konzernrecht, 3. Aufl. 2003, Anh. § 317 Rdn. 5.

756 *Emmerich/Sonnenschein/Habersack,* Konzernrecht, 7. Aufl. 2001, § 28 III. 2.

schaft nimmt, ohne dass sich der ihr insgesamt zugefügte Nachteil durch Einzelausgleichsmaßnahmen kompensieren ließe, ist Voraussetzung für die Haftung eine „nachteilige Einflussnahme“ auf das abhängige Unternehmen. Dies ergibt sich aus folgender Überlegung: Kann das herrschende Unternehmen seine Machtausübung auf einen Beherrschungsvertrag stützen, so ist es angemessen, wenn die §§ 302, 303 AktG eine Haftung des herrschenden Unternehmens unabhängig davon vorsehen, ob das herrschende Unternehmen im Konfliktfall seine Macht ausgeübt hat. Im qualifizierten faktischen Konzern muss aber – um eine entsprechenden Situation annehmen können – neben der tatsächlichen Machtausübung gefordert werden, dass das Konzerninteresse gegen das Interesse des beherrschten Unternehmens durchgesetzt wurde. Die Einflussnahme der Gemeinde, die darauf abzielt, die Eigengesellschaft zur Erfüllung des in der Satzung verankerten öffentlichen Zwecks anzuhalten, stellt jedoch keine Zufügung eines Nachteils im Sinne des § 302 AktG dar.[757] Aus der Tatsache, dass auch die Gemeinde herrschendes Unternehmen im Sinne des Konzernrechts sein kann, weil sie sich bei der Ausübung ihres Einflusses auf die beherrschte Gesellschaft nicht nur von typischen Gesellschafterinteressen, sondern auch von anderen Interessen leiten lässt,[758] kann nicht geschlossen werden, dass dann gleichzeitig auch immer die Haftung nach §§ 302, 303 AktG eintritt. Als nachteilige Einflussnahme kommt nämlich nicht eine durch den satzungsmäßigen Zweck gedeckte Maßnahme in Betracht, die bei einer auf den öffentlichen Zweck verpflichteten Eigengesellschaft durchaus wirtschaftlich nachteilig sein kann. Eine Haftung wegen qualifizierter faktischer Abhängigkeit kommt vielmehr nur in Betracht, wenn die Eigengesellschaft für andere öffentliche Interessen außerhalb ihrer konkreten Aufgabe eingesetzt wird.[759]

(2) Die Haftung des Alleingesellschafters bei der Einmann-*GmbH*

Schwieriger zu beurteilen ist die Situation im Fall einer abhängigen GmbH. Das Haftungssystem der §§ 311, 317 AktG findet hier von vornherein keine Anwendung; die Problematik des „qualifizierten faktischen Konzerns“ war deswegen bislang vor allem eine solche des GmbH-Rechts. Die Rechtslage hat sich geändert, seit der BGH im „Bremer Vulkan“-Urteil[760] die Rechtsprechung zur Anwendung der §§ 302, 303 AktG auf qualifizierte faktische Konzerne für die Einmann-GmbH aufgegeben hat: *„Der Schutz einer abhängigen GmbH gegen Eingriffe ihres Alleingesellschafters folgt nicht dem Haftungssystem des Konzernrechts des Aktienrechts (§§ 291 ff., 311 ff. AktG), sondern ist auf die Erhaltung ihres Stammkapitals und die Gewährleistung ihres Bestandsschutzes beschränkt, der eine angemessene Rücksichtnahme auf*

757 *Parmentier*, ZIP 2001, S. 551 (556).
758 Vgl. BGHZ 69, 334 (340).
759 *Parmentier*, ZIP 2001, S. 551 (556).
760 BGHZ 149, 10 (Leitsatz 1).

die Eigenbelange der GmbH erfordert.“ An einer solchen Rücksichtnahme soll es fehlen, *„wenn die GmbH infolge der Eingriffe ihres Alleingesellschafters ihren Verbindlichkeiten nicht mehr nachkommen kann.“*[761] Das vieldiskutierte Problem, ob der BGH mit dem „Bremer Vulkan“-Urteil das Ende der Rechtsfigur des „qualifizierten faktischen Konzerns“ eingeläutet hat oder nicht,[762] braucht an dieser Stelle nicht entschieden zu werden. Jedenfalls für die Einmann-GmbH hat der BGH die Konzernhaftung des GmbH-Alleingesellschafters verneint und statt dessen im „KBV“-Urteil[763] eine allgemeine Durchgriffshaftung des Alleingesellschafters[764] für existenzvernichtende Eingriffe angenommen: *„Entziehen die Gesellschafter unter Außerachtlassung der gebotenen Rücksichtnahmen auf die*[se] *Zweckbindung des Gesellschaftsvermögens der Gesellschaft durch offene oder verdeckte Entnahmen Vermögenswerte und beeinträchtigen sie dadurch in einem ins Gewicht fallenden Ausmaß die Fähigkeit der Gesellschaft zur Erfüllung ihrer Verbindlichkeiten, so liegt darin* [...] *ein Missbrauch der Rechtsform der GmbH, der zum Verlust des Haftungsprivilegs führen muss, soweit nicht der der GmbH durch den Eingriff insgesamt zugefügte Nachteil schon nach §§ 30, 31 GmbHG vollständig ausgeglichen werden kann.“*[765] Im Ergebnis hat der BGH das Spektrum möglicher Fallgestalten einer „Durchgriffshaftung“[766] um den existenzvernichtenden Eingriff des Alleingesellschafters in die Substanz „seiner GmbH“ erweitert. Adressat dieser Durchgriffshaftung ist der Alleingesellschafter einer Einmann-GmbH – nunmehr unabhängig davon, ob er als „Unternehmen“ im Sinne des Konzernrechts zu qualifizieren ist oder nicht. Voraussetzung für die Haftung[767] ist positiv das Vorliegen eines existenzvernichtenden Eingriffs und negativ die fehlende Ausgleichsmöglichkeit nach den §§ 30, 31 GmbHG.[768] Ein Verschulden des Alleingesellschafters ist nicht erfor-

761 BGHZ 149, 10 (Leitsatz 1). Ähnlich die Formulierung in BGHZ 122, 123 [130]. Schon das „TBB“-Urteil lief auf die Anerkennung eines nicht zur Disposition des Alleingesellschafters stehenden Bestandsinteresses der abhängigen Einmann-GmbH bzw. auf die Etablierung eines Verbots existenzvernichtender Eingriffe hinaus, vgl. hierzu *Röhricht*, Die GmbH im Spannungsfeld zwischen wirtschaftlicher Dispositionsfreiheit ihrer Gesellschafter und Gläubigerschutz, FS für BGH, Bundesanwaltschaft und Rechtsanwaltschaft beim BGH, 2000, S. 83 (103 ff.); *Ulmer*, ZIP 2001, S. 2021 ff.

762 Dafür *Altmeppen*, ZIP 2001, S. 1837 ff.; *ders.*, NJW 2002, S. 321 ff.; *Ulmer*, ZIP 2001, S. 2021 ff.; *Drygala*, GmbHR 2003, S. 729 ff.; *Mödl*, JuS 2003, S. 14 ff.; dagegen *Schmidt*, NJW 2001, S. 3577 ff.; *Cahn*, ZIP 2001, S. 2159 ff.; *Eberl-Borges*, Jura 2002, S. 761 ff.

763 BGHZ 151, 181; im Anschluss an BGHZ 149, 10 („Bremer Vulkan“) und BGHZ 150, 61.

764 Im „KBV“-Urteil ging es allerdings anders als im „Bremer Vulkan“-Urteil nicht um die Haftung des *Alleingesellschafters*, sondern um den insoweit gleich zu behandelnden Fall der Haftung *einverständlich handelnder Gesellschafter*.

765 Vgl. hierzu *Habersack*, in: Emmerich/Habersack, Konzernrecht, 3. Aufl. 2003, Anh. § 318 Rdn. 33 ff.; *Drygala*, GmbHR 2003, S. 729 ff.

766 Siehe hierzu oben Dritter Teil B. I. 1. und 2.

767 Vgl. zum Haftungstatbestand *Habersack*, in: Emmerich/Habersack, Konzernrecht, 3. Aufl. 2003, Anh. § 318 Rdn. 37 f.; auch *Diem*, ZIP 2003, S. 1283 (1284 ff.) m.w.N.

768 Zur Subsidiarität der Haftung aus existenzvernichtendem Eingriff zu den Kapitalsicherungsvorschriften der §§ 30, 31 GmbHG *Wilhelmi*, DZWIR 2003, S: 45 (52 ff.); anders *Diem*, ZIP 2003, S. 1283 (1285 ff.).

derlich.[769] Da es sich um eine Außenhaftung handelt, ist ihre Geltendmachung grundsätzlich Sache der geschädigten Gläubiger.[770] Anspruchsgrundlage sind die §§ 128, 129 HGB analog.[771] Offen ist, ob sich die Haftung auf den Wert des entzogenen Vermögens beschränkt[772] oder ob eine unbeschränkte persönliche Haftung für alle Gesellschaftsverbindlichkeiten entsteht.[773]

Im Fall einer abhängigen GmbH haftet somit auch die Gemeinde im Wege des „Durchgriffs", wenn sie als Alleingesellschafterin existenzvernichtend bzw. insolvenzverursachend in die Substanz ihrer Eigengesellschaft eingreift und der Nachteil nicht durch die Kapitalsicherungsvorschriften der §§ 30, 31 GmbHG vollständig ausgeglichen werden kann.[774]

III. Ergebnis

Dem allgemeinen Privatrecht lässt sich keine generelle Verpflichtung der Gemeinde entnehmen, im Falle der Insolvenz kommunaler Unternehmen für die Verbindlichkeiten ihrer Eigengesellschaften einzustehen. Die auf den Rechtsgedanken der §§ 242, 826 BGB basierende Durchgriffshaftung ist – vorbehaltlich des „existenzvernichtenden Eingriffs des Alleingesellschafters" – auf Fälle des Rechtsmissbrauchs und des Verstoßes gegen Treu und Glauben bzw. nach der Lehre von der materiellen Unterkapitalisierung auf die Fälle beschränkt, in denen es von vornherein an einer angemessenen Kapitalausstattung fehlt; ein entsprechender allgemeiner Haftungstatbestand ist aber bisher nicht gesichert. Die Besonderheiten der privatrechtlichen Eigengesellschaften der Gemeinde rechtfertigen keine Modifikation des Gesellschaftsrechts. Letztlich geht es um eine Pflicht der Gemeinde zur angemessenen Kapitalausstattung ihrer auf den öffentlichen Zweck verpflichteten Eigengesellschaften; eine solche Pflicht lässt sich aber nicht der Privatrechtsordnung entnehmen, sie ließe sich nur aus öffentlich-rechtlichen Überlegungen herleiten.[775] Nichts anderes gilt für den von *Parmentier* auf die „besondere Kapitalausstattungspflicht" der Verwaltung gestützten Gedanken der Konzernvertrauenshaftung, deren systematische Verwandtschaft mit der materiellen Unterkapitalisierung festgestellt worden

769 *Habersack*, in: Emmerich/Habersack, Konzernrecht, 3. Aufl. 2003, Anh. § 318 Rdn. 38; *Ulmer*, JZ 2002, S. 1049 (1049).

770 *Habersack*, in: Emmerich/Habersack, Konzernrecht, 3. Aufl. 2003, Anh. § 318 Rdn. 39. Im Insolvenzverfahren geht in analoger Anwendung des § 93 InsO die Befugnis zur Geltendmachung der Haftung von den GmbH-Gläubigern auf den Insolvenzverwalter über; vgl. *Ulmer*, JZ 2002, S. 1049 (1050).

771 *Ulmer*, JZ 2002, S. 1049 (1050); *Wilhelmi*, DZWIR 2003, S: 45 (49); *Diem*, ZIP 2003, S. 1283 (1285); *Hölzle*, ZIP 2003, S. 1376 (1381).

772 Dafür *Vetter*, ZIP 2003, S. 601 (602).

773 Dafür *Hölzle*, ZIP 2003, S. 1376 (1381 f.).

774 Vgl. zur „Eingriffshaftung" der Gemeinde auch *Weger/Jesch*, DÖV 2003, S. 672 (677 f.), die freilich immer noch von einem *konzernrechtlichen* Haftungsdurchgriff sprechen.

775 Ebenso *Parmentier*, Gläubigerschutz in öffentlichen Unternehmen, 2000, S. 232.

ist.[776] Richtig ist, dass die öffentliche Hand keine privatautonome Entscheidung über die Kapitalausstattung der Einmanngesellschaft treffen kann, denn an dieser im Privatrecht vorausgesetzten Privatautonomie fehlt es der öffentlichen Hand.[777] Eine Pflicht zur Ausstattung mit angemessenem Stammkapital jenseits des gesetzlichen Mindestkapitals ließe sich aber auch hier nur aus öffentlich-rechtlichen Überlegungen herleiten. Im Ergebnis ist *Parmentier*[778] dahingehend zuzustimmen, dass die formelle Privatisierung öffentlicher Aufgaben ihre Grenze in der Finanzierungsverantwortung des Staates finden muss; das Privatrecht und hier insbesondere der auf eine „besondere Kapitalausstattungspflicht" gestützte Gedanke einer Konzernvertrauenshaftung sind hierfür aber nicht der richtige Anknüpfungspunkt.

Das Konzernrecht, welches grundsätzlich auch auf die Gemeinden und ihre Eigengesellschaften anwendbar ist, kann das Risiko einer Insolvenz verringern: Bei Abschluss eines Beherrschungs- oder Gewinnabführungsvertrags ist die Gemeinde als herrschendes Unternehmen nach § 302 Abs. 1 AktG grundsätzlich verpflichtet, jeden während der Vertragsdauer bei der abhängigen Gesellschaft entstehenden Jahrsfehlbetrag auszugleichen. Die Gemeinde muss das volle Unternehmensrisiko der abhängigen Gesellschaft tragen. Die Verlustübernahme kommt so mittelbar den Gesellschaftsgläubigern zugute, da das ihnen haftende Vermögen der abhängigen Gesellschaft vermehrt und ihnen damit ein zahlungsfähiger Schuldner erhalten wird. Zahlungsfähigkeit des herrschenden Unternehmens unterstellt, bedeutet dies der Sache nach, dass eine Insolvenz der abhängigen Gesellschaft nicht mehr denkbar ist. Gleichwohl schließt die konzernrechtliche Lösung das Insolvenzrisiko nicht allgemein aus, denn das Konzernrecht verpflichtet das herrschende Unternehmen nicht in jedem Falle dazu, den Gesellschaftsgläubigern einen zahlungsfähigen Schuldner zu erhalten. Faktische Konzernverhältnisse sind im Verhältnis Gemeinde - Eigengesellschaft die Regel; bei der Eigengesellschaft handelt es sich regelmäßig sogar um einen qualifizierten faktischen Konzern. Im qualifizierten faktischen *AG*-Konzern haftet die Gemeinde entsprechend den §§ 302, 303 AktG, wenn sie die Konzernleitungsmacht in einer Weise ausübt, die keine angemessene Rücksicht auf die eigenen Belange der abhängigen Gesellschaft nimmt, ohne dass sich der ihr insgesamt zugefügte Nachteil durch Einzelausgleichsmaßnahmen kompensieren ließe. Die Einflussnahme der Gemeinde, die darauf abzielt, die Eigengesellschaft zur Erfüllung des in der Satzung verankerten öffentlichen Zwecks anzuhalten, stellt jedoch keine Zufügung eines Nachteils im Sinne des § 302 AktG dar. Eine Haftung wegen qualifizierter faktischer Abhängigkeit kommt vielmehr nur in Betracht, wenn die Eigengesellschaft für andere öffentliche Interessen außerhalb ihrer konkreten Aufgabe eingesetzt wird.

Bislang hat die Rechtsprechung die Haftung einer Gemeinde bei Insolvenz ihrer Eigengesellschaft noch nicht auf konzernrechtliche Grundsätze gestützt. Das OLG

776 Siehe hierzu oben Dritter Teil B. II. 2. c).
777 Siehe hierzu oben Dritter Teil A. III. 2. b).
778 *Parmentier*, DZWIR 2002, S. 500 (502).

Celle[779] hat im Fall der Kurbetriebs-GmbH der Gemeinde Salzhemmendorf[780] die konzernrechtliche Haftung der Gemeinde analog §§ 302, 303 AktG verneint. Allein der Umstand, dass die Gemeinde von einem bestimmten Zeitpunkt an ihre Eigengesellschaft nicht länger finanziell stützen wolle, weil sie befürchte, dass dadurch Mittel, die sie für die Erfüllung ihrer sonstigen Aufgaben benötige, in nicht mehr vertretbarer Weise gebunden würden, begründe keinen Vorwurf, der eine konzernrechtliche Haftung auslösen könne. Da es sich bei der Kurbetriebs-GmbH um eine Einmann-GmbH der Gemeinde Salzhemmendorf gehandelt hat, kämen nunmehr – nach dem „Bremer Vulkan"-Urteil – konzernrechtliche Grundsätze von vornherein nicht mehr in Betracht.

Die nach Aufgabe der Rechtsprechung zum qualifizierten faktischen *GmbH*-Konzern propagierte Durchgriffshaftung des Alleingesellschafters für existenzvernichtende Eingriffe vermag ebenso wenig wie die konzernrechtliche Lösung das Insolvenzrisiko der Eigengesellschaften erschöpfend auszuschließen. Einer rücksichtslosen Ausplünderung der GmbH durch den Alleingesellschafter ist damit zwar ein Riegel vorgeschoben,[781] denn der Alleingesellschafter darf „seiner GmbH" kein Vermögen entziehen, das diese zur Erfüllung ihrer Verbindlichkeiten benötigt. Allerdings werden nur wenige Fallgestaltungen nicht durch die §§ 30, 31 GmbHG und insbesondere durch den Tatbestand der sittenwidrigen Schädigung des § 826 BGB erfasst werden.[782] Eine Durchgriffshaftung, die für den Einwand vorrangiger Haftung der Gesellschafter nach §§ 30, 31 GmbHG keinen Raum lässt, würde voraussetzen, dass der vom Alleingesellschafter betriebene Entzug von GmbH-Aktiva das zur Deckung des Stammkapitals erforderliche Vermögen entweder unberührt lässt oder jedenfalls das Entstehen oder die Vergrößerung einer Überschuldung vermeidet. Sieht man von den Fällen völlig unzureichenden und daher für die Zwecke der Gläubigersicherung untauglichen Stammkapitals ab, so ist in erster Linie an den Entzug betriebsnotwendiger Liquidität der GmbH mit der Folge ihrer zur Insolvenz führenden Zahlungsunfähigkeit zu denken.[783] Gerade in diesen Fällen käme jedoch auch eine Haftung aus § 826 BGB in Betracht: Insbesondere wenn der Alleingesellschafter in die Geschäftsführung der Gesellschaft eingreift, um sich auf Kosten der Gesellschaft und ihrer Gläubiger Vermögen der Gesellschaft und eine bevorzugte Befriedigung angesichts der bevorstehenden Insolvenz zu verschaffen, und damit zumindest billigend in Kauf genommen hat, dass der an sich gegebene Anspruch aus § 31 GmbHG nicht realisierbar ist. Problematisch für eine Haftung aus § 826 BGB könnte allenfalls das Vorsatzerfordernis sein, allerdings dürfte ein fahrlässiger Entzug von betriebsnotwendiger Liquidität die schwer vorstellbare Ausnahme bleiben.

Ein „Allheilmittel" gegen die Insolvenzanfälligkeit von Unternehmen in GmbH-Rechtsform ist der Haftungsdurchgriff nicht. Die insoweit im Vordergrund stehen-

779 OLG Celle vom 12.7.2000, DZWIR 2000, S. 160 (164).
780 Siehe zum Sachverhalt oben Einleitung 2.
781 So *Burgard*, ZIP 2002, S. 827 (830).
782 Vgl. *Wilhelmi*, DZWIR 2003, S. 45 (56).
783 *Ulmer*, JZ 2002, S. 1049 (1052).

den Insolvenzursachen wie Kapitalmangel, geschäftliche Misserfolge, aber auch sorgfaltswidrige oder übermäßig riskante Geschäftsführung sind nicht geeignet, die Durchgriffshaftung für existenzvernichtende Eingriffe zu eröffnen,[784] weil ein Eingriff in das Gesellschaftsvermögen[785] gerade die Voraussetzung dafür ist.

C. Öffentliches Recht als Rechtsgrundlage

Es wurde festgestellt, dass die Wahl der Rechtsform zugleich eine Wahl des „Rechtsregimes" bedeutet,[786] und dass sich dem Privatrecht, welches die anzuwendenden Handlungsmaßstäbe liefert, keine generelle Verpflichtung der Gemeinde entnehmen lässt, im Falle der Insolvenz kommunaler Unternehmen für die Verbindlichkeiten ihrer Eigengesellschaften einzustehen.[787] Nun ist aber das öffentliche Recht das Sonderrecht des Staates, und die Verwaltung kann sich dem eigens für sie geschaffenen Rechtsregime nicht beliebig entziehen. Die verfassungsrechtlich in Art. 20 Abs. 3 GG verankerte Bindung der Verwaltung an Gesetz und Recht hat zur Folge, dass die Verwaltung über die Frage der Anwendbarkeit des (öffentlichen oder privaten) Rechts nicht selbständig bestimmen kann. Die Bindungen aus dem öffentlichen Recht können durch einen bloßen Formenwechsel nicht beeinträchtigt werden und bleiben daher weiter bestehen.[788] Es gilt ein sogenanntes „Verwaltungsprivatrecht".

I. Die Lehre vom Verwaltungsprivatrecht

1. Inhalt der Lehre vom Verwaltungsprivatrecht

Die Lehre vom Verwaltungsprivatrecht[789] unterscheidet grundsätzlich zwischen fiskalischer Verwaltung und der Erledigung originär öffentlich-rechtlicher Aufgaben in

784 So auch *Ulmer*, JZ 2002, S. 1049 (1052). *Burgard*, ZIP 2002, S. 827 (830), formuliert drastisch, der Alleingesellschafter dürfe *„mit »seiner« GmbH weiterhin grundsätzlich nach Gutdünken verfahren, insbesondere zu ihr in Wettbewerb treten, ihr Geschäftschancen entziehen, sich ihr Vermögen aneignen und sie sonstwie schädigen."*

785 Während nach dem „KBV"-Urteil nur noch ein Zugriff auf bzw. Entzug von Vermögen die Haftung auslöst (BGHZ 151, 181 [186]) waren im „Bremer Vulkan"-Urteil als Voraussetzung einer solchen Haftung zunächst Eingriffe sowohl in das Vermögen als auch in Geschäftschancen der Gesellschaft genannt (BGHZ 149, 10 [16]).

786 Siehe hierzu oben Dritter Teil A. II. 1.

787 Siehe hierzu oben Dritter Teil B. III.

788 Vgl. *Ehlers*, Verwaltung in Privatrechtsform, 1984, S. 70; *Weiß*, Privatisierung und Staatsaufgaben, 2002, S. 273.

789 Die Lehre geht auf *H. J. Wolff* zurück, vgl. *Wolff*, Verwaltungsrecht I, 8. Aufl. 1971, § 23 II. Neben *H. J. Wolff* gilt *Siebert*, Privatrecht im Bereich öffentlicher Verwaltung, FS für H. Niedermeyer, 1953, S. 215 ff., als Entdecker des Verwaltungsprivatrechts.

Gestalt der Leistungs-/Lenkungsverwaltung. Entscheidendes Abgrenzungskriterium ist die unmittelbare Wahrnehmung öffentlicher Aufgaben. Die nicht als Träger hoheitlicher Aufgaben und nicht unter Einsatz hoheitlicher Mittel auftretende fiskalische Verwaltung übt keine „vollziehende Gewalt" im Sinne des Art. 1 Abs. 3 GG aus und genießt daher eine nur durch die Staatszwecke begrenzte Privatautonomie ohne Bindung an die Grundrechte. Geht ein Träger öffentlicher Verwaltung hingegen Privatrechtsverhältnisse ein, um ihm durch öffentlich-rechtliche Aufgabenbestimmung zugewiesene Verwaltungs- (Leistungs- und Lenkungs-) Zwecke zu verfolgen, so ist dies zwar formell, nicht aber mehr inhaltlich „fiskalische" Tätigkeit. Es gilt dann ein besonderes „Verwaltungsprivatrecht", dessen Besonderheit darin besteht, dass die Träger der Verwaltung nicht im Vollgenuss der rechtsgeschäftlichen Autonomie sind, sondern zahlreichen öffentlich-rechtlichen Bindungen – insbesondere der Bindung an die Grundrechte – unterliegen.[790] Der BGH[791] hat dem folgend die spezifische Aufgabe und Bedeutung des Verwaltungsprivatrechts folgendermaßen zusammengefasst: *„Der Verwaltung selbst stehen bei der Erfüllung öffentlicher Aufgaben nur die privatrechtlichen Rechtsformen, nicht aber die Freiheiten und Möglichkeiten der Privatautonomie zu. Nimmt die Verwaltung in den Formen des Privatrechts Aufgaben der öffentlichen Verwaltung wahr, so werden die Normen des Privatrechts durch Bestimmungen des öffentlichen Rechts ergänzt, überlagert und modifiziert. Dabei besteht Einigkeit darin, dass die Verwaltung im Bereich des Verwaltungsprivatrechts nicht nur die Grundrechte zu beachten hat, sondern weitergehenden Bindungen unterworfen ist."* Damit sind gleichzeitig die Grenzen der Freiheit markiert. Das Verwaltungsrecht gestattet keine „Flucht ins Privatrecht".[792] Die Exekutive kann sich nicht der öffentlich-rechtlichen Bindungen entledigen, indem sie ihr Handeln in privatrechtliche Formen kleidet.[793] Verwaltungsprivatrecht ist also das öffentlich-rechtlich überlagerte und gebundene Privatrecht, das der Verwaltung bei der Wahrnehmung von Verwaltungsaufgaben zur Verfügung steht. Demgegenüber werden für fiskalisches Handeln der Verwaltung öffentlich-rechtliche Bindungen abgelehnt.[794]

790 Vgl. hierzu *Wolff/Bachof/Stober*, Verwaltungsrecht, Bd. 1, 11. Aufl. 1999, § 23 Rdn. 29, 32. Auch *Siebert*, Privatrecht im Bereich öffentlicher Verwaltung, FS für H. Niedermeyer, 1953, S. 215 (221): *„Wo aber unmittelbar öffentliche Zwecke verfolgt und öffentliche Aufgaben erfüllt werden, liegt m. E. kein fiskalisches Handeln vor, wenn die öffentliche Verwaltung sich dabei des Privatrechts bedient."*

791 BGHZ 91, 84 (96 f.) unter Verweis auf *Wolff/Bachof*, Verwaltungsrecht I, 9. Aufl. 1974, § 23 II; *Ehlers*, DVBl. 1983, S. 422; *Stober*, NJW 1984, S. 449; vgl. auch schon BGHZ 65, 284 (287); 53, 325 (328).

792 *Fleiner*, Institutionen des Deutschen Verwaltungsrechts, 8. Aufl. 1928, S. 326.

793 *Wolff/Bachof/Stober*, Verwaltungsrecht, Bd. 1, 11. Aufl. 1999, § 23 Rdn. 32.

794 So *Siebert*, Privatrecht im Bereich öffentlicher Verwaltung, FS für H. Niedermeyer, 1953, S. 215 (220 ff.). Namentlich die Rechtsprechung des BGH lehnt bis heute eine Grundrechtsbindung ab, vgl. etwa BGHZ 36, 91 (96); 97, 312 (316).

2. Einordnung der kommunalen Unternehmen in Privatrechtsform

Da die Lehre vom Verwaltungsprivatrecht zwischen fiskalischer Verwaltung und der Erledigung originär öffentlich-rechtlicher Aufgaben in Gestalt der Leistungs-/ Lenkungsverwaltung unterscheidet, stellt sich die Frage, wie die in §§ 107, 108 GO NW normierte Betätigung kommunaler Unternehmen in Privatrechtsform einzuordnen ist. Die Anwendung des Verwaltungsprivatrechts kommt nur in Betracht, wenn die Gemeinden hier als Träger öffentlicher Verwaltung Privatrechtsverhältnisse eingehen, um unmittelbar öffentliche Aufgaben wahrzunehmen. Die Anwendung des Verwaltungsprivatrechts scheidet dagegen aus, wenn die wirtschaftliche und die – kraft gesetzlicher Fiktion – nichtwirtschaftliche Betätigung der Gemeinden als fiskalisches Handeln bzw. als „fiskalische Verwaltung" zu qualifizieren sind.

a) „Fiskalische Verwaltung"

Handeln Träger öffentlicher Verwaltung auf der Grundlage des Privatrechts, so kann – es muss aber nicht notwendig – fiskalische Verwaltung vorliegen.[795] Weil allein aus der privatrechtlichen Form einer Handlung deren Zugehörigkeit zum fiskalischen Bereich nicht gefolgert werden kann, müssen weitere *„Betätigungskriterien"*[796] hinzukommen, die im folgenden naher zu bestimmen sind.

aa) Der Begriff des „Fiskus"

Unter „Fiskus" versteht die heutige Staatsrechtslehre den Staat, soweit er als reiner Vermögensträger fungiert und als Privatrechtssubjekt im zivilrechtlichen Rechtsverkehr auftritt.[797] Keine Geltung mehr beanspruchen kann dagegen die im Zeitalter des aufgeklärten Absolutismus entwickelte „Fiskustheorie"[798], die den Staat in zwei Rechtspersönlichkeiten aufteilte: auf der einen Seite den Staat als Hoheitsträger im Vollbesitz seiner ungebundenen Eingriffskompetenzen, auf der anderen Seite den Staat als selbständiges privatrechtliches Vermögenssubjekt („Fiskus"), von dem der Bürger wie von jedem Privatmann Entschädigungsleistungen verlangen und das er vor unabhängigen Gerichten verklagen konnte. Nach gesicherter Erkenntnis der Staats- und Verwaltungsrechtswissenschaft besteht zwischen dem Staat als Hoheits-

795 *Wolff/Bachof/Stober*, Verwaltungsrecht, Bd. 1, 11. Aufl. 1999, § 23 Rdn. 17 sprechen insoweit zutreffend von „fiskalischer Verwaltung i.w.S.".

796 So *Burmeister*, DÖV 1975, S. 695 (701).

797 *Burmeister*, DÖV 1975, S. 695 (700); vgl. zu den verschiedenen Fiskusbegriffen *Ehlers*, Verwaltung in Privatrechtsform, 1984, S. 75 ff., der dafür plädiert, auf den Fiskusbegriff künftig ganz zu verzichten, den hier vertretenen Fiskusbegriff aber für den plausibelsten hält.

798 Vgl. dazu z. B. *Hatschek*, VerwArch 7 (1899), S. 424 (447 ff.).

verband und dem Staat als Privatrechtssubjekt Identität. Das öffentlich-rechtliche und das privatrechtliche Auftreten des Staates sind nur verschiedene Äußerungsformen einer einheitlichen Rechtsperson.[799] Nichts anderes gilt für die sonstigen Hoheitsträger.[800] Der Begriff des „Fiskus" bezeichnet heute demnach nur noch eine bestimmte Kategorie von Handlungen des Hoheitsverbandes, ohne dass damit zugleich Aussagen über Zulässigkeit und Grenzen dieser Betätigung getroffen würden.[801] Weder besagt er etwas über die Legitimation des Gemeinwesens zur fiskalischen Betätigung, noch ist ihm irgendeine Aussage über die Abwesenheit spezifischer Bindungen der öffentlichen Hand im fiskalischen Bereich zu entnehmen.[802] Der Begriff des „Fiskus" markiert damit als Gegenbegriff zur öffentlichen Verwaltung das nicht in Erfüllung öffentlicher Aufgaben erfolgende, gegenständlich also außerhalb des öffentlich-rechtlichen Funktionskreises angesiedelte Handeln des Staates. Da fiskalisches Handeln somit gerade kein Verwalten ist, gibt es eigentlich auch keine „fiskalische Verwaltung".[803]

bb) Arten fiskalischer Betätigung

Der fiskalische Bereich der öffentlichen Hand liegt nach einer zusammenfassenden Definition Burmeisters[804] dort, „wo sie als reine Verwalterin eigenen Vermögens auftritt, wo sie sich mit wirtschaftlichen Erwerbsunternehmen an der Wettbewerbswirtschaft mit Gewinnerzielungsabsicht beteiligt und wo sie sich zur Beschaffung der von ihr benötigten Güter und Leistungen [...] derjenigen Gestaltungsmittel als »privatrechtliche Hilfsgeschäfte« bedient, die jedem Privatrechtssubjekt zur Verfügung stehen."

(1) „Fiskalische Hilfsgeschäfte"

Nach verbreiteter Auffassung zählen die privatrechtlichen Bedarfsdeckungs- und Beschaffungsgeschäfte, mit deren Hilfe sich die öffentliche Verwaltung die erforderlichen sächlichen (und personellen) Mittel beschafft, zur fiskalischen Betätigung der öffentlichen Hand.[805] Als „fiskalische Hilfsgeschäfte"[806] dienen sie lediglich mittel-

799 Vgl. *Zeidler*, VVDStRL 19 (1961), S. 208 (221 ff.) m.w.N.
800 *Ehlers*, Verwaltung in Privatrechtsform, 1984, S. 77.
801 Vgl. *Burmeister*, DÖV 1975, S. 695 (700); *Ehlers*, Verwaltung in Privatrechtsform, 1984, S. 77; *Heilshorn*, Gebietsbezug der Kommunalwirtschaft, 2003, S. 64.
802 *Burmeister*, DÖV 1975, S. 695 (700).
803 *Burmeister*, DÖV 1975, S. 695 (702).
804 *Burmeister*, DÖV 1975, S. 695 (700).
805 Vgl. hierzu ausführlich *Wilke/Schachel*, WiVerw 1978, S. 95 (97 f.).
806 Hierzu zählen auch die Vermögensverwertungsgeschäfte; vgl. hierzu näher *Wilke/Schachel*, WiVerw 1978, S. 95 (97 f.).

bar der Erfüllung von Verwaltungsaufgaben. Die Verwaltung tritt hier nicht als Träger hoheitlicher Aufgaben auf und erfüllt gegenüber dem privaten Vertragspartner keine öffentliche Aufgabe; dieser stellt lediglich die Ressourcen bereit, die der Aufgabenerledigung dienlich sind.[807] Eine Überlagerung privatrechtlicher Bedarfsdeckungsgeschäfte durch das öffentliche Recht soll allerdings dann in Betracht kommen, wenn die Beschaffung gleichzeitig ein Instrument staatlicher (Nachfrage-) Machtausübung und Steuerung ist, wie z. B. im Fall der öffentlichen Auftragsvergabe zur Förderung bestimmter Auftragnehmer. Weil hier die Gefahr bestehe, dass der Gleichheitssatz und die Wettbewerbsgleichheit zwischen den privaten Konkurrenten verletzt würden, sollen zumindest die Grundrechte des Art. 3 GG und Art. 19 Abs. 4 GG auch auf die fiskalischen Hilfsgeschäfte anwendbar sein, um Willkürentscheidungen der Verwaltung vorzubeugen.[808]

(2) (Reine) Erwerbswirtschaft

Auch die Erwerbswirtschaft[809] kommunaler Unternehmen wird nach verbreiteter Auffassung zur fiskalischen Betätigung der öffentlichen Hand gerechnet.[810] Dabei wird oft nicht hinreichend deutlich, ob jegliche in §§ 107, 108 GO NW normierte wirtschaftliche (und nichtwirtschaftliche) Betätigung kommunaler Unternehmen oder nur die rein auf Gewinnerzielung ausgerichtete Betätigung als fiskalische Betätigung im Sinne der Lehre vom Verwaltungsprivatrecht eingeordnet werden. *Wolff/Bachof/Stober* stellen in diesem Zusammenhang darauf ab, dass im Bereich der primär[811] erwerbswirtschaftlichen Betätigung keine eigentlichen Verwaltungsaufgaben erfüllt würden. Es fehle – im Gegensatz zum fiskalischen Hilfsgeschäft –

807 *Wilke/Schachel*, WiVerw 1978, S. 95 (97).

808 Vgl. *Wolff/Bachof/Stober*, Verwaltungsrecht, Bd. 1, 11. Aufl. 1999, § 23 Rdn. 21.

809 Die Auseinandersetzung mit der einschlägigen Literatur wird dadurch erschwert, dass der Begriff der „Erwerbswirtschaft" durchaus unterschiedlich verstanden wird. Teilweise wird die „Erwerbswirtschaft" als Oberbegriff für sämtliche in §§ 107, 108 GO NW normierten wirtschaftlichen (und nichtwirtschaftlichen) Betätigungen der Gemeinde verwendet. Soweit auf die rein auf Gewinnerzielung – und damit kommunalrechtlich unzulässige – gerichtete Betätigung abgestellt wird, wird dann konsequenterweise von der *reinen* Erwerbswirtschaft gesprochen, vgl. z. B. *Hidien*, Gemeindliche Betätigungen rein erwerbswirtschaftlicher Art und „öffentlicher Zweck" kommunaler wirtschaftlicher Unternehmen, 1981. Teilweise impliziert der Ausdruck der „Erwerbswirtschaft" aber auch schon das Fehlen des öffentlichen Zwecks, vgl. z. B. *Wilke/Schachel*, WiVerw 1978, S. 95 (106) unter Verweis auf *Püttner*, Die öffentlichen Unternehmen, 1969, S. 88; auch *Wolff/Bachof/Stober*, Verwaltungsrecht, Bd. 1, 11. Aufl. 1999, § 23 Rdn. 22 und10.

810 Vgl. z. B. *Wilke/Schachel*, WiVerw 1978, S. 95 (98 ff.).

811 Der als Synonym für die *reine* Erwerbswirtschaft verwendete Begriff der *primären* Erwerbswirtschaft wird der Problematik nicht ausreichend gerecht, denn er impliziert einen *sekundären* öffentlichen Zweck, der (vielleicht nur zeitweise) von der Gewinnerzielungsabsicht überlagert wird.

schon an einem mittelbaren Bezug zur Verwaltung.[812] Anderes gelte für sogenannte Annextätigkeiten[813], die einen engen Sachzusammenhang mit einer Verwaltungsaufgabe voraussetzten und verlangten, dass die Nutzung nur untergeordnete Bedeutung besitze. Hier dürfe die erwerbswirtschaftliche Betätigung nicht dazu benutzt werden, den Genuss der Grundrechte im Einzelfall auszuschließen, ihnen ohne sachlichen Grund zuwiderzuhandeln oder mit einer Sache nach Belieben zu verfahren.[814]

(3) Stellungnahme

Der Auffassung, dass im Bereich der rein erwerbswirtschaftlichen Betätigung keine eigentlichen Verwaltungsaufgaben erfüllt werden, ist zuzustimmen.[815] Bei der Frage, ob die in §§ 107, 108 GO NW normierte wirtschaftliche und die – kraft gesetzlicher Fiktion – nichtwirtschaftliche Betätigung kommunaler Unternehmen in Privatrechtsform als fiskalische Betätigung einzuordnen ist, darf der Blick jedoch nicht einengend auf die kommunalen Unternehmen mit rein erwerbswirtschaftlicher Zielsetzung gerichtet werden, denn diese sind die von der Gemeindeordnung als nicht zulässig erachtete und daher hier nicht näher zu betrachtende Ausnahme im Bereich kommunaler Wirtschaftstätigkeit. Wichtigste Voraussetzung für eine wirtschaftliche Betätigung der Gemeinde ist nach § 107 Abs. 1 Satz 1 Nr. 1 GO NW der „öffentliche Zweck". Zwar ist es zulässig, dass ein Unternehmen, das einen öffentlichen Zweck verfolgt, sich außerdem vom Streben nach Gewinn leiten lässt, im Konfliktfall gebührt jedoch der (primären) öffentlichen Zwecksetzung der Vorrang gegenüber dem (sekundären) Ertragsgebot.[816] Kommunale Unternehmen bedürfen also bei sämtlichen Betätigungen der Rechtfertigung durch einen öffentlichen Zweck. Diese spezifische Gemeinwohlbindung ordnet die Betätigung kommunaler Unternehmen dem Bereich öffentlicher Aufgabenerfüllung zu.[817] Im Bereich der sogenannten Daseinsvorsorge gilt unstreitig, dass es sich um öffentliche Verwaltung handelt,

812 *Wolff/Bachof/Stober*, Verwaltungsrecht, Bd. 1, 11. Aufl. 1999, § 23 Rdn. 10. Beispielhaft genannt wird der Betrieb von Brauereien, Hotels, Reisebüros, Industriebetrieben, die Beteiligung an Charterfluggesellschaften und die Erbringung privater Dienstleistungsangebote durch kommunale Stellen.

813 Siehe hierzu oben Erster Teil C. III.

814 *Wolff/Bachof/Stober*, Verwaltungsrecht, Bd. 1, 11. Aufl. 1999, § 23 Rdn. 22 und10.

815 Anders *Heilshorn*, Gebietsbezug der Kommunalwirtschaft, 2003, S. 69 f., der auch die reine Erwerbswirtschaft zum Bereich öffentlicher Aufgabenerfüllung zählt, weil die erwirtschafteten Mittel mittelbar zur Erfüllung öffentlicher Aufgaben eingesetzt würden.

816 Siehe hierzu oben Erster Teil A. III. 1.

817 Vgl. *Ehlers*, Verwaltung in Privatrechtsform, 1984, S. 77: *„Deshalb sind alle legitimen Staatsaufgaben zugleich öffentliche Aufgaben."*; auch *Heilshorn*, Gebietsbezug der Kommunalwirtschaft, 2003, S. 68 ff., der die Gemeinwohlbindung öffentlicher Wirtschaftstätigkeit unter dem Aspekt der zumindest mittelbaren Erfüllung öffentlicher Aufgaben auch auf die fiskalischen Hilfsgeschäfte und die reine Erwerbswirtschaft erstreckt.

gleichgültig in welcher Form sie ausgeübt wird.[818] Die allgemeine Meinung rechnet so beispielsweise die Ver- und Entsorgungsverwaltung (Verkehrs-, Wasser-, Gas- und Stromversorgung, Abwasser- und Abfallentsorgung) zur Daseinsvorsorge und zum Verwaltungsprivatrecht.[819] Allerdings griffe man zu kurz, würde man nur auf die herkömmlichen Bereiche der Daseinsvorsorge abstellen, denn öffentliche Zwekke können das Unternehmen auch dann rechtfertigen, wenn damit keine Daseinsvorsorge betrieben wird.[820] Nicht maßgeblich ist auch, ob es sich um eine nichtwirtschaftliche Betätigung im Sinne des § 107 Abs. 2 GO NW oder um eine wirtschaftliche Betätigung im Sinne des § 107 Abs. 1 GO NW handelt, denn eine zuverlässige Entscheidung zwischen kommunaler Betätigung, bei der der gemeinnützige Charakter völlig im Vordergrund steht, und kommunaler Betätigung, bei der der kommunale Aspekt der Gewinnerzielung nur vom öffentlichen Zweck überlagert wird, bereitet zunehmend Schwierigkeiten.[821] Für kommunale Unternehmen gilt, dass sie von den Gemeinden gegründet oder sonst übernommen werden, um damit kommunale Aufgaben erfüllen zu lassen. Die wahrgenommene Aufgabe bleibt eine Funktion der Gemeinde, die durch Übertragung auf eine Eigengesellschaft keine qualitative Veränderung erfährt. Die Eigengesellschaft ist nicht das Ergebnis des privatautonomen Zusammenschlusses grundrechtsgeschützter Bürger, sondern die Zweckbildung einer rechtsunterworfenen Körperschaft des öffentlichen Rechts. Sie ist deren Erfüllungsgehilfe, ihre Kompetenzen und Befugnisse reichen nicht weiter als die der Gemeinde selbst.[822] *Ehlers* stellt insoweit zutreffend fest: *„Die öffentliche Verwaltung bleibt auch dann Verwaltung, wenn sie wirtschaftet.“*[823]

Dies führt zur Anwendung des Verwaltungsprivatrechts und damit zur Geltung wesentlicher öffentlich-rechtlicher Institute, deren sich die Gemeinde bei ihren Handlungen nicht entledigen darf.

b) Zwischenergebnis

Die Betätigung der kommunalen Unternehmen in Privatrechtsform ist keine fiskalische Betätigung im Sinne der Lehre vom Verwaltungsprivatrecht, denn die Gemeinden gehen hier als Träger öffentlicher Verwaltung Privatrechtsverhältnisse ein, um unmittelbar öffentlich-rechtliche Aufgaben wahrzunehmen. Das dogmatische Axiom, der Staat könne gleichsam in die Rolle eines Privaten schlüpfen und unterliege

818 Vgl. z. B. *Ossenbühl*, DÖV 1971, S. 513 (520); *Forsthoff*, Verwaltungsrecht I, 10. Aufl. 1973, Vorbem. vor § 20 (S. 370).

819 Vgl. z. B. *Wilke/Schachel*, WiVerw 1978, S. 95 (99); *Wolff/Bachof/Stober*, Verwaltungsrecht, Bd. 1, 11. Aufl. 1999, § 23 Rdn. 29.

820 BVerwGE 39, 329 (333 f.).

821 Siehe zu den Abgrenzungsschwierigkeiten oben Erster Teil C.

822 *Kraft*, Eigengesellschaften, in: Püttner (Hrsg.), HkWP, Bd. 5, 2. Aufl. 1984, S. 168 (176 f.); *Ehlers*, DÖV 1986, S. 897 (900 f.); auch *Burgi*, VerwArch 93 (2002), S. 255 (269 ff.).

823 *Ehlers*, DVBl. 1998, S. 497 (504).

dann nur privatrechtlichen Normen, verkennt das Wesen kommunaler Wirtschaftstätigkeit. Da auch im Privatrecht die Gemeinden als Rechtsträger institutionalisierter Staatlichkeit immer nur in Wahrnehmung von Hoheitsaufgaben und in Verfolgung kompetenziell übertragener Funktionen tätig werden,[824] kann die öffentliche Hand durch die Inanspruchnahme privatrechtlicher Organisations- und Handlungsformen den öffentlich-rechtlichen Bindungen nicht entgehen.[825] Unabhängig davon, welche Unternehmensform eine Gemeinde wählt, gelten für die Gemeinde bei der erwerbswirtschaftlichen Betätigung im Rahmen der Verfolgung öffentlicher Zwecke die typischen öffentlich-rechtlichen Bindungen, denen alle Hoheitsträger unterworfen sind.[826] Ob die Gemeinde über den Weg der Eigengesellschaft, der Beteiligungsgesellschaft[827] oder auf sonstigem Wege wirtschaftlich tätig wird, ist ohne Bedeutung. Bei öffentlich-rechtlichen Gestaltungs- und Handlungsformen gilt öffentliches Recht, bei privatrechtlichen Gestaltungs- und Handlungsformen gilt Verwaltungsprivatrecht.[828]

3. Der Umfang der öffentlich-rechtlichen Überlagerung

a) Die Bindung an die Grundrechte

Unstreitig besteht im Verwaltungsprivatrecht eine Bindung an die Grundrechte,[829] insbesondere an die Freiheitsrechte, an den Gleichheitssatz und das Übermaßverbot, *„da Art. 1 Abs. 3 GG »die vollziehende Gewalt« ohne Rücksicht auf die Form ihres Tätigwerdens bindet.“*[830]

824 Siehe hierzu schon oben Dritter Teil A. III. 2. b).

825 Vgl. *Burmeister*, Selbstverwaltungsgarantie und wirtschaftliche Betätigung der Kommunen, in: Püttner (Hrsg.), HkWP, Bd. 5, 2. Aufl. 1984, S. 3 (21 ff.).

826 *Gern*, Deutsches Kommunalrecht, 3. Aufl. 2003, Rdn. 761.

827 Wie Eigengesellschaften sind auch die gemischt-öffentlichen Gesellschaften, die im Besitz von mehreren Hoheitsträgern stehen, nach (wohl) überwiegender Auffassung der Bindungsklausel des Art. 1 Abs. 3 GG unterworfen, vgl. *Höfling*, in: Sachs (Hrsg.), GG, 3. Aufl. 2003, Art. 1 Rdn. 96 m.w.N. Umstritten ist dagegen die Grundrechtsbindung von gemischtwirtschaftlichen Gesellschaften, deren Anteile z. T. in öffentlicher, z. T. in privater Hand liegen. Hier soll nach einer Auffassung nur der öffentliche Anteilseigner, nicht aber das gemischt-wirtschaftliche Unternehmen als solches grundrechtsgebunden sein, vgl. *Höfling*, in: Sachs (Hrsg.), GG, 3. Aufl. 2003, Art. 1 Rdn. 96 m.w.N. Nach anderer Auffassung entscheidet die (Mehrheits-) Quote der öffentlichen Beteiligung über die Grundrechtsbindung des gemischt-wirtschaftlichen Unternehmens; vgl. zur Grundrechts*berechtigung* gemischtwirtschaftlicher Unternehmen *Sachs*, in: Sachs (Hrsg.), GG, 3. Aufl. 2003, Art. 19 Rdn. 112; *Poschmann*, Grundrechtsschutz gemischt-wirtschaftlicher Unternehmen, 2000; *Pieroth*, NWVBl. 1992, S. 85 ff.

828 *Gern*, Deutsches Kommunalrecht, 3. Aufl. 2003, Rdn. 761.

829 Aus der Rechtsprechung BGHZ 29, 76 (80); 52, 325 (328); 65, 284 (287); 91, 84 (96 f.); 103, 175 (183); abgrenzend BGHZ 36, 91 (95 f.); BVerwG DÖV 1990, S. 614 f.

830 So *Wolff/Bachof/Stober*, Verwaltungsrecht, Bd. 1, 11. Aufl. 1999, § 23 Rdn. 32, ohne freilich

b) Sonstige öffentlich-rechtliche Überlagerungen

Streitig ist, inwieweit die Normen des Privatrechts im übrigen durch Bestimmungen des öffentlichen Rechts ergänzt, überlagert und modifiziert werden. Die genaue Bindung der privatrechtlichen Verwaltung lässt sich nur ermitteln, wenn die jeweils in Frage kommenden Normen daraufhin untersucht werden, ob sie auch für die privatrechtliche Verwaltung gelten.[831] Insbesondere die Frage nach Inhalt und Geltungsumfang der „Allgemeinen Grundsätze des Verwaltungshandelns“[832] ist bislang ungeklärt. Speziell geht es darum, ob die Verwaltungsverfahrensgesetze, die nur für öffentlich-rechtliche Verwaltungstätigkeit der Behörden – v. a. beim Erlass von Verwaltungsakten und beim Abschluss öffentlich-rechtlicher Verträge – gelten, insgesamt[833] oder in Teilen[834] auf die privatrechtliche Erfüllung von Verwaltungsaufgaben Anwendung finden. Übereinstimmend wird darauf abgestellt, ob die verwaltungsverfahrensrechtlichen Bestimmungen sich auf höherrangiges Verfassungs-

von der kurz zuvor (§ 23 Rdn. 22) getroffenen Einschätzung, Art. 1 Abs. 3 GG dürfe *„nicht überstrapaziert werden“*, abzurücken. Die (wohl) mittlerweile überwiegende Meinung erstreckt die Grundrechtsverpflichtung der „vollziehenden Gewalt“ umfassend auch auf die fiskalischen Hilfsgeschäfte und die (rein) erwerbswirtschaftliche Betätigung der öffentlichen Hand, vgl. z. B. *Höfling*, in: Sachs (Hrsg.), GG, 3. Aufl. 2003, Art. 1 Rdn. 94 ff.; *Dreier*, in: Dreier (Hrsg.), GG, Bd. 1, 2. Aufl. 2004, Art. 1 III Rdn. 65 ff.; *Starck*, in: v. Mangoldt/Klein/Starck (Hrsg.), GG, Bd. 1, 4. Aufl. 1999, Art. 1 Abs. 3 Rdn. 197; ausführlich *Ehlers*, Verwaltung in Privatrechtsform, 1984, S. 212 ff. m.w.N.; auch schon *Mallmann*, VVDStRL 19 (1961), S. 165 (201 f.) und *Zeidler*, VVDStRL 19 (1961), S. 208 (225 ff.). Unabhängig von der hier vorgenommenen Einordnung der Betätigung kommunaler Unternehmen als nicht fiskalische Betätigung im Sinne der Lehre vom Verwaltungsprivatecht bestünde nach dieser Meinung die Grundrechtsbindung. Ein ähnlicher Gesinnungswandel ist auch bei der parallelen Beurteilung der Begrenzung der privatrechtsförmigen Betätigung der öffentlichen Hand durch die bundesstaatliche Kompetenzordnung zu konstatieren. Während bislang die rein privatrechtliche und erwerbswirtschaftliche Betätigung verbreitet vom Anwendungsbereich des Art. 30 GG ausgenommen wurde, vgl. etwa *Stern*, Staatsrecht, Bd. 2, 1980, § 41 IV 4 b γ) (S. 782 f.), § 41 VII. 7. b γ) (S. 831 f.), befindet sich auch hier die Auffassung im Vordringen, dass auch das rein fiskalische und das erwerbswirtschaftliche Handeln des Staates Art. 30 GG unterfällt, vgl. z. B. *Erbguth*, in: Sachs, GG (Hrsg.), 3. Aufl. 2003, Art. 30 Rdn. 33 m.w.N.

831 *Ehlers*, Verwaltung und Verwaltungsrecht im demokratischen und sozialen Rechtsstaat, in: Erichsen/Ehlers (Hrsg.), Allgemeines Verwaltungsrecht, 12. Aufl. 2002, § 2 Rdn. 81, 84; zur „Normorientierung“ auch *Krebs*, VVDStRL 52 (1993), S. 248 (274 f.).

832 *Peine*, Allgemeines Verwaltungsrecht, 6. Aufl. 2002, Rdn. 64.

833 Im Grundsatz *Achterberg*, Allgemeines Verwaltungsrecht, 2. Aufl. 1986, § 12 Rdn. 25, allerdings unter Ausnahme der Wirtschaftsbetätigung und der Eigenbedarfsdeckung.

834 *Ehlers*, DVBl. 1983, S. 422 (425 ff.), für die Anwendung der §§ 14, 20, 21, 28, 30 und 40 VwVfG; *ders.*, Verwaltung und Verwaltungsrecht im demokratischen und sozialen Rechtsstaat, in: Erichsen/Ehlers (Hrsg.), Allgemeines Verwaltungsrecht, 12. Aufl. 2002, § 2 Rdn. 82; *Zezschwitz*, NJW 1983, S. 1873 (1881), für die Anwendung der §§ 16, 20, 21, 24 II, 25, 28, 29, 30, 51 und 60 VwVfG; *Wolff/Bachof/Stober*, Verwaltungsrecht, Bd. 1, 11. Aufl. 1999, § 23 Rdn. 33, für die Übertragung bestimmter Regelungen wie z. B. des Koppelungsverbots.

recht zurückführen lassen oder als Ausfluss allgemeiner bzw. analogiefähiger Rechtsgedanken angesehen werden können. Im Hinblick auf die hier zu beantwortende Frage, ob die Gemeinden „nachwirkende Pflichten" gegenüber ihren Eigengesellschaften haben, lassen sich den Verwaltungsverfahrensgesetzen keine Bestimmungen entnehmen, die als Umsetzung verfassungsrechtlicher Gebote bzw. allgemein anerkannter Rechtsgedanken betrachtet werden könnten. Im folgenden müssen deswegen die „Allgemeinen Grundsätze des Verwaltungshandelns" daraufhin überprüft werden, ob sie auch für die privatrechtliche Verwaltung Geltung beanspruchen, bzw. ob hieraus „nachwirkende Pflichten" der Gemeinden im Sinne eines Haftungsdurchgriffs oder einer Insolvenzabwendungspflicht abgeleitet werden können.

c) Das sogenannte Verwaltungsgesellschaftsrecht

So wie nach der Lehre vom Verwaltungsprivatrecht eine Überlagerung und Modifizierung des Privatrechts durch das öffentliche Recht angenommen wird, sollen – gewissermaßen als Fortsetzung des Verwaltungsprivatrechts – nach der Lehre vom „Verwaltungsgesellschaftsrecht"[835] die verfassungsrechtlich gebotenen Einwirkungs- und Kontrollpflichten[836] der öffentlichen Hand sowie die öffentliche Zweckverfolgung gegenüber dem privatrechtlich organisierten Unternehmen (etwa durch Weisungen an den Vorstand) durchgesetzt werden. Da das auf individuelle Handlungsfreiheit ausgerichtete Privatrecht anderen Ordnungsprinzipien folgt als das dem Gemeinwohl verpflichtete kommunale Wirtschaftsrecht, kollidieren insbesondere diese Einwirkungs- und Kontrollpflichten der öffentlichen Hand mit Regelungen des Privatrechts. Zwar wird dieses gerade wegen der damit verbundenen größeren Autonomie der kommunalen Unternehmen in Anspruch genommen,[837] die Gemeinde muss aber grundsätzlich bemüht sein, das erforderliche Maß an Steuerungsmöglichkeit zu erhalten.[838] Nach der Lehre vom „Verwaltungsgesellschaftsrecht" sollen bei Konfliktsituationen die den Ingerenzpflichten entgegenstehenden gesellschaftsrechtlichen Regeln durch eine verfassungskonforme Auslegung bzw. durch die Kollisionsregel praktischer Konkordanz ergänzt und modifiziert werden.[839]

835 Vgl. insbesondere *Kraft*, Das Verwaltungsgesellschaftsrecht, 1982, S. 231 ff.; *v. Danwitz*, AöR 120 (1995), S. 594 ff.; *Brenner*, AöR 127 (2002), S. 222 ff.; kritisch hierzu *Mann*, Die öffentlich-rechtliche Gesellschaft, 2002, S. 279 ff.; *ders.*, Die Verwaltung 35 (2002), S. 463 ff.

836 Vgl. zu den verfassungsrechtlichen Grundlagen der Ingerenzpflichten kommunaler Körperschaften *Spannowsky*, ZGR 1996, S. 400 (412 ff.); *Brenner*, AöR 127 (2002), S. 222 ff.

837 Siehe hierzu oben Dritter Teil A. I. 3.

838 *Scholz/Pitschas*, Kriterien für die Wahl der Rechtsform, in: Püttner (Hrsg.), HkWP, Bd. 5, 2. Aufl. 1984, S. 128 (142), sprechen vom „Dilemma zwischen Autonomie und Einwirkung."

839 Für einen Vorrang des Gesellschaftsrechts schon wegen Art. 31 GG *Schmidt*, ZGR 1996, S. 345 (350 f.); gegen die These vom Vorrang des Gesellschaftsrechts z. B. *Ossenbühl*, ZGR

Das sogenannte Verwaltungsgesellschaftsrecht braucht an dieser Stelle nicht weiter erörtert zu werden, denn hier geht es nicht um den Konflikt öffentlich-rechtlich *gebotener* Ingerenz*pflichten* und privatrechtlich *zulässiger* Ingerenz*möglichkeiten* der öffentlichen Hand, sondern um die Frage, ob sich die Gemeinde den Vorteil finanzieller Risikoeingrenzung durch die Inanspruchnahme privatrechtlicher Organisationsformen zunutze machen kann oder ob sich aus dem öffentlichen Recht „nachwirkende (dem Gesellschaftsrecht unbekannte) Pflichten" der Gemeinde gegenüber ihren Eigengesellschaften im Sinne eines Haftungsdurchgriffs oder einer Insolvenzabwendungspflicht ableiten lassen, welche letztlich zugunsten der Eigengesellschaft bzw. deren Gläubiger wirken.

II. Durchgriffshaftung

Obwohl es keine anspruchsbegründende Norm gibt, die den Gläubigern im Falle der Insolvenz kommunaler Unternehmen einen unmittelbaren Anspruch gegen die Gemeinde gibt,[840] vertreten zahlreiche Stimmen in der Literatur eine generelle Verpflichtung der Gemeinde, im Insolvenzfall für die Verbindlichkeiten ihrer Eigengesellschaften einzustehen.

1. Teleologische Reduktion der zivilrechtlichen Haftungsbeschränkung

a) Haftungsdurchgriff als Regelfall

Schmidt-Salzer[841] sieht den Haftungsdurchgriff gegenüber dem öffentlich-rechtlichen Träger privatrechtlicher Kapitalgesellschaften als Regelfall an. Die mit den Kapitalgesellschaften verknüpfte Haftungsbeschränkung verfolge die ordnungspolitische Aufgabe, die Privatinitiative anzukurbeln und zu ermutigen. Die Bereitstellung der zivilrechtlichen Organisationsformen bezwecke eine Förderung des Waren- und Leistungsaustauschverkehrs. Beide Funktionen träfen aber auf den Staat nicht zu, wenn dieser zur Erreichung öffentlicher Zwecke die Organisationsformen der AG oder GmbH benutze. Die Inanspruchnahme juristischer Personen des Privatrechts durch öffentliche Verwaltungsträger sei daher als institutswidriger Gebrauch anzusehen, so dass der unmittelbare Haftungszugriff auf den Staat als Regelfall zulässig sei.

1996, S. 504 (511 ff.); ebenso *Mann*, Die öffentlich-rechtliche Gesellschaft, 2002, S. 270 ff.; *ders.*, Die Verwaltung 35 (2002), S. 465 f.

840 Siehe hierzu oben Dritter Teil B.

841 *Schmidt-Salzer*, WiR 1972, S. 103 (108 f.); zustimmend *Pestalozza*, DÖV 1974, S. 188 (191); für Unternehmen der Daseinsvorsorge auch *Klein*, Die Betätigung der öffentlichen Hand als Aktionärin, 1992, S. 151 f.

Der Auffassung *Schmidt-Salzers* ist zuzugeben, dass die Ordnungsvorstellungen, auf denen die Haftungsbeschränkung der juristischen Personen des Privatrechts beruht, bei einer Inanspruchnahme privatrechtlicher Organisationsformen durch die Verwaltung nicht vorliegen. Die Gemeinde wird als Rechtsträger institutionalisierter Staatlichkeit immer nur in Wahrnehmung von Hoheitsaufgaben und in Verfolgung kompetenziell übertragener Funktionen tätig. Da es sich nach dem hier vertretenen Verständnis bei der Marktteilnahme der Gemeinde um eine „rechtfertigungsbedürftige Ausnahme" handelt,[842] greift die ordnungspolitische Aufgabe der zivilrechtlichen Haftungsbeschränkung, die Privatinitiative anzukurbeln und zu ermutigen, für die Gemeinde gerade nicht. Dennoch erscheint zweifelhaft, ob mit diesem Argument den Gläubigern des kommunalen Unternehmens ein genereller Anspruch gegen den öffentlich-rechtlichen Träger verschafft werden kann. Es entstünde ein unauflöslicher Widerspruch zur Freiheit der Rechtsformwahl, wenn dem Staat grundsätzlich die Verwendung zivilrechtlicher Organisations- und Handlungsformen gestattet ist,[843] in der Konsequenz die haftungsbeschränkenden zivilrechtlichen Normen aber ebenso grundsätzlich nicht gelten sollen.[844] Aus den bestehenden öffentlich-rechtlichen Bindungen müsste sich ein allgemeiner Grundsatz des Verwaltungshandelns oder eine anspruchsbegründende Norm ergeben, aus der sich eine generelle Haftung des öffentlich-rechtlichen Trägers herleiten ließe.[845]

b) Besondere verwaltungsprivatrechtliche Durchgriffskriterien

Auch *Böckstiegel* stellt auf die Wesensverschiedenheit von bürgerlicher Privatautonomie und staatlichem Handlungsspielraum ab.[846] Er lässt gleichwohl den Durchgriff auf den Staat nur in bestimmten Fällen zu. Anknüpfend an die Regel, dass die Ausnahmeentscheidung des Durchgriffs nur für einen gegenüber der gesetzlichen Trennung von rechtlich selbständiger Gesellschaft und Gesellschafter höherwertigen Zweck zugelassen werden könne, entwickelt *Böckstiegel* „besondere verwaltungsprivatrechtliche Durchgriffskriterien".[847] Die meisten dieser Rechtsgründe haben allerdings für die Frage, ob eine generelle Verpflichtung der Gemeinde besteht, im Insolvenzfall für die Verbindlichkeiten ihrer Eigengesellschaften einzustehen, keine besondere Relevanz. Der erste Grund „Rechtsschein der Identifizierung"[848] führt im Einzelfall schon nach den allgemeinen zivilrechtlichen Regeln zu einem Haftungsdurchgriff. Zwar stellt *Böckstiegel* in diesem Zusammenhang auf den Vertrauensschutz des Bürgers ab, dem als fundamentales Prinzip des Verhältnisses Staat - Bür-

842 Siehe hierzu oben Dritter Teil A. III. 2. b).
843 Siehe hierzu oben Dritter Teil A. IV.
844 *Kuhl/Wagner*, ZIP 1995, S. 433 (439).
845 *Ehlers*, Verwaltung in Privatrechtsform, 1984, S. 319.
846 *Böckstiegel*, Der Durchgriff auf den Staat, 1972, S. 15 f.
847 *Böckstiegel*, Der Durchgriff auf den Staat, 1972, S. 17 ff.
848 *Böckstiegel*, Der Durchgriff auf den Staat, 1972, S. 19 ff.

ger unter Unständen der Vorrang vor der vom Staat benutzten Rechtsform der juristischen Person eingeräumt werden müsse, aber auch er lässt den Haftungsdurchgriff auf den Staat nur zu, wenn der von der Gesellschaft gesetzte und dem Staat zurechenbare Rechtsschein den Eindruck der Mithaftung erwecken musste. Es verbleibt somit bei den allgemeinen Regeln der Duldungs- und Anscheinsvollmacht. Eine generelle – d. h. vom eigenen Vorverhalten unabhängige – Verpflichtung der Gemeinde, im Insolvenzfall für die Verbindlichkeiten ihrer Eigengesellschaften einzustehen, besteht nicht. Zwei weitere Fallgruppen sind gar nicht einschlägig. Die Fälle, in denen wegen „Ausübung von zwingend hoheitlichen bzw. »obrigkeitlichen«[849] Tätigkeiten“[850] die Anwendung der dieser staatseigentümlichen Tätigkeiten entsprechenden Rechtsregeln geboten erscheint, passen vom Tatbestand her nicht, weil die wirtschaftende Verwaltung nicht einseitig verbindlich regelnd in die Freiheitssphäre der Verwalteten eingreift. Die Fälle, in denen es um die „Zurechenbarkeit bestimmter Akte aus dem übrigen staatlichen Bereich“[851] geht, passen von der Rechtsfolge her nicht, denn hier sollen der selbständigen juristischen Person des Privatrechts Akte aus der Sphäre der Gemeinde zugerechnet werden mit der Konsequenz, dass sie sich beispielsweise nicht auf den Wegfall der Geschäftsgrundlage oder auf nicht zu vertretende Unmöglichkeit berufen kann. Relevanz kommt damit nur den Fällen zu, in denen die Versagung des Durchgriffs zur „Umgehung allgemeiner Schranken staatlicher Tätigkeit“[852] führen würde. Als Beispiel für eine Schranke, die der staatlichen Tätigkeit ohne Rücksicht auf die gewählte Rechtsform gezogen werden müsse, nennt *Böckstiegel* die Grundrechte, ohne sich freilich auf diese zu beschränken, denn bei den Grundrechten handele es sich nur „um eine der allgemeinen Schranken staatlicher Tätigkeit“.

Welche „allgemeinen Schranken staatlicher Tätigkeit“ einem Haftungsdurchgriff auf die Gemeinde entgegenstehen, bzw. aus welchem allgemeinen Grundsatz des Verwaltungshandelns sich eine generelle Haftung des öffentlich-rechtlichen Trägers herleiten ließe, ist im folgenden zu überprüfen.

2. Das Grundrecht des Art. 14 GG

Das maßgebliche Grundrecht, das im Fall der Insolvenz kommunaler Unternehmen beeinträchtigt und mithin durch die Versagung eines Haftungsdurchgriffs umgangen werden könnte, ist die Eigentumsfreiheit des Art. 14 GG. Wenngleich hier Einigkeit dahingehend besteht, dass wegen der Bindung an die Grundrechte[853] die Gläubiger-

849 Vgl. zur unterschiedlichen Terminologie *Wolff/Bachof/Stober*, Verwaltungsrecht, Bd. 1, 11. Aufl. 1999, § 23 Rdn. 37 ff.

850 *Böckstiegel*, Der Durchgriff auf den Staat, 1972, S. 20 ff.

851 *Böckstiegel*, Der Durchgriff auf den Staat, 1972, S. 17 f.

852 *Böckstiegel*, Der Durchgriff auf den Staat, 1972, S. 23 ff.

853 Siehe hierzu oben Dritter Teil C. I. 3. a).

forderungen der verfassungsrechtlichen Eigentumsgarantie unterfallen,[854] kann eine generelle Haftung der Gemeinde allein aus Art. 14 GG nicht abgeleitet werden. Hierfür müsste entweder eine zur Entschädigung verpflichtende Enteignung nach Art. 14 Abs. 3 GG oder aber eine ausgleichspflichtige Inhalts- und Schrankenbestimmung nach Art. 14 Abs. 1 Satz 2 GG vorliegen. Schon die Konstruktion des Eingriffs bereitet Schwierigkeiten. Im Bereich der Eigentumsgarantie des Art. 14 GG kann der Freiheitsbereich durch Regelungen beeinträchtigt werden, die eine Eigentumsposition entziehen oder deren Nutzung, Verfügung oder Verwertung einer rechtlichen Beschränkung unterwerfen.[855] Weder der Eintritt der Insolvenz des kommunalen Unternehmens bei (drohender) Zahlungsunfähigkeit oder Überschuldung[856] noch der durch das Insolvenzverfahren bedingte tatsächliche Forderungsausfall haben jedoch „regelnden“ Charakter. Im Insolvenzverfahren wird den Gläubigern zunächst gar keine konkrete Rechtsposition entzogen, denn nach Aufhebung des Insolvenzverfahrens können die Gläubiger ihre restlichen Forderungen gegen das kommunale Unternehmen unbeschränkt geltend machen.[857] Erst mit Wegfall des Schuldners – das Insolvenzverfahren über das Vermögen einer GmbH oder AG mündet letztlich in der Vollbeendigung der Gesellschaft – haben die Gläubiger keine Möglichkeit mehr, ihre Forderungen durchzusetzen. Die zur Vollbeendigung führende Löschung im Handelregister erfolgt aber von Amts wegen, wenn das Insolvenzverfahren über das Vermögen der Gesellschaft durchgeführt worden ist und keine Anhaltspunkte dafür vorliegen, dass die Gesellschaft noch Vermögen besitzt.[858] Allenfalls die zur Vollbeendigung der Gesellschaft führende Löschung im Handelregister könnte somit als „regelnder“ Eingriff qualifiziert werden. Eine Enteignung nach Art. 14 Abs. 3 GG kann hierin nicht gesehen werden, denn diese ist nach der wiederholten Feststellung des Bundesverfassungsgerichts[859] *„auf die vollständige oder teilweise Entziehung konkreter subjektiver Eigentumspositionen im Sinne des Art. 14 Abs. 1 Satz 1 zur Erfüllung bestimmter öffentlicher Aufgaben gerichtet“* und darf nach Art. 14 Abs. 3 Satz 2 nur *„durch Gesetz oder aufgrund eines Gesetzes“* erfolgen. Hier fehlt es insbesondere an der vom Bundesverfassungsgericht vorausgesetzten Finalität zwischen Eigentumsentzug und Aufgabenerfüllung und an der gesetzlichen Grundlage. Zu prüfen bleibt mithin, ob es sich um eine ausgleichspflichtige Inhalts- und Schrankenbestimmung nach Art. 14 Abs. 1 Satz 2 GG handeln könnte. Das Zwangsvollstreckungs- und Insolvenzrecht ist Inhaltsbestimmung im Sinne des Art. 14 Abs. 1 GG.[860] Dies gilt nicht nur für das Eigentum des Insolvenzschuldners, sondern auch für das der Insolvenzgläubiger. Der im Insol-

854 Vgl. z. B. *Ehlers*, Verwaltung in Privatrechtsform, 1984, S. 321.
855 *Wendt*, in: Sachs (Hrsg.), GG, 3. Aufl. 2003, Art. 14 Rdn. 52.
856 Siehe zu den Eröffnungsgründen des Insolvenzverfahrens oben Zweiter Teil A. III. 3.
857 Siehe hierzu oben Zweiter Teil A. III. 4.
858 Siehe hierzu oben Zweiter Teil A. IV. 2.
859 BVerfGE 52, 1 (27); 70, 191 (199 f.); 72, 66 (76); 101, 239 (259).
860 *Bryde*, in: v. Münch/Kunig (Hrsg.), GG, Bd. 1, 5. Aufl. 2000, Art. 14 Rdn. 66. Vgl. auch BVerfGE 51, 405 (408).

venzrecht im Vordergrund stehende Gleichbehandlungsgrundsatz der Gläubiger rechtfertigt es, dass dem einzelnen Gläubiger ein teilweiser oder unter Umständen auch vollständiger Forderungsausfall aufgebürdet wird. Primäres Ziel des Insolvenzverfahrens ist die gemeinschaftliche Befriedigung aller vermögensrechtlichen Gläubiger des Schuldners, indem alle Gläubiger gemeinsam – aber eben nur anteilig – Erfüllung ihrer Insolvenzforderungen erlangen.[861] Auch die vom Gesetzgeber getroffene Entscheidung, dass die Eröffnung des Insolvenzverfahrens letztlich zum Erlöschen der juristischen Person führt, stellt keine den Gläubigern unzumutbare und damit keine ausgleichspflichtige Regelung dar.

3. Rechtsgrundsatz der Aufopferung

a) Die Auffassung *Naendrups*

Naendrup[862] misst die mit öffentlichen und privaten Rechtsorganisationen verknüpfte Haftungsbeschränkung am Rechtsgrundsatz der Aufopferung[863], dessen rechtssatzmäßige Konkretisierung in §§ 74, 75 EinlPrALR[864] als allgemeiner Rechtsgedanke geltendes Verfassungsrecht sei. Grundgedanke sei die Vorstellung eines Sonderopfers, das dem Grundsatz der gleichen Teilhabe aller Bürger an den Lasten des Staates widerspreche. Das dem einzelnen Bürger auferlegte Vermögensopfer solle nicht von diesem als einem zufällig Betroffenen, sondern von der im Staat geeinten Gemeinschaft getragen werden, der diese Aufopferung zugute komme. Die haftungsbeschränkende Wirkung selbständiger öffentlicher Rechtsorganisationen führe unter Umständen zu einer „materialen Sonderopferlage“, wenn der Bürger im Widerspruch zum Grundsatz der materialen Lastengleichheit willkürlich belastet werde.[865] Hierfür sei entscheidend, ob die ausfallwirksamen Risiken durch den Staatsbürger beeinflusst werden könnten. *Naendrup* unterscheidet insoweit zwischen den

861 Siehe hierzu oben Zweiter Teil A. II.

862 *Naendrup*, Privatrechtliche Haftungsbeschränkung und staatliche Verantwortung, 1967, S. 185 ff., 206 ff.

863 Die rechtliche Grundlage des Aufopferungsgrundsatzes ist umstritten; er wird als *rechtsstaatliches Verfassungsprinzip*, als *Gewohnheitsrecht* oder als *allgemeiner Rechtsgrundsatz* qualifiziert, vgl. hierzu *Ossenbühl*, Staatshaftungsrecht, 5. Aufl. 1998, S. 130 m.w.N., der an dieser Stelle allerdings nicht deutlich zwischen dem Aufopferungs*grundsatz* als allgemeinem Rechtsgedanken und dem Aufopferungs*anspruch* zur Bewältigung von Eingriffen in nicht vermögenswerte Rechtsgüter unterscheidet.

864 § 74 EinlPrALR lautet: *„Einzelne Rechte und Vortheile der Mitglieder des Staats muessen den Rechten und Pflichten zur Befoerderung des gemeinschaftlichen Wohls, wenn zwischen beyden ein wirklicher Widerspruch (Collision) eintritt, nachstehn.“* § 75 EinlPrALR lautet: *„Dagegen ist der Staat demjenigen, welcher seine besondern Rechte und Vortheile dem Wohle des gemeinen Wesens aufzuopfern genoethigt wird, zu entschaedigen gehalten."*

865 *Naendrup*, Privatrechtliche Haftungsbeschränkung und staatliche Verantwortung, 1967, S. 185 ff.

„veranlassten Forderungen“ und den „nicht veranlassten Forderungen“. Habe der Bürger in Verfolgung eigenwirtschaftlicher Vorteile – etwa mit dem Ziel der Zulieferung von Waren oder Dienstleistungen – mit der Rechtsorganisation kontrahiert, liege das Risiko eines Forderungsausfalles beherrschbar in seiner Hand. Der Gläubiger trete dem Staat hier nicht als Staatsbürger, sondern in seiner privaten gesellschaftlichen Existenz, als eine private Vorteile verfolgende Einzelperson gegenüber. Der Ausfall treffe den Gläubiger daher nicht als Staatsbürger, der am Grundsatz der Lastengleichheit teilhabe. Vielmehr werde dem Gläubiger sein Recht unter derselben Gesetzlichkeit versagt, die für ihn auch im Organisationszusammenhang der privaten Rechtsgemeinschaft gelte. Solange hier die haftungsbeschränkende Wirkung herrsche, könne sie auch von den Staatspersonen beansprucht werden.[866] Habe der Bürger dagegen nicht privatautonom gewollt, dass eine Forderung gegen die Rechtsorganisation entstehe, so könne dies nicht als das Ergebnis eines privatgewinnstrebig eingegangen Risikos gewertet werden. Zu diesen „nicht veranlassten Forderungen“, deren Ausfallrisiko für den Gläubiger nicht beherrschbar sei, zählt *Naendrup* außer den Fällen reiner Schädigungshandlungen des Staates auch den Bereich der sogenannten Daseinsvorsorge. Hier beruhe der Anspruch des Bürgers auf einem Recht auf Teilhabe an solchen Gütern oder Dienstleistungen, die zur Sicherung des sozialen Mindeststandards von den selbständigen Verwaltungseinheiten dargeboten würden. Der Forderungsinhaber sei darauf angewiesen, dass ihm die existenziell notwendigen Güter vom Staat erwerbbar zur Verfügung gestellt würden. Der Gläubiger stehe dem Staat hier ausschließlich in seiner Existenz als Staatsbürger gegenüber.[867] Aus der „materialen Sonderopferlage“ folgert *Naendrup* einen – aus mehreren Gründen einer „Nachschusspflicht“ vorzuziehenden – „Durchgriff“, der es dem Gläubiger erlaube, die seinem Recht entsprechende Leistung direkt von der Staatsperson zu fordern, an deren Staatlichkeit die schädigende Verwaltungseinheit teilhabe.[868] Seine Überlegungen zu den öffentlichen Rechtsorganisationen überträgt *Naendrup* auf die privatrechtlichen Organisationsformen mit haftungsbeschränkender Wirkung, weil auch hier der Staat an den Grundsatz der materialen Lastengleichheit gebunden sei.[869]

Im Ergebnis kann nach *Naendrup* der Gläubiger einer insolventen Eigengesellschaft die Gemeinde im Wege des Haftungsdurchgriffs in Anspruch nehmen, wenn er durch den Forderungsausfall in seinem „Rechtsstatus als Bürger“ getroffen wird, d. h. wenn sein Anspruch auf solche Güter oder Dienstleistungen gerichtet ist, die

866 *Naendrup*, Privatrechtliche Haftungsbeschränkung und staatliche Verantwortung, 1967, S. 187 ff.

867 *Naendrup*, Privatrechtliche Haftungsbeschränkung und staatliche Verantwortung, 1967, S. 190 ff.; verallgemeinernd auch *Klein*, Die Betätigung der öffentlichen Hand als Aktionärin, 1992, S. 151 f.: *„Bei Unternehmen der Daseinsvorsorge muss eine Haftung des öffentlichen Trägers schon aus öffentlich-rechtlichen Gründen eingreifen.“*

868 *Naendrup*, Privatrechtliche Haftungsbeschränkung und staatliche Verantwortung, 1967, S. 202 ff.

869 *Naendrup*, Privatrechtliche Haftungsbeschränkung und staatliche Verantwortung, 1967, S. 206 ff.

zur Sicherung des sozialen Mindeststandards von den kommunalen Unternehmen in Privatrechtsform dargeboten werden.

b) Kritik und Stellungnahme

In der Literatur wird der Aufopferungsgrundsatz als Grundlage für einen Haftungsdurchgriff mit dem Argument abgelehnt, dass der durch Konkurs bedingte Ausfall einer Forderung nicht als hoheitlicher Eingriff im Sinne des Aufopferungsrechts angesehen werden könne. Weil alle Forderungen gegenüber einer juristischen Person in der Weise entstünden, dass sie von vornherein mit der Gefahr des möglichen späteren Ausfalls bei Eintritt eines Konkurses belastet seien, handele es sich nur um die Realisierung einer jeden Forderung immanenten Belastung und nicht etwa um einen darüber hinausgehenden hoheitlichen Eingriff, der die Rechtsposition in atypischer, nicht voraussehbarer Weise weitergehend beeinträchtige.[870] Dieses Argument greift jedoch zu kurz, denn *Naendrup* sieht den maßgeblichen Eingriff nicht im Forderungsausfall selbst, sondern in der Errichtung haftungsbeschränkender Rechtsorganisationen und bejaht insoweit sogar die Finalität des Eingriffs: *„Die haftungsbeschränkende Wirkung der Verwaltungseinheiten zielt gerade darauf ab, Sonderopferlagen herbeizuführen. Es ist der ausschließliche Sinn haftungsbeschränkender öffentlich-rechtlicher Organisation, Kostenrisiken der Verwaltung endgültig aufzufangen. Dies aber impliziert eine Schädigungsfinalität.“*[871] Obwohl die von *Naendrup* als maßgeblich angenommene staatliche Eingriffsmaßnahme – der Organisationsakt – zeitlich vor dem Entstehungszeitpunkt der Ansprüche der Gläubiger liegt, bejaht *Naendrup* auch die Unmittelbarkeit des Eingriffs, indem er „eine von vielschichtigen Zwischenursachen abhängige Bedingungskette“ konstruiert, deren erstes Glied der Organisationsakt und deren letztes Glied der durch die Illiquidität des Finanzvermögens bedingte Forderungsausfall ist.[872] Das Kriterium der „Unmittelbarkeit“ des Eingriffs soll hier nicht näher erörtert werden, denn dieses Tatbestandsmerkmal diente und dient in einer inzwischen schwer zu überschauenden Kasuistik letztlich der wertenden Eingrenzung der Haftungszurechnung auf den Hoheitsträger.[873] Eine Mindestvoraussetzung kann jedoch darin gesehen werden, dass der vermögenswerte Anspruch des Gläubigers *vor* und nicht erst *nach* dem maßgeblichen staatlichen Eingriff begründet wird, denn der Aufopferungsan-

870 *Alfuß*, Staatliche Haftungsbeschränkung durch Inanspruchnahme privatrechtlicher Organisationsformen, 1977, S. 43 ff.; dem folgend *Ehlers*, Verwaltung in Privatrechtsform, 1984, S. 319; *Kund*, Nachwirkende Pflichten der Gemeinden bei der Ausgliederung öffentlicher Aufgaben auf Private, 1988, S. 216; *Kuhl/Wagner*, ZIP 1995, S. 433 (439).

871 *Naendrup*, Privatrechtliche Haftungsbeschränkung und staatliche Verantwortung, 1967, S. 196.

872 *Naendrup*, Privatrechtliche Haftungsbeschränkung und staatliche Verantwortung, 1967, S. 198 f.

873 Vgl. hierzu *Ossenbühl*, Staatshaftungsrecht, 5. Aufl. 1998, S. 248 ff. m.w.N.

spruch[874] beschränkt sich auf bestehende Rechtspositionen als Eingriffsobjekte.[875] Auch *Alfuß* verneint dementsprechend mit überzeugenden Argumenten schon das Bestehen einer konkreten Rechtsposition. Er ist anders als *Naendrup* der Auffassung, ein entschädigungserhebliches „Sonderopfer“ könne dem Gläubiger allenfalls im Moment des Entstehens der Forderung auferlegt worden sein, wenn ihm nämlich eine im Vergleich zu den unmittelbaren Staatsgläubigern relativ schlechtere Rechtsposition eingeräumt werden würde. Der Eingriff läge dann in der Vorenthaltung einer von einem Ausfallrisiko unbelasteten Rechtsposition. Da aber grundsätzlich nur bereits bestehende Rechtspositionen vom Schutzbereich der Aufopferung gem. §§ 74, 75 EinlPrALR umfasst würden, könne eine derartige Vorenthaltung begehrter Rechtspositionen nicht zu einer Entschädigungspflicht des Staates führen.[876] Abgesehen von den dogmatischen Bedenken gegen die von *Naendrup* vorgeschlagene Anwendung des Aufopferungsgrundsatzes bleibt vor allem eines zu bedenken. *Naendrup* beschränkt den Haftungsdurchgriff auf den Bereich der sogenannten Daseinsvorsorge. Bei allen mit der hierfür notwendigen Abgrenzung verbundenen Schwierigkeiten[877] haben die Ansprüche der Gläubiger doch eines gemeinsam: Es handelt sich regelmäßig nicht um Geldleistungsansprüche, sondern um Ansprüche auf Güter oder Dienstleistungen, die zur Sicherung des sozialen Mindeststandards von den kommunalen Unternehmen in Privatrechtsform dargeboten werden. Hier stellt sich schon die Frage, inwieweit der Bürger einen durchsetzbaren *Rechts*anspruch auf derartige Leistungen hat, den er im Falle der Insolvenz eines kommunalen Unternehmens in Privatrechtsform im Wege des Haftungsdurchgriffs gegenüber der Gemeinde gelten machen kann. Nach *Naendrup* reicht der Bereich der Daseinsvorsorge *„von der Versorgung mit Gas, Wasser und Elektrizität bis zur Kulturpflege“.*[878] Soweit es sich hier um Leistungen handelt, die – ohne Begründung eines *Rechts*anspruchs – auf einem Ermessensakt oder freiwilliger Zubilligung beruhen, kommt auch ein Haftungsdurchgriff nicht in Betracht. Schon grundsätzlich ausgeschlossen sind Geldleistungsansprüche von Gläubigern, die sich privatautonom als Zulieferer von Waren oder Leistungen auf geschäftliche Beziehungen mit kommunalen Unternehmen in Privatrechtsform eingelassen haben. Bei diesen für die Frage,

874 Es handelt sich (entgegen der Auffassung von *Alfuß*, Staatliche Haftungsbeschränkung durch Inanspruchnahme privatrechtlicher Organisationsformen, 1977, S. 44 f.) wohl nicht um den Aufopferungsanspruch i.e.S. – dieser gewährt Entschädigung, wenn durch einen Hoheitsakt in nichtvermögenswerte Rechtsgüter wie Leben, Gesundheit, körperliche Unversehrtheit oder körperliche Freiheit eingegriffen wird –, sondern um den enteignenden oder enteignungsgleichen Eingriff in vermögenswerte Rechtspositionen, die ebenfalls aus dem Aufopferungsgrundsatz hergeleitet werden bzw. dem Aufopferungsanspruch i.w.S. unterfallen, vgl. hierzu näher *Bonk*, in: Sachs (Hrsg.), GG, 3. Aufl. 2003, Art. 34 Rdn. 37 ff.

875 *Wendt*, in: Sachs (Hrsg.), GG, 3. Aufl. 2003, Art. 14 Rdn. 175.

876 *Alfuß*, Staatliche Haftungsbeschränkung durch Inanspruchnahme privatrechtlicher Organisationsformen, 1977, S. 44.

877 Vgl. hierzu *Knöpfle*, ZHR 132 (1969), S. 374 ff.

878 *Naendrup*, Privatrechtliche Haftungsbeschränkung und staatliche Verantwortung, 1967, S. 70.

ob eine Verpflichtung der Gemeinde besteht, im Insolvenzfall für die Verbindlichkeiten ihrer Eigengesellschaften einzustehen, relevanten und in der Praxis häufigen Fällen scheidet nach Auffassung *Naendrups* ein Durchgriff aus.

4. Ungesetzliche Sondersteuer

Oettle[879] und *Schaper*[880] begründen die Durchgriffshaftung mit dem Argument, dass ein Berufen der öffentlichen Hand auf die Haftungsbeschränkung der Erhebung einer ungesetzlichen Sondersteuer bzw. Sonderabgabe[881] gleichkäme. Sei das kommunale Unternehmen nicht in der Lage, seine Schulden und Kredite zurückzuzahlen, so würden die Gläubiger mit einer Sondersteuer belegt, denn das von ihnen stammende Kapital sei zur Erfüllung öffentlicher Aufgaben – also zugunsten der „Allgemeinheit" – verbraucht worden. Für die Finanzierung öffentlicher Aufgaben müsse bei Fehlen ausreichender spezieller Entgelte aber letztlich immer auf die Gesamtheit der Steuerpflichtigen zurückgegriffen werden. Im Ergebnis besteht nach dieser Auffassung eine generelle Verpflichtung der Gemeinde, im Insolvenzfall für die Verbindlichkeiten ihrer Eigengesellschaften einzustehen, denn anders als bei *Naendrup* werden bei den geschädigten Gläubigern keine Einschränkungen gemacht. Erfasst werden auch die Geldleistungsansprüche solcher Gläubiger, die sich privatautonom als Zulieferer von Waren oder Leistungen auf geschäftliche Beziehungen mit kommunalen Unternehmen in Privatrechtsform eingelassen haben. Einzige Voraussetzung ist, dass die zur Insolvenz führenden Verluste der kommunalen Unternehmen bei der Erfüllung öffentlicher Aufgaben entstanden sind. Letztlich kommt auch hier der Gedanke des Sonderopfers zum Tragen: Das dem einzelnen Bürger auferlegte Vermögensopfer soll nicht von diesem als einem zufällig Betroffenen, sondern von der im Staat geeinten Gemeinschaft getragen werden, der diese Aufopferung zugute kommt. Ein Vergleich mit der Sondersteuer kommt dennoch nicht in Betracht, denn Steuern sind einmalige oder laufende Geldleistungen, die von einem öffentlich-rechtlichen Gemeinwesen hoheitlich auferlegt werden, um seinen allgemeinen Finanzbedarf zu decken.[882] Das Merkmal der hoheitlichen Auferlegung impliziert, dass der Steuerpflichtige der Steuerlast durch eigene Entscheidung nicht entrinnen kann. Dagegen geht der Gläubiger ein sich im Rahmen eines Kredit- oder

879 *Oettle*, Die ökonomische Bedeutung der Rechtsform öffentlicher Betriebe, in: Oettle, Grundfragen öffentlicher Betriebe, Bd. 1, 1976, S. 121 (141); *ders*, Zur Eigenkapitalausstattung öffentlicher Betriebe, in: Oettle, Grundfragen öffentlicher Betriebe, Bd. 2, 1976, S. 9 (25).

880 *Schaper*, Die Idee einer Rechtsform „Öffentlicher Betrieb", 1982, S. 89.

881 Ein verfassungsrechtlicher Abgabentypus „Sonderabgabe" ist im Text des Grundgesetzes nicht zu finden. Gleichwohl hat das Bundesverfassungsgericht die Sonderabgabe als zulässige Finanzierungsform anerkannt, vgl. BVerfGE 55, 274 (297); 57, 139 (166); 67, 256 (274 f.). Vgl. zu den einzelnen Zulässigkeitsvoraussetzungen *Siekmann*, in: Sachs (Hrsg.), GG, 3. Aufl. 2003, vor Art. 104a Rdn. 146.

882 *Siekmann*, in: Sachs (Hrsg.), GG, 3. Aufl. 2003, vor Art. 104a Rdn. 54 m.w.N.

Leistungsvertrags realisierendes Ausfallrisiko freiwillig ein, denn er kann selbst entscheiden, ob er mit dem kommunalen Unternehmen kontrahiert oder nicht. Letztlich wäre mit der Analogie zur ungesetzlichen Sondersteuer auch noch keine konkrete Haftungsnorm bezeichnet, auf die sich der Haftungsdurchgriff stützen ließe.[883]

5. Rechts- und Sozialstaatsprinzip

Die Verpflichtung der Gemeinden, im Insolvenzfall für die Verbindlichkeiten ihrer Eigengesellschaften einzustehen, wird auch aus dem Rechts- und dem Sozialstaatsprinzip gefolgert, aus denen der Verwaltung eine Verantwortung für die von ihr instrumentalisierten privatrechtlichen Institutionen zuwachse.

a) Haftungsrechtliche Garantenstellung der Gemeinde

Vor allem *Ehlers*[884] vertritt die Auffassung, dass der Einwirkungspflicht der Verwaltung eine haftungsrechtliche Garantenstellung entspreche. Die sozialstaatliche Komponente der Garantenstellung verpflichte die Verwaltung, die negativen Folgen der sozialgestaltenden Aktivität ihrer privatrechtlichen Organisationen mitzutragen. Unter rechtsstaatlichen Gesichtspunkten obliege es der Verwaltung, das Vertrauen der Bürger in die Verlässlichkeit und Berechenbarkeit exekutiven Verhaltens zu respektieren. Bediene sich die Verwaltung privatrechtlicher Werkzeuge, welche die Bürger bewusst und gezielt zu vermögenswerten Dispositionen veranlassen sollen, so schaffe das einen Vertrauenstatbestand, von dem sich die Verwaltung nicht durch das ersatzlose Wegfallenlassen des privatrechtlichen Schuldners distanzieren könne.[885] Für diesen Ansatz spreche auch, dass die Gemeinden selbst insolvenzunfähig seien, sich aus verfassungsrechtlichen Gründen aber nicht von der haftungsrechtlichen Verantwortung freizeichnen dürften. Notfalls müssten übergeordnete Hoheitsträger wie Land oder gar Bund einspringen. Es gebe keine überzeugende Begründung dafür, warum die Befriedigung der kommunalen Schulden von der Organisati-

883 *Kuhl/Wagner*, ZIP 1995, S. 433 (439).

884 *Ehlers*, Verwaltung in Privatrechtsform, 1984, S. 321; *ders.*, DVBl. 1998, S. 497 (507); *ders.*, Empfiehlt es sich, das Recht der öffentlichen Unternehmen im Spannungsfeld von öffentlichem Auftrag und Wettbewerb national und gemeinschaftsrechtlich neu zu regeln?, in: Verhandlungen des vierundsechzigsten Deutschen Juristentages, Berlin 2002, Bd. I Gutachten, Teil E, S. E 78 f.; dem folgend *Kund*, Nachwirkende Pflichten der Gemeinden bei der Ausgliederung öffentlicher Aufgaben auf Private, 1988, S. 217 f.; *Erbguth/Stollmann*; DÖV 1993, S. 798 (807).

885 Auch *Ehlers* verweist in diesem Zusammenhang zusätzlich auf den in Art. 3 GG verankerten Grundsatz der Lastengleichheit, der es gebiete, dass die im Zusammenhang mit der Wahrnehmung von Verwaltungsaufgaben entstandenen, anderweitig nicht auszugleichenden Verluste von der Gesamtheit der Steuerpflichtigen und nicht von einigen wenigen Gläubigern getragen werden, vgl. *Ehlers*, Verwaltung in Privatrechtsform, 1984, S. 321.

on der Aufgabenwahrnehmung abhängen solle. Für die Gläubiger könne es im Ergebnis keinen Unterschied machen, ob die Gemeinden selbst wirtschaftlich tätig würden oder sich verselbständigter Werkzeuge bedienten. *Ehlers*[886] überlässt es im Ergebnis der Gemeinde, ob sie ihrer haftungsrechtlichen Verantwortlichkeit durch Abwendung des Konkurses oder durch Übernahme der Haftung im Anschluss an das durchgeführte Konkursverfahren nachkommen wolle.[887] Nach Auffassung *Stobers*[888] ist gerade die Durchgriffshaftung die haftungsrechtliche Entsprechung zur Einwirkungspflicht und damit „Folge der Letztverantwortlichkeit der Verwaltung".

b) Stellungnahme

Die These von der Durchgriffshaftung als haftungsrechtliche Entsprechung zur Einwirkungspflicht der Verwaltung gründet letztlich auf der Erkenntnis der Letztverantwortlichkeit der Gemeinde für die der Eigengesellschaft übertragene Aufgabe. Sie entspricht insoweit der oben getroffenen Feststellung, dass die wahrgenommene Aufgabe eine Funktion der Gemeinde bleibt, die durch Übertragung auf eine Eigengesellschaft keine qualitative Veränderung erfährt.[889] Die formale Ausgliederung der Leistungserbringung auf eine selbständige juristische Person des Privatrechts lässt die materiell von den Kommunen zu erbringende Leistung funktional und strukturell unangetastet.[890] Die Gemeinden behalten letztlich die Erfüllungsverantwortung für die konkrete Leistung. *Kund* spricht insoweit von „nachwirkenden Pflichten" der Gemeinde. Ein „Durchgriff" auf die Gemeinde sei in Erfüllung der verbleibenden Endverantwortung möglich, soweit die Gemeinde eigene Aufgaben auf selbständige juristische Personen des Privatrechts ausgegliedert habe.[891]

aa) Das Rechtsstaatsprinzip

Art. 20 Abs. 1, Art. 28 Abs. 1 GG enthalten grundsätzliche und verbindliche Aussagen über den Charakter des durch das Grundgesetz konstituierten Staatswesens.

886 *Ehlers*, Verwaltung in Privatrechtsform, 1984, S. 321; *ders.*, DVBl. 1998, S. 497 (507); dem folgend *Erbguth/Stollmann*; DÖV 1993, S. 798 (807); auch *Kund*, Nachwirkende Pflichten der Gemeinden bei der Ausgliederung öffentlicher Aufgaben auf Private, 1988, S. 220 ff.; im Ergebnis auch *Weiß*, Privatisierung und Staatsaufgaben, 2002, S. 380 ff. mit Fn. 176.

887 Dies bedeutet, dass die Gemeinde eine Insolvenz ihrer Eigengesellschaft schon im Vorfeld abwehren *kann*, die Haftung im Anschluss an ein durchgeführtes Insolvenzverfahren aber übernehmen *muss,* vgl. *Ehlers*, DVBl. 1998, S. 497 (507).

888 *Stober*, NJW 1984, S. 449 (457).

889 Siehe hierzu oben Dritter Teil C. I. 2. b.

890 *Kraft*, Eigengesellschaften, in: Püttner (Hrsg.), HkWP, Bd. 5, 2. Aufl. 1984, S. 168 (176 f.).

891 *Kund*, Nachwirkende Pflichten der Gemeinden bei der Ausgliederung öffentlicher Aufgaben auf Private, 1988, S. 217 ff.

Obwohl in Art. 20 GG der Begriff „Rechtsstaat“ nicht ausdrücklich verwendet wird, gehen eine als herrschend bezeichnete Auffassung im Schrifttum[892] sowie das Bundesverfassungsgericht[893] davon aus, dass Art. 20 GG nicht nur einzelne Ausprägungen des Rechtsstaates sichere, sondern das rechtsstaatliche Prinzip[894] als solches und dass es so in die Unantastbarkeitsgarantie des Art. 79 Abs. 3 GG eingehe.[895]

(1) Das Element des Vertrauensschutzes

Zentrales Element der Rechtssicherheit – hierzu gehören die Elemente[896] des Rechtsstaatsprinzips, die mit der Verlässlichkeit des Rechts zu tun haben – ist die Beständigkeit staatlicher Regelungen. Für den Bürger bedeutet dies in erster Linie Vertrauensschutz.[897] Nach Auffassung *Ehlers'* schaffen die Gemeinden auch bei der Verwendung privatrechtlicher Organisationsformen einen Vertrauenstatbestand, von dem sie sich nicht einfach durch das ersatzlose Wegfallenlassen des privatrechtlichen Schuldners distanzieren könnten. Würden die Gemeinden selbst wirtschaftlich tätig werden, so müssten notfalls übergeordnete Hoheitsträger wie Land oder gar Bund einspringen. Weil es für die Gläubiger im Ergebnis keinen Unterschied machen könne, wenn die Gemeinden sich verselbständigter Werkzeuge wie der Sparkassen bedienten, sei die Gewährträgerhaftung nach deutschem Recht keine Spezialität des öffentlich-rechtlichen Bankenwesens, sondern ein wesentliches Merkmal der Teilnahme von (Staat und) Kommunen am Wirtschaftsleben.[898] *Ehlers* schlussfolgert eine Gewährträgerhaftung der Gemeinde aus dem Aspekt des Vertrauensschutzes: Das Vertrauen der Gläubiger auf die Haftung der insolvenzunfähigen Gemeinde begründe deren tatsächliche Verpflichtung, im Anschluss an ein durchgeführtes Insolvenzverfahren für die Verbindlichkeiten ihrer Eigengesellschaften einzustehen. Die dahinter stehende Ideenkette *»Gewährträgerhaftung des Landes«* (führt zum) *»Vertrauen der Bürger auf ein allgemeines Prinzip der Gewährträger-*

892 Vgl. *Schmidt-Aßmann*, Der Rechtsstaat, in: Isensee/Kirchhof (Hrsg.), HStR, Bd. 1, 1987, § 24 Rdn. 3, 90 m.w.N.; *Isensee*, Grundrechtsvoraussetzungen und Verfassungserwartungen an die Grundrechtsausübung, in: Isensee/Kirchhof (Hrsg.), HStR, Bd. 5, 1992, § 115 Rdn. 128; *Stern*, Staatsrecht, Bd. 1, 2. Aufl. 1984, § 20 II 1 a) (S. 776).

893 Vgl. nur BVerfGE 2, 380 (403); 25, 269 (290); 45, 187 (246); 49, 148 (163 f.).

894 Die allgemeine Bedeutung des rechtsstaatlichen Prinzips ist weitgehend unstreitig. *Stern*, Staatsrecht, Bd. 1, 2. Aufl. 1984, § 20 III 1 (S. 781), definiert: *„Rechtsstaatlichkeit bedeutet, dass die Ausübung staatlicher Macht nur auf der Grundlage der Verfassung und von formell und materiell verfassungsmäßig erlassenen Gesetzen mit dem Ziel der Gewährleistung von Menschenwürde, Freiheit, Gerechtigkeit und Rechtssicherheit zulässig ist.“*

895 Offengelassen von BVerfGE 30, 1 (40).

896 Vgl. zu den divergierenden Zusammenstellungen der einzelnen Elemente des Rechtsstaatsprinzips die Nachweise bei *Sachs*, in: Sachs (Hrsg.), GG, 3. Aufl. 2003, Art. 20 Rdn. 70 mit Fn. 248.

897 *Sachs*, in: Sachs (Hrsg.), GG, 3. Aufl. 2003, Art. 20 Rdn. 122, 131.

898 *Ehlers*, DVBl. 1998, S. 497 (507).

haftung« (führt zur) *»Gewährträgerhaftung der Gemeinden«* erfordert eine Auseinandersetzung mit dem Institut der Gewährträgerhaftung. Es ist zu prüfen, ob der Staat beim „faktischen Konkurs"[899] von Gemeinden für deren Verbindlichkeiten haftet, und ob diese Verpflichtung wegen des Vertrauensschutzes der Bürger zu einem allgemeingültigen Grundsatz, dass Muttergemeinwesen für ihre Töchter einzustehen haben, verallgemeinert werden kann.

(2) Das Institut der Gewährträgerhaftung

Das Institut der Gewährträgerhaftung hat seine wesentliche Ausformung im Bereich des Sparkassenwesens erfahren.[900] § 6 Satz 1, 2 SpkG NW bestimmt beispielsweise: „Für die Verbindlichkeiten der Sparkasse haftet die Gemeinde oder der Gemeindeverband als Gewährträger unbeschränkt. Die Gläubiger der Sparkasse können den Gewährträger nur in Anspruch nehmen, soweit sie aus dem Vermögen der Sparkasse nicht befriedigt werden." Gewährträgerhaftung meint also die unbeschränkte Haftung der Gemeinde für die Verbindlichkeiten der Sparkasse *nach außen.*[901] Die Gläubiger haben einen eigenen unmittelbaren Anspruch gegen die Gemeinde, soweit sie nicht aus dem Vermögen der Sparkasse befriedigt werden können. Insoweit ist die Gewährträgerhaftung subsidiär und wird als öffentlich-rechtliche „Ausfallgarantie" oder – im Hinblick auf die Akzessorietät der Haftung – „Ausfallbürgschaft" bezeichnet.[902] Die Haftung umfasst sämtliche zivilrechtlichen Ansprüche gegen die

899 So *Schwarz*, Staatsgarantie für kommunale Verbindlichkeiten bei „faktischem Konkurs von Kommunen"?, 1998.

900 Historisch erklärt sich die Gewährträgerhaftung aus der Tatsache, dass die Sparkassen bis 1931/32 überwiegend als rechtlich unselbständige Einrichtungen der Kommunen („Zimmer im Rathaus") ohne festes Grundkapital arbeiteten. Die Garantie für die Sicherheit der Spareinlagen mussten deshalb die Gemeinden selbst übernehmen. Indem sie die Sparkasse „gewährleisteten", brauchten sie hierfür unmittelbar keine Mittel zur Verfügung zu stellen. Auch nach der Verselbständigung der kommunalen Sparkassen zu rechtlich selbständigen Anstalten des öffentlichen Rechts im Zuge der Dritten Reichsnotverordnung vom 6.10.1931 blieb die früher selbstverständliche Haftung der kommunalen Sparkassenträger aufrechterhalten und als „Gewährträgerhaftung" besonders normiert. Vgl. hierzu *Schlierbach/Püttner*, Das Sparkassenrecht in der Bundesrepublik Deutschland, 5. Aufl. 2003, S. 22 ff.; *Stern/Burmeister*, Die kommunalen Sparkassen, 1972, S. 26 f.

901 Vgl. *Schlierbach/Püttner*, Das Sparkassenrecht in der Bundesrepublik Deutschland, 5. Aufl. 2003, S. 144 f.; *Stern/Burmeister*, Die kommunalen Sparkassen, 1972, S. 27; *Immenga/Rudo*, Die Beurteilung von Gewährträgerhaftung und Anstaltslast der Sparkassen und Landesbanken nach dem EU-Beihilferecht, 1997, S. 27; *Kinzl*, Anstaltslast und Gewährträgerhaftung, 2000, S. 33 f.

902 Vgl. *Schlierbach/Püttner*, Das Sparkassenrecht in der Bundesrepublik Deutschland, 5. Aufl. 2003, S. 145; *Stern/Burmeister*, Die kommunalen Sparkassen, 1972, S. 27; *Immenga/Rudo*, Die Beurteilung von Gewährträgerhaftung und Anstaltslast der Sparkassen und Landesbanken nach dem EU-Beihilferecht, 1997, S. 27; *Engelsing*, Zahlungsunfähigkeit von Kommunen und anderen juristischen Personen des öffentlichen Rechts, 1999, S. 179; *Weber*, Die „banküblichen Geschäfte" im Sinne des Geschäftsrechts der Sparkassen, 2003, S. 198 f.

Sparkasse (Schuldverhältnisse, dingliche Rechtsverhältnisse, Delikt, ungerechtfertigte Bereicherung) und auch alle öffentlich-rechtlichen Ansprüche.[903] Mit dem ersten Gesetz zur Modernisierung von Regierung und Verwaltung in Nordrhein-Westfalen vom 15.6.1999 hat der Gesetzgeber mit der Einfügung des § 114 a GO NW die Möglichkeit geschaffen, kommunale Aufgaben in der Organisationsform der „rechtsfähigen Anstalt des öffentlichen Rechts" zu erfüllen.[904] Nach § 114 a Abs. 5 GO NW haftet die Gemeinde als Gewährträger für die Verbindlichkeiten der Anstalt unbeschränkt, soweit nicht Befriedigung aus deren Vermögen zu erlangen ist.[905] Im übrigen existiert keine gesetzliche Regelung einer Gewährträgerhaftung für *alle* juristischen Personen des öffentlichen Rechts.[906]

Bethge[907] hat anknüpfend an die Feststellung des BGH, dass „unter normalen friedlichen Verhältnissen eine staatsrechtliche Veränderung innerhalb eines fortbestehenden Staates, sei sie Gebietsänderung oder Funktionsverschiebung, niemals zum Untergang bestehender Verbindlichkeiten führen [dürfe]"[908], eine Gewährträgerhaftung der Länder für öffentlich-rechtliche Rundfunkanstalten aus Art. 14 Abs. 1 GG in Verbindung mit dem Rechtsstaatsprinzip abgeleitet. Dabei versteht er den Begriff der „staatsrechtlichen Änderung" nicht im engen Sinne der unmittelbaren bzw. mittelbaren Staatsorganisation. Erfasst seien sämtliche Verschiebungen im öffentlich-rechtlichen Organisationsgefüge. Auch die Auflösung einer öffentlich-rechtlichen Rundfunkanstalt sei eine solche Änderung, die vom Telos der Aussage – Verbot des Untergangs bestehender Verbindlichkeiten – erfasst werde.[909] Es sei mit dem Rechtsstaatsprinzip unvereinbar, dass der Staat durch Änderungen des öffentlich-rechtlichen Organisationsgefüges, namentlich durch Beseitigung einer von ihm gegründeten juristischen Person des öffentlichen Rechts, Gläubiger dersel-

903 *Kinzl*, Anstaltslast und Gewährträgerhaftung, 2000, S. 34 m.w.N.

904 Vorbild für die Einführung dieser neuen Organisationsform war Art. 89 BayGO, eingefügt durch das bayerische Gesetz zur Änderung des kommunalen Wirtschaftsrechts vom 26.7.1995 (BayGVBl. 1995, S. 376).

905 Die Kommentierungen zur Gewährträgerhaftung der Gemeinden sind wenig aussagekräftig. Bei *Rehn/Cronauge*, GO NW, § 114 a Erl. II. 3., findet sich die Aussage, dass die Gewährträgerschaft der Gemeinde und damit die unbeschränkte Haftung für Verbindlichkeiten der Anstalt *„bestehen bleibt"*. Da die Gemeinde sowohl *bestehende* Regie- und Eigenbetriebe in rechtsfähige Anstalten des öffentlichen Rechts umwandeln kann, als auch zur Errichtung *neuer* Unternehmen und Einrichtungen in der Rechtsform einer Anstalt des öffentlichen Rechts berechtigt ist, muss sich die *bestehen bleibende* Gewährträgerhaftung der Gemeinde aus der Letztverantwortlichkeit der Gemeinde für die übertragene Aufgabe ergeben.

906 Siehe zur Abschaffung der Gewährträgerhaftung unten Vierter Teil B. I. 1. b).

907 *Bethge*, Staatshaftung für den staatsfreien Rundfunk?, 1978, S. 69 ff. *Bethge* untersucht ein Erlöschen der öffentlich-rechtlichen Rundfunkanstalt durch staatlichen Organisationsakt. Er überträgt seine Überlegungen aber auf das (Schein-)Problem des Konkurses von juristischen Personen des öffentlichen Rechts und fordert im Ergebnis auch hier eine verfassungsrechtliche Gewährträgerhaftung des Staates, wenn die Verbindlichkeiten der Rundfunkanstalt nicht aus der Konkursmasse befriedigt werden könnten, vgl. *Bethge*, Staatshaftung für den staatsfreien Rundfunk?, 1978, S. 78 f.

908 BGH, DÖV 1977, S. 529 (529 f.).

909 *Bethge*, Staatshaftung für den staatsfreien Rundfunk?, 1978, S. 69.

ben schutzlos stelle. Das Vertrauen in die Kontinuität und Seriosität staatlichen Handelns sei in rechtsstaatlich unvertretbarer Weise getäuscht, wenn der Staat eine von ihm selbst geschaffene und mit der Befugnis zur Teilnahme am Rechtsverkehr bzw. zur Eingehung von Verbindlichkeiten ausgestattete juristische Person des öffentlichen Rechts beseitige und damit gleichzeitig den ersatzlosen Fortfall eines öffentlich-rechtlichen Schuldners bewirke.[910] Dieser rechtsstaatlich nicht tolerable Untergang bestehender Verbindlichkeiten müsse dadurch vermieden werden, dass an die Stelle des bisherigen öffentlich-rechtlichen Schuldners ein anderer Schuldner trete. In bestimmten Fällen könne dieses Ergebnis mit Hilfe bekannter Vehikel wie Vermögensnachfolge, Gesamtrechtsnachfolge oder einer dosiert gehandhabten Funktionsnachfolge bewerkstelligt werden. Griffen diese Instrumente indessen nicht oder nur unvollständig, müsse der Staat selber, der für die Gründung und Auflösung der juristischen Person verantwortlich zeichne, die Gewährträgerhaftung übernehmen.[911] Diese stelle „keine Entschädigung wegen Enteignung, sondern einen Auffangtatbestand zur Vermeidung einer ansonsten drohenden Enteignung dar."[912]

Schwarz[913] hat im Anschluss an *Bethge* eine Gewährträgerhaftung der Länder für ihre Gemeinden aus Art. 14 Abs. 1 GG in Verbindung mit dem Rechtsstaatsprinzip abgeleitet. Der von einer „faktischen" Zahlungsunfähigkeit[914] der Gemeinde betroffene Gläubiger kann demnach seine Ansprüche, die er der kommunalen Gebietskörperschaft gegenüber nicht durchsetzen bzw. realisieren kann, aus dem Rechtsgedanken der Gewährträgerhaftung gegenüber dem Land geltend machen.[915] *Schwarz* sieht in der Statuierung der Konkursunfähigkeit der Gemeinden eine „staatsrechtliche Änderung" im Sinne der Rechtsprechung des BGH, denn unstreitig enthalte dies die Gefahr, dass bestehende Verbindlichkeiten nicht zumindest im Rahmen einer bestimmten Konkursquote geltend gemacht werden könnten. Es sei mit dem Rechtsstaatsprinzip – hier sei in erster Linie auf den Gesichtspunkt des Vertrauensschutzes abzustellen – unvereinbar, wenn der Staat durch die Statuierung einer Konkursunfähigkeit Gläubiger schutzlos und schuldnerlos stelle. Der Staat könne nicht auf der einen Seite juristischen Personen die Möglichkeit eröffnen, am Rechtsverkehr teil-

910 *Bethge*, Staatshaftung für den staatsfreien Rundfunk?, 1978, S. 72.

911 *Bethge*, Staatshaftung für den staatsfreien Rundfunk?, 1978, S. 76.

912 *Bethge*, Staatshaftung für den staatsfreien Rundfunk?, 1978, S. 78.

913 *Schwarz*, Staatsgarantie für kommunale Verbindlichkeiten bei „faktischem Konkurs von Kommunen"?, 1998, S. 85 ff.; *ders.*, ZG 1997, S. 349 (351 ff.). Vgl. auch *Piette*, BayVBl. 1980, S. 332 (335); *Baur/Stürner*, Zwangsvollstreckungs-, Konkurs- und Vergleichsrecht, Bd. 2, 12. Aufl. 1990, Rdn. 6.42: *„Die Konkursunfähigkeit von öffentlichrechtlichen juristischen Personen lässt sich jedenfalls dann verfassungsrechtlich rechtfertigen, wenn ihrerseits nicht konkursfähige Gebietskörperschaften mit steuerlicher Refinanzierungsmöglichkeit Fehlbeträge decken müssen, so dass den Gläubigern kein Ausfall durch den Entzug der Haftungsmasse entstehen kann und damit die Widmung des Schuldnervermögens für öffentliche Aufgaben nicht zu ihren Lasten geht."*

914 Siehe zum gesetzlichen Ausschluss des Insolvenzverfahrens oben Zweiter Teil C. II. 2.

915 *Schwarz*, Staatsgarantie für kommunale Verbindlichkeiten bei „faktischem Konkurs von Kommunen"?, 1998, S. 112.

zunehmen und damit auch privatrechtliche Verbindlichkeiten einzugehen, auf der anderen Seite aber den Konkurs für unzulässig erklären und dadurch zumindest mittelbar den Gläubigern einen Schuldner entziehen.[916] Die konkrete Inanspruchnahme des Prinzips der Gewährträgerhaftung für das Dreiecksverhältnis »Gläubiger - kommunale Gebietskörperschaft - Land« legitimiert *Schwarz* mit der Überlegung, dass durch die Aufgabenwahrnehmung durch nachgeordnete selbständige Rechtssubjekte der „eigentliche" Aufgabenträger (also das Land) sich von einer ihm obliegenden Verpflichtung befreie, die Aufgaben also sonst selbst wahrzunehmen hätte. Die aufgabenübertragende Institution könne sich nicht darauf beschränken, die ihr obliegenden Aufgaben durch Dritte wahrnehmen zu lassen: Der Gewährträger habe auch die Verpflichtung, die mit der Aufgabenwahrnehmung betrauten kommunalen Gebietskörperschaften nicht wirtschaftlich und rechtlich ihrem eigenen Schicksal zu überlassen, da dann die weitere Wahrnehmung der öffentlichen Aufgaben erheblich erschwert und gegebenenfalls sogar vereitelt würde.[917]

(3) Zwischenergebnis

Der von *Bethge* und *Schwarz* aufgegriffene Gedanke des Vertrauensschutzes verdient Zustimmung: Der Staat haftet als Gewährträger für die Verbindlichkeiten selbständiger juristischer Personen des öffentlichen Rechts, wenn er den Fortfall des öffentlich-rechtlichen Schuldners – unmittelbar durch Auflösung oder mittelbar durch Ausschluss der Konkursfähigkeit – zu verantworten hat.[918] Im Dreiecksverhältnis »Gläubiger - kommunale Gebietskörperschaft - Land« kann die dem Gläubigerschutz dienende Gewährträgerhaftung so überzeugend begründet werden. Hier hat der Gläubiger mit der Gemeinde eine juristische Person des öffentlichen Rechts als Schuldner und kann auf die grundsätzlich unbegrenzte Finanzkraft des Staates vertrauen.[919] Wird die Gemeinde zahlungsunfähig, so muss das Land als Gewährträger für die Verbindlichkeiten haften, weil das Land die eigentlich ihm obliegenden

916 *Schwarz*, Staatsgarantie für kommunale Verbindlichkeiten bei „faktischem Konkurs von Kommunen"?, 1998, S. 89 ff.

917 *Schwarz*, Staatsgarantie für kommunale Verbindlichkeiten bei „faktischem Konkurs von Kommunen"?, 1998, S. 98.

918 Dieser Gedanke findet sich auch in § 12 Abs. 2 InsO. Danach besteht in bestimmten Fällen eine spezielle Haftung der Länder für alle landesunmittelbaren juristischen Personen des öffentlichen Rechts. Soweit die Länder das Insolvenzverfahren über eine juristische Person des öffentlichen Rechts für unzulässig erklären – und diese damit der Verpflichtung zur Beitragszahlung nach § 359 Abs. 2 Satz 2 SGB III und § 17 Abs. 2 BetrAVG entheben – können die Arbeitnehmer im Falle der Zahlungsunfähigkeit oder Überschuldung dieser juristischen Person vom Land die Leistungen verlangen, die sie im Falle der Eröffnung eines Insolvenzverfahrens von den Trägern der Insolvenzsicherung verlangen könnten. Siehe hierzu oben Zweiter Teil C. II. 3. c) mit den Ausführungen in Fn. 336 und Fn. 337.

919 Vgl. *Alfuß*, Staatliche Haftungsbeschränkung durch Inanspruchnahme privatrechtlicher Organisationsformen, 1977, S. 30.

Aufgaben auf die Gemeinde übertragen,[920] gleichzeitig jedoch deren Konkursfähigkeit ausgeschlossen und dem Gläubiger die Möglichkeit der Befriedigung im Rahmen einer Konkursquote genommen hat. Im Dreiecksverhältnis »Gläubiger - kommunale Eigengesellschaft - Gemeinde« trägt das zur Begründung der Gewährträgerhaftung herangezogene Rechtsstaatsargument jedoch nicht. Grundsätzlich kann Vertrauensschutz da nicht in Frage kommen, wo das Vertrauen auf eine bestimmte Rechtslage sachlich nicht gerechtfertigt und daher nicht schutzwürdig ist.[921] Konkret kann Vertrauensschutz dort nicht in Frage kommen, wo die Gemeinde sich der Gesellschaftsformen des Privatrechts mit den entsprechenden Haftungsbeschränkungen bedient.[922] Hier steht dem Gläubiger nicht die Gemeinde als Schuldner gegenüber, die das Vertrauen auf die grundsätzlich unbegrenzte Finanzkraft des Staates veranlassen könnte. Schuldner ist das kommunale Unternehmen in Privatrechtsform. Bei der Rechtsform der AG und GmbH ist die Haftungsbeschränkung den Beteiligten bekannt. Wer Geschäfte mit beschränkt haftenden kommunalen Unternehmen eingeht, muss sich des darin liegenden Risikos bewusst sein.[923] Soweit sich der Gläubiger privatautonom auf Vertragsbeziehungen mit kommunalen Unternehmen einlässt, obliegt es ihm, sich über die finanziellen Verhältnisse des Unternehmens zu informieren und sich gegebenenfalls durch Bestellung von Sicherheiten gegen die Insolvenz des kommunalen Unternehmens abzusichern.

bb) Das Sozialstaatsprinzip

(1) Das Element der sozialen Sicherheit und Gerechtigkeit

In Art. 20 Abs. 1, 28 Abs. 1 GG ist auch die Entscheidung für den „sozialen" Staat niedergelegt. Dieses Bekenntnis des Grundgesetzes zur Sozialstaatlichkeit ist in Abkehr vom bürgerlich-liberalen Rechtsstaat dahingehend zu verstehen, dass sich der moderne Staat nicht als „Rechtsbewahrstaat" auf die innere und äußere Sicherung der Gesellschaft zurückziehen darf, sondern als „Sozialstaat" die gesellschaftli-

920 Siehe zu den übertragenen Pflichtaufgaben der Gemeinde schon oben Erster Teil B. III.1. Ob dasselbe auch für die freiwilligen Selbstverwaltungsaufgaben der Gemeinde gilt, ist allerdings zweifelhaft, weil die Gemeinden hier eigenverantwortlich über das „Ob" und das „Wie" der Aufgabenerfüllung entscheiden können.

921 Vgl. *Stern*, Staatsrecht, Bd. 1, 2. Aufl. 1984, § 20 IV 4 g) β) (S. 834), zur Frage des Vertrauensschutzes bei echter und unechter Rückwirkung von belastenden Gesetzen.

922 Dies erkennen auch schon *Bethge*, Staatshaftung für den staatsfreien Rundfunk?, 1978, S. 73 und *Schwarz*, Staatsgarantie für kommunale Verbindlichkeiten bei „faktischem Konkurs von Kommunen"?, 1998, S. 90.

923 Vgl. *Büchner*, Die rechtliche Gestaltung kommunaler Unternehmen, 1982, S. 112; *Breuer*, Umwandlung kommunaler Eigenbetriebe und nichtwirtschaftlicher Unternehmen i.S.d. Gemeindeordnung NW in Gesellschaften, 1991, S. 213; *Kuhl/Wagner*, ZIP 1995, S. 433 (439).

che Ordnung aktiv zu gestalten hat.[924] Grundelemente des Sozialstaatsprinzips sind die nicht trennscharf voneinander zu unterscheidenden Topoi der sozialen Sicherheit, des sozialen Ausgleichs und der sozialen Gerechtigkeit.[925] *Zacher*[926] nennt als wichtigste Ziele des Sozialstaats: „Hilfe gegen Not und Armut und ein menschenwürdiges Existenzminimum für jedermann; mehr Gleichheit durch den Abbau von Wohlstandsdifferenzen und die Kontrolle von Abhängigkeitsverhältnissen; mehr Sicherheit gegenüber den »Wechselfällen des Lebens«; und schließlich Hebung und Ausbreitung des Wohlstandes".

Als primärer Adressat der Sozialstaatsklausel ist insbesondere der Gesetzgeber zur Gestaltung der gesellschaftlichen Ordnung aufgerufen und legitimiert.[927] Aber auch die Gemeinden werden – als in das gesamte Staatswesen eingegliederte Körperschaften – vom Sozialstaatsprinzip erfasst und haben folglich für eine sozial gerechte Gestaltung des Gemeinwesens zu sorgen. Es lässt sich sogar eine besondere öffentliche Leistungsverantwortung der Gemeinden feststellen: Ein wesentlicher Teil kommunaler Selbstverwaltung besteht in der Darbietung wirtschaftlicher, sozialer und kultureller Leistungen, die heute zu öffentlichen Aufgaben ersten Ranges geworden sind, da sie die Grundlagen der menschlichen Existenz betreffen und der Einzelne aufgrund der fortschreitenden Spezialisierung zu einer autonomen Selbstversorgung nicht mehr in der Lage ist. Wegen ihres begrenzten und überschaubaren Wirkungskreises sowie ihre historischen Selbstverständnisses als korporative Bürgerverbände sind die Gemeinden vor allen anderen öffentlichen Verwaltungsträgern für derartige Funktionen prädestiniert.[928] Sie entsprechen nach *Scholz „der Typik des modernen Sozialstaats, der sich auch und gerade als »Staat der Einrichtungen« versteht"*.[929] Aus diesem Grund hat das Sozialstaatsprinzip nach Auffassung von *Stern/Burmeister* sogar zentrale Bedeutung für die materiale Bestimmung der institutionellen Garantie des Art. 28 Abs. 2 GG.[930]

924 *Herzog*, in: Maunz/Dürig, GG, Bd. 2, Art. 20 VIII (1980) Rdn. 7; *Maunz/Dürig.*, in: Maunz/Dürig, GG, Bd. 4, Art. 79 (1960) Rdn. 49.

925 Vgl. *Gröschner*, in: Dreier (Hrsg.), GG, Bd. 2, 1998, Art. 20 (Sozialstaat) Rdn. 36; vgl. auch die Nachweise bei *Sommermann*, in: v. Mangoldt/Klein/Starck (Hrsg.), GG, Bd. 2, 4. Aufl. 2000, Art. 20 Abs. 1 Rdn. 98, der selbst den Verweis auf die „soziale Gerechtigkeit" für wenig hilfreich hält.

926 *Zacher*, Das soziale Staatsziel, in: Isensee/Kirchhof (Hrsg.), HStR, Bd. 1, 1987, § 25 Rdn. 25.

927 Vgl. schon BVerfGE 1, 97 (105): *„Das Wesentliche zur Verwirklichung des Sozialstaates aber kann nur der Gesetzgeber tun;* [...]*"*.

928 *Scholz*, Das Wesen und die Entwicklung der gemeindlichen öffentlichen Einrichtungen, 1967, S. 231; *Stern/Burmeister*, Die kommunalen Sparkassen, 1972, S. 95 f.; *Büchner*, Die rechtliche Gestaltung kommunaler Unternehmen, S. 54.

929 *Scholz*, Das Wesen und die Entwicklung der gemeindlichen öffentlichen Einrichtungen, 1967, S. 231.

930 *Stern/Burmeister*, Die kommunalen Sparkassen, 1972, S. 95 f.

(2) Keine subjektive Anspruchsgrundlage

Als „Staatsstrukturprinzip"[931] bestimmt das Sozialstaatsprinzip nur das „Was", also das Ziel der sozialen Sicherheit und der sozialen Gerechtigkeit, es lässt aber für das „Wie", d. h. für die Erreichung des Ziels alle Wege offen.[932] Das Sozialstaatsprinzip stellt also dem Staat eine Aufgabe, sagt aber nichts darüber, wie diese Aufgabe im einzelnen zu verwirklichen ist. *Zacher*[933] bemerkt treffend: *„Damit steht einer grundsätzlichen Gewissheit, was das soziale Staatsziel prinzipiell meint, eine große Ungewissheit darüber gegenüber, was es konkret anordnet."* Einigkeit besteht dahingehend, dass das Sozialstaatsprinzip als solches – ebenso wie die übrigen allgemeinen Staatsstrukturprinzipien – keine subjektiven Rechte, d. h. keine einklagbaren Ansprüche gewährt.[934] Das Sozialstaatsprinzip lässt sich damit im Regelfall nur als objektives Handlungsgebot, nicht aber als subjektive Rechte einräumende Anspruchsgrundlage begreifen. Konkrete Rechte des Einzelnen lassen sich aus dem Sozialstaatsprinzip nur in Verbindung mit den Grundrechten oder besser gesagt aus den Grundrechten in Verbindung mit dem Sozialstaatsprinzip ableiten.[935] So kann beispielsweise der Anspruch auf staatliche Leistungen zur Sicherung eines menschenwürdigen Existenzminimums auf Art. 1 Abs. 1 GG, gegebenenfalls auch auf Art. 2 Abs. 2 GG, in Verbindung mit dem Sozialstaatsprinzip[936] und der Anspruch auf Teilhabe an den vorhandenen Ausbildungskapazitäten auf Art. 3 Abs. 1 GG in Verbindung mit Art. 12 Abs. 1 GG und dem Sozialstaatsprinzip[937] gestützt werden. Über die genannten Rechte auf Teilhabe an staatlichen Leistungen oder Einrichtun-

931 Die in Art. 20 Abs. 1, 28 Abs. 1 GG niedergelegten Prinzipien werden in der Literatur auch als „Staatsfundamentalnormen", so *Herzog*, in: Maunz/Dürig, GG, Bd. 2, Art. 20 I (1978) Rdn. 8; als „Staatsleitlinien", so (nicht konsequent) ebenfalls *Herzog*, in: Maunz/Dürig, GG, Bd. 2, Art. 20 VIII (1980) Rdn. 6; oder als „Staatszielbestimmungen", so etwa *Sommermann*, in: v. Mangoldt/Klein/Starck (Hrsg.), GG, Bd. 2, 4. Aufl. 2000, Art. 20 Abs. 1 Rdn. 97; *Katz*, Staatsrecht, 15. Aufl. 2002, Rdn. 131 ff., bezeichnet. Der Begriff „(Staats-) Strukturprinzipien" findet sich bei *Stern*, Staatsrecht, Bd. 1, 2. Aufl. 1984, 2. Kapitel, Vorbemerkung (S. 411 ff.); auch *Degenhart*, Staatsrecht I, 19. Aufl. 2003, Rdn. 1; ähnlich *Sachs*, in: Sachs (Hrsg.), GG, 3. Aufl. 2003, Einf. Rdn. 33, der von „Verfassungsstrukturprinzipien" spricht.

932 BVerfGE 22, 180 (204); 59, 231 (263); 100, 271 (284).

933 *Zacher*, Das soziale Staatsziel, in: Isensee/Kirchhof (Hrsg.), HStR, Bd. 1, 1987, § 25 Rdn. 78.

934 Vgl. BVerfGE 33, 303 (331), wonach *„grundsätzlich daran festzuhalten ist, dass es auch im modernen Sozialstaat der nicht einklagbaren Entscheidung des Gesetzgebers überlassen bleibt, ob und wieweit er im Rahmen der darreichenden Verwaltung Teilhaberechte gewähren will,* […]"; aus der Literatur *Herzog*, in: Maunz/Dürig, GG, Bd. 2, Art. 20 VIII (1980) Rdn. 28; *Sommermann*, in: v. Mangoldt/Klein/Starck (Hrsg.), GG, Bd. 2, 4. Aufl. 2000, Art. 20 Abs. 1 Rdn. 97; *Sachs*, in: Sachs (Hrsg.), GG, 3. Aufl. 2003, Art. 20 Rdn. 50; *Brockmeyer*, in: Schmidt-Bleibtreu/Klein, GG, 9. Aufl. 1999, Art. 20 Rdn. 51.

935 *Brockmeyer*, in: Schmidt-Bleibtreu/Klein, 9. Aufl. 1999, Art. 20 Rdn. 51 ff.; *Sommermann*, in: v. Mangoldt/Klein/Starck (Hrsg.), GG, Bd. 2, 4. Aufl. 2000, Art. 20 Abs. 1 Rdn. 122 ff.

936 BVerfGE 40, 121 (133); 82, 60 (85); BVerwGE 1, 159 (161 f.); 5, 27 (31); 52, 339 (346).

937 BVerfGE 33, 303 (331 ff.).

gen hinaus werden subjektive Rechte nur in Ausnahmefällen zu begründen sein. Sogar dort, wo die Werteordnung des Grundgesetzes im Hinblick auf das Sozialstaatsprinzip verlangt, *„dass die staatliche Gemeinschaft Lasten mitträgt, die aus einem von der Gesamtheit zu tragenden Schicksal entstanden sind und nur zufällig einen bestimmten Personenkreis treffen"*, können nach Auffassung des Bundesverfassungsgerichts[938] konkrete Ausgleichsansprüche der einzelnen Geschädigten nicht unmittelbar aus dem Sozialstaatsprinzip, sondern erst durch eine gesetzliche Regelung begründet werden. Auch hier kommt der Gedanke des „Sonderopfers" bzw. der Lastengleichheit wieder zum Tragen.[939] Insoweit wurde bereits festgestellt, dass sich der Gläubiger, der sich privatautonom als Zulieferer von Waren oder Leistungen auf geschäftliche Beziehungen mit kommunalen Unternehmen in Privatrechtsform eingelassen hat, nicht in einer „Sonderopferlage" befindet.[940] Kann der Gläubiger selbst entscheiden, ob er mit dem kommunalen Unternehmen kontrahiert oder nicht, geht er ein sich im Rahmen eines Kredit- oder Leistungsvertrags realisierendes Ausfallrisiko freiwillig ein. Der Forderungsausfall im Falle der Insolvenz des kommunalen Unternehmens trifft ihn dann nicht zufällig.

(3) Zwischenergebnis

Das in Art. 20 Abs. 1, 28 Abs. 1 GG niedergelegte Sozialstaatsprinzip verpflichtet die Gemeinden als Teil des gesamten Staatswesens, für eine sozial gerechte Gestaltung des Gemeinwesens zu sorgen. In § 8 GO NW[941] ist diese Sozialpflichtigkeit der Gemeinden durch die Verpflichtung konkretisiert, im Rahmen ihrer Leistungsfähigkeit die nach den örtlichen sozialen Verhältnissen erforderlichen öffentlichen Einrichtungen zu errichten und zu unterhalten und den Gemeindeeinwohnern nach Maßgabe der bestehenden allgemeinen Vorschriften das Recht zu gewähren, diese Einrichtungen zu benutzen.[942] Im Falle einer Einrichtung in der Rechtsform der GmbH oder der AG ist der grundsätzlich gegen die Gemeinde zu richtende Zulassungsanspruch darauf gerichtet, dass die Gemeinde in entsprechender Weise auf ihre Gesellschaft einwirkt. Durch Aufsichts-, Kontroll- und Weisungsrechte muss die Gemeinde die Möglichkeit haben, den Zulassungsanspruch durchzusetzen und damit ihre sich aus dem Sozialstaatsprinzip ergebenden Pflichten zu erfüllen.[943] Abgese-

938 BVerfGE 27, 253 (Leitsatz 2.a).
939 Klassischer Vorläufer dieses Instituts der sozialen Entschädigung (vgl. die Regelungen in Art. 119, 120, 120 a GG) ist der Aufopferungsanspruch aus §§ 74, 75 EinlPrALR.
940 Siehe hierzu oben Dritter Teil C. II. 4.
941 Siehe zur Definition der öffentlichen Einrichtung oben Erster Teil C. I. 1.
942 *Kraft*, Das Verwaltungsgesellschaftsrecht, 1982, S. 76 f.; *ders*, Eigengesellschaften, in: Püttner (Hrsg.), HkWP, Bd. 5, 2. Aufl. 1984, S. 168 (180); *Brenner*, AöR 127 (2002), S. 222 (228).
943 *Kraft*, Das Verwaltungsgesellschaftsrecht, 1982, S. 81; *ders*, Eigengesellschaften, in: Püttner (Hrsg.), HkWP, Bd. 5, 2. Aufl. 1984, S. 168 (181); *Brenner*, AöR 127 (2002), S. 222 (228).

hen von dem Benutzungsanspruch der Gemeindeeinwohner räumt das Sozialstaatsprinzip keine subjektiven Rechte der Bürger auf kommunale Leistungen ein, insbesondere besteht kein Anspruch auf Errichtung bzw. Erweiterung einer Einrichtung. Die Gemeinden unterliegen nur einer objektiven Handlungspflicht,[944] im Rahmen ihrer Leistungsfähigkeit öffentliche Einrichtungen zu schaffen und dem Wohl der Gemeindeeinwohner zu dienen. Im Rahmen des § 8 GO NW entscheiden die Gemeinden eigenverantwortlich über das „Ob" und das „Wie" der Aufgabenerfüllung. Sie verfügen insoweit über einen erheblichen Beurteilungsspielraum, welche Einrichtungen im Einzelfall erforderlich sind. Im übrigen ließen sich subjektive Rechte des Einzelnen nur in Ausnahmenfällen aus den Grundrechten in Verbindung mit dem Sozialstaatsprinzip ableiten, wenn bei Ausbleiben elementarer Leistungen ein freiheitliches und menschenwürdiges Existieren nicht möglich wäre.

c) Zwischenergebnis

Weder mit dem Rechtsstaatsprinzip noch mit dem Sozialstaatsprinzip ist ein dem Gläubigerschutz dienender Haftungsdurchgriff gegen die Gemeinde zu begründen. Das Rechtsstaatsprinzip bzw. das Argument des Vertrauensschutzes muss letztlich mit dem Hinweis, dass die ausdrückliche Wahl einer haftungsbeschränkenden Rechtsform die Entstehung schutzwürdigen Vertrauens verhindert, als entkräftet angesehen werden. Die Überlegungen zur Gewährträgerhaftung im Dreiecksverhältnis »Gläubiger - kommunale Gebietskörperschaft - Land« sind auf das Dreiecksverhältnis »Gläubiger - kommunale Eigengesellschaft - Gemeinde« nicht übertragbar. Aus dem Sozialstaatsprinzip können grundsätzlich keine subjektiven Rechte der Bürger abgeleitet werden. Es besteht nur eine objektive Handlungspflicht der Gemeinde, Einrichtungen entsprechend ihrer Leistungsfähigkeit und der Erforderlichkeit zu schaffen. Inwieweit die Gemeinde darüber hinaus verpflichtet ist, die von ihr geschaffenen Einrichtungen funktionsfähig zu erhalten, ist eine Frage der Insolvenzabwendungspflicht.[945]

6. Ergebnis zur Durchgriffshaftung

Im Ergebnis besteht keine generelle Verpflichtung der Gemeinde, im Insolvenzfall für die Verbindlichkeiten ihrer Eigengesellschaften einzustehen. Eine teleologische Reduktion der zivilrechtlichen Haftungsbeschränkung, die den Haftungsdurchgriff gegen den öffentlich-rechtlichen Träger zum Regelfall machen würde, ist abzulehnen, weil ein unauflöslicher Widerspruch zur Freiheit der Rechtsformwahl entstünde, wenn dem Staat grundsätzlich die Verwendung zivilrechtlicher Organisations-

944 *Kraft*, Das Verwaltungsgesellschaftsrecht, 1982, S. 77.
945 Siehe hierzu unten Dritter Teil C. III.

und Handlungsformen gestattet ist, in der Konsequenz die haftungsbeschränkenden zivilrechtlichen Normen aber ebenso grundsätzlich nicht gelten sollen. Aus den bestehenden öffentlich-rechtlichen Bindungen lässt sich keine generelle Haftung des öffentlich-rechtlichen Trägers herleiten. Weder das Grundrecht des Art. 14 GG noch der Gedanke des „Sonderopfers", der sowohl im Rechtsgrundsatz der Aufopferung als auch in der Analogie zur ungesetzlichen Sondersteuer zum Tragen kommt, noch das Rechts- oder Sozialstaatsprinzip können zur Begründung eines Haftungsdurchgriffs gegen die Gemeinde fruchtbar gemacht werden.

III. Insolvenzabwendungspflicht

1. Rechts- und Sozialstaatsprinzip

Die Prinzipien des Rechts- und Sozialstaates werden auch herangezogen, um eine Pflicht der öffentlichen Hand zu begründen, die drohende Insolvenz der Eigengesellschaft abzuwenden. *Ehlers*[946] überlässt es im Ergebnis der Gemeinde, ob sie ihrer haftungsrechtlichen Verantwortlichkeit durch Abwendung des Konkurses oder durch Übernahme der Haftung im Anschluss an das durchgeführte Konkursverfahren nachkommen will.

a) Öffentlich-rechtliche Finanzierungspflicht

Alfuß[947] hat eine Konkursabwendungspflicht der öffentlich-rechtlichen Träger privatrechtlicher Organisationsformen aus den Prinzipien des Rechts- und Sozialstaates abgeleitet. Anknüpfend an die das Sozialstaatsprinzip prägenden Elemente der sozialen Sicherheit und Gerechtigkeit entnimmt er dem Sozialstaatsprinzip – in Übereinstimmung mit dem oben gefundenen Ergebnis[948] – den an alle staatlichen Funktionsträger gerichteten bindenden Auftrag zur Darbietung der erforderlichen sozialen Einrichtungen. Nur wenn alle öffentlichen Rechtsträger die erforderlichen Institutionen errichteten, mit denen der Verfassungsauftrag der Sozialstaatlichkeit erfüllt werde, könne soziale Sicherheit gewährleistet werden.[949] Aus der Pflicht des Staates zur Schaffung und Erhaltung bestimmter sozialer Einrichtungen folgert *Alfuß* die

946 *Ehlers*, Verwaltung in Privatrechtsform, 1984, S. 321; *ders.*, DVBl. 1998, S. 497 (507); dem folgend *Erbguth/Stollmann*; DÖV 1993, S. 798 (807); auch *Kund*, Nachwirkende Pflichten der Gemeinden bei der Ausgliederung öffentlicher Aufgaben auf Private, 1988, S. 220 ff. Im Ergebnis auch *Weiß*, Privatisierung und Staatsaufgaben, 2002, S. 380 ff. mit Fn. 176.

947 *Alfuß*, Staatliche Haftungsbeschränkung durch Inanspruchnahme privatrechtlicher Organisationsformen, 1977, S. 100 ff., 113 ff.

948 Siehe oben Dritter Teil C. II. 5. b) bb) (1).

949 *Alfuß*, Staatliche Haftungsbeschränkung durch Inanspruchnahme privatrechtlicher Organisationsformen, 1977, S. 103 f.

Verpflichtung, diese für die Dauer ihres Bestehens finanziell so ausstatten, dass sie ihre Aufgaben erfüllen könnten.[950] Diese öffentlich-rechtliche Verpflichtung habe auch dann Geltung, wenn sich die staatlichen Funktionsträger zur Erfüllung ihrer sozialstaatlichen Verpflichtungen privatrechtlicher Organisationsformen bedienten, denn sie blieben weiterhin die verantwortlichen Träger des Gemeinwohls. Nähmen die von der öffentlichen Verwaltung errichteten oder unterhaltenen privatrechtlichen Unternehmen Aufgaben wahr, die aus der sozialstaatlichen Pflichtenstellung resultierten, so übernähmen deren Träger mit der Errichtung oder Übernahme die Verantwortung für diese Einrichtung. Sie seien aufgrund ihrer sozialstaatlichen Pflichtenstellung in gleicher Weise wie gegenüber öffentlich-rechtlich organisierten sozialen Institutionen verpflichtet, diese für die Dauer ihres Bestehens mit den erforderlichen finanziellen Mitteln auszustatten. Da schon die Illiquidität oder eine Unterbilanz und erst recht der Konkurs einer privatrechtlich organisierten sozialen Einrichtung die notwendige krisenfeste, lückenlose und dauerhafte Versorgung der Gesellschaft mit den notwendigen Gütern gefährde, seien die öffentlich-rechtlichen Träger verpflichtet, diese Gefahr durch geeignete Maßnahmen abzuwehren. Die Nichtbeachtung dieser Pflicht wäre ein Verstoß gegen Art. 20 Abs. 1 und Art. 28 Abs. 1 Satz 1 GG und damit verfassungswidrig.[951] Zugleich wäre der rechtsstaatliche Vertrauensschutzgrundsatz verletzt. Der Staat schaffe durch die Errichtung privatrechtlich organisierter sozialer Einrichtungen einen Zustand, auf dessen Bestand der Bürger – im Hinblick auf die als sicher vorausgesetzte Liquidität des öffentlich-rechtlichen Trägers der privatrechtlichen Organisation – vertraue und in einer Vielzahl von Fällen konkrete Dispositionen treffe. Dieses dispositionsbeeinflussende Vertrauen werde vom rechtsstaatlichen Vertrauensschutz umfasst und habe zur Folge, dass der Staat das vom Bürger entgegengebrachte Vertrauen zu berücksichtigen habe. Aus diesem Grund seien die öffentlich-rechtlichen Träger verpflichtet, den drohenden Konkurs durch geeignete Maßnahmen abzuwenden.[952] Bei Beachtung des Finanzierungspostulats scheide ein Konkurs und damit auch die Realisierung der mit der juristischen Person des Zivilrechts verbundenen haftungsbeschränkenden Wirkung aus.[953]

950 *Alfuß*, Staatliche Haftungsbeschränkung durch Inanspruchnahme privatrechtlicher Organisationsformen, 1977, S. 105.

951 *Alfuß*, Staatliche Haftungsbeschränkung durch Inanspruchnahme privatrechtlicher Organisationsformen, 1977, S. 106 f.

952 *Alfuß*, Staatliche Haftungsbeschränkung durch Inanspruchnahme privatrechtlicher Organisationsformen, 1977, S. 122 ff.

953 *Alfuß*, Staatliche Haftungsbeschränkung durch Inanspruchnahme privatrechtlicher Organisationsformen, 1977, S. 111, 126.

b) Stellungnahme

aa) Das Rechtsstaatsprinzip

Mit dem Rechtsstaatsprinzip greift *Alfuß* den Gedanken des Vertrauensschutzes auf, der nach hier vertretener Ansicht im maßgeblichen Dreiecksverhältnis »Gläubiger - kommunale Eigengesellschaft - Gemeinde« nicht zur Begründung eines Haftungsdurchgriffs gegen die Gemeinde herangezogen werden kann.[954] Vertrauensschutz kann dort nicht in Frage kommen, wo die Gemeinde sich der Gesellschaftsformen des Privatrechts mit den entsprechenden Haftungsbeschränkungen bedient. Hier steht dem Gläubiger nicht die Gemeinde als Schuldner gegenüber, die das Vertrauen auf die grundsätzlich unbegrenzte Finanzkraft des Staates veranlassen könnte. Schuldner ist das kommunale Unternehmen in Privatrechtsform. Bei der Rechtsform der AG und GmbH ist die Haftungsbeschränkung den Beteiligten bekannt. Wer Geschäfte mit beschränkt haftenden kommunalen Unternehmen eingeht, muss sich des darin liegenden Risikos bewusst sein. Im Ergebnis muss daher dem rechtsstaatlichen Vertrauensschutzgrundsatz auch hier das Argument entgegengehalten werden, dass die ausdrückliche Wahl einer haftungsbeschränkenden Rechtsform die Entstehung schutzwürdigen Vertrauens verhindert.

bb) Das Sozialstaatsprinzip

Die von *Alfuß* aus dem Sozialstaatsprinzip abgeleitete Insolvenzabwendungspflicht der öffentlich-rechtlichen Träger privatrechtlicher Organisationsformen erfordert eine ausführlichere Betrachtung. Das Sozialstaatsprinzip verpflichtet die Gemeinde, im Rahmen ihrer Leistungsfähigkeit die nach den örtlichen sozialen Verhältnissen erforderlichen öffentlichen Einrichtungen zu schaffen. Zur Erfüllung ihrer Verpflichtungen aus dem Sozialstaatsprinzip setzt die Gemeinde auch Eigengesellschaften ein, die elementare Aufgaben der sozialen Vorsorge und Sicherung erfüllen. Die Gründung einer solchen Eigengesellschaft entbindet die Gemeinde aber noch nicht von ihrer Verpflichtung, dafür zu sorgen, dass die Aufgabe auf Dauer, tatsächlich und mit zumindest gleich bleibender Qualität erbracht wird.[955] Es stellt sich die Frage, ob sich aus der sozialstaatlichen Pflicht des Staates zur Schaffung und Erhaltung bestimmter sozialer Einrichtungen auch die Verpflichtung zur finanziellen Instandhaltung der *konkreten* Einrichtungen folgern lässt.

954 Siehe hierzu oben Dritter Teil C. II. 5. b) aa) (3).

955 Vgl. *Kraft*, Eigengesellschaften, in: Püttner (Hrsg.), HkWP, Bd. 5, 2. Aufl. 1984, S. 168 (180) m.w.N.

(1) Keine allgemeine „Instandhaltungspflicht"

Einer allgemeinen finanziellen „Instandhaltungspflicht" wird die Überlegung entgegengehalten, dass selbst juristische Personen des öffentlichen Rechts prinzipiell konkursfähig seien.[956]

Insoweit wurde bereits festgestellt, dass sich mit der Funktionsgewährleistung der öffentlichen Aufgabenerfüllung der Ausschluss des Insolvenzverfahrens bei juristischen Personen des öffentlichen Rechts regelmäßig nicht begründen lässt.[957] Obwohl das Insolvenzverfahren bei den juristischen Personen des öffentlichen Rechts zum Verlust der Rechtsfähigkeit bzw. zur Existenzbeendigung führt, wird die Funktionsgewährleistung der öffentlichen Aufgabenerfüllung durch die Anwendung des § 882 a Abs. 2 ZPO im Insolvenzverfahren abgesichert. Die Sachen, die für die Erfüllung öffentlicher Aufgaben unentbehrlich sind oder deren Veräußerung ein öffentliches Interesse entgegensteht, verbleiben in der Verwaltungs- und Verfügungszuständigkeit der juristischen Personen des öffentlichen Rechts und lassen sich bis zum Abschluss des Insolvenzverfahrens im Sinne der ursprünglich vorgesehenen öffentlichen Zwecksetzung einsetzen. Nach Beendigung des Insolvenzverfahrens werden die öffentlichen Aufgaben durch „Nachfolge-Personen" erfüllt, zu deren Errichtung die übergeordneten Träger verpflichtet sind und die zur Gesamtrechtsnachfolge in das Vermögen der untergegangenen juristischen Person berufen sind. Für die Eigengesellschaften gilt nichts anderes als für die sonstigen Körperschaften, Stiftungen und Anstalten des öffentlichen Rechts. Der „öffentliche Zweck" des kommunalen Unternehmens kann im Insolvenzfall durch von der Gemeinde zu errichtende „Nachfolge-Gesellschaften" erfüllt werden.[958] Dies gilt auch dann, wenn öffentlicher Zweck die Darbietung der erforderlichen sozialen Einrichtungen ist.

(2) Die institutionelle Garantie sozialstaatlicher Einrichtungen

Selbst wenn eine unmittelbar aus der Sozialstaatsverbürgung resultierende Garantie sozialer Einrichtungen im Sinne eines verfassungsrechtlichen Bestandsschutzes anerkannt ist,[959] handelt es sich nur um eine *institutionelle* Garantie dieser Einrichtungen.[960] *Lerche*[961] hat festgestellt: *„Ein erster Teilinhalt* [der Sozialstaatlichkeit] *besagt, dass ein Mindestmaß vorhandener sozialer Institutionen bestehen bleiben*

956 *Ehlers*, Verwaltung in Privatrechtsform, 1984, S. 321 f.; *Kund*, Nachwirkende Pflichten der Gemeinden bei der Ausgliederung öffentlicher Aufgaben auf Private, 1988, S. 220 f.

957 Siehe hierzu oben Zweiter Teil C. III. 1.

958 Siehe hierzu oben Zweiter Teil D.

959 Vgl. für die Sozialversicherung z. B. *Zacher*, Aufgaben einer Theorie der Wirtschaftsverfassung, FS für F. Böhm, 1965, S. 65 (78 ff.) m.w.N.

960 Vgl. *Stern/Burmeister*, Die kommunalen Sparkassen, 1972, S. 97 ff. m.w.N.; hierzu auch *Kemmler*, Die Anstaltslast, 2001, S. 72 f.

961 *Lerche*, Übermaß und Verfassungsrecht, 1961, S. 231.

muß. In dieser institutionellen Garantie hat die Sozialität eine klare Verdichtung zu abgegrenzter Substanz erfahren, die den Kreis der geschützten Institute im Einzelfall durchaus bestimmbar macht.“ Diese aus dem Sozialstaatsprinzip folgende institutionelle Garantie ist von der individuellen Garantie konkreter Einrichtungen im Sinne einer „Status-quo-Garantie“[962] zu unterscheiden. Soweit Einrichtungen auf kommunaler Ebene als unabdingbarer Bestandteil der sozialstaatlichen Pflichtenstellung der öffentlichen Hand zum Komplex bestandsgarantierter Einrichtungen gezählt werden, handelt es sich auch hier nur um eine institutionelle Garantie.[963]

(3) Zwischenergebnis

Eine *allgemeine* finanzielle „Instandhaltungspflicht“ des Staates bzw. der Gemeinden besteht nicht. Die öffentliche Hand kann ihrem sozialstaatlichen Versorgungsauftrag auch ohne die einzelne Einrichtung nachkommen. Zu untersuchen ist daher, welche *konkreten* Finanzierungspflichten öffentlich-rechtlicher Träger anerkannt sind und ob sich diese für das Verhältnis der Gemeinden zu ihren kommunalen Unternehmen fruchtbar machen lassen.[964]

cc) Das Institut der Anstaltslast

Anerkannt sind öffentlich-rechtliche Finanzierungspflichten der Gemeinde im Institut der Anstaltslast.

(1) Gegenstand der Anstaltslast

Wie die Gewährträgerhaftung[965] hat das Institut der Anstaltslast seine wesentliche Ausformung im Bereich des Sparkassenwesens erfahren.[966] § 6 Satz 3 SpkG NW

962 Vgl. zu diesem Begriff schon *Carl Schmitt*, Inhalt und Bedeutung des zweiten Hauptteils der Reichsverfassung, in: Anschütz/Thoma (Hrsg.), HDStR, Bd. 2, 1932, § 101, S. 572 (596 f.).

963 Vgl. *Stern/Burmeister*, Die kommunalen Sparkassen, 1972, S. 107 ff. für die Sparkassen.

964 Von vornherein nicht in Betracht kommt hier eine Analogie der Eigenbetriebsvorschriften, denn es folgt bereits aus der Natur des rechtlich unselbständigen Eigenbetriebs als Sondervermögen der Gemeinde, dass diese für seinen finanziellen Bestand zu sorgen hat, vgl. *Kemmler*, Die Anstaltslast, 2001, S. 67 f.; hierzu auch *Alfuß*, Staatliche Haftungsbeschränkung durch Inanspruchnahme privatrechtlicher Organisationsformen, 1977, S. 96 ff.

965 Siehe hierzu oben Dritter Teil C. II. 5. b) aa) (2).

bestimmt beispielsweise: „Der Gewährträger stellt sicher, dass die Sparkasse ihre Aufgaben erfüllen kann (Anstaltslast).“ Die Anstaltslast bezieht sich nur auf das Innenverhältnis zwischen Gemeinde und Sparkasse, denn sie betrifft die Verpflichtung der Gemeinde, die Sparkasse zur Erfüllung ihrer Aufgaben instand zu halten.[967] Nach der Definition der Wettbewerbsenquête der Bundesregierung handelt es sich um die (öffentlich-rechtliche) Verpflichtung der Errichtungskörperschaft, *„die wirtschaftliche Basis der Anstalt zu sichern, die Anstalt für die gesamte Dauer ihres Bestehens funktionsfähig zu erhalten und etwaige finanzielle Lücken (Unterbilanz) durch Zuschüsse oder auf andere geeignete Weise auszugleichen.“*[968] Gegenstand der Anstaltslast ist also eine Finanzierungspflicht des Anstaltsträgers[969] zur präventiven Vermeidung einer Unterbilanz durch rechtzeitige und genügende Mittelausstattung. Als Mittel zur Wiederherstellung der Fähigkeit zur Aufgabenerfüllung kommen z. B. Barleistungen, Ausfallbürgschaften, Schuldanerkenntnisse oder Schuldübernahmen in Betracht.[970] Denkbar ist auch die nur darlehensweise Gewährung

966 Die Anstaltslast geht inhaltlich zurück auf eine Entscheidung des Preußischen Oberverwaltungsgerichts vom 4.6.1897 (PrVbl. Bd. 19, S. 280 ff.). Das Gericht hatte in Anknüpfung an das Preußische Sparkassenreglement von 1838 die Verpflichtung der Kommunalverbände festgestellt, für die von ihnen begründeten – zum damaligen Zeitpunkt noch rechtlich unselbständigen – Sparkassen umfassend einzutreten: *„Sie* [die Einstandspflicht] *umfaßt zwar zunächst nur die Pflicht, bei Insuffizienz der Sparkasse den Gläubigern derselben gegenüber für den Ausfall einzutreten, sie schließt aber auch die weitergehende in sich, die Sparkasse, solange sie besteht, durch Gewährung der erforderlichen Mittel instand zu setzen, ihren Verpflichtungen gerecht zu werden und den Geschäftsverkehr fortzusetzen* […].“ Nach der Entscheidung umfasste die Einstandspflicht neben der später ausdrücklich als solche normierten „Gewährträgerhaftung“ auch die erst später von *Storck*, Der Gemeindetag 1937, S. 573 (574), so genannte „Anstaltslast“. Vgl. hierzu *Schlierbach/Püttner*, Das Sparkassenrecht in der Bundesrepublik Deutschland, 5. Aufl. 2003, S. 147 f.; ausführlich auch *Kemmler*, Die Anstaltslast, 2001, S. 16 ff.

967 Vgl. *Schlierbach/Püttner*, Das Sparkassenrecht in der Bundesrepublik Deutschland, 5. Aufl. 2003, S. 147 f.; *Stern/Burmeister*, Die kommunalen Sparkassen, 1972, S. 27; *Immenga/Rudo*, Die Beurteilung von Gewährträgerhaftung und Anstaltslast der Sparkassen und Landesbanken nach dem EU-Beihilferecht, 1997, S. 23; *Kinzl*, Anstaltslast und Gewährträgerhaftung, 2000, S. 33 f.; *Kemmler*, Die Anstaltslast, 2001, S. 16; *Oebbecke*, DVBl. 1981, S. 960 (961).

968 Bericht der Bundesregierung über die Untersuchung der Wettbewerbsverschiebungen im Kreditgewerbe und über eine Einlagensicherung, BT-Drs. V/3500, S. 47.

969 Bei der Sparkasse sind Errichtungskörperschaft und Gewähr- bzw. Anstaltsträger identisch. Im Zusammenhang mit der Anstaltslast soll hier zur Abgrenzung von der Gewährträgerhaftung vom „Anstaltsträger“ oder ganz allgemein vom „Träger“ gesprochen werden.

970 Vgl. *Schlierbach/Püttner*, Das Sparkassenrecht in der Bundesrepublik Deutschland, 5. Aufl. 2003, S. 149; *Immenga/Rudo*, Die Beurteilung von Gewährträgerhaftung und Anstaltslast der Sparkassen und Landesbanken nach dem EU-Beihilferecht, 1997, S. 24; *Kemmler*, Die Anstaltslast, 2001, S. 106 f.

von Leistungen,[971] denn auch bei der Verpflichtung zur Rückzahlung von aufgrund der Anstaltslast geleisteten Mitteln würde das finanzielle Defizit ausgeglichen und die Anstalt wieder zur Aufgabenerfüllung potent gemacht. Ob die Anstalt später bei Überschuss ihrer Mittel wieder Zahlungen an den Gewährträger zurückleistet, ist eine Frage der Vereinbarung oder der einfachgesetzlichen Vorschriften.[972] Die Anstaltslast vermittelt nach einhelliger Meinung weder den Gläubigern der Anstalt noch nach ganz überwiegender Auffassung der Anstalt selbst einen subjektiven Anspruch gegen den Träger.[973] Es handelt sich lediglich um eine (objektive) Pflicht des Trägers, die notfalls von der Aufsichtsbehörde der Errichtungskörperschaft erzwungen werden könnte.[974] Die Verpflichtung des Trägers besteht, solange und soweit er die Anstalt betreibt. Sie schließt nicht aus, dass der Träger in einer Krise oder aus anderem Anlass die Anstalt auflöst[975] oder abgibt[976]; solange der Träger aber solche Schritte meidet, darf er die Anstalt nicht „verhungern" lassen.[977]

In neuerer Zeit hat sich die Anstaltslast – teilweise unter dem Stichwort der „Aufgabenlast"[978] – auch bei anderen juristischer Personen des öffentlichen Rechts etablieren können. *Kemmler* versteht den Begriff der „Anstaltslast" insoweit zutreffend als eine „Trabantenlast". Ausschlaggebend sei, ob es sich bei der ausgegliederten Verwaltungseinheit um einen Teil der mittelbaren Staatsverwaltung handele, denn der Grundgehalt der Anstaltslast sei die Verantwortung des Muttergemeinwesens gegenüber einer ausgegründeten Einheit. Als solche Trabanten der mittelbaren Staatsverwaltung kommen dabei neben der rechtsfähigen Anstalt des öffentlichen Rechts auch rechtsfähige Körperschaften sowie rechtsfähige Stiftungen und Sondervermögen in Betracht.[979] Bei den öffentlich-rechtlichen Rundfunkanstalten wird die Finanzierungspflicht des öffentlich-rechtlichen Gewährträgers als „Gewährleistungs-

971 Im Sparkassenrecht wurde eine Rückzahlungsverpflichtung der Anstalt schon früh mit dem Argument verneint, dass ein Rückzahlungsanspruch des Gewährträgers in der Bilanz zu passivieren wäre und damit den Zweck der Anstaltslast vereiteln würde, vgl. die Nachweise bei *Kemmler*, Die Anstaltslast, 2001, S. 108 (Fn. 432 und Fn. 433).

972 *Kemmler*, Die Anstaltslast, 2001, S. 108 f.

973 *Kemmler*, Die Anstaltslast, 2001, S. 102 ff. m.w.N.

974 Bericht der Bundesregierung über die Untersuchung der Wettbewerbsverschiebungen im Kreditgewerbe und über eine Einlagensicherung, BT-Drs. V/3500, S. 48.

975 § 35 Abs. 1 Satz 1 SpkG NW bestimmt beispielsweise: „Sparkassen können nach Anhörung des Verwaltungsrates durch Beschluss ihres Gewährträgers aufgelöst werden." In der Praxis dürfte jedoch der Auflösung einer Sparkasse anstatt einer Vereinigung aus sparkassenpolitischen Gründen kaum Bedeutung zukommen, vgl. *Schlierbach/Püttner*, Das Sparkassenrecht in der Bundesrepublik Deutschland, 5. Aufl. 2003, S. 92.

976 § 32 SpkG NW regelt die Vereinigung von Sparkassen.

977 *Schlierbach/Püttner*, Das Sparkassenrecht in der Bundesrepublik Deutschland, 5. Aufl. 2003, S. 147 f.

978 *Schmidt*, Zeitschrift für das gesamte Kreditwesen 1981, S. 762 (764), sieht in der Anstaltslast einen Unterfall der Aufgabenlast, die ein fester Bestandteil des ungeschriebenen allgemeinen Verwaltungs- und Staatsrechts sei.

979 *Kemmler*, Die Anstaltslast, 2001, S. 34. Für die grundsätzliche Geltung der als „Anstaltslast" bezeichneten finanziellen Gewährleistungspflicht auch *Engelsing*, Zahlungsunfähigkeit von Kommunen und anderen juristischen Personen des öffentlichen Rechts, 1999, S. 207.

pflicht"[980] und im Bereich der Sozialversicherungsträger als „Bundesgarantie" oder „Liquiditätshilfe"[981] bezeichnet. Den Gemeinden wird ganz überwiegend ein „Anspruch auf angemessene Finanzausstattung"[982] zuerkannt. Inhaltlich geht es trotz der unterschiedlichen Terminologie immer um die Verpflichtung des öffentlich-rechtlichen Trägers, die von ihm gegründete juristische Person finanziell zu unterstützen, um ihre Funktionsfähigkeit zu erhalten und die ordnungsgemäße Erfüllung der ihr übertragenen öffentlichen Aufgaben sicherzustellen.

(2) Dogmatische Grundlage der Anstaltslast

Umstritten ist die dogmatische Grundlage der Anstaltslast und infolgedessen die Frage, ob es sich hier um einen allgemeingültigen Grundsatz handelt, der der Gemeinde Finanzierungspflichten gegenüber ihren öffentlich-rechtlichen „Trabanten"[983] auferlegt. Während eine Ansicht in der Anstaltslast nur eine sparkassenpolitische Maxime erblickt,[984] handelt es sich nach anderer Ansicht um ein *„allgemeines und unabdingbares Prinzip des Verwaltungsrechts"*.[985] Die Anstaltslast habe ihre Rechtsbasis in der engen und strukturbedingten Zugehörigkeit zur Rechtsform der Anstalt des öffentlichen Rechts und ihrer Verbindung zum Muttergemeinwesen. Sie sei unabdingbar mit der Organisationsform der öffentlich-rechtlichen Anstalt verbunden. In ihr drücke sich die Gesamtverantwortung des Anstaltsträgers für die von ihm errichtete Einrichtung aus. Die öffentlich-rechtliche Körperschaft, die eine An-

980 BVerfGE 89, 144 (154).

981 Im Bereich der Rentenversicherung leistet der Bund den Trägern der Rentenversicherung nach § 214 Abs. 1 SGB VI eine Liquiditätshilfe, die nach § 214 Abs. 2 SGB VI darlehensweise erfolgt und innerhalb eines Jahres ohne Zinsen zurückzuzahlen ist. Für die knappschaftliche Rentenversicherung ist die Pflicht zur Gewährung der Leistungsfähigkeit ausdrücklich geregelt: Nach § 215 SGB VI trägt der Bund den Unterschiedsbetrag zwischen den Einnahmen und den Ausgaben eines Kalenderjahres. Im Bereich der Arbeitslosenversicherung leistet der Bund nach § 364 Abs. 1 SGB III notwendige Liquiditätshilfen als zinslose Darlehen, die bei einer Besserung der finanziellen Lage nach § 364 Abs. 2 SGB III zurückzuzahlen sind. Nur wenn Darlehen aus den Einnahmen und der Rücklage nicht zurückgezahlt werden können, wandeln sich die Darlehen in einen Bundeszuschuss um.

982 Vgl. z. B. *Kemmler*, Die Anstaltslast, 2001, S. 186 ff. m.w.N.; *Engelsing*, Zahlungsunfähigkeit von Kommunen und anderen juristischen Personen des öffentlichen Rechts, 1999, S. 199 ff. m.w.N.; hierzu auch *Volkmann*, DÖV 2001, S. 497 ff.; *Marauhn*, Selbstverwaltungsrechte und aufgabenangemessene Finanzausstattung kommunaler Gebietskörperschaften in Europa, in: Hoffmann/Kromberg/Roth/Wiegand (Hrsg.), Kommunale Selbstverwaltung im Spiegel von Verfassungsrecht und Verwaltungsrecht, 1996, S. 71 ff.

983 *Kemmler*, Die Anstaltslast, 2001, S. 34.

984 *Oebbecke*, DVBl. 1981, S. 960 (963).

985 So z. B. *Stern/Nierhaus*, Rechtsfragen der Neuordnung des Sparkassenwesens, 1976, S. 90; auch *Schmidt*, Zeitschrift für das gesamte Kreditwesen 1981, S. 762 ff., zur „Aufgabenlast"; *ders.*, Zeitschrift für das gesamte Kreditwesen 1982, S. 255; *Thode*, Veräußerung öffentlich-rechtlicher Versicherungsunternehmen in der Bundesrepublik Deutschland, 1994, S. 119 f.

stalt errichte, könne sich der Verantwortung für sie nicht entziehen. Sie habe als „Anstaltsherr“ die Pflicht, ihre Funktionsfähigkeit zu gewährleisten. Wolle sie sich von ihrer Verantwortung befreien, müsse sie die Anstalt auflösen.[986] Neuere Untersuchungen sehen die Anstaltslast sogar als Bestandteil des Rechtsstaatsprinzips nach Art. 20 Abs. 3 GG.[987] Bediene sich ein Träger öffentlich-rechtlicher Verwaltung zur Erfüllung seiner Aufgaben öffentlich-rechtlicher Anstalten, gebiete es der Grundsatz der Gesetz- und Rechtmäßigkeit der Verwaltung, durch Leistungen an die Anstalt für die Erfüllung ihrer Verbindlichkeiten Sorge zu tragen. Bund, Ländern und Kommunen stehe das durch die Finanzverfassung des Grundgesetzes garantierte Abgabenprivileg zu; sie könnten das Finanzvolumen direkt beeinflussen und daher nicht zahlungsunfähig werden. Entscheide sich das Muttergemeinwesen zur Errichtung einer Anstalt des öffentlichen Rechts, durch die es eigene oder ihm gesetzlich auferlegte Aufgaben wahrnehme und auf die es daher einen dauernden maßgebenden Einfluss ausübe, so dürfe es auch für den durch freiwilligen Organisationsakt abgetrennten Teilorganismus der öffentlich-rechtlichen Anstalt keine Zahlungsunfähigkeit geben. Öffentlich-Rechtlichkeit und Zahlungsunfähigkeit schlössen einander begrifflich aus.

Wichtigstes Argument für die Begründung der Finanzierungspflicht ist die sogenannte „Aufgabenlast“, d. h. die Pflicht des Verwaltungsträgers, die ihm obliegende öffentliche Aufgabe ordnungsgemäß zu erfüllen.[988] *Kemmler*[989] hat in ihrer umfassenden Untersuchung zur Anstaltslast diese als allgemeingültigen Grundsatz aus dem Prinzip der Aufgabenlast in Verbindung mit dem Gründungsakt der Anstalt hergeleitet.[990] Die Wurzeln der Aufgabenlast finden sich demnach im Demokratieprinzip und im Rechtsstaatsprinzip des Grundgesetzes. Da die Anstalt des öffentlichen Rechts aufgrund eines Gesetzes oder einer kommunalen Satzung mit dem Auftrag errichtet werde, bestimmte Aufgaben mittels der ihr übertragenen Kompetenz wahrzunehmen, würde ihr „Sterben“ oder ihre Unfähigkeit der Aufgabenwahrnehmung wegen fehlender finanzieller Mittel gerade diesem gesetzgeberischen Akt zuwiderlaufen. Die Zuweisung einer Aufgabe an eine Verwaltungseinheit durch ein demokratisch legitimiertes Organ erfordere die ordnungsgemäße Erfüllung dieser

986 *Stern*, Anstaltslast und Gewährträgerhaftung im Sparkassenrecht, FS für H. Maurer, 2001, S. 815 (818).

987 *Thode/Peres*, BB 1997, S. 1749 (1750); *dies.*, VerwArch 89 (1998), S. 439 (452 f., 465 f.); auch *Stern*, Anstaltslast und Gewährträgerhaftung im Sparkassenrecht, FS für H. Maurer, 2001, S. 815 (824). Für die verfassungsrechtliche Verankerung der Anstaltslast auch *Kirchhof*, Entwicklungsperspektiven kommunaler Sparkassen in Deutschland, in: Kirchhof/Henneke (Hrsg.), Entwicklungsperspektiven kommunaler Sparkassen in Deutschland, 2000, S. 11 (29).

988 *Schmidt*, Zeitschrift für das gesamte Kreditwesen 1981, S. 762 (764).

989 *Kemmler*, Die Anstaltslast, 2001.

990 Vgl. auch schon *Schneider*, Das Finanzierungsrecht der öffentlich-rechtlichen Kreditinstitute, FS für S. Riesenfeld, 1983, S. 237 (244); *Rümker*, Probleme der Anstaltslast und Gewährträgerhaftung bei öffentlich-rechtlichen Kreditinstituten, FS für E. C. Stiefel, 1987, S. 607 (610).

Aufgabe; sonst werde der Wille des Gesetzgebers missachtet und das Demokratieprinzip verletzt.[991] Wegen des rechtsstaatlichen Grundsatzes der Gesetz- und Rechtmäßigkeit der Verwaltung müssten die Ausführenden die gesetzliche Aufgabenzuweisung an eine Verwaltungseinheit auch beachten.[992] Dabei besteht nach *Kemmler* die Finanzierungspflicht im Innenverhältnis zwischen Verwaltungstrabanten und deren Trägern nicht nur bei verfassungsrechtlich obligatorischen Aufgaben des Staates. Die Verpflichtung zur Aufgabenerfüllung bestehe für die öffentliche Hand, solange sie an der Aufgabe festhalte. Unerheblich sei, ob diese Aufgabe verfassungsrechtlich garantiert sei,[993] denn der Staat könne sich selbst Aufgaben zuweisen, für deren Erfüllung er auch bei fehlender Verankerung in der Verfassung verantwortlich bleibe, bis er durch Gesetzgebungsakt diese Aufgabe wieder aufgebe.[994] Insbesondere liege hier kein Verstoß gegen das Selbstverwaltungsrecht der Kommunen aus Art. 28 Abs. 2 GG. Ein solcher wird in der Literatur deswegen geltend gemacht, weil die aus der Aufgabenlast abgeleitete Anstaltslast freiwillige Aufgaben in Pflichtaufgaben umwandle.[995] Man könne nicht annehmen, dass der Träger durch den freiwilligen Organisationsakt der Anstaltserrichtung für sich selbst eine Verpflichtung schaffen könne, die nicht ohnehin bestünde. Die Erfüllung von Aufgaben des Anstaltsträgers durch die selbständige Anstalt löse eine Instandhaltungspflicht nur aus, wenn es sich nicht um freiwillige, sondern um Pflichtaufgaben handele. *Kemmler* hält dem entgegen, dass die Anstaltslast nur eine Pflicht zur Finanzierung betreffe, wenn eine bestimmte Aufgabe tatsächlich ausgeführt werde oder ausgeführt werden solle und wenn dies in der Organisationsform eines Verwaltungstrabanten geschehe; sie schaffe jedoch nicht die Verpflichtung zu einer bestimmten Aufgabenerledigung. Die Finanzierungspflicht bestehe auch nur, solange der Träger an der Erfüllung der Aufgabe festhalte. Beschließe er, eine freiwillige Aufgabe aufzugeben, so werde er daran nicht durch den Rechtsgrundsatz der Anstaltslast gehindert. Die

991 *Kemmler*, Die Anstaltslast, 2001, S. 74 f.; ähnlich *Becker*, Die Vernetzung der Landesbanken, 1998, S. 77 f., der auf den *Grundsatz vom Vorrang des Gesetzes* abstellt.

992 *Kemmler*, Die Anstaltslast, 2001, S. 75.

993 Verfassungsrechtliche Ausprägungen des Prinzips der Anstaltslast sind Art. 28 Abs. 2 GG (Finanzausstattungspflicht der Länder gegenüber den Kommunen), Art. 120 Abs. 1 Satz 4 GG (Bundesgarantie gegenüber den Sozialversicherungsträgern), Art. 5 Abs. 1 Satz 2 GG (Funktionsgewährleistungspflicht der Länder gegenüber den öffentlich-rechtlichen Rundfunkanstalten) und Art. 5 Abs. 3 Satz 1 GG (Finanzierungspflicht des Staates gegenüber den Universitäten).Vgl. hierzu mit vielen weiteren Nachweisen aus Rechtsprechung und Literatur *Kemmler*, Die Anstaltslast, 2001, S. 24, 153 ff., 168 ff., 175 ff., 186 ff.; zum Anspruch auf angemessene Finanzausstattung der Kommunen aus Art. 28 Abs. 2 GG auch *Engelsing*, Zahlungsunfähigkeit von Kommunen und anderen juristischen Personen des öffentlichen Rechts, 1999, S. 199 ff., der allerdings einen Rückgriff auf das Institut der Anstaltslast ablehnt, weil die Anstaltslast ebenso wie der aus Art. 28 Abs. 2 Satz 1 GG abgeleitete Anspruch auf eine aufgabenadäquate Finanzausstattung auf dem Gedanken der Aufgabenlast beruhe.

994 *Kemmler*, Die Anstaltslast, 2001, S. 78; a. A.: *Engelsing*, Zahlungsunfähigkeit von Kommunen und anderen juristischen Personen des öffentlichen Rechts, 1999, S. 212 ff.

995 *Oebbecke*, Rechtsfragen der Eigenkapitalausstattung der kommunalen Sparkassen, 1980, S. 46; *ders.*, DVBl. 1981, S. 960 (964); *Koenig*, WM 1995, S. 821 (825).

freiwillige Aufgabe werde nicht allein dadurch zu einer Pflichtaufgabe, dass eine mit ihr betraute Anstalt funktionsfähig zu erhalten sei. Die Freiwilligkeit der Aufgaben im Rahmen der Selbstverwaltung der Kommunen sei damit kein wirksames Argument gegen die Anstaltslast aus der Aufgabenlast.[996] Weil auch *Kemmler* die hier vertretene Möglichkeit der Errichtung von „Nachfolge-Personen" erkennt, die ohne weiteres im Wege eines Austauschs der Verwaltungseinheiten mit der Aufgabenerfüllung betraut werden könnten,[997] ergänzt sie das Prinzip der Aufgabenlast um den Aspekt des Gründungsaktes. Die Errichtungskörperschaft übernehme die Verantwortung für das von ihr ins Leben gerufene Rechtssubjekt, weil der Errichter nicht nur Gründer, sondern auch derjenige sei, der die Auflösung der Anstalt in der Hand habe. Mit der Errichtung des Verwaltungstrabanten träfen den Träger daher Organisationspflichten. Er habe dafür zu sorgen, dass der Trabant während seines Bestehens nicht nur rechtlich existent sei, sondern auch den durch die Gründung beabsichtigten Zweck erfüllen könne. Hierfür spreche auch das Demokratieprinzip, denn das Ergebnis der demokratisch legitimierten Willensbildung – die Errichtung des Verwaltungstrabanten durch Gesetz oder Satzung – würde durch den finanziellen Tod des Trabanten zunichte gemacht.[998] Im Ergebnis sieht *Kemmler* die dogmatische Grundlage für die allgemeine Anstaltslast in der Kombination aus Aufgabenlast und dem Gründungsakt der Anstalt. Die Aufgabenlast verpflichte zur ordnungsgemäßen Erfüllung staatlicher Aufgaben, lasse aber die Art und Weise dieser Erfüllung für den Staat offen. Die Gründung der Anstalt schaffe organisatorische Pflichten zwischen dem Errichter und der juristischen Person, definiere aber diese juristische Person nicht hinsichtlich ihrer Funktion und gebe ihr daher keinen materiellen Gehalt.[999] Einen eigenständigen dogmatischen Grund für das Bestehen der Anstaltslast sieht *Kemmler* zusätzlich in der Ingerenz – also in der rechtlichen, oft politischen und tatsächlichen Einwirkung – des Trägers auf die Anstalt, denn mit der Einwirkung auf die verselbständigten Verwaltungstrabanten ergebe sich für den Träger eine Verantwortlichkeit, die die finanzielle Ausstattung des Trabanten für seine Aufgabe umfasse.[1000]

Im Ergebnis ist festzustellen, dass die Anstaltslast als Finanzierungspflicht der öffentlich-rechtlichen Träger gegenüber ihren öffentlich-rechtlichen „Trabanten" weithin anerkannt ist. Eine Beschränkung auf die Rechtsform „Anstalt des öffentlichen Rechts" besteht nicht. Erfasst werden alle juristischen Personen des öffentlichen Rechts, weil ausschlaggebend ist, ob es sich bei der ausgegliederten Verwaltungseinheit um einen Teil der mittelbaren Staatsverwaltung handelt. Es macht dem-

996 *Kemmler*, Die Anstaltslast, 2001, S. 80 f.; für die Sparkasse auch *Lepper*, Die Verwendung und insbesondere die Ausschüttung von Sparkassengewinnen, 2003, S. 225 f.; *Weber*, Die „banküblichen Geschäfte" im Sinne des Geschäftsrechts der Sparkassen, 2003, S. 195; a. A.: *Ruge*, ZG 2004, S. 12 (20).

997 *Kemmler*, Die Anstaltslast, 2001, S. 82 f.

998 *Kemmler*, Die Anstaltslast, 2001, S. 83 ff.

999 *Kemmler*, Die Anstaltslast, 2001, S. 92 f.

1000 *Kemmler*, Die Anstaltslast, 2001, S. 93 ff.

nach keinen Unterschied, ob öffentliche Aufgaben in Form der unmittelbaren Staats- und Kommunalverwaltung oder in Form der mittelbaren Verwaltung erfüllt werden. Auch bei Inanspruchnahme rechtlich selbständiger Organisationsformen bleibt die von dem „Verwaltungstrabanten" realisierte öffentliche Aufgabe originär eine solche der Trägerkörperschaft, die während des Bestehens des Trabanten eine Finanzierungspflicht trifft.

(3) Anwendung auf kommunale Unternehmen in Privatrechtsform

Die Auseinandersetzung mit den dogmatischen Grundlagen der Anstaltslast wirft die Frage auf, ob dieselben Argumente, welche die Übertragung der Anstaltslast auf alle juristischen Personen des öffentlichen Rechts rechtfertigen, nicht auch die Anwendung der Anstaltslast auf kommunale Unternehmen in Privatrechtsform einfordern. Wenn das entscheidende Argument die Verlagerung einer öffentlichen Aufgabe auf den öffentlich-rechtlichen Trabanten ist, drängt sich die Frage auf, ob nicht dieselbe Finanzierungspflicht auch gegenüber den privatrechtlich organisierten Institutionen der kommunalen Verwaltung gelten muss. Insoweit wurde bereits festgestellt, dass die kommunalen Unternehmen von den Gemeinden gegründet oder sonst übernommen werden, um damit kommunale Aufgaben erfüllen zu lassen. Die wahrgenommene Aufgabe bleibt eine Funktion der Gemeinde, die durch Übertragung auf eine Eigengesellschaft keine qualitative Veränderung erfährt.[1001] Im Gegensatz zur materiellen Privatisierung verbleibt bei dieser formellen Privatisierung die eigentliche Verantwortung für die Aufgabe bei der Gemeinde, weshalb man in diesem Zusammenhang auch von „Organisationsprivatisierung"[1002] spricht. Die Tätigkeit der kommunalen Unternehmen bleibt eine materielle Tätigkeit öffentlicher Verwaltung. Die kommunalen Unternehmen erscheinen damit als – privatrechtlich organisierte – Verwaltungsträger und werden sogar als Erscheinungsform mittelbarer Staatsverwaltung angesehen.[1003] Die ausgliedernde Gemeinde unterliegt nach den Grundsätzen der Lehre vom Verwaltungsprivatrecht[1004] rechtsstaatlichen Bindungen. Sieht man die Anstaltslast als Bestandteil des Rechtsstaatsprinzips nach Art. 20 Abs. 3 GG, ist kein Grund ersichtlich, warum die diesbezügliche Argumentation nicht für kommunale Unternehmen in Privatrechtform Anwendung finden sollte. Bund, Ländern und Kommunen steht das durch die Finanzverfassung des Grundgesetzes ga-

1001 Siehe hierzu oben Dritter Teil C. I. 2. a) bb) (3).

1002 Siehe hierzu oben Dritter Teil A. I. 3 mit Fn. 568.

1003 *Burgi*, Verwaltungsorganisationsrecht, in: Erichsen/Ehlers (Hrsg.), Allgemeines Verwaltungsrecht, 12. Aufl. 2002, § 52 Rdn. 11, 17; auch *Maurer*, Allgemeiner Verwaltungsrecht, 14. Aufl. 2002, § 21 Rdn. 15; *Krebs*, Verwaltungsorganisation, in: Isensee/Kirchhof (Hrsg.), HStR, Bd. 3, 1987, § 69 Rdn. 38; a. A. etwa *Peine*, Allgemeines Verwaltungsrecht, 6. Aufl. 2002, Rdn. 29, der Gesellschaften privaten Rechts, die auf der Grundlage des sog. Verwaltungsprivatrechts tätig werden, aus dem Bereich der Verwaltungsorganisation ausgrenzt.

1004 Siehe hierzu oben Dritter Teil C. I.

rantierte Abgabenprivileg zu;[1005] sie können das Finanzvolumen direkt beeinflussen und daher nicht zahlungsunfähig werden.[1006] Entscheidet sich das Muttergemeinwesen zur Errichtung einer privatrechtlichen Organisationsform, durch die es eigene Aufgaben wahrnimmt und auf die es daher einen dauernden maßgebenden Einfluss ausübt, so gibt es damit zu erkennen, dass ihm diese Organisationsform zur Erreichung seiner Ziele ausreichend und eine volle Integration in die Gemeindeverwaltung nicht erforderlich erscheint. Wenn Öffentlich-Rechtlichkeit und Zahlungsunfähigkeit einander ausschließen,[1007] dann gilt dies nicht nur für die öffentlich-rechtliche Aufgabenerfüllung in öffentlich-rechtlichen Organisationsformen, sondern ebenfalls für die öffentlich-rechtliche Aufgabenerfüllung in privatrechtlichen Organisationsformen. Nicht die Wahl der öffentlich-rechtlichen Organisationsform, sondern die Wahrnehmung öffentlich-rechtlicher Aufgaben schließt die Zahlungsunfähigkeit der mit der Wahrnehmung der öffentlichen Aufgabe betrauten Verwaltungsträger aus. Das die Anstaltslast entscheidend begründende Argument der Aufgabenlast gilt damit unabhängig von der Organisationsform. Es macht keinen Unterschied, ob sich die Gemeinde zur Erfüllung ihrer Aufgaben rechtlich unselbständiger Eigenbetriebe oder verselbständigter Eigengesellschaften bedient.

Die Wurzeln der Aufgabenlast lassen sich auch für die kommunalen Unternehmen in Privatrechtsform aus dem Demokratieprinzip und dem Rechtsstaatsprinzip des Grundgesetzes herleiten. Zwar wird das kommunale Unternehmen anders als die Anstalt des öffentlichen Rechts nicht aufgrund eines Gesetzes oder einer kommunalen Satzung mit dem Auftrag errichtet, bestimmte Aufgaben mittels der ihr übertragenen Kompetenz wahrzunehmen, jedoch erfolgt die Zuweisung der Aufgabe an das kommunale Unternehmen auch hier durch ein demokratisch legitimiertes Organ. Im Fall der rechtsfähigen Anstalt des öffentlichen Rechts nach § 114 a GO NW[1008]

1005 Art. 105 GG teilt die Steuergesetzgebungshoheit zwischen dem Bund und den Ländern auf. Den Gemeinden kommt dagegen keine originäre Steuererhebungskompetenz zu; sie können allerdings von den Ländern – unter Berücksichtigung des Systems der Ertragsverteilung nach Art. 106 GG – zur Einführung neuer Steuern ermächtigt werden, vgl. *Siekmann*, in: Sachs (Hrsg.), GG, 3. Aufl. 2003, Art. 105 Rdn. 46. Bedeutend für die Abgabenhoheit der Gemeinden ist die in Art. 28 Abs. 2 Satz 3 Halbsatz 2 GG ausdrücklich anerkannte Befugnis, Hebesätze festzusetzen, vgl. *Siekmann*, in: Sachs (Hrsg.), GG, 3. Aufl. 2003, Art. 106 Rdn. 40 f.

1006 Vgl. *Thode/Peres*, BB 1997, S. 1749 (1750); *dies.*, VerwArch 89 (1998), S. 439 (452); auch *Stern*, Anstaltslast und Gewährträgerhaftung im Sparkassenrecht, FS für H. Maurer, 2001, S. 815 (824).

1007 So *Thode/Peres*, VerwArch 89 (1998), S. 439 (453).

1008 Als allgemeines Prinzip des Verwaltungsrechts gilt die Anstaltslast auch für das Kommunalunternehmen in Form der rechtsfähigen Anstalt des öffentlichen Rechts, vgl. *Schulz*, BayVBl. 1996, S. 97, 129 (131) für Art. 89 BayGO, der (ebenso wie die nordrhein-westfälische Norm) nur die Gewährträgerschaft als nach außen tretende Folge des Anstaltslast ausdrücklich regelt; auch *Thode/Peres*, BayVBl. 1999, S. 6 (8). A. A.: *Ehlers*, Das selbständige Kommunalunternehmen des öffentlichen Rechts, in: Henneke (Hrsg.), Kommunale Aufgabenerfüllung in Anstaltsform, 2000, S. 47 (64), der eine auf dem Gedanken der Aufga-

beschließt der Gemeinderat als demokratisch legitimierte Gemeindevertretung die Satzung zur Gründung des Kommunalunternehmens, im Fall des kommunalen Unternehmens in Privatrechtsform erfolgt die Gründung durch Gesellschafterbeschluss und Eintragung ins Handelsregister; Alleingesellschafterin ist bei der Eigengesellschaft aber nur die Gemeinde, d. h. auch hier ist die Gründung des kommunalen Unternehmens auf den Beschluss des Gemeinderats (vgl. § 41 Abs. 1 Satz 2 lit. l) GO NW) zurückzuführen. Im Ergebnis würde auch hier durch die nicht ordnungsgemäße Erfüllung der zugewiesenen Aufgabe der Wille des demokratisch legitimierten Organs und somit das Demokratieprinzip verletzt. Die bloße Organisationsprivatisierung führt nicht zur vollständigen Emanzipierung des kommunalen Unternehmens von der Trägergemeinde. Wenngleich die Leitungsorgane von AG[1009] und GmbH[1010] nach gesellschaftsrechtlichen Regelungen bestimmt und gerade nicht durch den Gemeinderat eingesetzt werden, wird die demokratische Legitimationskette dadurch hergestellt, dass sich die Gemeinde durch das Unternehmensstatut ausreichende Einwirkungs-, Beteiligungs-, Mitsprache- und Kontrollrechte auf die Entscheidungsträger des Unternehmens vorbehält.[1011] Entsprechend ist nach § 111 GO NW die teilweise oder vollständige Veräußerung eines kommunalen Unternehmens oder ein Rechtsgeschäft, durch welches die Gemeinde ihren Einfluss auf das kommunale Unternehmen verliert, nur zulässig, wenn die für die Betreuung der Einwohner erforderliche Erfüllung der Aufgaben der Gemeinde nicht beeinträchtigt wird. Mit der Gründung der Eigengesellschaft übernimmt die Gemeinde die Verantwortung für das von ihr ins Leben gerufene Rechtssubjekt, weil sie als Alleingesellschafterin auch diejenige ist, die die Auflösung des kommunalen Unternehmens

benlast beruhende verfassungsmäßige Anstaltslast nur für pflichtige Aufgaben in Betracht zieht.

1009 Bei der Aktiengesellschaft leitet der vom Aufsichtsrat bestellte Vorstand (§§ 84, 111 AktG) die Gesellschaft unter eigener Verantwortung (§ 76 Abs. 1 AktG). Hieraus ergibt sich – auch bei den Eigengesellschaften – sein Recht zu weisungsfreier Geschäftsführung. Auch der mit Kontroll- und sonstigen Innenrechtsbefugnissen ausgestattete, von der Hauptversammlung zu bestellende Aufsichtsrat (§§ 101, 119 AktG) ist nicht an Weisungen der Gemeinde gebunden. Er ist ausschließlich dem Wohl der Gesellschaft verpflichtet. Allerdings ist jedes Aufsichtsratsmitglied berechtigt und verpflichtet, bei seinen Entscheidungen im Unternehmen auch die Interessen der Anteilseigner und damit auch die Interessen der Gemeinde zu berücksichtigen. Die Hauptversammlung als oberstes Gesellschaftsorgan schließlich entscheidet zwar über Fragen der wirtschaftlichen Grundlagen und Gesellschaftsziele sowie über die Bestellung und Entlastung des Vorstands und des Aufsichtsrats (§§ 118 ff. AktG). Ein direkter Einfluss auf die Geschäftsführung ist ihr indes untersagt, da die Leitungsmacht des Vorstands und die Überwachungspflicht des Aufsichtsrats nicht tangiert werden dürfen.

1010 Bei der Gesellschaft mit beschränkter Haftung vertreten die Geschäftsführer die Gesellschaft gerichtlich und außergerichtlich (§ 35 Abs. 1 GmbHG); die §§ 37, 45, 46 GmbHG verpflichten die Geschäftsführer jedoch, die Beschlüsse der Gesellschaft sowie den Gesellschaftsvertrag zu beachten. Die Gesellschafterversammlung hat deswegen weitergehende Befugnisse als die Hauptversammlung der Aktiengesellschaft. Die Errichtung eines Aufsichtsrats ist fakultativ.

1011 Vgl. hierzu *Kund*, Nachwirkende Pflichten der Gemeinden bei der Ausgliederung öffentlicher Aufgaben auf Private, 1988, S. 129 ff.

in der Hand hat. Letztlich gilt auch das von *Kemmler* zur Begründung der Anstaltslast herangezogene Argument der Ingerenz im Verhältnis der Gemeinde zu ihren kommunalen Unternehmen in Privatrechtsform. Durch die bereits oben angesprochenen Einwirkungs-, Beteiligungs-, Mitsprache- und Kontrollrechte äußert die Gemeinde zusätzlich zum Gründungsakt und der damit verbundenen Aufgabenübertragung ihren Willen hinsichtlich der Erfüllung der öffentlichen Aufgaben. Mit dieser Einwirkung auf das verselbständigte kommunale Unternehmen ergibt sich für die Gemeinde eine Verantwortlichkeit, die auch eine Pflicht zur Finanzierung des Unternehmens zur Erfüllung seiner Aufgaben umfasst.

2. Ergebnis zur Insolvenzabwendungspflicht

Im Ergebnis lassen sich die dogmatischen Grundlagen der Anstaltslast für das Verhältnis der Gemeinde zu ihren kommunalen Unternehmen in Privatrechtsform fruchtbar machen. Die Gemeinde, die öffentliche Aufgaben auf ein selbständiges Privatrechtssubjekt ausgliedert, trifft dieselbe Finanzierungspflicht, die sie bei der Ausgliederung auf öffentlich-rechtliche Organisationsformen treffen würde. Durch die Nutzung privatrechtlicher Formen kann die Gemeinde sich nicht ihrer Verantwortung für die übertragene Aufgabe entziehen. Es wäre mit dem aus dem Rechtsstaatsprinzip des Art. 20 Abs. 3 GG abgeleiteten Grundsatz der Gesetz- und Rechtmäßigkeit der Verwaltung nicht zu vereinbaren, wenn die Gemeinde selbständige Rechtssubjekte als Verwaltungsträger einsetzte, diese dann aber in die Insolvenz fallen ließe.

IV. Ergebnis

Dem Verwaltungsprivatrecht, welches auf die Betätigung der kommunalen Unternehmen in Privatrechtsform Anwendung findet, lässt sich keine generelle Verpflichtung der Gemeinde entnehmen, im Falle der Insolvenz kommunaler Unternehmen für die Verbindlichkeiten ihrer Eigengesellschaften einzustehen. Eine teleologische Reduktion der zivilrechtlichen Haftungsbeschränkung, die den Haftungsdurchgriff gegen den öffentlich-rechtlichen Träger zum Regelfall machen würde, ist abzulehnen, weil ein unauflöslicher Widerspruch zur Freiheit der Rechtsformwahl entstünde, wenn dem Staat grundsätzlich die Verwendung zivilrechtlicher Organisations- und Handlungsformen gestattet ist, in der Konsequenz die haftungsbeschränkenden zivilrechtlichen Normen aber ebenso grundsätzlich nicht gelten sollen. Aus den bestehenden öffentlich-rechtlichen Bindungen lässt sich keine generelle Haftung des öffentlich-rechtlichen Trägers herleiten. Weder das Grundrecht des Art. 14 GG noch der Gedanke des „Sonderopfers“, der sowohl im Rechtsgrundsatz der Aufopferung als auch in der Analogie zur ungesetzlichen Sondersteuer zum Tragen kommt, noch das Rechts- oder Sozialstaatsprinzip können zur Begründung eines Haftungsdurchgriffs gegen die Gemeinde fruchtbar gemacht werden.

Es besteht jedoch eine öffentlich-rechtliche Finanzierungs- bzw. Insolvenzabwendungspflicht der Gemeinde gegenüber ihren kommunalen Unternehmen in Privatrechtsform. Zwar lässt sich eine solche nicht aus dem Sozialstaatsprinzip herleiten, denn die öffentliche Hand kann ihrem sozialstaatlichen Versorgungsauftrag auch ohne die einzelne Einrichtung nachkommen. Auch aus dem rechtsstaatlichen Grundsatz des Vertrauensschutzes lässt sich eine solche nicht herleiten. Jedoch lassen sich die dogmatischen Grundlagen der Anstaltslast für das Verhältnis der Gemeinde zu ihren kommunalen Unternehmen in Privatrechtsform fruchtbar machen. Die Gemeinde, die öffentliche Aufgaben auf ein selbständiges Privatrechtssubjekt ausgliedert, trifft dieselbe Finanzierungspflicht, die sie bei der Ausgliederung auf öffentlich-rechtliche Organisationsformen treffen würde. Durch die Nutzung privatrechtlicher Formen kann die Gemeinde sich nicht ihrer Verantwortung für die übertragene Aufgabe entziehen. Es wäre mit dem aus dem Rechtsstaatsprinzip des Art. 20 Abs. 3 GG abgeleiteten Grundsatz der Gesetz- und Rechtmäßigkeit der Verwaltung nicht zu vereinbaren, wenn die Gemeinde selbständige Rechtssubjekte als Verwaltungsträger einsetzte, diese dann aber in die Insolvenz fallen ließe.

V. Verfassungsmäßigkeit des § 108 Abs. 1 Satz 1 Nr. 3 und Nr. 5 GO NW

Die Finanzierungs- bzw. Insolvenzabwendungspflicht der Gemeinde gegenüber ihren kommunalen Unternehmen in Privatrechtsform wirft die Frage der Verfassungsmäßigkeit der § 108 Abs. 1 Satz 1 Nr. 3 (Haftungsbegrenzung) und Nr. 5 (Verbot der Verlustübernahmeverpflichtung) der Gemeindeordnung auf. *Weiß* ist insoweit der Auffassung, § 65 Abs. 1 Nr. 2 BHO und die entsprechenden landeshaushalts- und kommunalrechtlichen Bestimmungen (§ 108 Abs. 1 Satz 1 Nr. 3 GO NW wäre eine solche) formulierten nur eine Anforderung an die zu wählende zivilrechtliche Rechtsform; ihnen dürfe aber nicht die Aussage entnommen werden, die zivilrechtliche Haftungsbegrenzung gelte auch für den Staat. Die Begründung für die Existenz zivilrechtlicher Haftungsbegrenzungen lasse sich für staatliche Betätigung nicht geltend machen, denn Sinn und Zweck der Bereitstellung haftungsbegrenzender Organisationsformen sei die Förderung wirtschaftlicher Privatinitiative in Wahrnehmung der grundrechtlichen Freiheit aus Art. 12 GG. Das treffe für den Staat eben nicht zu. Eine andere Rechtfertigung für eine staatliche Haftungsbeschränkung sei nicht ersichtlich. Insbesondere sei kein öffentliches Interesse erkennbar, für dessen Erreichung eine Haftungsbeschränkung geeignet oder gar erforderlich wäre. Schließlich habe der Staat dadurch, dass er die Aufgabe (in privatrechtlicher Form) übernommen habe, das Bestehen eines öffentlichen Interesses bejaht und könne sich daher – außer im Wege einer Aufgabenprivatisierung – nicht mehr davon zurückziehen. Den expliziten Ausschluss der Übernahme von Verlusten in unbeschränkter

Höhe nach § 108 Abs. 1 Satz 1 Nr. 5 GO NW hält *Weiß* sogar für verfassungswidrig.[1012] Mit *Weiß* ist davon auszugehen, dass sich die Gemeinden wegen der ihnen im Innenverhältnis zu den kommunalen Unternehmen in Privatrechtsform auferlegten Finanzierungspflicht die zivilrechtliche Haftungsbegrenzung im Ergebnis nicht zunutze machen können. Im Hinblick auf die rein das Innenverhältnis betreffende Finanzierungspflicht erscheint aber auch die Regelung des § 108 Abs. 1 Satz 1 Nr. 5 GO NW haltbar, wonach die Gemeinde sich nicht zur Übernahme von Verlusten in unbestimmter oder unangemessener Höhe verpflichten darf. Nach der Begründung des Gesetzentwurfs sollen die Gemeinden hiermit vor unübersehbaren finanziellen Risiken, z. B. durch eine unbegrenzte Nachschusspflicht, geschützt werden.[1013] Vor einer Nachschusspflicht sind die Gemeinden nach hier vertretener Auffassung zwar nicht geschützt; der Sinn der Regelung liegt jedoch darin, aus der rein objektiven Pflicht der Gemeinde – insoweit gilt dasselbe wie bei der Anstaltslast – keinen Anspruch des betroffenen Unternehmens gedeihen zu lassen. Der hier festgestellten öffentlich-rechtlichen Finanzierungspflicht der Gemeinde steht insoweit kein haftungsrechtlicher Anspruch des kommunalen Unternehmens oder gar der Gläubiger des kommunalen Unternehmens gegenüber.

D. Ergebnis

Die eingangs des Dritten Teils aufgeworfene Frage, inwieweit „nachwirkende Pflichten“ der Gemeinde existieren, ist dahingehend zu beantworten, dass die Gemeinde als Alleingesellschafterin des kommunalen Unternehmens ebenso wie ein privater Alleingesellschafter einem privatrechtlichen oder konzernrechtlichen Haftungsdurchgriff der von dem Insolvenzverfahren betroffenen Gläubiger ausgesetzt sein kein. Öffentlich-rechtlich besteht im Innenverhältnis eine auf den dogmatischen Grundlagen der Anstaltslast basierende Finanzierungs- bzw. Insolvenzabwendungspflicht der Gemeinde gegenüber ihren kommunalen Unternehmen in Privatrechtsform, die – anders als ein Haftungsdurchgriff – schon im Vorfeld eines möglichen Insolvenzverfahrens ein Tätigwerden der Gemeinde zur Verhinderung der Insolvenz ihrer Eigengesellschaft verlangt. Im Ergebnis kann sich die Gemeinde daher die Rechtswohltat der haftungsbeschränkenden Wirkung privatrechtlicher Organisationsformen nicht zunutze machen, ohne dass insoweit der Schluss auf die Verfassungswidrigkeit des § 108 Abs. 1 Satz 1 Nr. 3 GO NW zwingend wäre. Einen haftungsrechtlichen Anspruch der von dem Insolvenzverfahren eines kommunalen Unternehmens betroffenen Gläubiger gegen die Gemeinde begründet die hier festgestellte öffentlich-rechtliche Finanzierungspflicht der Gemeinde nicht.

1012 *Weiß*, Privatisierung und Staatsaufgaben, 2002, S. 383 mit Fn. 178.
1013 Gesetzesbegründung, LT-Drs. 11/4983, S. 25.

Vierter Teil: Vereinbarkeit mit Europarecht

Die öffentlich-rechtliche Finanzierungspflicht der Gemeinde gegenüber ihren kommunalen Unternehmen in Privatrechtsform ist auf ihre Vereinbarkeit mit Europarecht zu überprüfen. Seit Inkrafttreten des Maastrichter Vertrags am 1.11.1993 sind der Vertrag über die Europäische Union (EUV) und der neu gefasste Vertrag zur Gründung der Europäischen Gemeinschaft (EGV) verbindliches Recht in Deutschland. Insbesondere das europäische Wettbewerbsrecht[1014] – und hier die Regelungen zu den staatlichen Beihilfen – könnte Auswirkungen auf die Gemeinde[1015] und ihre Unternehmen haben. Nach dem Grundsatz des Vorrangs des Gemeinschaftsrechts geht das europäische Wettbewerbsrecht entgegen stehendem nationalem Recht vor.[1016] Dies gilt unabhängig davon, ob es sich um Regelungen des primären oder sekundären Gemeinschaftsrechts handelt. Grundsätzlich gilt der Vorrang des Gemeinschaftsrechts auch gegenüber dem nationalen Verfassungsrecht.[1017]

A. *Anwendbarkeit des europäischen Wettbewerbsrechts auf öffentliche Unternehmen*

I. Der Grundsatz des Art. 86 Abs. 1 EGV

1. Die Bedeutung des Art. 86 Abs. 1 EGV

Art. 86 EGV, der den Abschnitt des EG-Vertrags abschließt, welcher die Wettbewerbsvorschriften für Unternehmen enthält, ist die einzige Vorschrift des EG-Vertrags, in der öffentliche Unternehmen unmittelbar genannt werden.[1018] Art. 86

1014 Das EG-Wettbewerbsrecht enthält in Kapitel 1 (Art. 81-86 EGV) Vorschriften, die sich an die Unternehmen richten, und in Kapitel 2 (Art. 87-89 EGV) Vorschriften, die sich an die Beihilfe gewährenden staatlichen Stellen richten.

1015 Zum Einfluss des europäischen Gemeinschaftsrechts auf die kommunale Selbstverwaltung *Hobe/Biehl/Schroeter*, DÖV 2003, S. 803 ff.

1016 Vgl. grundlegend EuGH, Rs. 6/64, *Costa/ENEL*, Slg. 1964, 1253.

1017 Vgl. zum Verhältnis des Gemeinschaftsrechts zum nationalen Recht schon H. P. *Ipsen*, Europäisches Gemeinschaftsrecht, 1972, S. 255 ff.; *Bleckmann*, Europarecht, 6. Aufl. 1997, Rdn. 1045 ff.

1018 Art. 86 war das Ergebnis eines Kompromisses zwischen den Mitgliedstaaten der Gemeinschaft, die Wettbewerbsnachteile für ihre vorwiegend privatwirtschaftlich organisierte Industrie gegenüber dem starken öffentlichen Sektor in anderen Mitgliedstaaten befürchteten, einerseits, und jenen Mitgliedstaaten, die das ungehinderte Funktionieren eben dieser öffentli-

Abs. 1 EGV geht von dem Grundsatz aus, dass die Wettbewerbsregeln des EGV sowohl auf private wie auch auf öffentliche Unternehmen angewandt werden können.[1019] Art. 86 Abs. 1 EGV konkretisiert damit den Grundsatz der Gleichbehandlung der privaten und öffentlichen Unternehmen.[1020] Adressaten des Art. 86 Abs. 1 EGV sind die Mitgliedstaaten. Diese werden verpflichtet, in Bezug auf öffentliche Unternehmen oder solche mit besonderen oder ausschließlichen Rechten keine Maßnahmen zu treffen oder beizubehalten, welche den Vorschriften des EG-Vertrags, insbesondere dem Diskriminierungsverbot sowie den Wettbewerbs- und Beihilferegeln, zuwiderlaufen. Damit besitzt Art. 86 Abs. 1 EGV eine Doppelfunktion: Er konkretisiert als lex specialis zu Art. 10 EGV die allgemeinen Verpflichtungen der Mitgliedstaaten bezüglich derjenigen Unternehmen, die zur öffentlichen Hand in einem besonderen Verhältnis stehen, und er enthält das Verbot mittelbarer Vertragsverletzungen der Mitgliedstaaten kraft ihres Einflusses auf diese Unternehmen.[1021]

2. Der Begriff des „öffentlichen Unternehmens"

Einen spezifischen Unternehmensbegriff im Rahmen des Art. 86 Abs. 1 EGV gibt es nicht. Der Unternehmensbegriff in Art. 86 Abs. 1 EGV stimmt mit dem Unternehmensbegriff der Art. 81, 82 EGV überein.[1022] Nach der Rechtsprechung des EuGH[1023] ist ein Unternehmen jede eine wirtschaftliche Tätigkeit ausübende Einheit, unabhängig von ihrer Rechtsform und der Art ihrer Finanzierung. Nach diesem funktionalen[1024] Unternehmensbegriff ist die Ausübung einer wirtschaftlichen Tä-

chen Sektoren durch die völlige Gleichstellung aller Unternehmen in der Gemeinschaft gefährdet sahen, andererseits, vgl. *Pernice/Wernicke*, in: Grabitz/Hilf (Hrsg.), EUV/EGV, Art. 86 Rdn. 1.

1019 *Grill*, in: Lenz/Borchardt (Hrsg.), EUV/EGV, 3. Aufl. 2003, Art. 86 EGV Rdn. 2; *Koenig/ Kühling*, in: Streinz (Hrsg.), EUV/EGV, 2003, Art. 86 EGV Rdn. 1.

1020 EuGH, Rs. C-303/88, *Italien/KOM*, Slg. 1991, I-1433, Rdn. 19; *Jung*, in: Calliess/Ruffert (Hrsg.), EUV/EGV, 2. Aufl. 2002, Art. 86 EGV Rdn. 3; *Pernice/Wernicke*, in: Grabitz/Hilf (Hrsg.), EUV/EGV, Art. 86 Rdn. 5; a. A.: *Koenig/Kühling*, in: Streinz (Hrsg.), EUV/EGV, 2003, Art. 86 EGV Rdn. 2 („Besserstellungsverbot"); *Hochbaum/Klotz*, in: von der Groeben/ Schwarze (Hrsg.), EUV/EGV, Bd. 2, 6. Aufl. 2003, Art. 86 Rdn. 5 mit Fn. 6. Zur Vereinbarkeit der kommunalwirtschaftlichen Schranken für öffentliche Unternehmen mit dem Gebot der Gleichbehandlung *Weiß*, DVBl. 2003, S. 564 ff.

1021 Vgl. *v. Burchard*, in: Schwarze (Hrsg.), EU-Kommentar, 2000, Art. 86 EGV Rdn. 8 f.; *Pernice/Wernicke*, in: Grabitz/Hilf (Hrsg.), EUV/EGV, Art. 86 Rdn. 7 f.; *Grill*, in: Lenz/ Borchardt (Hrsg.), EUV/EGV, 3. Aufl. 2003, Art. 86 EGV Rdn. 2 f.

1022 *V. Burchard*, in: Schwarze (Hrsg.), EU-Kommentar, 2000, Art. 86 EGV Rdn. 13; *Jung*, in: Calliess/Ruffert (Hrsg.), EUV/EGV, 2. Aufl. 2002, Art. 86 EGV Rdn. 11.

1023 EuGH, Rs. C-41/90, *Höfner und Elser*, Slg. 1991, I-1979, Rdn. 21.

1024 *Grill*, in: Lenz/Borchardt (Hrsg.), EUV/EGV, 3. Aufl. 2003, Vorbem. Art. 81-86 EGV Rdn. 35; *Eilmansberger*, in: Streinz (Hrsg.), EUV/EGV, 2003, vor Art. 81 EGV Rdn. 21; *Weiß*, in: Calliess/Ruffert (Hrsg.), EUV/EGV, 2. Aufl. 2002, Art. 81 EGV Rdn. 31.

tigkeit entscheidend. Rechtliche Trennung vom Staat oder eigene Rechtspersönlichkeit sind nicht erforderlich. Wirtschaftliche Tätigkeit ist nach der Rechtsprechung des EuGH[1025] jede Tätigkeit, die darin besteht, Güter oder Dienstleistungen auf einem bestimmten Markt anzubieten. Eine Gewinnerzielungsabsicht ist nicht erforderlich.[1026] Einrichtungen, die rein soziale Zwecke verfolgen, sind mangels Vorliegens einer wirtschaftlichen Tätigkeit keine Unternehmen,[1027] allerdings weisen nur sehr wenige Tätigkeiten keinerlei wirtschaftlichen Charakter auf.[1028] Nicht als Unternehmen sind Einrichtungen des Staates zu qualifizieren, die in Ausübung typischer hoheitlicher Befugnisse tätig werden;[1029] allerdings ist die Abgrenzung zwischen einer wirtschaftlichen Tätigkeit und der Ausübung hoheitlicher Befugnisse im Einzelfall schwierig.[1030]

Auch das Begriffselement des „öffentlichen" Unternehmens wird in Art. 86 Abs. 1 EGV nicht definiert. Nach Art. 2 Abs. 1 der Transparenzrichtlinie,[1031] die zumindest als Anhaltspunkt für die Auslegung des Art. 86 Abs. 1 EGV herangezogen werden darf,[1032] ist ein öffentliches Unternehmen „jedes Unternehmen, auf das die öffentliche Hand aufgrund Eigentums, finanzieller Beteiligung, Satzung oder sonstiger Bestimmungen, die die Tätigkeit des Unternehmens regeln, unmittelbar

1025 EuGH, Rs. C-82/01 P, *Aéroports de Paris/KOM*, Slg. 2002, I-9297, Rdn. 79 m.w.N.

1026 *Grill*, in: Lenz/Borchardt (Hrsg.), EUV/EGV, 3. Aufl. 2003, Vorbem. Art. 81-86 EGV Rdn. 34; *Eilmansberger*, in: Streinz (Hrsg.), EUV/EGV, 2003, vor Art. 81 EGV Rdn. 22; *Weiß*, in: Calliess/Ruffert (Hrsg.), EUV/EGV, 2. Aufl. 2002, Art. 81 EGV Rdn. 31.

1027 *Eilmansberger*, in: Streinz (Hrsg.), EUV/EGV, 2003, vor Art. 81 EGV Rdn. 23.

1028 Der EuGH hat dies bislang für Systeme der sozialen Sicherheit anerkannt, die auf dem Grundsatz der Solidarität fußen (vgl. EUGH, Rs. C-159/91 und C-160/91, *Poucet und Pistre*, Slg. 1993, I-637, Rdn. 18 ff.). Neuere Entscheidungen (vgl. EUGH, Rs. C-244/94, *Fédération Francaise des Sociétés d'Assurance*, Slg. 1995, I-4013, Rdn. 17 ff.) bestätigen jedoch, dass der EuGH insoweit weniger auf die soziale Aufgabe, als vielmehr auf die Pflichtmitgliedschaft und die Unabhängigkeit der Leistung von den Beiträgen abstellt, um eine Tätigkeit als nichtwirtschaftliche einzuordnen. Rentenversicherungssysteme und Betriebsrentenfonds, die nach dem Kapitalisierungsprinzip operieren und bei denen sich die Leistungen nach der Höhe der Beiträge bzw. nach den Erträgen des von den Fonds getätigten Anlagen richten, gelten daher als Unternehmen. Vgl. hierzu *Weiß*, in: Calliess/Ruffert (Hrsg.), EUV/EGV, 2. Aufl. 2002, Art. 81 EGV Rdn. 36 f.

1029 Eine Gemeinde, die in ihrer Eigenschaft als Trägerin öffentlicher Gewalt ein Unternehmen mit der Wahrnehmung einer öffentlichen Aufgabe betraut, handelt nicht als Unternehmen, vgl. EuGH, Rs. 30/87, *Bodson*, Slg. 1988, 2479, Rdn. 18. Auch eine internationale Organisation, die Aufgaben der Flugsicherung und Flugüberwachung wahrnimmt, handelt in Ausübung hoheitlicher Befugnisse, vgl. EuGH, Rs. C-364/92, *SAT Fluggesellschaft*, Slg. 1994, I-43, Rdn. 30 f. Auch privatrechtliche Einrichtungen, die eine im Allgemeininteresse liegende Aufgabe erfüllen und zu diesem Zweck mit staatlichen Sonderrechten ausgestattet wurden, sind vom Unternehmensbegriff ausgenommen worden, vgl. für den Fall des Umweltschutzes EuGH, Rs. C-343/95, *Diego Cali & Figli*, Slg. 1997, I-1547, Rdn. 22 ff.

1030 Vgl. hierzu *Grill*, in: Lenz/Borchardt (Hrsg.), EUV/EGV, 3. Aufl. 2003, Vorbem. Art. 81-86 EGV Rdn. 37; *Eilmansberger*, in: Streinz (Hrsg.), EUV/EGV, 2003, vor Art. 81 EGV Rdn. 26; *Pernice/Wernicke*, in: Grabitz/Hilf (Hrsg.), EUV/EGV, Art. 86 Rdn. 16.

1031 Europäische Kommission, RL 80/723/EWG, ABl. EG 1980, Nr. L 195, S. 35.

1032 *Jung*, in: Calliess/Ruffert (Hrsg.), EUV/EGV, 2. Aufl. 2002, Art. 86 EGV Rdn. 12.

oder mittelbar beherrschenden Einfluss ausüben kann.“ Ein solcher Einfluss wird nach Art. 2 Abs. 2 vermutet, wenn die öffentliche Hand unmittelbar oder mittelbar die Mehrheit des Kapitals besitzt, über die Mehrheit der Stimmrechte verfügt oder mehr als die Hälfte der Mitglieder des Verwaltungs-, Leitungs- oder Aufsichtsorgan des betreffenden Unternehmens bestellen kann. Im übrigen ist die Definition aus dem Zweck des Art. 86 Abs. 1 EGV[1033] abzuleiten, der Unternehmen erfassen will, auf deren Planung und Geschäftstätigkeit der Staat bestimmenden Einfluss ausüben kann.[1034] Öffentliche Unternehmen im Sinne des Art. 86 Abs. 1 EGV sind also im Ergebnis wirtschaftlich handelnde Einheiten beliebiger Rechtsform, auf deren Geschäftsplanung oder Tätigkeit öffentliche Hoheitsträger über Eigentum, Beteiligungsverhältnisse, Stimmrecht oder in sonstiger Weise unmittelbar oder mittelbar bestimmenden Einfluss ausüben können.[1035] Unerheblich für die Einstufung als öffentliches Unternehmen im Sinne des Art. 86 Abs. 1 EGV ist die Erfüllung öffentlicher Aufgaben; diese gewinnen allein in der Frage des wirtschaftlichen Handelns beim Unternehmensbegriff Bedeutung.[1036]

3. Die kommunalen Unternehmen in Privatrechtform

Die kommunalen Unternehmen in Privatrechtsform sind öffentliche Unternehmen im Sinne des Art. 86 Abs. 1 EGV. Die Gemeinde übt als Alleingesellschafterin unmittelbar bestimmenden Einfluss auf ihre Eigengesellschaften aus. Eine wirtschaftliche Tätigkeit liegt dabei nicht nur bei den wirtschaftlichen Unternehmen des § 107 Abs. 1 Satz 1 GO NW vor, sondern auch bei den – kraft gesetzlicher Fiktion – nichtwirtschaftlichen Einrichtungen des § 107 Abs. 2 Satz 1 GO NW. Auch sie sind auf den Austausch von Dienstleistungen oder Gütern ausgerichtet; die insoweit fehlende Gewinnerzielungsabsicht[1037] schadet nicht. Ausgenommen sind lediglich die Betriebe zur Deckung des Eigenbedarfs nach § 107 Abs. 2 Satz 1 Nr. 5 GO NW, denn wirtschaftlich im Sinne des europäischen Wettbewerbsrechts ist eine Betätigung nur, wenn sie über die Deckung des Eigenbedarfs hinausgeht.[1038]

1033 Zu den Zielen des Art. 86 EGV *Jung*, in: Calliess/Ruffert (Hrsg.), EUV/EGV, 2. Aufl. 2002, Art. 86 EGV Rdn. 3 m.w.N.

1034 *V. Burchard*, in: Schwarze (Hrsg.), EU-Kommentar, 2000, Art. 86 EGV Rdn. 16; *Jung*, in: Calliess/Ruffert (Hrsg.), EUV/EGV, 2. Aufl. 2002, Art. 86 EGV Rdn. 12; *Koenig/Kühling*, in: Streinz (Hrsg.), EUV/EGV, 2003, Art. 86 EGV Rdn. 15.

1035 *Jung*, in: Calliess/Ruffert (Hrsg.), EUV/EGV, 2. Aufl. 2002, Art. 86 EGV Rdn. 13.

1036 *Pernice/Wernicke*, in: Grabitz/Hilf (Hrsg.), EUV/EGV, Art. 86 Rdn. 24.

1037 Siehe hierzu oben Erster Teil B. II.

1038 Vgl. *Weiß*, in: Calliess/Ruffert (Hrsg.), EUV/EGV, 2. Aufl. 2002, Art. 81 EGV Rdn. 31.

II. Die Ausnahme des Art. 86 Abs. 2 EGV

Eine gewisse Einschränkung des Anwendungsbereichs der europäischen Wettbewerbsvorschriften ergibt sich aus Art. 86 Abs. 2 Satz 1 EGV. Danach gelten die Vorschriften des Vertrags „für Unternehmen, die mit Dienstleistungen von allgemeinem wirtschaftlichem Interesse betraut sind oder den Charakter eines Finanzmonopols haben [...], soweit die Anwendung dieser Vorschriften nicht die Erfüllung der ihnen übertragenen besonderen Aufgabe rechtlich oder tatsächlich verhindert." Die Rechtsprechung[1039] hat bislang deutlich gemacht, dass Art. 86 Abs. 2 EGV als Ausnahmebestimmung zu Art. 87 Abs. 1 EGV aufzufassen ist.[1040]

B. Das Verbot staatlicher Beihilfen nach Art. 87 Abs. 1 EGV

Nach Art. 87 Abs. 1 EGV sind „staatliche oder aus staatlichen Mitteln gewährte Beihilfen gleich welcher Art, die durch die Begünstigung bestimmter Unternehmen oder Produktionszweige den Wettbewerb verfälschen oder zu verfälschen drohen, mit dem gemeinsamen Markt unvereinbar, soweit sie den Handel zwischen den Mitgliedstaaten beeinträchtigen." Art. 87 Abs. 1 EGV konstituiert somit unter bestimmten Voraussetzungen ein grundsätzliches Verbot staatlicher Beihilfen.[1041] Es handelt sich nicht um ein absolutes Verbot, sondern im Hinblick auf die in Art. 87 Abs. 2 und Abs. 3 EGV geregelten Ausnahmetatbestände um ein „präventives Verbot mit Genehmigungsvorbehalt".[1042] Die öffentlich-rechtliche Finanzierungspflicht der Gemeinde gegenüber ihren kommunalen Unternehmen in Privatrechtsform könnten eine nach Art. 87 Abs. 1 EGV unzulässige staatliche Beihilfe sein.

1039 EuGH, Rs. C-387/92, *Banco Exterior de España*, Slg. 1994, I-877; EuG, Rs. T-106/95, *Fédération Francaise des Sociétés d'Assurance*, Slg. 1997, II-229; bestätigt durch EuGH, Rs. C-174/97, *Fédération Francaise des Sociétés d'Assurance*, Slg. 1998, I-1303; EuG, Rs. T-46/97, *Sociedade Independente de Comunicacao*, Slg. 2000, II-2125.

1040 Aus der Literatur z. B. *Koenig/Kühling*, in: Streinz (Hrsg.), EUV/EGV, 2003, Art. 87 EGV Rdn. 13; *Rawlinson*, in: Lenz/Borchardt (Hrsg.), EUV/EGV, 3. Aufl. 2003, Vorbem. Art. 87-89 EGV Rdn. 16; *Bär-Bouyssière*, in: Schwarze (Hrsg.), EU-Kommentar, 2000, Art. 87 EGV Rdn. 28; auch *Eberl/Kese*, DVP 2003, S. 51 (52). Teilweise wird Art. 86 Abs. 2 EGV als „globaler Rechtfertigungstatbestand" aufgefasst, vgl. *Lecheler/Gundel*, RdE 1998, S. 92 (92); *Dörr/Haus*, JuS 2001, S. 313 (318).

1041 *Cremer*, in: Calliess/Ruffert (Hrsg.), EUV/EGV, 2. Aufl. 2002, Art. 87 EGV Rdn. 1.

1042 *Koenig/Kühling*, in: Streinz (Hrsg.), EUV/EGV, 2003, Art. 87 EGV Rdn. 4; ähnlich auch *Bär-Bouyssière*, in: Schwarze (Hrsg.), EU-Kommentar, 2000, Art. 87 EGV Rdn. 2.

I. Der Beihilfetatbestand des Art. 87 Abs. 1 EGV

1. Der Begriff der „staatlichen Beihilfe“

a) Empfang einer staatlichen Leistung ohne angemessene Gegenleistung

Der im Gemeinschaftsrecht nicht definierte Begriff der Beihilfe ist dem Zusatz „gleich welcher Art“ entsprechend in einem weiten Sinne zu verstehen.[1043] Er umfasst nicht nur positive Leistungen an den Begünstigten, also Geld- oder Sachleistungen, sondern auch alle Maßnahmen, die die Belastungen vermindern, die ein Unternehmen normalerweise zu tragen hat.[1044] Beihilfen sind z. B. finanzielle Zuschüsse, verbilligte Darlehen oder Kredite, Steuerermäßigungen, Bürgschaften und Garantien, verbilligte Grundstückspreise und Mieten, verbilligte Lieferung von Gütern oder Dienstleistungen und Kapitalzuführungen.[1045] Grundsätzlich kommt es nicht auf den Zweck der Maßnahme an. Allein entscheidend ist die begünstigende Wirkung.[1046] Eine Begünstigung ist allerdings nur dann zu bejahen, wenn der Vorteilsgewährung keine angemessene Gegenleistung gegenübersteht.[1047] Als Vergleichsmaßstab zur Bestimmung der Angemessenheit des Verhältnisses von Leistung und Gegenleistung ziehen sowohl die Europäische Kommission als auch der EuGH[1048] den sogenannten „private investor“ heran. Dabei wird geprüft, ob die staatliche Kapitalzufuhr unter Bedingungen erfolgte, die für einen hypothetischen privaten Investor unter normalen marktwirtschaftlichen Voraussetzungen akzeptabel

1043 *Cremer*, in: Calliess/Ruffert (Hrsg.), EUV/EGV, 2. Aufl. 2002, Art. 87 EGV Rdn. 7 m.w.N.

1044 EuGH, Rs. C-387/92, *Banco Exterior de España*, Slg. 1994, I-877, Rdn. 13; EuGH, Rs. C-404/97, *KOM/Portugal*, Slg. 2000, I-4897, Rdn. 44.

1045 Zu den einzelnen Formen staatlicher Beihilfen ausführlich *Rawlinson*, in: Lenz/Borchardt (Hrsg.), EUV/EGV, 3. Aufl. 2003, Art. 87 EGV Rdn. 15 ff.

1046 EuGH, Rs. 173/73, *Italien/KOM* Slg. 1974, 709, Rdn. 26/28; EuGH, Rs. 310/85, *Deufil/KOM*, Slg. 1987, 901, Rdn. 8; EuGH, Rs. C-404/97.

1047 Vgl. *Koenig/Kühling*, in: Streinz (Hrsg.), EUV/EGV, 2003, Art. 87 EGV Rdn. 31. Der sogenannte „Ausgleichsansatz“ des EuGH, wonach eine staatliche Maßnahmen nicht den Beihilfetatbestand erfüllt, wenn sie nur die Kosten der öffentlichen Aufgabenerfüllung ausgleicht (EuGH, Rs. C-53/00, *Ferring*, Slg. 2001, I-9067, Rdn. 27; grundsätzlich bestätigt durch EuGH, Rs. C-280/00, *Altmark Trans*, Slg. 2003, I-7747, Rdn. 87 ff.; zur Saldierungsmethode *Schebstadt*, DVBl. 2004, S. 737 ff.) missachtet die objektive Natur des Beihilfenbegriffs, der eine Berücksichtigung von mit der Zuwendung einhergehenden Zwecken nur bei der Prüfung der Ausnahmetatbestände gestattet, vgl. *Pielow*, Zur Bedeutung der Art. 81 ff. EGV, in: Henneke (Hrsg.), Kommunale Perspektiven im zusammenwachsenden Europa, 2002, S. 33 (53). Dass der „Ausgleichsansatz“ nicht einhellig im Gerichtshof vertreten wird, machen die Schlussanträge des Generalanwalts Léger vom 19.3.2002 und 14.1.2003 im Fall Altmark Trans deutlich, in welchen er für die Rückkehr zum „Beihilfeansatz“ plädiert. Kritisch zu den Urteilen des EuGH *Jennert*, ZKF 2000, S. 266 ff.; *ders.*, NVwZ 2004, S. 425 ff.; *Gas/Rücker*, DÖV 2004, S. 56 ff. Zur „Wiedergeburt von Art. 86 Abs. 2 EG in der RAI-Entscheidung der Europäischen Kommission“ *Koenig/Haratsch*, ZUM 2004, S. 122 ff.

1048 EuGH, Rs. C-305/89, *Italien/KOM*, Slg. 1991, I-1603, Rdn. 19 ff.

wären. Wenn der hypothetische private Investor den einem bestimmten Unternehmen zugeführten wirtschaftlichen Vorteil überhaupt nicht oder allenfalls zu anderen, ungünstigeren Konditionen erteilt hätte, ist eine Beihilfe zu bejahen.[1049]

Staatlich oder aus staatlichen Mitteln gewährt ist eine Beihilfe, wenn sie der öffentlichen Hand zuzurechnen ist.[1050] Unumstritten ist, dass es keinen Unterschied macht, ob die Mittel vom Mitgliedstaat selbst oder durch Gebietskörperschaften, die in die Mitgliedstaaten eingegliedert sind, gewährt werden.[1051] In Deutschland gilt dies insbesondere für die Länder und die Kommunen.[1052]

b) Abstrakte Finanzierungspflicht und tatsächliche Kapitalzuführung

Zur Beantwortung der Frage, ob die öffentlich-rechtliche Finanzierungspflicht der Gemeinde gegenüber ihren kommunalen Unternehmen in Privatrechtsform eine nach Art. 87 Abs. 1 EGV unzulässige staatliche Beihilfe darstellt, muss unterschieden werden zwischen der *abstrakten* Finanzierungspflicht und der *tatsächlichen* Kapitalzuführung bei Konkretisierung der Finanzierungspflicht. Die Zuführung von Kapital durch den Staat an ein Unternehmen ist nach dem „private investor - test" eine Beihilfe, wenn die Zukunftsaussichten des Unternehmens eine einem privaten Kapitalgeber akzeptable Rendite (entweder durch Dividendenzahlung oder Kapitalzuwachs) nicht erwarten lassen.[1053] Kapitalzuführungen an öffentliche Unternehmen sind regelmäßig nicht von Rentabilitätsaspekten bestimmt, weil die wirtschaftliche Betätigung des Staates im Gegensatz zur wirtschaftlichen Betätigung Privater primär nicht die Gewinnerzielung, sondern andere Belange, nämlich öffentliche Interessen verfolgt.[1054] Gerade im Hinblick auf die hier in Rede stehende Insolvenzabwendungspflicht ist davon auszugehen, dass ein privater Investor in Anbetracht eines zahlungsunfähigen oder überschuldeten Unternehmens regelmäßig keine weiteren Investitionen tätigen würde, weil voraussichtlich auch in Zukunft keine akzeptable Rendite zu erwarten wäre. Die tatsächliche Kapitalzuführung der Gemeinde an ein von der Eröffnung des Insolvenzverfahrens bedrohtes kommunales Unternehmen in Privatrechtsform erfüllt daher regelmäßig den Beihilfebegriff des Art. 87 Abs. 1 EGV. Es handelt sich auch um eine staatliche Beihilfe, denn Kapitalgeber ist mit der Gemeinde eine in den Mitgliedstaat eingegliederte Gebietskörperschaft. Schwieriger zu beurteilen ist die Frage, ob schon die *abstrakte* Finanzierungspflicht der Gemeinde unter den Beihilfebegriff fällt. Die Herleitung der öffentlich-rechtlichen Finanzie-

1049 *Koenig/Kühling*, in: Streinz (Hrsg.), EUV/EGV, 2003, Art. 87 EGV Rdn. 32; *Cremer*, in: Calliess/Ruffert (Hrsg.), EUV/EGV, 2. Aufl. 2002, Art. 87 EGV Rdn. 7.
1050 *Koenig/Kühling*, in: Streinz (Hrsg.), EUV/EGV, 2003, Art. 87 EGV Rdn. 43 ff.
1051 *Koenig/Kühling*, in: Streinz (Hrsg.), EUV/EGV, 2003, Art. 87 EGV Rdn. 43; *Rawlinson*, in: Lenz/Borchardt (Hrsg.), EUV/EGV, 3. Aufl. 2003, Art. 87 EGV Rdn. 5.
1052 EuGH, Rs. 248/84, *Deutschland/KOM*, Slg. 1987, 4013, Rdn. 17.
1053 *Rawlinson*, in: Lenz/Borchardt (Hrsg.), EUV/EGV, 3. Aufl. 2003, Art. 87 EGV Rdn. 21.
1054 *Weiß*, Privatisierung und Staatsaufgaben, 2002, S. 376; *ders.*, AöR 128 (2003), S. 91 (109).

rungspflicht der Gemeinde gegenüber ihren kommunalen Unternehmen in Privatrechtsform aus den dogmatischen Grundlagen der Anstaltslast[1055] legt nahe, zunächst die Anstaltslast bei den Sparkassen im Lichte des europäischen Beihilfeverbots zu betrachten.

aa) Anstaltslast und Gewährträgerhaftung bei den Sparkassen

(1) Der Vorwurf des Verstoßes gegen das Beihilfeverbot

Sparkassen und Landesbanken waren seit Mitte der 90er Jahre dem Vorwurf ausgesetzt, die mit der Anstaltsform verbundene Gewährträgerhaftung nebst der Anstaltslast stelle eine nach Art. 87 Abs. 1 EGV verbotene Beihilfe dar.[1056] Dies sollte insbesondere deshalb gelten, weil die durch Gewährträgerhaftung und Anstaltslast vermittelte besondere Sicherheit den betroffenen Unternehmen eine günstigere Refinanzierungsmöglichkeit biete. Es liege somit ein vermögenswerter Vorteil vor, der aus staatlichen Mitteln stamme und der nicht durch Gegenleistungen ausgeglichen sei.[1057] Dieser Auffassung ist man im Schrifttum mit unterschiedlichen Argumenten entgegengetreten. Ein Argument stellt darauf ab, dass es sich bei Gewährträgerhaftung und Anstaltslast um eine Eigenhaftung der Gemeinde handele, die nach der Überführung der Sparkasse in eine rechtlich selbständige öffentliche Anstalt beibehalten worden sei. Diese Haftungsregelung sei der Sicherung durch Bürgschaft oder Garantieübernahme nicht vergleichbar und daher der europäischen Beihilfekontrolle entzogen.[1058] Im übrigen wird für Gewährträgerhaftung und Anstaltslast der Beihilfetatbestand des Art. 87 Abs. 1 EGV verneint, weil nach dem Kriterium des „privaten Investors“ eine vernünftige Investorenentscheidung vorliege[1059] oder weil mit

1055 Siehe hierzu oben Dritter Teil C. III. 1. b) cc).

1056 *Koenig*, EuZW 1995, S. 595 ff.; *v. Friesen*, Staatliche Haftungszusagen für öffentliche Kreditinstitute aus europarechtlicher Sicht, 1998, S. 125 ff.; *ders.*, EuZW 1999, S. 581 ff.; *Schmid/Vollmöller*, NJW 1998, S. 716 ff.; *Kruse*, NVwZ 2000, S. 721 ff.; *Niemeyer/Hirsbrunner*, EuZW 2000, S. 364 ff.; *Gleske*, Wettbewerb öffentlicher und privater Kreditinstitute in Deutschland, 1996, S. 326 ff., 342; *Kinzl*, Anstaltslast und Gewährträgerhaftung, 2000, S. 92 ff., 155 f.; *Wolf*, Anstalt des öffentlichen Rechts als Wettbewerbsunternehmen, 2002, S. 366 ff.; *Weiß*, AöR 128 (2003), S. 91 (110 ff.).

1057 Vgl. hierzu auch die Begründung der Beschwerde der Europäischen Bankenvereinigung vom 21.12.1999 unter http://www.fbe.be/docs_complaint.html.

1058 *Immenga/Rudo*, Die Beurteilung von Gewährträgerhaftung und Anstaltslast der Sparkassen und Landesbanken nach dem EU-Beihilferecht, 1997, S. 50 ff. Ähnlich auch der Ansatz von *Thode/Peres*, VerwArch 89 (1998), S. 439 (461 f.), die die öffentlich-rechtliche Organisationsform „Anstalt des öffentlichen Rechts“ mit ihren wesentlichen und unverzichtbaren Strukturmerkmalen – hierzu gehört auch die Anstaltslast – als durch Art. 222 EGV geschützt ansehen.

1059 *Schneider/Busch*, EuZW 1995, S. 602 ff.; *Kemmler*, Die Anstaltslast, 2001, S. 138 ff.

der Erfüllung des öffentlichen Auftrags eine angemessene Gegenleistung erbracht werde.[1060]

Nach differenzierender Auffassung kann die Anstaltslast nur im Falle ihrer konkreten Ausübung, d. h. bei der Zuwendung von Kapital durch den Anstaltsträger an die Anstalt als Beihilfe qualifiziert werden; der finanzielle Vorteil bei den Refinanzierungsbedingungen selbst sei eine Folge der Reaktion des Finanzmarktes auf bestimmte Qualitäten der öffentlichen Finanzinstitute.[1061]

(2) Die Verständigung über Anstaltslast und Gewährträgerhaftung

Auf die von der Europäischen Bankenvereinigung am 21.12.1999 eingebrachte Beschwerde leitete die Europäische Kommission ein formelles Wettbewerbskontrollverfahren gegen die Haftungsgarantien in Form der Anstaltslast und der Gewährträgerhaftung ein. Nach kontroversen Verhandlungen kam es am 17.7.2001 in Brüssel zu einer Verständigung[1062] zwischen Wettbewerbskommissar Monti und den Vertretern von Bundesregierung und Landesregierungen über ein sogenanntes „Plattform-Modell“. Darin verpflichtet sich Deutschland, die Gewährträgerhaftung ersatzlos abzuschaffen und die Anstaltslast in ihrer bisherigen Form durch eine nicht von einer normalen marktwirtschaftlichen Eigentümerbeziehung zu unterscheidende finanzielle Beziehung zu ersetzen.[1063] Insbesondere werden jegliche Verpflichtung des öffentlichen Eigners zu wirtschaftlicher Unterstützung und jeglicher Automatismus wirtschaftlicher Unterstützung durch den öffentlichen Eigner ausgeschlossen. Die öffentlichen Kreditinstitute werden den gleichen Insolvenzregeln unterworfen wie die privaten Kreditinstitute. Wirtschaftliche Unterstützungen gemäß den Beihilferegelungen des EG-Vertrags sollen aber weiter möglich sein. Zur Konkretisierung der Verständigung erzielte man am 28.2.2002 Schlussfolgerungen über die Ersetzung der Anstaltslast und die Abschaffung der Gewährträgerhaftung.[1064]

Die deutschen Bundesländer haben die Verständigung vom 17.7.2001 in ihren Sparkassengesetzen inzwischen fristgerecht umgesetzt. Durchweg wurde bestimmt, dass die Sparkasse den Gläubigern mit ihrem gesamten Vermögen haftet, der Träger

1060 *Weber*, Die „banküblichen Geschäfte“ im Sinne des Geschäftsrechts der Sparkassen, 2003, S. 210 ff.; *Kemmler*, DVBl. 2003, S. 100 (191).

1061 *Kluth*, Anstaltslast und Gewährträgerhaftung öffentlicher Finanzinstitute angesichts des gemeinschaftsrechtlichen Beihilfeverbots, in: Bitburger Gespräche, Jahrbuch 2002/I, 2003, S. 111 (122 f., 131).

1062 Abgedruckt bei *Kluth*, Anstaltslast und Gewährträgerhaftung öffentlicher Finanzinstitute angesichts des gemeinschaftsrechtlichen Beihilfeverbots, in: Bitburger Gespräche, Jahrbuch 2002/I, 2003, S. 111 (Anhang 5).

1063 Übergangsweise dürfen Gewährträgerhaftung und Anstaltslast noch bis zum 18.7.2005 fortdauern; bestehende Verbindlichkeiten dürfen bis zum Ende ihrer Laufzeit von der Gewährträgerhaftung gedeckt sein, nach dem 18.7.2001 entstehende längstens bis zum 31.12.2015.

1064 Abgedruckt bei *Wiesel*, ZBB 2002, S. 288 (295 f.).

aber nicht für die Verbindlichkeiten der Sparkasse. Die Anstaltslast wurde durch eine nicht näher definierte Unterstützungspflicht ersetzt. § 6 SpkG NW[1065] erhält mit Wirkung vom 19.7.2005 folgende Fassung:

> „Der Träger unterstützt die Sparkasse bei der Erfüllung ihrer Aufgaben mit der Maßgabe, dass ein Anspruch der Sparkasse gegen den Träger oder eine sonstige Verpflichtung des Trägers, der Sparkasse Mittel zur Verfügung zu stellen, nicht besteht. Die Sparkasse haftet für ihre Verbindlichkeiten mit ihrem gesamten Vermögen. Der Träger der Sparkasse haftet nicht für deren Verbindlichkeiten."

Die Verständigung vom 17.7.2001 ist in der Literatur ausführlich bewertet worden.[1066] Im Ergebnis ist unstreitig, dass es den öffentlichen Trägerkörperschaften auch nach der Verständigung vom 17.7.2001 unbenommen bleibt, ihren Sparkassen (gemäß den Beihilferegelungen des EG-Vertrags) wirtschaftliche Unterstützung zu gewähren.[1067] Damit bleibt der Kerngehalt der finanziellen Verantwortlichkeit der öffentlichen Hand für die von ihr getragenen Kreditinstitute prinzipiell unberührt.[1068] Weitgehende Einigkeit besteht auch darin, dass die Abschaffung der Gewährträgerhaftung, die – anders als die Anstaltslast – einer ausdrücklichen gesetzlichen Regelung bedarf,[1069] möglich ist.[1070]

Auf vehemente Kritik gestoßen ist die Ersetzung der bisherigen Anstaltslast. Insbesondere Autoren, die die Anstaltslast als allgemeinen Grundsatz des deutschen Verwaltungsrechts aus dem Rechtsstaatsprinzip des Art. 20 Abs. 1 GG herleiten, halten die Abschaffung der Anstaltslast in ihrer bisherigen Form für unvereinbar mit dem nationalen Recht, weil es eine Anstalt ohne Anstaltslast nicht geben könne.[1071] Der Ausschluss des Automatismus der wirtschaftlichen Unterstützung stehe im Widerspruch zur Anstaltslast nach deutschem Recht. Die Einstandspflicht bestehe dort automatisch ohne weitere Voraussetzungen und verpflichte den Träger zur Hilfe, wenn die Anstalt aus finanziellen, personellen oder organisatorischen Gründen nicht mehr in der Lage sei, die ihr übertragene Aufgabe ordnungsgemäß zu erfüllen. Halte der Träger am organisatorischen Bestand der selbständigen Verwaltungseinheit und an der staatlichen Aufgabe fest, so zwinge ihn die deutsche Anstaltslast zur Mittelzuführung. Dürfe aber die Anstaltslast keinen solchen Haftungs-

1065 Vgl. § 55 Abs. 2 SpkG NW vom 2.7.2002 (GVBl. NW 2002, S. 284).

1066 Allgemein zu den Auswirkungen im Sparkassenrecht *Henneke*, NWVBl. 2002, S. 249 ff.; *Ruge*, ZG 2004, S. 12 (19 ff.).

1067 Vgl. z. B. *Henneke*, NWVBl. 2002, S. 249 (255).

1068 *Lepper*, Die Verwendung und insbesondere die Ausschüttung von Sparkassengewinnen, 2003, S. 234 f.

1069 *Immenga/Rudo*, Die Beurteilung von Gewährträgerhaftung und Anstaltslast der Sparkassen und Landesbanken nach dem EU-Beihilferecht, 1997, S. 27; *Kirchhof*, Entwicklungsperspektiven kommunaler Sparkassen in Deutschland, in: Kirchhof/Henneke (Hrsg.), Entwicklungsperspektiven kommunaler Sparkassen in Deutschland, 2000, S. 11 (30); *Stern*, Anstaltslast und Gewährträgerhaftung im Sparkassenrecht, FS für H. Maurer, 2001, S. 815 (818).

1070 Dieser Lösungsansatz ist zuvor bereits von *Stern*, Anstaltslast und Gewährträgerhaftung im Sparkassenrecht, FS für H. Maurer, 2001, S. 815 (820 f.) herausgearbeitet worden.

1071 Vgl. *Kemmler*, DVBl. 2003, S. 100 (103 ff.) m.w.N.

automatismus hervorrufen, könne die Beziehung zwischen Träger und Anstalt nicht mehr als „Anstaltslast" deutscher Prägung erfasst werden.[1072] Als mögliche Alternativen werden die Einrichtung eines Versicherungssystems sowie die formelle oder materielle Privatisierung der Sparkassen vorgeschlagen.[1073] Nach anderer Auffassung wäre die organisationsrechtliche Einführung einer Anstalt mit beschränkter Haftung, um die es sich nach dem Wegfall der unbeschränkten Einstands- und Nachschusspflicht bei den Sparkassen handeln würde, ohne weiteres möglich, weil es kein rechtlich verbindliches Organisationsstatut für Anstalten gebe.[1074] Eine Anstaltslast, die eine automatisch greifende und uneingeschränkte Nachfinanzierungspflicht einschließe, sei weder dogmatisch noch verfassungsrechtlich zwingend.[1075]

(3) Stellungnahme

Unbeschadet der am Schluss der Verständigung formulierten Überzeugung der Kommission und der deutschen Delegation, „dass mit der Umsetzung dieser Grundsätze die wirtschaftlichen Aktivitäten der Landesbanken und Sparkassen mit dem Gemeinschaftsrecht vereinbar werden", ist die Qualifizierung der Anstaltslast als Beihilfe nicht so sicher und eindeutig, wie dies in der Verständigung zum Ausdruck kommt.[1076] Die Frage, ob es sich bei den durch die Anstaltslast vermittelten Refinanzierungsvorteilen um eine „staatliche Leistung ohne angemessene Gegenleistung" handelt, ist zwar im Wege der Verständigung bejaht, letztlich aber keiner Klärung durch den EuGH zugeführt worden.

1072 *Kemmler*, DVBl. 2003, S. 100 (102).

1073 Vgl. z. B. *Möschel*, WM 2001, S. 1895 (1896 f.); *Kemmler*, DVBl. 2003, S. 100 (106 f.). Der Vorschlag einer (nur) formellen Privatisierung der Sparkassen kann allerdings im Hinblick auf die hier festgestellte Finanzierungspflicht der Gemeinde gegenüber ihren Unternehmen in Privatrechtsform nicht überzeugen, weil auch diese Unternehmen unter beihilferechtlichen Aspekten immer noch finanzielle Vorteile bezögen. Diesen Aspekt sieht auch *Weiß*, Privatisierung und Staatsaufgaben, 2002, S. 380 ff.; *ders.*, AöR 128 (2003), S. 91 (113 ff.).

1074 *Kluth*, Anstaltslast und Gewährträgerhaftung öffentlicher Finanzinstitute angesichts des gemeinschaftsrechtlichen Beihilfeverbots, in: Bitburger Gespräche, Jahrbuch 2002/I, 2003, S. 111 (140). *Kluths* Verweis auf die schon bislang bestehende Möglichkeit, kommunale Pflichtaufgaben bei entsprechender Ausgestaltung der Beziehungen zur Kommune durch [haftungsbeschränkende] Kapitalgesellschaften erfüllen zu lassen, begegnet allerdings denselben Bedenken wie der Vorschlag der formellen Privatisierung der Sparkassen.

1075 *Kluth*, Anstaltslast und Gewährträgerhaftung öffentlicher Finanzinstitute angesichts des gemeinschaftsrechtlichen Beihilfeverbots, in: Bitburger Gespräche, Jahrbuch 2002/I, 2003, S. 111 (126).

1076 *Kluth*, Anstaltslast und Gewährträgerhaftung öffentlicher Finanzinstitute angesichts des gemeinschaftsrechtlichen Beihilfeverbots, in: Bitburger Gespräche, Jahrbuch 2002/I, 2003, S. 111 (142).

bb) Zwischenergebnis

Im Ergebnis lässt sich die Verständigung über Anstaltslast und Gewährträgerhaftung für die Beurteilung der abstrakten Finanzierungspflicht der Gemeinde gegenüber ihren kommunalen Unternehmen in Privatrechtsform nicht fruchtbar machen. Im übrigen ist davon auszugehen, dass sich das Argument der günstigeren Refinanzierungsmöglichkeit nicht auf die kommunalen Unternehmen in Privatrechtsform übertragen lässt. Die gesteigerte Kreditwürdigkeit von Sparkassen und Landesbanken ergibt sich nämlich aus der Kombination von Anstaltslast und Insolvenzunfähigkeit. Ein Forderungsausfall ist in dieser Kombination rechtlich undenkbar. Darin manifestiert sich ein eigener beihilferechtlicher Vorteil, weil sich ein möglicher Mangel an Rentabilität des Unternehmens nicht auf dessen Kreditwürdigkeit auswirkt.[1077] Anders ist die Situation bei den kommunalen Unternehmen in Privatrechtsform. Trotz der hier festgestellten öffentlich-rechtlichen Finanzierungspflicht der Gemeinde bleiben die kommunalen Eigengesellschaften insolvenzfähig.[1078] Die Gläubiger haben keinen subjektiven Anspruch gegen die Gemeinde, so dass keine erhöhte Kreditwürdigkeit der kommunalen Unternehmen in Privatrechtsform vorliegt.

c) Zwischenergebnis

Im Ergebnis ist festzustellen, dass die *abstrakte* Finanzierungspflicht der Gemeinde gegenüber ihren kommunalen Unternehmen nicht unter den Beihilfebegriff fällt. Nur die *tatsächliche* Kapitalzuführung der Gemeinde an ein von der Eröffnung des Insolvenzverfahrens bedrohtes kommunales Unternehmen in Privatrechtsform erfüllt regelmäßig den Beihilfebegriff des Art. 87 Abs. 1 EGV. Ob es sich hierbei um den Ausgleich solcher Kosten handelt, die dem Unternehmen durch die Erbringung von „Dienstleistungen von allgemeinem wirtschaftlichem Interesse“ entstanden sind, ist bei Zugrundelegung eines streng „objektiven“ Beihilfebegriffs[1079] nicht relevant. Nach dem zuletzt vom EuGH vertretenen „Ausgleichsansatz“[1080] ließe die Annahme eines solchen Kostenausgleichs bereits den Beihilfetatbestand des Art. 87 Abs. 1 EGV entfallen. Inhaltlich gemeinsam ist beiden Ansätzen die Zulässigkeit einer bloßen Kompensation der Nettozusatzkosten.[1081] Die größte Auswirkung in der Praxis hat der Umstand, dass nach der Tatbestandslösung des „Ausgleichsansatzes“ sowohl die Notifizierungspflicht als auch die Stillhalteverpflichtung nach Art. 88

1077 Vgl. *Storr*, Der Staat als Unternehmer, 2001, S. 403 f.

1078 Siehe hierzu oben Zweiter Teil D.

1079 Siehe hierzu schon die Erläuterungen in Fn. 1047.

1080 EuGH, Rs. C-53/00, *Ferring*, Slg. 2001, I-9067, Rdn. 27; grundsätzlich bestätigt durch EuGH, Rs. C-280/00, *Altmark Trans*, Slg. 2003, I-7747, Rdn. 87 ff.

1081 Vgl. *Schebstadt,* DVBl. 2004, S. 737 (740 mit Fn. 47).

Abs. 3 EGV entfallen und die Überprüfung der Kompensation bzw. Überkompensation erst im Nachhinein erfolgt.[1082]

2. Begünstigung bestimmter Unternehmen oder Produktionszweige

Mit dem Gemeinsamen Markt unvereinbar sind nur Beihilfen, die auf die Begünstigung bestimmter Unternehmen oder Produktionszweige gerichtet sind. Das Kriterium der Bestimmtheit ist das entscheidende Tatbestandsmerkmal, um staatliche Fördermaßnahmen, die unterschiedslos der gesamten Wirtschaft zugute kommen, aus dem gemeinschaftlichen Beihilfebegriff auszuscheiden.[1083] Am Kriterium der Bestimmtheit besteht kein Zweifel, denn begünstigt wird im Fall der tatsächlichen Kapitalzuführung der Gemeinde an ein von der Eröffnung des Insolvenzverfahrens bedrohtes kommunales Unternehmen nur ein bestimmtes Unternehmen, nicht etwa die gesamte kommunale Wirtschaft.

3. Verfälschung des Wettbewerbs

Eine Wettbewerbsverfälschung liegt vor, wenn die Beihilfe – tatsächlich oder potentiell – in ein bestehendes oder möglicherweise zur Entstehung kommendes Wettbewerbsverhältnis zwischen Unternehmen oder Produktionszweigen eingreift und damit den Ablauf des Wettbewerbs verändert. Erforderlich ist, dass Unternehmen oder Produktionszweige einen wirtschaftlichen Vorteil erhalten, den sie unter marktkonformen Voraussetzungen nicht erhielten, und dass dadurch die Marktbedingungen der Wettbewerber verändert werden.[1084] Auf die Spürbarkeit einer festgestellten Wettbewerbsverfälschung kommt es nicht an.[1085]

Zu beachten sind aber die sogenannten „De-minimis"-Regelungen der Kommission.[1086] Danach gelten Beihilfen, die bezogen auf einen Zeitraum von drei Jahren einen bestimmten Schwellenwert (100.000 Euro) unterschreiten, nicht als Maßnahmen, die alle Tatbestandsmerkmale des Art 87 Abs. 1 EGV erfüllen. Mit der „De minimis"-Mitteilung von 1996[1087] hatte sich die Kommission selbst in ihrer Praxis gebunden, dass gewisse kleine Beihilfebeträge deshalb mit dem Gemeinsamen Markt vereinbar angesehen werden, weil diese den Wettbewerb nicht verfälschen bzw. zu verfälschen drohen und/oder den Handel zwischen den Mitgliedstaaten nicht

1082 Vgl. zum Verfahren der Beihilfenaufsicht *Koenig/Kühling*, NJW 2000, S. 1065 (1072 ff.); *Mähring*, JuS 2003, S. 448 (451 ff.); *Stein/Martius*, der städtetag 5/1998, S. 362 (364 ff.).
1083 *Koenig/Kühling*, in: Streinz (Hrsg.), EUV/EGV, 2003, Art. 87 EGV Rdn. 51.
1084 *Koenig/Kühling*, in: Streinz (Hrsg.), EUV/EGV, 2003, Art. 87 EGV Rdn. 55.
1085 *Koenig/Kühling*, in: Streinz (Hrsg.), EUV/EGV, 2003, Art. 87 EGV Rdn. 56.
1086 Vgl. hierzu *Bartosch*, NJW 2001, S. 921 ff.
1087 ABl. EG 1996, Nr. C 68, S. 9.

beeinträchtigen. Mit der neuen „De Minimis"-Verordnung von 2001[1088] wird derartigen kleinen Beihilfen ein gegenüber jedermann wirkendes sogenanntes *„Gruppennegativattest"*[1089] erteilt mit der Konsequenz, dass solche „De minimis"-Beihilfen qua definitionem als für den Wettbewerb unbedenklich gelten und bei der Kommission nicht notifiziert werden müssen. Insbesondere im Bereich der kommunalen Wirtschaftstätigkeit, wo wegen des grundsätzlich auf das Gemeindegebiet beschränkten Tätigkeitsfeldes[1090] hauptsächlich kleinere oder mittelständische Unternehmen agieren, können Beihilfen der Gemeinden an ihre kommunalen Unternehmen unter die „De-Minimis"-Regelungen fallen, wenn sie bezogen auf einen Zeitraum von drei Jahren den Schwellenwert von 100.000 Euro nicht überschreiten.

4. Beeinträchtigung des Handels zwischen den Mitgliedstaaten

Das Beihilfeverbot betrifft nur solche Begünstigungen, die den Handel zwischen den Mitgliedstaaten beeinträchtigen. Grundsätzlich wird man das grenzüberschreitende Element dieser sogenannten Zwischenstaatlichkeitsklausel nur ausnahmsweise verneinen können. Das Merkmal der Beeinträchtigung des zwischenstaatlichen Handels kann bereits dann bejaht werden, wenn durch den Vorteil zugunsten eines Unternehmens zukünftige Auswirkungen als möglich erscheinen. Eine diesbezügliche Vermutung ist bereits durch die Stärkung der Finanzkraft des begünstigten Unternehmens begründet.[1091]

Weil Auswirkungen auf den zwischenstaatlichen Handel regelmäßig dann ausgeschlossen werden können, wenn es sich um rein lokale Wirtschaftstätigkeiten handelt,[1092] hat dieses Tatbestandsmerkmal für die Beihilfen der Gemeinde gegenüber ihren kommunalen Unternehmen in Privatrechtsform besondere Relevanz.[1093] In der Entscheidung zum *Freizeitbad Dorsten*[1094] hat die Kommission festgestellt, dass Zuschüsse für ein kommunales Schwimmbad nicht unter das Beihilfeverbot fallen,

1088 Verordnung (EG) Nr. 69/2001, ABl. EG 2001, Nr. L 10, S. 30.

1089 *Bartosch*, NJW 2001, S. 921 (923).

1090 Vgl. zur Möglichkeit wirtschaftlicher Betätigung außerhalb des Gemeindegebiets nach § 107 Abs. 3 GO NW oben Erster Teil B. III. 3. a) aa) (3).

1091 *Koenig/Kühling*, in: Streinz (Hrsg.), EUV/EGV, 2003, Art. 87 EGV Rdn. 58.

1092 Vgl. *Koenig/Kühling*, in: Streinz (Hrsg.), EUV/EGV, 2003, Art. 87 EGV Rdn. 59.

1093 Ebenso *Eberl/Kese*, DVP 2003, S. 51 (53) für die kommunale Wirtschaftsförderung; hierzu auch *Stein/Martius*, der städtetag 5/1998, S. 362 ff.

1094 Die nordrhein-westfälische Stadt Dorsten betrieb mehrere defizitäre öffentliche Bäder. Sie übertrug den Betrieb der Bäder einem Privatunternehmen, das die anstehenden Investitionen vornehmen sollte und zugleich die Konzession für den Bau und Betrieb eines weiteren Freizeitbades erhielt. Zu den umfangreichen zwischen Stadt und Betreiber vertraglich festgeschriebenen Rechten und Pflichten zählte die Verpflichtung des Betreibers, die Eintrittspreise sozialverträglich auszugestalten und die Bäder für Schul- und Vereinsschwimmen unentgeltlich zur Verfügung zu stellen. Die Stadt Dorsten ihrerseits verpflichtete sich, jährlich einen Zuschuss von zwei Millionen DM an den Betreiber zu zahlen.

weil die Einrichtung schon angesichts des begrenzten Einzugskreises keine grenzüberschreitend gehandelten Infrastrukturleistungen anbiete, also insoweit kein grenzüberschreitender Wettbewerb verschiedener Dienstanbieter bestehe und das EG-Beihilfeverbot folgerichtig nicht greife.[1095] Anders als bei den kommunalen Sparkassen,[1096] deren rein lokaler Wirtschaftsbezug z. B. im Hinblick auf die Möglichkeiten des modernen Online-Bankings in Zweifel gezogen wurde,[1097] ist bei den kommunalen Unternehmen regelmäßig davon auszugehen, dass sie in ihrem kommunalen Wirkbereich nicht in Konkurrenz zu Unternehmen aus anderen Mitgliedstaaten treten oder selbst grenzüberschreitend Dienstleistungen anbieten. Aus der finanziellen Unterstützung einzelner kommunaler Unternehmen resultiert auch keine „schwer zu überwindende Hürde“[1098] für ausländische Unternehmen, die auf kommunalen Märkten in Deutschland tätig werden wollen.

5. Ergebnis

Zur Beantwortung der Frage, ob die öffentlich-rechtliche Finanzierungspflicht der Gemeinde gegenüber ihren kommunalen Unternehmen in Privatrechtsform eine nach Art. 87 Abs. 1 EGV unzulässige staatliche Beihilfe darstellt, muss unterschieden werden zwischen der *abstrakten* Finanzierungspflicht und der *tatsächlichen* Kapitalzuführung. Nur die tatsächliche Kapitalzuführung der Gemeinde an ein von der Eröffnung des Insolvenzverfahrens bedrohtes kommunales Unternehmen in Privatrechtsform erfüllt regelmäßig den Beihilfebegriff des Art. 87 Abs. 1 EGV. Insbesondere im Bereich der kommunalen Wirtschaftstätigkeit können solche Beihilfen unter die „De-Minimis“-Regelungen fallen, wenn sie bezogen auf einen Zeitraum von drei Jahren den Schwellenwert von 100.000 Euro nicht überschreiten. Im übrigen hat das Tatbestandsmerkmal der „Beeinträchtigung des Handels zwischen den Mitgliedstaaten“ besondere Relevanz für kommunale Beihilfen, weil Auswir-

1095 KomE vom 12.1.2001, Beihilfe Nr. N 258/00 - Deutschland (*Freizeitbad Dorsten*).

1096 Die Europäische Kommission hat in ihrem Bericht vom 17.6.1998 über „Dienstleistungen von allgemeinem wirtschaftlichem Interesse im Bankensektor“ (vorgestellt am 23.11.1998) die Auffassung vertreten, dass die lokal tätigen Sparkassen oder ähnliche Kreditinstitute mit lokal begrenztem Wirkungskreis nicht in den Anwendungsbereich von Art. 87 Abs. 1 EGV fielen. Die von Anstaltslast und Gewährträgerhaftung ausgehende Begünstigung der Sparkassen wirke sich lediglich lokal aus. Um unter das Beihilfeverbot des Art. 87 Abs. 1 EGV zu fallen, sei es jedoch erforderlich, dass die Beihilfe den zwischenstaatlichen Handel beeinträchtige.

1097 Vgl. z. B. *Kluth*, Anstaltslast und Gewährträgerhaftung öffentlicher Finanzinstitute angesichts des gemeinschaftsrechtlichen Beihilfeverbots, in: Bitburger Gespräche, Jahrbuch 2002/I, 2003, S. 111 (125).

1098 So *Niemeyer/Hirsbrunner*, EuZW 2000, S. 364 (366 f.) für den Bereich des Bankensektors, der sich durch die Organisation der Sparkassen in regionalen und überregionalen Verbänden auszeichne, so dass nicht nur ein einzelnes Institut, sondern alle in der Sparkassenorganisation zusammengefassten Sparkassen begünstigt würden.

kungen auf den zwischenstaatlichen Handel regelmäßig dann ausgeschlossen werden können, wenn es sich um rein lokale Wirtschaftstätigkeiten handelt. Im Ergebnis wird also auch bei der tatsächlichen Kapitalzuführung der Beihilfetatbestand des Art. 87 Abs. 1 EGV oftmals nicht erfüllt sein.

II. Die Ausnahme des Art. 86 Abs. 2 EGV

Ist der Beihilfetatbestand des Art. 87 Abs. 1 EGV erfüllt, liegt also eine gemeinschaftsrechtlich relevante und damit notifizierungspflichtige Beihilfe vor, ist festzustellen, ob eine Ausnahme vom grundsätzlichen Beihilfeverbot vorliegt. Die Ausnahmetatbestände des Art. 87 Abs. 2 EGV (Legalausnahmen) und des Art. 87 Abs. 3 EGV (Ermessenstatbestand)[1099] gelten zwar auch für die Gemeinden, spielen in der Praxis jedoch nur eine untergeordnete Rolle.[1100] Von erheblicher Relevanz ist Art. 86 Abs. 2 EGV, der sich durch die Intensivierung der Beihilfekontrolle auf dem Gebiet der öffentlichen Versorgung Mitte der 90er Jahre zur „thematischen Zentralnorm“[1101] in der andauernden Auseinandersetzung um die Zukunft der öffentlichen Daseinsvorsorge wandelte.[1102]

Sichtbarer Ausdruck der auf europäischer Ebene zunehmenden Anerkennung gemeinwohlorientierter Leistungen ist der durch den Amsterdamer Vertrag eingefügte Art. 16 EGV,[1103] dessen Verortung im Ersten Teil des EG-Vertrags innerhalb der „Grundsätze“ auf den Bedeutungszuwachs der „Dienste von allgemeinem wirt-

1099 Hierzu *Koenig/Kühling*, NJW 2000, S. 1065 (1070 ff.); *Mähring*, JuS 2003, S. 448 (450 f.).

1100 *Eberl/Kese*, DVP 2003, S. 51 (53).

1101 So *Pielow*, Grundstrukturen öffentlicher Verwaltung, 2001, S. 75.

1102 Aus der Literatur *Götz*, Die Betrauung mit Dienstleistungen von allgemeinem wirtschaftlichen Interesse (Art. 86 Abs. 2 EG) als Akt der öffentlichen Gewalt, FS für H. Maurer, 2001, S. 921 ff.; *Schwarze*, EuZW 2001, S. 334 (336); *Storr*, DÖV 2002, S. 357 ff.; *Mann*, JZ 2002, S. 819 ff.; *Papier*, DVBl. 2003, S. 686 ff.; *Schmidt*, Der Staat 42 (2003), S. 225 ff.; *v. Danwitz*, Dienste von allgemeinem wirtschaftlichem Interesse in der europäischen Wettbewerbsordnung, in: Bitburger Gespräche, Jahrbuch 2002/I, 2003, S. 73 ff.; grundlegend auch *Ehlers*, Empfiehlt es sich, das Recht der öffentlichen Unternehmen im Spannungsfeld von öffentlichem Auftrag und Wettbewerb national und gemeinschaftsrechtlich neu zu regeln?, in: Verhandlungen des vierundsechzigsten Deutschen Juristentages, Berlin 2002, Bd. I Gutachten, Teil E.

1103 Hierzu *Kluth*, Zur Bedeutung des Art. 16 EGV für die Wahrnehmung von Aufgaben der Daseinsvorsorge durch die Kommunen, in: Henneke (Hrsg.), Kommunale Perspektiven im zusammenwachsenden Europa, 2002, S. 68 ff. Vgl. zum „Perspektivenwechsel“ gegenüber den Diensten von allgemeinem wirtschaftlichem Interesse auch *v. Danwitz*, Die Rolle der Unternehmen der Daseinsvorsorge im Verfassungsentwurf, in: Schwarze (Hrsg.), Der Verfassungsentwurf des Europäischen Konvents, 2004, S. 251 (257 ff.).

schaftlichen Interesse" hinweist.[1104] Weil die Vorschrift ausdrücklich „unbeschadet der Artikel 73, 86 und 87" gilt, ist der rechtliche Einfluss des Art. 16 EGV auf Art. 86 Abs. 2 EGV umstritten. Von Teilen der Literatur wird der rechtsnormative Gehalt als *„eher gegen Null tendierend"* eingeschätzt.[1105] Nach anderer und überzeugender Auffassung ist davon auszugehen, dass Art. 16 EGV eine Direktivfunktion gegenüber Art. 86 Abs. 2 EGV zukommt[1106] mit der Folge, dass das in Art. 86 Abs. 2 EGV zugrunde gelegte Regel-Ausnahme-Verhältnis zu Gunsten gemeinwohlorientierter Dienstleistungen verschoben wird[1107] und diese im Rahmen der Verhältnismäßigkeitsprüfung nach Art. 86 Abs. 2 Satz 2 EGV stärker zu gewichten sind.[1108]

1. Dienstleistungen von allgemeinem wirtschaftlichem Interesse

Die Europäische Kommission legte im Auftrag des Europäischen Rates im Jahr 2000 eine aktualisierte Fassung ihrer Mitteilung zu „Leistungen der Daseinsvorsorge in Europa"[1109] vor, um verstärkte Rechtssicherheit bei der Anwendung der EG-Beihilfevorschriften zu schaffen. Die Kommission definiert den in Art. 86 Abs. 2 Satz 1 EGV verwendeten Begriff „Dienstleistungen von allgemeinem wirtschaftlichem Interesse" als „marktbezogene Tätigkeiten,[1110] die im Interesse der Allgemeinheit erbracht und daher von den Mitgliedstaaten mit besonderen Gemeinwohlverpflichtungen verbunden werden." Beispielhaft aufgezählt werden Verkehrs-,

1104 Der ursprüngliche Plan, dem Bürger auch ein subjektives Recht auf qualifizierte Versorgung mit einem Mindeststandard einschlägiger Leistungen zu gewähren, wurde nicht realisiert, vgl. *Jung*, in: Calliess/Ruffert (Hrsg.), EUV/EGV, 2. Aufl. 2002, Art. 16 EGV Rdn. 11. Nach Art. 36 der Grundrechtecharta der Europäischen Union „anerkennt und achtet" die Union den Zugang zu Dienstleistungen von allgemeinem wirtschaftlichem Interesse.

1105 Vgl. z. B. *Pielow*, Grundstrukturen öffentlicher Verwaltung, 2001, S. 98.

1106 *Badura*, „Dienste von allgemeinem wirtschaftlichem Interesse" unter der Aufsicht der Europäischen Gemeinschaft, FS für T. Oppermann, 2001, S. 571 (578); *v. Danwitz*, Dienste von allgemeinem wirtschaftlichem Interesse in der europäischen Wettbewerbsordnung, in: Bitburger Gespräche, Jahrbuch 2002/I, 2003, S. 73 (83); *Kluth*, Anstaltslast und Gewährträgerhaftung öffentlicher Finanzinstitute angesichts des gemeinschaftsrechtlichen Beihilfeverbots, in: Bitburger Gespräche, Jahrbuch 2002/I, 2003, S. 111 (130).

1107 *Schwarze*, EuZW 2001, S. 334 (336); *Storr*, DÖV 2002, S. 357 (361); *v. Danwitz*, Dienste von allgemeinem wirtschaftlichem Interesse in der europäischen Wettbewerbsordnung, in: Bitburger Gespräche, Jahrbuch 2002/I, 2003, S. 73 (82 f.); *Kluth*, Anstaltslast und Gewährträgerhaftung öffentlicher Finanzinstitute angesichts des gemeinschaftsrechtlichen Beihilfeverbots, in: Bitburger Gespräche, Jahrbuch 2002/I, 2003, S. 111 (129).

1108 *Schmidt*, Der Staat 42 (2003), S. 225 (239); *Hobe/Biehl/Schroeter*, DÖV 2003, S. 803 (807).

1109 Daseinsvorsorgemitteilung vom 20.9.2000, Abl. EG 2001, Nr. C 17, S. 4. Hierzu *Albin*, DÖV 2001, S. 890 ff.

1110 Gemeint sind also nicht nur Dienstleistungen im Sinne des Art. 50 EGV, sondern auch das Bereithalten, das Bereitstellen und die Verteilung von Sachleistungen, vgl. *Koenig/Kühling*, in: Streinz (Hrsg.), EUV/EGV, 2003, Art. 86 EGV Rdn. 44.

Energieversorgungs- und Telekommunikationsdienste.[1111] Unter „Leistungen der Daseinsvorsorge" versteht die Kommission „marktbezogene oder nichtmarktbezogene Tätigkeiten, die im Interesse der Allgemeinheit erbracht und daher von den Behörden mit spezifischen Gemeinwohlverpflichtungen verknüpft werden".[1112] Damit umfasst der Begriff der Daseinsvorsorge den der Dienstleistungen von allgemeinem wirtschaftlichem Interesse und schließt darüber hinaus die im Rahmen des Art. 86 Abs. 2 Satz 1 EGV irrelevanten[1113] nichtwirtschaftlichen Tätigkeiten mit ein.[1114] Welche Aufgaben öffentlicher Daseinsvorsorge konkret von allgemeinem wirtschaftlichem Interesse sind, bestimmen zunächst die Mitgliedstaaten selbst, denen insoweit eine weitreichende Einschätzungsprärogative zukommt. Als Korrektiv dieser Einschätzungsprärogative greift eine Vertretbarkeitskontrolle auf „offenkundige Fehler" durch Kommission und Rechtsprechung.[1115] Beispiele[1116] für Dienstleistungen von allgemeinem wirtschaftlichem Interesse sind die Tätigkeit von Rundfunk- und Fernsehanstalten, Energieversorgungs-, Wasserversorgungs- und Abfallentsorgungsunternehmen, Post, Telekommunikations- und Verkehrsunternehmen sowie öffentlich-rechtlichen Arbeitsvermittlungsstellen.

Für die kommunalen Unternehmen in Privatrechtsform lässt sich das Vorliegen eines allgemeinen wirtschaftlichen Interesses aufgrund der Vielfalt der wahrgenommen Aufgaben nicht pauschal bejahen. Es spricht jedoch einiges dafür, die Tätigkeit kommunaler Unternehmen in Privatrechtsform zumindest grundsätzlich als Dienstleistung von allgemeinem wirtschaftlichem Interesse einzustufen. Dienstleistungen sind nur dann „allgemein", wenn sie zumindest auch im öffentlichen Interesse wahrgenommen werden.[1117] Hierfür genügt das Interesse einer einzelnen Gemeinde.[1118] Im Hinblick darauf, dass die Gemeinde sich nach § 107 Abs. 1 Satz 1 Nr. 1 GO NW nur dann wirtschaftlich betätigen darf, wenn ein öffentlicher Zweck die Betätigung erfordert, könnte dies für alle gemeinderechtlich zulässigen Kommunalunternehmen anzunehmen sein,[1119] denn der „öffentliche Zweck" wird gemeinhin

1111 Daseinsvorsorgemitteilung vom 20.9.2000, Abl. EG 2001, Nr. C 17, S. 4, Anhang II.

1112 Daseinsvorsorgemitteilung vom 20.9.2000, Abl. EG 2001, Nr. C 17, S. 4, Anhang II.

1113 Missverständlich ist in Bezug auf den wirtschaftlichen Charakter des Interesses die Feststellung, dass Unternehmen, die allein mit der Wahrung kultureller, sozialer oder karikativer Belange betraut sind, nicht unter Art. 86 Abs. 2 EGV fallen (so z. B. *Jung*, in: Calliess/Ruffert (Hrsg.), EUV/EGV, 2. Aufl. 2002, Art. 86 EGV Rdn. 38), denn im Fall des mangelnden wirtschaftlichen Charakters der Tätigkeit entfällt bereits die Unternehmensqualität (siehe hierzu oben Vierter Teil A. I. 2.), so dass die Anwendung des europäischen Wettbewerbsrechts von vornherein nicht in Betracht kommt, vgl. *Koenig/Kühling*, in: Streinz (Hrsg.), EUV/EGV, 2003, Art. 86 EGV Rdn. 46.

1114 *Koenig/Kühling*, in: Streinz (Hrsg.), EUV/EGV, 2003, Art. 86 EGV Rdn. 64.

1115 Daseinsvorsorgemitteilung vom 20.9.2000, Abl. EG 2001 Nr. C 17, S. 4, Rdn. 22.

1116 Nachweise bei *v. Burchard*, in: Schwarze (Hrsg.), EU-Kommentar, 2000, Art. 86 EGV Rdn. 65; *Grill*, in: Lenz/Borchardt (Hrsg.), EUV/EGV, 3. Aufl. 2003, Art. 86 EGV Rdn. 26.

1117 *Pernice/Wernicke*, in: Grabitz/Hilf (Hrsg.), EUV/EGV, Art. 86 Rdn. 37.

1118 *Grill*, in: Lenz/Borchardt (Hrsg.), EUV/EGV, 3. Aufl. 2003, Art. 86 EGV Rdn. 24; *Jung*, in: Calliess/Ruffert (Hrsg.), EUV/EGV, 2. Aufl. 2002, Art. 86 EGV Rdn. 38.

1119 So *Badura*, DÖV 1998, S. 818 (823).

definiert als gemeinwohlorientierte, im öffentlichen Interesse der Einwohner liegende Zielsetzung, also Wahrnehmung einer sozial-, gemeinwohl- und damit einwohnernützigen Aufgabe.[1120] Nichts anderes gilt für die – kraft gesetzlicher Fiktion – nichtwirtschaftlichen Einrichtungen des § 107 Abs. 1 Satz 2 GO NW, für die der öffentliche Zweck stillschweigend unterstellt wird.[1121] Im Ergebnis ist daher davon auszugehen, dass kommunale Unternehmen in Privatrechtsform grundsätzlich Dienstleistungen von allgemeinem wirtschaftlichem Interesse im Sinne des Art. 86 Abs. 2 Satz 1 EGV erbringen.

2. Hoheitliche Betrauung

Voraussetzung für die gemeinschaftsrechtliche Anerkennung einer Aufgabe als Dienstleistung von allgemeinem wirtschaftlichem Interesse ist die hoheitliche Betrauung. Dies ist bei Privatunternehmen der Fall, wenn die Übertragung dieser Aufgabe durch einen „Hoheitsakt der öffentlichen Gewalt“ erfolgte.[1122] Ob ein gesonderter hoheitlicher Betrauungsakt auch bei öffentlichen Unternehmen im Sinne des Art. 86 Abs. 1 EGV erforderlich ist, wurde bisher noch nicht eindeutig entschieden. Aus Gründen der Gleichbehandlung privater und öffentlicher Unternehmen wird verschiedentlich ein „formal eindeutiger Anknüpfungspunkt“ verlangt.[1123] Im Hinblick darauf, dass das Betrauungsmerkmal der Rechtssicherheit und -klarheit dient, indem es die Feststellung der tatsächlichen Übertragung einer besonderen Aufgabenstellung sowie der damit einhergehenden Verpflichtungen und Belastungen ermöglicht,[1124] dürften die Anforderungen an den formal eindeutigen Anknüpfungspunkt im Fall der kommunalen Unternehmen in Privatrechtsform gleichwohl nicht sehr hoch anzusetzen sein. § 108 Abs. 1 Satz 1 Nr. 7 GO NW verpflichtet die Gemeinde ausdrücklich, das Unternehmen oder die Einrichtung durch Gesellschaftsvertrag, Satzung oder sonstiges Organisationsstatut auf den öffentlichen Zweck auszurichten. Damit wird gleichzeitig festgestellt, dass das kommunale Unternehmen eine Aufgabe der Gemeinde wahrnimmt. Im Ergebnis liegt mit der Verpflichtung des kommunalen Unternehmens in Privatrechtsform auf den öffentlichen Zweck regelmäßig auch die hoheitliche Betrauung durch die Gemeinde vor.

1120 Siehe hierzu oben Erster Teil A. III. 1.

1121 Siehe hierzu oben Erster Teil B. I.

1122 *Grill*, in: Lenz/Borchardt (Hrsg.), EUV/EGV, 3. Aufl. 2003, Art. 86 EGV Rdn. 25; *Koenig/Kühling*, in: Streinz (Hrsg.), EUV/EGV, 2003, Art. 86 EGV Rdn. 52.

1123 *Pernice/Wernicke*, in: Grabitz/Hilf (Hrsg.), EUV/EGV, Art. 86 Rdn. 42; *Grill*, in: Lenz/Borchardt (Hrsg.), EUV/EGV, 3. Aufl. 2003, Art. 86 EGV Rdn. 25; *Jung*, in: Calliess/Ruffert (Hrsg.), EUV/EGV, 2. Aufl. 2002, Art. 86 EGV Rdn. 39.

1124 *V. Danwitz*, Dienste von allgemeinem wirtschaftlichem Interesse in der europäischen Wettbewerbsordnung, in: Bitburger Gespräche, Jahrbuch 2002/I, 2003, S. 73 (84 f.).

3. Verhinderung der Erfüllung der besonderen Aufgaben

Um eine Ausnahme von der generellen Pflicht zur Beachtung der Vorschriften des EG-Vertrags annehmen zu können, muss die Erfüllung der übertragenen besonderen Aufgabe durch die Anwendung dieser Vorschriften rechtlich oder tatsächlich verhindert werden. Kennzeichnend ist also, dass zwischen der Erfüllung der besonderen Aufgabe und der Einhaltung der Vertragsvorschriften ein Konflikt besteht.[1125] Der Verhinderungsmaßstab des Art. 86 Abs. 2 EGV ist vom EuGH in einer Reihe von Urteilen zu einem bloßen Gefährdungsmaßstab[1126] abgeschwächt worden. Die Vorschriften des EG-Vertrags seien bereits dann nicht auf ein Unternehmen anwendbar, das mit einer Dienstleistung von allgemeinem wirtschaftlichem Interesse betraut sei, wenn ihre Anwendung die Erfüllung der besonderen Verpflichtungen, die diesem Unternehmen oblägen, sachlich oder rechtlich gefährden würde. Nicht erforderlich sei, dass das Überleben des gesamten Unternehmens bedroht sei.[1127] Im Umkehrschluss folgt daraus, dass bei konkreter Bedrohung der Existenz des Unternehmens die Ausnahme des Art. 86 Abs. 2 EGV jedenfalls greift. Es ist offensichtlich, dass ein kommunales Unternehmen seine öffentlichen Aufgaben nicht mehr erfüllen kann, wenn das Insolvenzverfahren eröffnet und das Unternehmen liquidiert wird. Ohne die tatsächliche Kapitalzuführung durch die insolvenzabwendungspflichtige Gemeinde würde die Erfüllung der besonderen Aufgabe durch das kommunale Unternehmen tatsächlich verhindert. Im Ergebnis liegt also ein Konflikt zwischen der Erfüllung der besonderen Aufgabe und der Einhaltung der Vertragsvorschriften vor, denn die Erfüllung der besonderen Aufgabe durch das kommunale Unternehmen kann nur sichergestellt werden, wenn die tatsächliche Kapitalzuführung durch die Gemeinde nicht dem Beihilfeverbot des Art. 87 Abs. 1 EGV unterfällt.

Ein anderes Ergebnis ist nur dann denkbar, wenn man nicht auf die Aufgabenerfüllung durch das konkrete Unternehmen, sondern vielmehr auf die Aufgabenerfüllung schlechthin abstellt. Diese Sichtweise ergibt sich nach einer Auffassung in der Literatur schon aus dem Wortlaut des Art. 86 Abs. 2 EGV, der auf die Erfüllung der den Unternehmen übertragenen Aufgabe abstelle und nicht darauf, dass den *konkreten* Unternehmen die Aufgabenerfüllung unmöglich werde. Zudem gehe es dem Sinn nach um die Sicherung der Aufgabenerfüllung und nicht um den Bestandsschutz der mit den Sonderaufgaben befassten Unternehmen.[1128] Nach dieser Auffas-

1125 *Pernice/Wernicke*, in: Grabitz/Hilf (Hrsg.), EUV/EGV, Art. 86 Rdn. 55.

1126 Insbesondere wegen der Direktivfunktion des Art. 16 EGV gegenüber Art. 86 Abs. 2 EGV ist die materielle Zulässigkeitsschwelle für Wettbewerbsbeschränkungen zu Gunsten der Dienste im allgemeinen wirtschaftlichen Interesse nicht mehr bei der rechtlichen oder tatsächlichen Verhinderung der Aufgabenerfüllung anzusiedeln, vgl. v. *Danwitz*, Dienste von allgemeinem wirtschaftlichem Interesse in der europäischen Wettbewerbsordnung, in: Bitburger Gespräche, Jahrbuch 2002/I, 2003, S. 73 (83).

1127 EuGH, Rs. C-159/94, *KOM/Frankreich*, Slg. 1997, I-5815, Rdn. 59, 95; EuGH, Rs. C-157/94, *KOM/Niederlande*, Slg. 1997, I-5699 Rdn. 43, 52.

1128 *Koenig/Kühling*, in: Streinz (Hrsg.), EUV/EGV, 2003, Art. 86 EGV Rdn. 62.

sung kann nicht von einem „Verhindern“ der Aufgabenerfüllung ausgegangen werden, wenn die Aufgabenerfüllung durch eine alternative Maßnahme gewährleistet werden kann.[1129] Bei den kommunalen Unternehmen in Privatrechtsform ergeben sich insoweit Bedenken, weil die wirtschaftliche Betätigung der Gemeinde nach der „Funktionssperre“[1130] des § 107 Abs. 1 Satz 1 Nr. 3 GO bereits dann zulässig ist, wenn die Gemeinde den öffentlichen Zweck „ebenso gut und wirtschaftlich“ wie andere (private) Unternehmen erfüllen kann. Der Nachweis, dass eine alternative Maßnahme, die auch zur Aufgabenerfüllung geeignet ist, nicht zur Verfügung steht, dürfte hier nur dann gelingen, wenn es sich um Aufgaben handelt, die wegen ihres defizitären Charakters regelmäßig nicht von Privaten erfüllt werden können. Im Ergebnis ist die letztgenannte Auffassung aber als zu weitgehend abzulehnen. Zwar muss der Mitgliedstaat im Rahmen des Art. 86 Abs. 2 EGV den Nachweis führen, dass die Ausnahme von der Geltung der Vertragsvorschriften erforderlich ist, damit das betreffende Unternehmen die ihm übertragene besondere Aufgabe erfüllen kann. Diese Beweislast geht jedoch nicht soweit, dass der Mitgliedstaat darüber hinaus noch positiv belegen müsste, dass keine andere vorstellbare, der Natur der Sache nach hypothetische Maßnahme es erlaubte, die Erfüllung dieser Aufgabe unter wirtschaftlich tragbaren Bedingungen sicherzustellen.[1131] Wenngleich eine Aufgabenkritik für einen Staat, der sicherlich nicht über zu wenige Aufgaben verfügt, gerade in denjenigen Bereichen immer wieder sinnvoll ist, in denen auch Private zur Aufgabenerfüllung zur Verfügung stehen,[1132] lässt sich der Regelung des Art. 86 Abs. 2 Satz 1 EGV nicht das Gebot an die Mitgliedstaaten entnehmen, die den öffentlichen Unternehmen übertragenen besonderen Aufgaben materiell zu privatisieren.[1133]

4. Ergebnis

Im Ergebnis ist davon auszugehen, dass kommunale Unternehmen in Privatrechtsform grundsätzlich mit Dienstleistungen von allgemeinem wirtschaftlichem Interesse betraut sind. Weil die Erfüllung der besonderen Aufgabe durch das kommunale Unternehmen tatsächlich verhindert würde, wenn die rettende Kapitalzuführung durch die insolvenzabwendungspflichtige Gemeinde dem Beihilfeverbot des Art. 87 Abs. 1 EGV unterfiele, findet die Ausnahme des Art. 86 Abs. 2 Satz 1 EGV Anwendung.

1129 *Koenig/Kühling*, in: Streinz (Hrsg.), EUV/EGV, 2003, Art. 86 EGV Rdn. 63.

1130 Siehe hierzu oben Erster Teil A. III. 3.

1131 *V. Burchard*, in: Schwarze (Hrsg.), EU-Kommentar, 2000, Art. 86 EGV Rdn. 74.

1132 So treffend *Kluth*, Anstaltslast und Gewährträgerhaftung öffentlicher Finanzinstitute angesichts des gemeinschaftsrechtlichen Beihilfeverbots, in: Bitburger Gespräche, Jahrbuch 2002/I, 2003, S. 111 (142).

1133 Ein Zwang zur materiellen Privatisierung ließe sich erst als Folge einer rechtswidrigen Beihilfe im Sinne des Art. 87 Abs. 1 EGV annehmen, vgl. *Weiß*, AöR 128 (2003), S. 91 (118).

C. Ergebnis

Im Ergebnis ist festzustellen, dass das europäische Wettbewerbsrecht grundsätzlich auch auf öffentliche Unternehmen Anwendung findet. Die kommunalen Unternehmen in Privatrechtsform sind öffentliche Unternehmen im Sinne des Art. 86 Abs. 1 EGV. Hinsichtlich der öffentlich-rechtlichen Finanzierungspflicht der Gemeinde ist zu unterscheiden zwischen der *abstrakten* Finanzierungspflicht und der *tatsächlichen* Kapitalzuführung. Die abstrakte Finanzierungspflicht der Gemeinde gegenüber ihren kommunalen Unternehmen fällt nicht unter den Beihilfebegriff. Nur die tatsächliche Kapitalzuführung der Gemeinde an ein von der Eröffnung des Insolvenzverfahrens bedrohtes kommunales Unternehmen in Privatrechtsform erfüllt regelmäßig den Beihilfebegriff des Art. 87 Abs. 1 EGV. Insbesondere im Bereich der kommunalen Wirtschaftstätigkeit können solche Beihilfen unter die „De-Minimis"-Regelungen fallen, wenn sie bezogen auf einen Zeitraum von drei Jahren den Schwellenwert von 100.000 Euro nicht überschreiten. Im übrigen hat das Tatbestandsmerkmal der „Beeinträchtigung des Handels zwischen den Mitgliedstaaten" besondere Relevanz für kommunale Beihilfen, weil Auswirkungen auf den zwischenstaatlichen Handel regelmäßig dann ausgeschlossen werden können, wenn es sich um rein lokale Wirtschaftstätigkeiten handelt. Im Ergebnis wird also auch bei der tatsächlichen Kapitalzuführung der Beihilfetatbestand des Art. 87 Abs. 1 EGV oftmals nicht erfüllt sein.

Ist der Beihilfetatbestand des Art. 87 Abs. 1 EGV erfüllt, liegt also eine gemeinschaftsrechtlich relevante und damit notifizierungspflichtige Beihilfe vor, ist zu prüfen, ob eine Ausnahme vom grundsätzlichen Beihilfeverbot vorliegt. Im Ergebnis ist davon auszugehen, dass kommunale Unternehmen in Privatrechtsform grundsätzlich mit Dienstleistungen von allgemeinem wirtschaftlichem Interesse betraut sind. Weil die Erfüllung der besonderen Aufgabe durch das kommunale Unternehmen tatsächlich verhindert würde, wenn die rettende Kapitalzuführung durch die insolvenzabwendungspflichtige Gemeinde dem Beihilfeverbot des Art. 87 Abs. 1 EGV unterfiele, findet die Ausnahme des Art. 86 Abs. 2 Satz 1 EGV Anwendung.

Zusammenfassung der Ergebnisse

Erster Teil:
Die wirtschaftliche und nichtwirtschaftliche Betätigung der Gemeinden

1.1. Die von § 107 GO NW unverändert aufrechterhaltene Unterscheidung zwischen wirtschaftlichen Unternehmen [→ *Erster Teil A.*] und nichtwirtschaftlichen Einrichtungen [→ *Erster Teil B.*] ist sowohl aus dogmatischen als auch aus ökonomischen Gesichtspunkten nicht bzw. nicht mehr tragfähig [→ *Erster Teil C. IV. 1.*].

1.1.1. Dogmatisch lässt sich dieses Ergebnis damit begründen, dass auch die wirtschaftlichen Unternehmen des § 107 Abs. 1 Satz 1 GO NW öffentliche Einrichtungen im Sinne des Gemeinderechts sein können. Da der Begriff der öffentlichen Einrichtung nach § 8 Abs. 1 GO NW alle erdenklichen Leistungsangebote der Kommune erfasst, zählen hierzu auch wirtschaftliche Unternehmen, die – wie z. B. die kommunalen Versorgungs- und Verkehrsbetriebe – für die wirtschaftliche, soziale oder kulturelle Betreuung der Einwohner erforderlich sind [→ *Erster Teil C. I.*].

1.1.2. Ökonomisch basiert dieses Ergebnis auf der Tatsache, dass die gesetzlichen Fiktionsvorschriften des § 107 Abs. 2 Satz 1 GO NW – wie das Beispiel der Abfallentsorgung zeigt – vielfach nicht mehr der ökonomischen Realität entsprechen [→ *Erster Teil C. II.*].

1.1.3. Ein weiteres Abgrenzungsproblem bei der Unterscheidung zwischen wirtschaftlicher und nichtwirtschaftlicher Betätigung ergibt sich bei den „Annextätigkeiten" von Verwaltungsstellen und nichtwirtschaftlichen Einrichtungen, die teils als wirtschaftliche und teils als nichtwirtschaftliche Betätigung qualifiziert werden [→ *Erster Teil C. III.*].

1.2. Die gesetzliche Unterscheidung zwischen wirtschaftlicher und nicht als wirtschaftlich geltender Betätigung sollte gänzlich aufgegeben werden mit der Konsequenz, dass jede marktwirtschaftlich irgendwie relevante Betätigung der Gemeinde an den Zulässigkeitsvoraussetzungen des § 107 Abs. 1 Satz 1 GO NW zu messen wäre [→ *Erster Teil C. IV. 2.*].

1.2.1. Die Abgrenzung von wirtschaftlicher und nichtwirtschaftlicher Betätigung darf sich nicht darin erschöpfen, die zu bewertenden Tätigkeiten dem Negativkatalog des § 107 Abs. 2 Satz 1 GO NW zuzuordnen. Ergänzend hinzukommen muss ein Abgleich mit der Legaldefinition der wirtschaftlichen Betätigung nach § 107 Abs. 1 Satz 3 GO NW. Wenn die „Leistung ihrer Art nach auch von einem Privaten mit der Absicht der

Gewinnerzielung erbracht werden könnte“, handelt es sich um eine wirtschaftliche Betätigung, die sich dann auch an den Zulässigkeitsvoraussetzungen des § 107 Abs. 1 Satz 1 GO NW messen lassen muss [→ *Erster Teil C. IV. 2.*].

1.2.2. Bei einem Festhalten am ausschließlichen Regel-Ausnahme-Prinzip erschöpft sich die Bedeutung der Legaldefinition des § 107 Abs. 1 Satz 3 GO NW darin, die hoheitlichen Tätigkeiten der Gemeinde von den wirtschaftlichen Betätigungen im Sinne des 11. Teils der Gemeindeordnung NW abzugrenzen. Im übrigen, d. h. für alle marktwirtschaftlich irgendwie relevanten Betätigungen der Gemeinde liefe die Legaldefinition des § 107 Abs. 1 Satz 3 GO NW aber quasi leer [→ *Erster Teil C. IV. 2.*].

1.2.3. Im Hinblick darauf, dass die gesetzlichen Fiktionsvorschriften des § 107 Abs. 2 Satz 1 GO NW vielfach nicht mehr der ökonomischen Realität entsprechen [→ *Erster Teil C. II.*], muss der Legaldefinition des § 107 Abs. 1 Satz 3 GO NW bei der Qualifizierung der kommunalen Betätigung eine größere und maßgeblichere Bedeutung zukommen [→ *Erster Teil C. IV. 2.*].

1.3. Für die Frage, ob sich die Gemeinde den Vorteil finanzieller Risikoeingrenzung durch die Inanspruchnahme privatrechtlicher Organisationsformen zunutze machen kann, kommt es grundsätzlich nicht darauf, ob es sich um eine wirtschaftliche Betätigung in kommunalen Unternehmen handelt, oder um eine (fiktive) nichtwirtschaftliche Betätigung in kommunalen Einrichtungen [→ *Erster Teil D.*].

Zweiter Teil:
Die Insolvenzfähigkeit kommunaler Eigengesellschaften

2.1. Die Aktiengesellschaft und die Gesellschaft mit beschränkter Haftung sind als juristische Personen des Privatrechts nach § 11 Abs. 1 Satz 1 InsO grundsätzlich insolvenzfähig [→ *Zweiter Teil B. I.*].

2.2. Die Gesellschafterstellung der Gemeinde hat im Ergebnis keinen Einfluss auf die Insolvenzfähigkeit der kommunalen Eigengesellschaften [→ *Zweiter Teil D.*].

2.2.1. Auch die juristischen Personen des öffentlichen Rechts sind nach § 11 Abs. 1 Satz 1 InsO grundsätzlich insolvenzfähig. Aus den gesetzlichen Regelungen ergibt sich, dass die Statthaftigkeit des Insolvenzverfahrens der Regelfall, sein Ausschluss dagegen die Ausnahme sein soll [→ *Zweiter Teil C. I.*].

2.2.2. Der Ausnahmecharakter des Ausschlusses des Insolvenzverfahrens wird durch weitreichende gesetzliche Ausschlussregelungen in sein Gegenteil verkehrt. Bund und Länder sind nach § 12 Abs. 1 Nr. 1 InsO [→ *Zweiter Teil C. II. 1.*], Gemeinden sind nach § 12 Abs. 1 Nr. 2 InsO i.V.m. § 125 Abs. 2 GO NW [→ *Zweiter Teil C. II. 2.*] und sonstige Körperschaften, Anstalten und Stiftungen des öffentlichen Rechts sind nach § 12 Abs. 1 Nr. 2 InsO i.V.m. § 78 Abs. 3 Satz 2 VwVG NW [→ *Zweiter Teil C. II. 3.*] insolvenzunfähig.

2.2.3. Aus allgemeinen Erwägungen ergibt sich nicht *grundsätzlich* die Insolvenzunfähigkeit der juristischen Personen des öffentlichen Rechts. Weder die „Funktionsgewährleistung der öffentlichen Aufgabenerfüllung" [→ *Zweiter Teil C. III. 1.*] noch das „Fehlen einer übergeordneten Zwangsgewalt" [→ *Zweiter Teil C. III. 2.*] gebieten notwendig den Ausschluss des Insolvenzverfahrens.

2.2.4. Die „Funktionsgewährleistung der öffentlichen Aufgabenerfüllung" wird durch die Anwendung des § 882 a Abs. 2 ZPO im Insolvenzverfahren abgesichert [→ *Zweiter Teil C. III. 1. a) und b)*].

2.2.5. Das Insolvenzverfahren führt auch bei den juristischen Personen des öffentlichen Rechts zum Verlust der Rechtsfähigkeit bzw. zur Existenzbeendigung [→ *Zweiter Teil C. III. 1. c)*].

2.2.6. Nach Beendigung des Insolvenzverfahrens werden die öffentlichen Aufgaben durch „Nachfolge-Personen" erfüllt, zu deren Errichtung die übergeordneten Träger verpflichtet sind und die zur Gesamtrechtsnachfolge in das Vermögen der untergegangenen juristischen Person berufen sind [→ *Zweiter Teil C. III. 1. d)*].

2.2.7. Bedenken wegen des „Fehlens einer übergeordneten Zwangsgewalt" lassen sich durch die vor dem Hintergrund der Einzelzwangsvollstreckung entwickelte Unterscheidung zwischen „wirklichem Staatswillen" und „abweichendem Staatsorganwillen" entkräften, soweit der „wirkliche Staatswille" nicht gleichzeitig den Untergang des Gemeinwesens billigend in Kauf nehmen müsste [→ *Zweiter Teil C. III. 2.*].

2.2.8. Körperschaften, Anstalten und Stiftungen des öffentlichen Rechts sind grundsätzlich insolvenzfähig. Die gesetzliche Ausschlussregelung des § 12 Abs. 1 Nr. 2 InsO i.V.m. § 78 Abs. 3 Satz 2 VwVG NW hat insoweit konstitutive Wirkung [→ *Zweiter Teil C. III. 3. c)*].

2.2.9. Bund und Länder sind aufgrund allgemeiner Erwägungen nicht insolvenzfähig. Die gesetzliche Ausschlussregelung des § 12 Abs. 1 Nr. 1 InsO hat insoweit lediglich deklaratorischen Charakter [→ *Zweiter Teil C. III. 3. a) aa)*]. Von privater Insolvenz zu unterscheiden ist der „Staatsbankrott“, der auf ein reines Entschuldungsverfahren hinausläuft [→ *Zweiter Teil C. III. 3. a) bb)*].

2.2.10. Bei den Gemeinden ist die Insolvenzunfähigkeit aus der Selbstverwaltungsgarantie des Art. 28 Abs. 2 Satz 1 GG abzuleiten, denn für die Dauer des Insolvenzverfahrens wäre der Kernbereich gemeindlicher Selbstverwaltung angetastet. Die gesetzliche Ausschlussregelung des § 12 Abs. 1 Nr. 2 InsO i.V.m. § 125 Abs. 2 GO NW hat insoweit lediglich deklaratorischen Charakter [→ *Zweiter Teil C. III. 3 b)*].

2.2.11. Der Kernbereich kommunaler Selbstverwaltung ist nicht angetastet, wenn über das Vermögen einzelner kommunaler Eigengesellschaften das Insolvenzverfahren eröffnet wird [→ *Zweiter Teil D.*].

2.2.12. Für die Eigengesellschaften gilt nichts anderes als für die sonstigen Körperschaften, Stiftungen und Anstalten des öffentlichen Rechts. Weder die „Funktionsgewährleistung der öffentlichen Aufgabenerfüllung“ noch das „Fehlen einer übergeordneten Zwangsgewalt“ gebieten notwendig den Ausschluss des Insolvenzverfahrens. Der öffentliche Zweck des kommunalen Unternehmens kann im Insolvenzfall durch von der Gemeinde zu errichtende „Nachfolge-Gesellschaften“ erfüllt werden [→ *Zweiter Teil D.*].

2.3. Aspekte des Gläubigerschutzes bleiben trotz des Topos von der „grundsätzlich unbegrenzten Finanzkraft des Staates“ bei der Frage nach den Auswirkungen der Gesellschafterstellung der Gemeinde auf die Insolvenzfähigkeit kommunaler Eigengesellschaften letztlich unberücksichtigt [→ *Zweiter Teil D.*].

Dritter Teil:
Privatrechtliche und öffentlich-rechtliche Verpflichtungen der Gemeinde

3.1. Der „These von der Wahlfreiheit“ [→ *Dritter Teil A. I.*] entsprechend ist den Gemeinden die Verwendung privatrechtlicher Formen nicht verboten [→ *Dritter Teil A. III. 1.*]; die Aufrechterhaltung des staatlich-bürgerlichen Funktionsdualismus spricht für einen Vorrang öffentlich-rechtlicher Organisationsformen [→ *Dritter Teil A. III. 2.*].

3.2. Dem allgemeinen Privatrecht lässt sich keine *generelle* Verpflichtung der Gemeinde entnehmen, im Falle der Insolvenz kommunaler Unternehmen für die Verbindlichkeiten ihrer Eigengesellschaften einzustehen [→ *Dritter Teil B. III.*].

3.2.1. Liegen die Voraussetzungen, die bei einem privaten Gesellschafter – in Anwendung der Rechtsgedanken der §§ 242, 826 BGB – zur Durchgriffshaftung führen würden, bei der öffentlichen Hand als Gesellschafterin vor, so kann hier ebenfalls der direkte Durchgriff auf das Vermögen der öffentlichen Trägerin erfolgen [→ *Dritter Teil B. I. 1.*].

3.2.2. Die formelle Unterkapitalisierung einer GmbH begründet keinen Fall der Durchgriffshaftung [→ *Dritter Teil B. I. 2. b)*].

3.2.3. Nach der Lehre von der materiellen Unterkapitalisierung ist die Durchgriffshaftung auf die Fälle beschränkt, in denen es von vornherein an einer angemessenen Kapitalausstattung fehlt; ein entsprechender allgemeiner Haftungstatbestand ist aber bisher nicht gesichert [→ *Dritter Teil B. I. 2. c) aa)*]. Die Besonderheiten der privatrechtlichen Eigengesellschaften der Gemeinde rechtfertigen keine Modifikation des Gesellschaftsrechts [→ *Dritter Teil B. I. 2. c) bb)*].

3.3. Das Konzernrecht, welches auf die Rechtsverhältnisse der Gemeinden zu ihren Eigengesellschaften anwendbar ist [→ *Dritter Teil B. II. 3.*], kann das Risiko einer Insolvenz verringern, aber nicht allgemein ausschließen [→ *Dritter Teil B. III.*].

3.3.1. Bei Abschluss eines Beherrschungsvertrags im Sinne des § 291 AktG haftet die Gemeinde nach §§ 302 f. AktG [→ *Dritter Teil B. II 3 d) aa)*].

3.3.2. Im Verhältnis Gemeinde - Eigengesellschaft liegt regelmäßig ein qualifizierter faktischer Konzern vor [→ *Dritter Teil B. II 3 d) bb)*].

3.3.3. Im Fall des qualifizierten faktischen *AG*-Konzerns haftet die Gemeinde entsprechend den §§ 302, 303 AktG. Voraussetzung für die Haftung ist eine nachteilige Einflussnahme auf das abhängige Unternehmen. Die Einflussnahme der Gemeinde, die darauf abzielt, die Eigengesellschaft zur Erfüllung des in der Satzung verankerten öffentlichen Zwecks anzuhalten, stellt jedoch keine Zufügung eines Nachteils im Sinne des § 302 AktG dar. Eine Haftung wegen qualifizierter faktischer Abhängigkeit kommt vielmehr nur in Betracht, wenn die Eigengesellschaft für andere öffentliche Interessen außerhalb ihrer konkreten Aufgabe eingesetzt wird [→ *Dritter Teil B. II 3 d) bb) (1)*].

3.3.4. Im qualifizierten faktischen *GmbH*-Konzern haftet die Gemeinde nicht (mehr) nach konzernrechtlichen Grundsätzen. Der BGH hat insoweit die Konzernhaftung des Alleingesellschafters verneint und statt dessen eine allgemeine Durchgriffshaftung des Alleingesellschafters für existenzvernichtende Eingriffe angenommen, wenn der Nachteil nicht durch die Kapitalsicherungsvorschriften der §§ 30, 31 GmbHG vollständig ausgeglichen werden kann [→ *Dritter Teil B. II 3 d) bb) (2)*]. Als „Allheilmittel" gegen die Insolvenzanfälligkeit von Unternehmen in GmbH-Rechtsform kommt der Haftungsdurchgriff nicht in Betracht [→ *Dritter Teil B. III*].

3.3.5. Der auf eine „besondere Kapitalausstattungspflicht“ gestützte Gedanke einer Konzernvertrauenshaftung [→ *Dritter Teil B. II. 2. c)*] ist nicht der richtige Anknüpfungspunkt für die Finanzierungsverantwortung des Staates [→ *Dritter Teil B. III.*].

3.4. Für die Betätigung kommunaler Unternehmen in Privatrechtsform gilt das sogenannte Verwaltungsprivatrecht [→ *Dritter Teil C. I 1. und 3.*], denn die Gemeinden gehen hier als Träger öffentlicher Verwaltung Privatrechtsverhältnisse ein, um unmittelbar öffentlich-rechtliche Aufgaben wahrzunehmen [→ *Dritter Teil C. I. 2.*].

3.5. Dem Verwaltungsprivatrecht lässt sich keine *generelle* Verpflichtung der Gemeinde entnehmen, im Falle der Insolvenz kommunaler Unternehmen für die Verbindlichkeiten ihrer Eigengesellschaften einzustehen [→ *Dritter Teil C. II. 6.*].

3.5.1. Eine teleologische Reduktion der zivilrechtlichen Haftungsbeschränkung, die den Haftungsdurchgriff zum Regelfall machen würde, ist abzulehnen, weil ein unauflöslicher Widerspruch zur Freiheit der Rechtsformwahl entstünde [→ *Dritter Teil C. II. 1.*].

3.5.2. Eine generelle Durchgriffshaftung lässt sich weder mit dem Grundrecht des Art. 14 GG [→ *Dritter Teil C. II. 2.*] noch mit dem Rechtsgrundsatz der Aufopferung [→ *Dritter Teil C. II. 3.*] oder einer Analogie zur ungesetzlichen Sondersteuer [→ *Dritter Teil C. II. 4.*] begründen.

3.5.3. Aus dem Rechtsstaatsprinzip des Art. 20 Abs. 3 GG ergibt sich keine haftungsrechtliche Garantenstellung der Gemeinde. Die Überlegungen zur Gewährträgerhaftung im Dreiecksverhältnis »Gläubiger - kommunale Gebietskörperschaft - Land« sind auf das Dreiecksverhältnis »Gläubiger - kommunale Eigengesellschaft - Gemeinde« mangels Vertrauensschutzes nicht übertragbar [→ *Dritter Teil C. II. 5. b) aa) und c)*].

3.5.4. Aus dem Sozialstaatsprinzip des Art. 20 Abs. 3 GG ergibt sich keine haftungsrechtliche Garantenstellung der Gemeinde. Die Gemeinden unterliegen nur einer objektiven Handlungspflicht, im Rahmen ihrer Leistungsfähigkeit öffentliche Einrichtungen zu schaffen und dem Wohl der Gemeindeeinwohner zu dienen. Ein subjektives Recht des Bürgers besteht nicht [→ *Dritter Teil C. II. 5. b) bb) und c)*].

3.6. Es besteht eine öffentlich-rechtliche Finanzierungs- bzw. Insolvenzabwendungspflicht der Gemeinde gegenüber ihren kommunalen Unternehmen in Privatrechtsform [→ *Dritter Teil C. III. 2.*].

3.6.1. Aus dem rechtsstaatlichen Vertrauensschutzprinzip [→ *Dritter Teil C. III. 1. a)*] ergibt sich keine *allgemeine* Insolvenzabwendungspflicht der Gemeinde [→ *Dritter Teil C. III. 1. b) aa)*].

3.6.2. Aus dem Sozialstaatsprinzip [→ *Dritter Teil C. III. 1. a)*] ergibt sich ebenfalls keine *allgemeine* Insolvenzabwendungspflicht der Gemeinde, denn die öffentliche Hand kann ihrem sozialstaatlichen Versorgungsauftrag auch ohne die einzelne Einrichtung nachkommen [→ *Dritter Teil C. III. 1. b) bb)*].

3.6.3. *Konkrete* Finanzierungspflichten öffentlich-rechtlicher Träger sind anerkannt im Institut der Anstaltslast, das grundsätzlich auf alle ausgegliederten juristischen Personen des öffentlichen Rechts Anwendung findet [→ *Dritter Teil C. III. 1. b) cc) (1)*].

3.6.4. Bei der Anstaltslast handelt es sich um ein allgemeines Prinzip des Verwaltungsrechts, dessen dogmatische Grundlage insbesondere in dem rechtsstaatlichen Grundsatz der Gesetz- und Rechtmäßigkeit der Verwaltung liegt [→ *Dritter Teil C. III. 1. b) cc) (2)*].

3.6.5. Die Gemeinde, die öffentliche Aufgaben auf ein selbständiges Privatrechtssubjekt ausgliedert, trifft dieselbe Finanzierungspflicht, die sie bei der Ausgliederung auf öffentlich-rechtliche Organisationsformen treffen würde [→ *Dritter Teil C. III. 1. b) cc) (3)*].

3.7. Die Gemeinde kann sich die Rechtswohltat der haftungsbeschränkenden Wirkung privatrechtlicher Organisationsformen im Ergebnis nicht zunutze machen, ohne dass insoweit der Schluss auf die Verfassungswidrigkeit des § 108 Abs. 1 Satz 1 Nr. 3 GO NW zwingend wäre. Der öffentlich-rechtlichen Finanzierungspflicht der Gemeinde steht kein haftungsrechtlicher Anspruch des kommunalen Unternehmens oder gar der Gläubiger des kommunalen Unternehmens gegenüber [→ *Dritter Teil C. V.*].

Vierter Teil:
Vereinbarkeit mit Europarecht

4.1. Das europäische Wettbewerbsrecht gilt nach Art. 86 Abs. 1 EGV auch für öffentliche Unternehmen [→ *Vierter Teil A. I. 2.*]. Die kommunalen Unternehmen in Privatrechtsform sind öffentliche Unternehmen im Sinne des Art. 86 Abs. 1 EGV [→ *Vierter Teil A. I. 3.*].

4.2. Zur Beantwortung der Frage, ob die öffentlich-rechtliche Finanzierungspflicht der Gemeinde gegenüber ihren kommunalen Unternehmen in Privatrechtsform eine nach Art. 87 Abs. 1 EGV unzulässige staatliche Beihilfe darstellt, muss unterschieden werden zwischen der *abstrakten* Finanzierungspflicht und der *tatsächlichen* Kapitalzuführung [→ *Vierter Teil B. I. 1. b)*]. Die abstrakte Finanzierungspflicht der Gemeinde gegenüber ihren kommunalen Unternehmen fällt nicht unter den Beihilfebegriff. Nur die tatsächliche Kapitalzuführung der Gemeinde an ein von der

Eröffnung des Insolvenzverfahrens bedrohtes kommunales Unternehmen in Privatrechtsform erfüllt regelmäßig den Beihilfebegriff des Art. 87 Abs. 1 EGV. [→ *Vierter Teil B. I. 1. b) und c)*].

4.2.1. Insbesondere im Bereich der kommunalen Wirtschaftstätigkeit können Beihilfen der Gemeinden an ihre kommunalen Unternehmen in Privatrechtsform unter die „De-Minimis"-Regelungen fallen, wenn sie bezogen auf einen Zeitraum von drei Jahren den Schwellenwert von 100.000 Euro nicht überschreiten [→ *Vierter Teil B. I. 3.*].

4.2.2. Das Tatbestandsmerkmal der „Beeinträchtigung des Handels zwischen den Mitgliedstaaten" hat besondere Relevanz für kommunale Beihilfen, weil Auswirkungen auf den zwischenstaatlichen Handel regelmäßig dann ausgeschlossen werden können, wenn es sich um rein lokale Wirtschaftstätigkeiten handelt. Im Ergebnis wird also auch bei der tatsächlichen Kapitalzuführung der Beihilfetatbestand des Art. 87 Abs. 1 EGV oftmals nicht erfüllt sein [→ *Vierter Teil B. I. 4.*].

4.3. Die Ausnahme des Art. 86 Abs. 2 Satz 1 EGV findet auf kommunale Unternehmen in Privatrechtsform Anwendung [→ *Vierter Teil B. II. 4.*].

4.3.1. Kommunale Unternehmen in Privatrechtsform sind grundsätzlich mit Dienstleistungen von allgemeinem wirtschaftlichem Interesse betraut [→ *Vierter Teil B. II. 1. und 2.*].

4.3.2. Die Erfüllung der besonderen Aufgabe durch das kommunale Unternehmen würde tatsächlich verhindert, wenn die rettende Kapitalzuführung durch die insolvenzabwendungspflichtige Gemeinde dem Beihilfeverbot des Art. 87 Abs. 1 EGV unterfiele [→ *Vierter Teil B. II. 3.*].

Literaturverzeichnis

Achterberg, Norbert, Allgemeines Verwaltungsrecht, 2. Aufl. Heidelberg 1986

Albin, Silke, Daseinsvorsorge und EG-Beihilfenrecht - Mehr Rechtssicherheit durch die neue Mitteilung der Kommission? -, DÖV 2001, S. 890

Alfuß, Werner Eduard, Staatliche Haftungsbeschränkung durch Inanspruchnahme privatrechtlicher Organisationsformen, Köln 1976

Altmeppen, Holger, Grundlegend Neues zum „qualifiziert faktischen" Konzern und zum Gläubigerschutz in der Einmann-GmbH - Zugleich Besprechung des Urteils des BGH vom 17.9.2001 - II ZR 178/99 „Bremer Vulkan", ZIP 2001, 1874 -, ZIP 2001, S. 1837

Altmeppen, Holger, Gesellschafterhaftung und „Konzernhaftung" bei der GmbH, NJW 2002, S. 321

Antweiler, Clemens, Öffentlich-rechtliche Unterlassungsansprüche gegen kommunale Wirtschaftstätigkeit, NVwZ 2003, S. 1466

Appel, Rudolf, Landesrechtlicher Ausschluss der Konkursfähigkeit „sonstiger" juristischer Personen des öffentlichen Rechts - Dynamische oder statische Verweisung des Art. IV EGKO-Novelle auf § 15 Nr. 3 EGZPO? -, BayVBl. 1980, S. 652

Articus, Stephan / Schneider, Bernd Jürgen (Hrsg.), Gemeindeordnung für das Land Nordrhein-Westfalen, Kommentar, 2. Aufl. Stuttgart 2004

Bachof, Otto, Die verwaltungsgerichtliche Klage auf Vornahme einer Amtshandlung - zugleich eine Untersuchung über den öffentlichrechtlichen Folgenbeseitigungsanspruch nach Aufhebung eines rechtswidrigen Verwaltungsaktes -, 2. Aufl. Tübingen 1968

Badura, Peter, Wirtschaftliche Betätigung der Gemeinde zur Erledigung von Angelegenheiten der örtlichen Gemeinschaft im Rahmen der Gesetze, DÖV 1998, S. 818

Badura, Peter, „Dienste von allgemeinem wirtschaftlichem Interesse" unter der Aufsicht der Europäischen Gemeinschaft, in: Claus-Dieter Classen / Armin Dittmann / Frank Fechner / Ulrich M. Gassner / Michael Kilian (Hrsg.) „In einem vereinten Europa dem Frieden der Welt zu dienen…", Liber amicorum Thomas Oppermann, Berlin 2001, S. 571

Bästlein, Volker, Wettbewerb pur: Städte kämpfen um faire Chancen, der städtetag 6/1999, S. 6

Bartosch, Andreas, Die neuen Gruppenfreistellungsverordnungen im EG-Beihilfenrecht, NJW 2001, S. 921

Baumann, Jürgen, Konkurs und Vergleich, 2. Aufl. Bielefeld 1981

Baumbach, Adolf (Begr.) / Hueck, Alfred (fortgef.) / Fastrich, Lorenz / Hueck, Götz / Schulze-Osterloh, Joachim / Zöllner, Wolfgang, GmbH-Gesetz, Gesetz betreffend die Gesellschaften mit beschränkter Haftung, 17. Aufl. München 2000

Baumbach, Adolf (Begr.) / Lauterbach, Wolfgang (fortgef.) / Albers, Jan / Hartmann, Peter, Zivilprozessordnung, 62. Aufl. München 2004

Baur, Fritz / Stürner, Rolf, Zwangsvollstreckungs-, Konkurs- und Vergleichsrecht, Band 2, Insolvenzrecht, 12. Aufl. Heidelberg 1990

Becker, Florian, Die Vernetzung der Landesbanken, Berlin 1998

Becker, Erich, Selbstverwaltungs- und Auftragsangelegenheiten nach den Länderverfassungen und Gemeindeordnungen, in: Hans Peters (Hrsg.), Handbuch der kommunalen Wissenschaft und Praxis, Band 1, Berlin [u.a.] 1956, S. 129

Beckmann, Martin / David, Hans-Joachim, Kommunale Abfallwirtschaft als unlauterer Wettbewerb, DVBl. 1998, S. 1041

Berg, Wilfried, Die wirtschaftliche Betätigung von Kommunen - kommunale Selbstverwaltung und Wettbewerb, WiVerw 2000, S. 141

Bericht des Unterausschusses „Kommunale Wirtschaft" des AK III der Ständigen Konferenz der Innenminister und -senatoren der Länder, „Wirtschaftliche Betätigung der Kommunen in neuen Geschäftsfeldern" - Erarbeitet von den Innenministerien der Länder Baden-Württemberg, Bayern, Brandenburg und Nordrhein-Westfalen unter Mitarbeit des Deutschen Städte- und Gemeindebundes und des Verbandes kommunaler Unternehmen; verabschiedet in der Sitzung des Unterausschusses „Kommunale Wirtschaft" am 05./06. März 1998

Berkemann, Jörg, Die staatliche Kapitalbeteiligung an Aktiengesellschaften - Mit besonderer Berücksichtigung haushaltsrechtlicher Bestimmungen -, Hamburg 1966

Bethge, Herbert, Das Hausrecht der öffentlichen Hand im Dilemma zwischen öffentlichem Recht und Privatrecht, Die Verwaltung 10 (1977), S. 313

Bethge, Herbert, Staatshaftung für den staatsfreien Rundfunk? - Verfassungs- und verwaltungsrechtliche Probleme namentlich des Schicksals der Verbindlichkeiten des Norddeutschen Rundfunks als Folge der Kündigung des Staatsvertrages über den Norddeutschen Rundfunk -, Frankfurt am Main [u.a.] 1978

Bittmann, Folker, Zahlungsunfähigkeit und Überschuldung nach der Insolvenzordnung, wistra 1998, S. 321

Bleckmann, Albert, Europarecht - Das Recht der Europäischen Union und der Europäischen Gemeinschaften, 6. Aufl. Köln [u.a.] 1997

Böckenförde, Ernst-Wolfgang, Organ, Organisation, Juristische Person, in: Christian-Friedrich Menger (Hrsg.), Fortschritte des Verwaltungsrechts, Festschrift für Hans J. Wolff zum 75. Geburtstag, München 1973, S. 269

Böckstiegel, Karl-Heinz, Der Durchgriff auf den Staat, Frankfurt am Main 1972

Braun, Eberhard (Hrsg.), Insolvenzordnung (InsO), Kommentar, München 2002

Braun, Günther E. / Jacobi, Klaus-Otto, Die Geschichte des Querverbundes in der kommunalen Versorgungswirtschaft, Köln 1990

Brenner, Michael, Gesellschaftsrechtliche Ingerenzmöglichkeiten von Kommunen auf privatrechtlich ausgestaltete kommunale Unternehmen, AöR 127 (2002), S. 222

Breuer, Jürgen, Umwandlung kommunaler Eigenbetriebe und nichtwirtschaftlicher Unternehmen i.S.d. Gemeindeordnung NW in Gesellschaften, Bonn 1991

Breuer, Rüdiger, Die staatliche Berufsregelung und Wirtschaftslenkung, in: Josef Isensee / Paul Kirchhof (Hrsg.), Handbuch des Staatsrechts, Band 6, 2. Aufl. Heidelberg 2001, § 148

Breutigam, Axel / Blersch, Jürgen / Goetsch, Hans-W., Insolvenzrecht, Loseblatt-Kommentar, Berlin, Stand des Gesamtwerks: 17. Lfg. Dezember 2003

Budde, Andreas / Stapper, Benedikt, Kommunale Abfallentsorgung - Zulässigkeit der erwerbswirtschaftlichen Betätigung der Städte -, der städtetag 2/1999, S. 93

Büchner, Wolfgang, Die rechtliche Gestaltung kommunaler öffentlicher Unternehmen, - Grenzen und Möglichkeiten der gemeindlichen Organisationshoheit unter besonderer Berücksichtigung der Arbeitnehmermitbestimmung am Beispiel der Verkehrs- und Versorgungseinrichtungen -, Frankfurt am Main 1982

Burgard, Ulrich, Die Förder- und Treupflicht des Alleingesellschafters einer GmbH - Überlegungen zu einer gläubigerschützenden Corporate Governance bei der GmbH -, ZIP 2002, S. 827

Burger, Anton / Schellberg, Bernhard, Die Auslösetatbestände im neuen Insolvenzrecht, BB 1995, S. 261

Burgi, Martin, Verwaltungsorganisationsrecht, in: Hans-Uwe Erichsen / Dirk Ehlers (Hrsg.), Allgemeines Verwaltungsrecht, 12. Aufl. Berlin 2002, S. 791

Burgi, Martin, Verwalten durch öffentliche Unternehmen im europäischen Institutionenwettbewerb, VerwArch 93 (2002), S. 255

Burmeister, Joachim, Vom staatsbegrenzenden Grundrechtsverständnis zum Grundrechtsschutz für Staatsfunktionen, Frankfurt 1971

Burmeister, Joachim, Plädoyer für ein rechtsstaatliches Instrumentarium staatlicher Leistungsverwaltung, WiR 1972, S. 311

Burmeister, Joachim, Der Begriff des „Fiskus" in der heutigen Verwaltungsrechtsdogmatik, DÖV 1975, S. 695

Burmeister, Joachim, Verfassungstheoretische Neukonzeption der kommunalen Selbstverwaltungsgarantie, München 1977

Burmeister, Joachim, Selbstverwaltungsgarantie und wirtschaftliche Betätigung der Kommunen, in: Günter Püttner (Hrsg.), Handbuch der kommunalen Wissenschaft und Praxis, Band 5, 2. Aufl. Berlin [u.a.] 1984, S. 3

Burmeister, Joachim, Die Privatrechtsfähigkeit des Staates - Symptom verfassungskontroverser Theoriebildung im öffentlichen Recht, in: Hanns Prütting (Hrsg.), Recht und Gesetz im Dialog III, Köln [u.a.] 1986, S. 1

Burmeister, Joachim, Die privatrechtlichen Handlungsformen der Verwaltung aus verfassungsrechtlicher Sicht, in: Joachim Burmeister (Hrsg.), Die verfassungsrechtliche Stellung der Verwaltung in Frankreich und der Bundesrepublik Deutschland, Köln [u.a.] 1991, S. 77

Burmeister, Joachim, Verträge und Absprachen zwischen der Verwaltung und Privaten, VVDStRL 52 (1993), S. 190

Cahn, Andreas, Verlustübernahme und Einzelausgleich im qualifizierten faktischen Konzern, ZIP 2001, S. 2159

Calliess, Christian / Ruffert, Matthias (Hrsg.), Kommentar zu EU-Vertrag und EG-Vertrag, 2. Aufl. Neuwied [u.a.] 2002

Clemens, Thomas, Kommunale Selbstverwaltung und institutionelle Garantie: Neue verfassungsrechtliche Vorgaben durch das BVerfG, NVwZ 1990, S. 834

Creifelds, Carl (Begr.), Rechtswörterbuch, 17. Aufl. München 2002

Cronauge, Ulrich, Die Neufassung des Gemeindewirtschaftsrechts (Wirtschaftliche Betätigung und privatrechtliche Beteiligung), StGR 1994, S. 310

Cronauge, Ulrich, Kommunale Unternehmen. Eigenbetriebe - Kapitalgesellschaften - Zweckverbände, 3. Aufl. Berlin 1997

Czychowski, Manfred / Reinhardt, Michael, Wasserhaushaltsgesetz - unter Berücksichtigung der Landeswassergesetze -, Kommentar, 8. Aufl. München 2003

Dagtoglou, Prodromos, Die Zwangsvollstreckung gegen den Fiskus, die Gemeinden und die sonstigen juristischen Personen des öffentlichen Rechts, VerwArch 50 (1959), S. 165

von Danwitz, Thomas, Die Benutzung kommunaler öffentlicher Einrichtungen - Rechtsformwahl und gerichtliche Kontrolle, JuS 1995, S. 1

von Danwitz, Thomas, Vom Verwaltungsprivat- zum Verwaltungsgesellschaftsrecht - Zu Begründung und Reichweite öffentlich-rechtlicher Ingerenzen in der mittelbaren Kommunalverwaltung -, AöR 120 (1995), S. 595

von Danwitz, Thomas, Dienste von allgemeinem wirtschaftlichem Interesse in der europäischen Wettbewerbsordnung, in: Bitburger Gespräche, Jahrbuch 2002/I, hrsg. von der Stiftung Gesellschaft für Rechtspolitik, Trier und dem Institut für Rechtspolitik an der Universität Trier, München 2003, S. 73

von Danwitz, Thomas, Die Rolle der Unternehmen der Daseinsvorsorge im Verfassungsentwurf, in: Jürgen Schwarze (Hrsg.), Der Verfassungsentwurf des Europäischen Konvents, Baden-Baden 2004, S. 251

Dedy, Helmut / Sonnenschein, Ralph, Koordination schafft Chancengleichheit - Ein Plädoyer für wirtschaftliche Betätigung der Städte und Gemeinden, in: Kommunale Dienstleistungen, Verlagsbeilage zur Frankfurter Allgemeinen Zeitung vom 31.08.1998, S. 1

Degenhart, Christoph, Staatsrecht I, 19. Aufl. Heidelberg 2003

Dichtl, Erwin / Issing, Otmar (Hrsg.), Vahlens Großes Wirtschaftslexikon (in zwei Bänden), Band 2, 2. Aufl. München 1993

Dieckmann, Jochen, Unternehmen Stadt, der städtetag 11/1991, S. 739

Diem, Andreas, Besicherung von Gesellschafterverbindlichkeiten als existenzvernichtender Eingriff des Gesellschafters? ZIP 2003, S. 1283

Doehring, Karl, Allgemeine Staatslehre, 2. Aufl. Heidelberg 2000

Dörr, Dieter / Haus, Florian C., Das Wettbewerbsrecht des EGV, JuS 2001, S. 313

Dörr, Oliver, Zu den gesetzlichen Grenzen gewerblicher Hausmüllverwertung (§ 13 Abs. 3 Satz 1 Nr. 3 KrW-/AbfG), DÖV 2003, S. 838

Dolzer, Rudolf / Vogel, Klaus / Graßhof, Karin (Hrsg.), Bonner Kommentar zum Grundgesetz, Loseblatt-Kommentar, Heidelberg, Stand des Gesamtwerks: 111. Lfg. Mai 2004

Dreier, Horst (Hrsg.), Grundgesetz Kommentar, Band 1, 2. Aufl. Tübingen 2004, Band 2, Tübingen 1998

Druey, Jean Nicolas, „Konzernvertrauen", in: Uwe H. Schneider / Peter Hommelhoff / Karsten Schmidt / Wolfram Timm / Barbara Grunewald / Tim Drygala (Hrsg.), Festschrift für Marcus Lutter zum 70. Geburtstag, Köln 2000, S. 1069

Drygala, Tim, Abschied vom qualifizierten faktischen Konzern – oder Konzernrecht für alle? GmbHR 2003, S. 729

Eberl, Ulrich / Kese, Volkmar, Zur Bedeutung der EG-Beihilfenaufsicht für eine moderne, kommunale Wirtschaftsförderung, DVP 2003, S. 51

Eberl-Borges, Christina, Die Konzernhaftung im Kapitalgesellschaftskonzernrecht, Jura 2002, S. 761

Ehinger, Nicolaus Johannes, Die juristischen Personen des öffentlichen Rechts als herrschende Unternehmen, Frankfurt am Main [u.a.] 2000

Ehinger, Nicolaus Johannes, Die Unternehmensqualität der juristischen Personen des öffentlichen Rechts, DZWIR 2000, S. 322

Ehinger, Nicolaus Johannes, Anmerkung zu OLG Celle, Haftung der Gemeinde bei Insolvenz ihrer Eigengesellschaft, Urteil vom 12.7.2000, DZWIR 2001, S. 164

Ehlers, Dirk, Rechtsstaatliche und prozessuale Probleme des Verwaltungsprivatrechts, DVBl. 1983, S. 422

Ehlers, Dirk, Verwaltung in Privatrechtsform, Berlin 1984

Ehlers, Dirk, Die Entscheidung der Kommunen für eine öffentlich-rechtliche oder privatrechtliche Organisation ihrer Einrichtungen und Unternehmen, DÖV 1986, S. 897

Ehlers, Dirk, Die wirtschaftliche Betätigung der öffentlichen Hand in der Bundesrepublik Deutschland, JZ 1990, S. 1089

Ehlers, Dirk, Rechtsprobleme der Kommunalwirtschaft, DVBl. 1998, S. 497

Ehlers, Dirk, Das neue Kommunalwirtschaftsrecht in Nordrhein-Westfalen, NWVBl. 2000, S. 1

Ehlers, Dirk, Das selbständige Kommunalunternehmen des öffentlichen Rechts, in: Hans-Günter Henneke (Hrsg.), Kommunale Aufgabenerfüllung in Anstaltsform, Stuttgart [u.a.] 2000, S. 47

Ehlers, Dirk, Verwaltung und Verwaltungsrecht im demokratischen und sozialen Rechtsstaat, in: Hans-Uwe Erichsen / Dirk Ehlers (Hrsg.), Allgemeines Verwaltungsrecht, 12. Aufl. Berlin [u.a.] 2002, S. 1

Ehlers, Dirk, Empfiehlt es sich, das Recht der öffentlichen Unternehmen im Spannungsfeld von öffentlichem Auftrag und Wettbewerb national und gemeinschaftsrechtlich neu zu regeln? Gutachten für den 64. Deutschen Juristentag, in: Verhandlungen des vierundsechzigsten Deutschen Juristentages, Berlin 2002, Band I Gutachten, Teil E

Ehlers, Dirk, Anmerkung zu BGH, Urteil vom 25.4.2002 - I ZR 250/00 -, JZ 2003, S. 318

Eickmann, Dieter / Flessner, Axel / Irschlinger, Friedrich / Kirchhof, Hans-Peter / Kreft, Gerhart / Landfermann, Hans-Georg / Marotzke, Wolfgang / Stephan, Guido, Heidelberger Kommentar zur Insolvenzordnung, 3. Aufl. Heidelberg 2003

Emmerich, Volker, Das Wirtschaftsrecht der öffentlichen Unternehmen, Bad Homburg v.d.H. [u.a.] 1969

Emmerich, Volker / Habersack, Mathias, Aktien- und GmbH-Konzernrecht, München 3. Aufl. 2003

Emmerich, Volker / Sonnenschein, Jürgen, Konzernrecht - Das Recht der verbundenen Unternehmen bei Aktiengesellschaft, GmbH, Personengesellschaften, Genossenschaft, Verein und Stiftung -, 6. Aufl. München 1997

Emmerich, Volker / Sonnenschein, Jürgen / Habersack, Mathias, Konzernrecht - Das Recht der verbundenen Unternehmen bei Aktiengesellschaft, GmbH, Personengesellschaften, Genossenschaft, Verein und Stiftung -, 7. Aufl. München 2001

Engel, Wolfgang, Grenzen und Formen der mittelbaren Kommunalverwaltung, Köln 1981

Engelsing, Felix, Zahlungsunfähigkeit von Kommunen und anderen juristischen Personen des öffentlichen Rechts, Stuttgart [u.a.] 1998

Erbguth, Wilfried / Schlacke, Sabine, Zur gemeindewirtschaftsrechtlichen Zulässigkeit kommunaler Wirtschaftsförderung in Nordrhein-Westfalen - Zugleich ein Beitrag zu den Grenzen der Privilegierungen des § 107 II GO -, NWVBl. 2002, S. 258

Erbguth, Wilfried / Stollmann, Frank, Erfüllung öffentlicher Aufgaben durch private Rechtssubjekte? - Zu den Kriterien bei der Wahl der Rechtsform -, DÖV 1993, S. 798

Erichsen, Hans-Uwe, Kommunalrecht des Landes Nordrhein-Westfalen, 2. Aufl. Siegburg 1997

Everhardt, Karl-Hans / Gaul, Herbert, Die Ausnahmen von der Beitragspflicht nach § 17 Abs. 2 BetrAVG, § 186 c Abs. 2 Satz 2 AFG, BB 1976, S. 467

Faber, Angela, Aktuelle Entwicklungen des Drittschutzes gegen die kommunale wirtschaftliche Betätigung, DVBl. 2003, S. 761

di Fabio, Udo, Risikoentscheidungen im Rechtsstaat, Tübingen 1994

Fleiner, Fritz, Institutionen des Deutschen Verwaltungsrechts, 8. Aufl. Tübingen 1928

Fleischer, Holger, Konzernvertrauenshaftung und corporate advertising - ein aktueller Streifzug durch die schweizerische Spruchpraxis zum Konzernaußenrecht, NZG 1999, S. 685

Fleischer, Holger, Konzernrechtliche Vertrauenshaftung, ZHR 163 (1999), S. 461

Forsthoff, Ernst, Die Verwaltung als Leistungsträger, Stuttgart 1938

Forsthoff, Ernst, Die Daseinsvorsorge und die Kommunen. Ein Vortrag anlässlich der Jahrestagung des Verbandes Kommunaler Unternehmen am 16.12.1957 in Köln, Köln-Marienburg 1958

Forsthoff, Ernst, Lehrbuch des Verwaltungsrechts, Band 1, Allgemeiner Teil, 10. Aufl. München 1973

Forsthoff, Ernst / Simons, Tula, Die Zwangsvollstreckung gegen Rechtssubjekte des öffentlichen Rechts, Berlin 1931

Frenz, Walter, Gemeindliche Selbstverwaltungsgarantie und Verhältnismäßigkeit, Die Verwaltung 28 (1995), S. 33

Frenz, Walter, Wettbewerbsrechtliche Absicherung privater Entsorgungsverantwortung - Zum Spannungsfeld von KrW-/AbfG, GO und UWG -, DÖV 2000, S. 802

Frenz, Walter, Kreislaufwirtschafts- und Abfallgesetz, Kommentar, 3. Aufl. Köln 2002

Friauf, Karl Heinrich / Höfling, Wolfram (Hrsg.), Berliner Kommentar zum Grundgesetz, Loseblatt-Kommentar, Berlin, Stand des Gesamtwerks: 9. Lfg. Dezember 2003

Friderich, Gabriele, Abfallwirtschaft im Spannungsfeld. Private versus öffentliche Entsorgungswirtschaft, der städtetag 6/1999, S. 12

von Friesen, Alexander, Staatliche Haftungszusagen für öffentliche Kreditinstitute aus europarechtlicher Sicht, Stuttgart [u.a.]1998

von Friesen, Alexander, Umgestaltung des öffentlichrechtlichen Bankensektors angesichts des Europäischen Beihilfenrechts, EuZW 1999, S. 581

Fritsch, Klaus, Das neue Kreislaufwirtschafts- und Abfallrecht, München 1996

Frotscher, Werner, Die Ausgestaltung kommunaler Nutzungsverhältnisse bei Anschluss und Benutzungszwang, Siegburg 1974

Frotscher, Werner, Begriff, Rechtsformen und Status öffentlicher Einrichtungen, in: Günter Püttner (Hrsg.), Handbuch der kommunalen Wissenschaft und Praxis, Band 3, 2. Aufl. Berlin [u.a.] 1983, S. 135

Gas, Tonio / Rücker, Martin, Die Finanzierung von Public Private Partnerships unter dem Blickwinkel des EG-Beihilferechts, DÖV 2004, S. 56

Gaß, Andreas, Die Umwandlung gemeindlicher Unternehmen - Entscheidungsgründe für die Wahl einer Rechtsform und Möglichkeiten des Rechtsformwechsels -, Stuttgart [u.a] 2003

Gern, Alfons, Wirtschaftliche Betätigung der Gemeinden außerhalb des Gemeindegebiets, NJW 2002, S. 2593

Gern, Alfons, Deutsches Kommunalrecht, 3. Aufl. Baden-Baden 2003

Gleske, Christoph L., Wettbewerb öffentlicher und privater Kreditinstitute in Deutschland - Rechtsgrundlagen und Rechtsentwicklungen -, Baden-Baden 1996

Görres-Gesellschaft (Hrsg.), Staatslexikon - Recht, Wirtschaft, Gesellschaft, Band 5, 7. Aufl. Freiburg 1995

Götz, Volkmar, Die Betrauung mit Dienstleistungen von allgemeinem wirtschaftlichen Interesse (Art. 86 Abs. 2 EG) als Akt der öffentlichen Gewalt, in: Max-Emanuel Geis / Dieter Lorenz (Hrsg.), Staat Kirche Verwaltung, Festschrift für Hartmut Maurer zum 70. Geburtstag, München 2001, S. 221

Grabitz, Eberhard (Begr.) / Hilf, Meinhard (Hrsg.), Das Recht der Europäischen Union, Loseblatt-Kommentar, Band II „EUV/EGV", Stand des Gesamtwerks: 23. Lfg. Januar 2004

Grimm, Dieter, Diskussionsbeitrag in der Aussprache zum zweiten Beratungsgegenstand „Verträge und Absprachen zwischen der Verwaltung und Privaten" auf der Tagung des Vereinigung der Deutschen Staatsrechtslehrer 1992, VVDStRL 52 (1993), S. 323 (324 ff.)

von der Groeben, Hans / Schwarze, Jürgen (Hrsg.), Kommentar zum Vertrag über die Europäische Union und zur Gründung der Europäischen Gemeinschaft, Band 2, 6. Aufl. Baden-Baden 2003

Gröpl, Christoph, Möglichkeiten und Grenzen der Privatisierung kommunaler Aufgaben, in: Markus Hoffmann / Christian Kromberg / Verena Roth / Bodo Wiegand (Hrsg.), Kommunale Selbstverwaltung im Spiegel von Verfassungsrecht und Verwaltungsrecht, Stuttgart [u.a.] 1996, S. 99

Grooterhorst, Johannes / Törnig, Tobias, Wo liegt die Grenze der Zulässigkeit der wirtschaftlichen Betätigung von Kommunen?, DÖV 2004, S. 685

Gundlach, Ulf, Anmerkung zu LG Hannover, Haftung der Gemeinde bei Insolvenz ihrer Eigengesellschaft, Urteil vom 9.3.1999, DZWIR 1999, S. 420 (noch einarbeiten)

Gundlach, Ulf, Die Insolvenzfähigkeit juristischer Personen und Vermögen des öffentlichen Rechts, DÖV 1999, S. 815

Gundlach, Ulf, Die Haftung der Gemeinden für ihre Eigengesellschaften, LKV 2000, S. 58

Haarmeyer, Hans / Wutzke, Wolfgang / Förster, Karsten, Handbuch zur Insolvenzordnung, 3. Aufl. München 2001

Hachenburg, Max (fortgef.) / Ulmer, Peter (Hrsg.), Gesetz betreffend die Gesellschaften mit beschränkter Haftung (GmbHG), Großkommentar, Band 1, 8. Aufl. Berlin [u.a.] 1992

Häsemeyer, Ludwig, Insolvenzrecht, 3. Aufl. Köln [u.a.] 2003

Hatschek, Julius, Die rechtliche Stellung des Fiskus im Bürgerlichen Gesetzbuche, VerwArch 7 (1899), S. 424

Haupt, Klaus-Jürgen, Wirtschaftliche Betätigung von Kommunen im Gewande der privatrechtlichen Gesellschaft - Probleme des kommunalen Organisationsrechts in Nordrhein-Westfalen -, Bochum 1988

Hauser, Werner, Die Wahl der Organisationsform kommunaler Einrichtungen - Kriterien für die Wahl privatrechtlicher und öffentlich-rechtlicher Organisationsformen -, Köln [u.a]1987

Heilshorn, Torsten, Gebietsbezug der Kommunalwirtschaft, Stuttgart [u.a] 2003

Heintzen, Markus, Rechtliche Grenzen und Vorgaben für eine wirtschaftliche Betätigung von Kommunen im Bereich der gewerblichen Gebäudereinigung, Berlin 1999

Held, Friedrich Willhelm, Ist das kommunale Wirtschaftsrecht noch zeitgemäß? - Zugleich ein Beitrag zur wirtschaftlichen und nichtwirtschaftlichen Betätigung der Gemeinden -, WiVerw 1998, S. 264

Held, Friedrich Willhelm, Die Zukunft der Kommunalwirtschaftsrecht im Wettbewerb mit der privaten Wirtschaft - Änderungen des Gemeindewirtschaftsrechts in Nordrhein-Westfalen -, NWVBl. 2000, S. 201

Held, Friedrich Willhelm / Becker, Ernst / Decker, Heinrich / Kirchhof, Roland / Krämer, Franz / Wansleben, Rudolf, Kommunalverfassungsrecht Nordrhein-Westfalen, Loseblatt-Kommentar, Wiesbaden, Stand des Gesamtwerks: 12. Lfg. August 2003

Henneke, Hans-Günter, Gewinnerzielung und Arbeitsplatzsicherung als Legitimation kommunalwirtschaftlicher Betätigung? - Verfassungsrechtliche Aspekte -, NdsVBl. 1998, S. 273

Henneke, Hans-Günter, Das Recht der Kommunalwirtschaft in Gegenwart und Zukunft, NdsVBl. 1999, S. 1

Henneke, Hans-Günter, Verantwortung kommunaler Sparkassenträger im Spannungsverhältnis von modifizierter Haftung und gesichertem Einfluss, NWVBl. 2002, S. 249

Hennerkes, Jörg, Kostendruck schlägt immer härter durch. Kommunale Wirtschaft sichert starke Städte, der städtetag 6/1999, S. 7

Herdt, Armin, Die Insolvenzsicherungspflicht nach dem Betriebsrentengesetz für öffentlich-rechtliche Arbeitgeber, BB 1977, S. 1357

Hess, Harald, Kommentar zur Konkursordnung, 5. Aufl. Neuwied [u.a.] 1995

Hess, Harald / Weis, Michaela / Wienberg, Rüdiger, Kommentar zur Insolvenzordnung, Band 1, 2. Aufl. Heidelberg 2001

Heßhaus, Matthias, Kommunale Wirtschaftsbetätigung und Lauterkeit des Wettbewerbs - Zugleich eine Anmerkung zum Urteil des BGH vom 26.9.2002 - I ZR 293/99 - sowie zum Beschluss des OLG Düsseldorf vom 17.6.2002 - Verg 18/02 -, NWVBl. 2003, S. 173

Hidien, Jürgen, Gemeindliche Betätigungen rein erwerbswirtschaftlicher Art und „öffentlicher Zweck“ kommunaler wirtschaftlicher Unternehmen, Berlin 1981

Hobe, Stephan / Biehl, Dirk / Schroeter, Nicolai, Der Einfluss des Rechts der Europäischen Gemeinschaften / Europäischen Union auf die Struktur der kommunalen Selbstverwaltung, DÖV 2003, S. 803

Höfling, Wolfram / Lang, Heinrich, Einzugsbereiche und Verbringungsbeschränkungen in der Abfallwirtschaft, Berlin 2000

Hölzle, Gerrit, Existenzvernichtungshaftung, „Klimapflege“ und Insolvenzanfechtung - Zur Insolvenzanfechtung nach Befreiung aus der Haftung für Existenzvernichtung durch Zahlung der Gesellschaft -, ZIP 2003, S. 1376

Hörr, Hanns-Friedrich, Unbegrenzte Haftung von Gemeinden bei Beteiligung an Unternehmen ?, der gemeindehaushalt 1984, S. 282

Hösch, Ulrich, Die kommunale Wirtschaftstätigkeit - Teilnahme am wirtschaftlichen Wettbewerb oder Daseinsvorsorge -, Tübingen 2000

Hösch, Ulrich, Öffentlicher Zweck und wirtschaftliche Betätigung von Kommunen, DÖV 2000, S. 393

Honert, Siegfried / Rüttgers, Jürgen / Sanden, Joachim, Landeswassergesetz Nordrhein-Westfalen, Kommentar, 4. Aufl. Köln 1996

Honig, Gerhart, HwO, Handwerksordnung, Kommentar, 2. Aufl. München 1999

Hoppe, Werner, Überlassungs-, Andienungs- und Entsorgungspflichten, in: Werner Hoppe / Joachim Bauer / Angela Faber / Alexander Schink (Hrsg.), Auswirkungen des Kreislaufwirtschafts- und Abfallgesetzes auf die öffentlich-rechtlichen Entsorgungsträger, Köln [u.a.] 1996, S. 63

Huken, Friedrich / Bösche, Ernst-Dieter, Verwaltungsvollstreckungsgesetz für das Land Nordrhein-Westfalen - VwVG NW -, Loseblatt-Kommentar, Siegburg, Stand des Gesamtwerks: 21. Lfg. Januar 1994

Idw-Fachausschuss Recht, IDW - Empfehlungen zur Prüfung eingetretener oder drohender Zahlungsunfähigkeit bei Unternehmen, ZIP 1999, S. 505

Immenga, Ulrich / Rudo, Joachim, Die Beurteilung von Gewährträgerhaftung und Anstaltslast der Sparkassen und Landesbanken nach dem EU-Beihilferecht, Baden-Baden 1997

Ipsen, Hans-Peter, Europäisches Gemeinschaftsrecht, Tübingen 1972

Ipsen, Jörn, Anmerkung zu OVG Hamburg, Beschluss vom 26.3.1949, BS 10/49, MDR 1949, S. 507

Ipsen, Jörn, Diskussionsbeitrag in der Aussprache zum zweiten Beratungsgegenstand „Verträge und Absprachen zwischen der Verwaltung und Privaten" auf der Tagung des Vereinigung der Deutschen Staatsrechtslehrer 1992, VVDStRL 52 (1993), S. 323 (339 ff.)

Ipsen, Jörn, Staatsrecht I, Staatsorganisationsrecht, 15. Aufl. Neuwied 2003

Isensee, Josef, Steuerstaat als Staatsform, in: Rolf Stödter / Werner Thieme (Hrsg.), Hamburg - Deutschland - Europa. Beiträge zum deutschen und europäischen Verfassungs-, Verwaltungs- und Wirtschaftsrecht, Festschrift für Hans-Peter Ipsen zum 70. Geburtstag, Tübingen 1977, S. 409

Isensee, Josef, Staat und Verfassung, in: Josef Isensee / Paul Kirchhof, (Hrsg.), Handbuch des Staatsrechts, Band 1, Heidelberg 1987, § 13

Isensee, Josef, Grundrechtsvoraussetzungen und Verfassungserwartungen an die Grundrechtsausübung, in: Josef Isensee / Paul Kirchhof, (Hrsg.), Handbuch des Staatsrechts, Band 5, Heidelberg 1992, § 115

Jaeger, Ernst, Konkursordnung, Kommentar, 7. Aufl. Berlin [u.a.] 1936

Jaeger, Ernst (Begr.), Konkursordnung, Kommentar, Band 2, 8. Aufl. Berlin [u.a.] 1973

Jaeger, Ernst (Begr.), Konkursordnung, Kommentar, Band 1, 9. Aufl. Berlin [u.a.] 1997

Jarass, Hans D., Kommunale Wirtschaftsunternehmen und Verfassungsrecht, DÖV 2002, S. 489

Jarass, Hans D., Die Vorgaben des Gemeinderechts für rechtlich selbstständige Unternehmen der Kommunen, NWVBl. 2002, S. 335

Jarass, Hans D., Kommunale Wirtschaftsunternehmen im Wettbewerb - Eine Analyse aktueller verfassungsrechtlicher, EG-rechtlicher und kommunalrechtlicher Probleme sowie ein Reformvorschlag -, Stuttgart 2002

Jarass, Hans D. / Ruchay, Dietrich / Weidemann, Clemens (Hrsg.), Kreislaufwirtschafts- und Abfallgesetz (KrW-/AbfG), Loseblatt-Kommentar, München, Stand des Gesamtwerks: 14. Lfg. Februar 2004

Jauernig, Othmar, Zwangsvollstreckungs- und Insolvenzrecht, 21. Aufl. München 1999

Jellinek, Walter, Der Schutz des öffentlichen Rechts durch ordentliche und durch Verwaltungsgerichte, VVDStRL 2 (1925), S. 8

Jellinek, Walter, Allgemeine Staatslehre, 3. Aufl. (3. Neudr.) Berlin 1921

Jennert, Carsten, Beihilfen an Unternehmen mit Aufgaben im Bereich des Daseinsvorsorge, ZKF 2002, S. 266

Jennert, Carsten, Finanzierung und Wettbewerb in der Daseinsvorsorge nach Altmark Trans, NVWZ 2004, S. 425

Junge, Werner, Konkursfähigkeit öffentlich-rechtlicher Handwerksorganisationen, GewArch 1958, S. 221

Kämmerer, Jörn Axel, Privatisierung (- Typologie - Determinanten - Rechtspraxis - Folgen -), Tübingen 2001

Katz, Alfred, Gemeindefinanzsystem an der Schwelle zum 21. Jahrhundert - Situation und Entwicklungsziele der kommunalen Finanzpolitik -, DÖV 2000, S. 235

Katz, Alfred, Staatsrecht, 15. Aufl. Heidelberg 2002

Kemmler, Iris, Die Anstaltslast, Berlin 2001

Kemmler, Iris, Keine Anstalt ohne Anstaltslast - Zur Abschaffung der Anstaltslast für Landesbanken und Sparkassen -, DVBl. 2003, S. 100

Kempen, Bernhard, Zur Konkursfähigkeit der öffentlich-rechtlichen Rundfunkanstalten, DÖV 1988, S. 547

Kempen, Bernhard, Die Formenwahlfreiheit der Verwaltung - Die öffentliche Verwaltung zwischen öffentlichem und privatem Recht -, München 1989

Kilger, Joachim / Schmidt, Karsten, Insolvenzgesetze, 17. Aufl. München 1997

Kinzl, Ulrich-Peter, Anstaltslast und Gewährträgerhaftung - Unbegrenzte staatliche Einstandspflicht für öffentliche Banken unter dem Beihilfe- und Durchführungsverbot des EG-Vertrages -, Baden-Baden 2000

Kirchgäßner, Alois / Knemeyer, Franz-Ludwig / Schulz, Norbert, Das Kommunalunternehmen, Stuttgart 1997

Kirchhof, Ferdinand, Entwicklungsperspektiven kommunaler Sparkassen in Deutschland, in: Ferdinand Kirchhof / Hans-Günter Henneke (Hrsg.), Entwicklungsperspektiven kommunaler Sparkassen in Deutschland, Stuttgart [u.a.] 2000, S. 11

Kirchhof, Hans-Peter / Lwowski, Hans-Jürgen / Stürner, Rolf (Hrsg.), Münchener Kommentar zur Insolvenzordnung, Band 1, München 2001

Kleber, Claus-D., Zur Konkursfähigkeit und Insolvenzsicherung juristischer Personen des öffentlichen Rechts, ZIP 1982, S. 1299

Klein, Matthias, Die Betätigung der öffentlichen Hand als Aktionärin, Tübingen 1992

Kluth, Winfried, Grenzen kommunaler Wettbewerbsteilnahme - Grenzen wirtschaftlicher Betätigung von Gemeinden und Gemeindeverbänden im Wettbewerb mit Privaten im Bereich der Sozialwirtschaft. Zur Dogmatik der wirtschaftlichen Betätigung des Staates, Köln [u.a.] 1988

Kluth, Winfried, Eingriff durch Konkurrenz - Zur grundrechtsdogmatischen Verortung kommunaler Teilnahme am wirtschaftlichen Wettbewerb -, WiVerw 2000, S. 184

Kluth, Winfried, Zur Bedeutung des Art. 16 EGV für die Wahrnehmung von Aufgaben der Daseinsvorsorge durch die Kommunen, in: Hans-Günter Henneke (Hrsg.), Kommunale Perspektiven im zusammenwachsenden Europa, Stuttgart [u.a.] 2002, S. 68

Kluth, Winfried, Anstaltslast und Gewährträgerhaftung öffentlicher Finanzinstitute angesichts des gemeinschaftsrechtlichen Beihilfeverbots, in: Bitburger Gespräche, Jahrbuch 2002/I, hrsg. von der Stiftung Gesellschaft für Rechtspolitik, Trier und dem Institut für Rechtspolitik an der Universität Trier, München 2003, S. 111

Knöpfle, Robert, Besprechung von: Peter-Hubert Naendrup, Privatrechtliche Haftungsbeschränkung und staatliche Verantwortung, ZHR 132 (1969), S. 374

Knemeyer, Franz-Ludwig, Vom kommunalen Wirtschaftsrecht zum kommunalen Unternehmensrecht - Beispielhafte Fortentwicklung eines überalterten Rechtsbereichs -, BayVBl. 1999, S. 1

Knemeyer, Franz-Ludwig / Wehr, Matthias, Die Garantie der kommunalen Selbstverwaltung nach Art. 28 Abs. 2 GG in der Rechtsprechung des Bundesverfassungsgerichts, VerwArch 92 (2001), S. 317

Koch, Thorsten, Der rechtliche Status kommunaler Unternehmen in Privatrechtsform, Baden-Baden 1994

Koenig, Christian, Begründen Anstaltslast und Gewährträgerhaftung unabhängig von ihrer Kodifizierung tragfähige Kreditmerkmale öffentlicher Finanzinstitute?, WM 1995, S. 821

Koenig, Christian, Öffentlich-rechtliche Anstaltslast und Gewährträgerhaftung als staatliche Beihilfen gem. Art. 92 EGV?, EuZW 1995, S. 595

Koenig, Christian / Haratsch, Andreas, Die Wiedergeburt von Art. 86 Abs. 2 EG in der RAI-Entscheidung der Europäischen Kommission, ZUM 2004, S. 122

Koenig, Christian / Kühling, Jürgen, Grundfragen des EG-Beihilfenrechts, NJW 2000, S. 1065

Köster, Thomas, Kommunalisierung statt Privatisierung - Es ist kaum fraglich, ob Oberbürgermeister als Unternehmer tätig sein sollten, in: Frankfurter Allgemeine Zeitung vom 03.08.1998, S. 17

Kormann, Joachim, Sieben Thesen zur Kammeraufsicht über Innung und Kreishandwerkerschaft, GewArch 1987, S. 249

Kraft, Ernst Thomas, Das Verwaltungsgesellschaftsrecht - Zur Verpflichtung kommunaler Körperschaften auf ihre Privatrechtsgesellschaften einzuwirken -, Frankfurt am Main 1982

Kraft, Ernst Thomas, Eigengesellschaften, in: Günter Püttner (Hrsg.), Handbuch der kommunalen Wissenschaft und Praxis, Band 5, Berlin [u.a.], 2. Aufl. 1984, S. 168

Kratzmann, Horst, Der Staatsbankrott - Begriff, Erscheinungsform, Regelung -, JZ 1982, S. 319

Krebs, Walter, Verträge und Absprachen zwischen der Verwaltung und Privaten, VVDStRL 52 (1993), S. 248

Krebs, Walter, Verwaltungsorganisation, in: Josef Isensee / Paul Kirchhof, (Hrsg.), Handbuch des Staatsrechts, Band 3, Heidelberg 1988, § 69

Kruse, Eberhard, Kommunale Sparkassen im Blickfeld des europäischen Beihilferechts - Beihilferechtliche Erwägungen im Anschluss an die gegenwärtig geführte Diskussion zu den Landesbanken -, NVwZ 2000, S. 721

Kübler, Bruno M. / Prütting, Hanns (Hrsg.), InsO - Kommentar zur Insolvenzordnung, Loseblatt-Kommentar, Köln, Stand des Gesamtwerks: 18. Lfg. Oktober 2003

Kühling, Jürgen, Verfassungs- und kommunalrechtliche Probleme grenzüberschreitender Wirtschaftsbetätigung der Gemeinden, NJW 2001, S. 177

Kuhl, Thomas / Wagner, Kersten, Das Insolvenzrisiko der Gläubiger kommunaler Eigengesellschaften, ZIP 1995, S. 433

Kuhn, Georg / Uhlenbruck, Wilhelm, Konkursordnung, Kommentar, 11. Aufl. München 1994

Kund, Ulrich G., Nachwirkende Pflichten der Gemeinden bei der Ausgliederung öffentlicher Aufgaben auf Private, Frankfurt am Main 1988

Kunig, Philip / Paetow, Stefan / Versteyl, Ludger-Anselm, Kreislaufwirtschafts- und Abfallgesetz, Kommentar, 2. Aufl. München 2003

Lecheler, Helmut / Gundel, Jörg, Die Rolle von Art 90 Abs. 2 und 3 EGV in einem liberalisierten Energiemarkt - Zur Bedeutung der EuGH-Entscheidungen vom 23.10.1997 für die Zukunft -, RdE 1998, S. 92

Lehmann, Jens, Die Konkursfähigkeit juristischer Personen des öffentlichen Rechts, Berlin 1997

Leisner, Walter, Werbefernsehen und Öffentliches Recht - Ein Beitrag zur Problematik der öffentlichen Aufgabe sowie zu Grundlagen und Grenzen fiskalischer Staatstätigkeit -, Berlin 1967

Lenz, Otto / Borchardt Klaus-Dieter (Hrsg.), EU- und EG-Vertrag, Kommentar zu dem Vertrag über die Europäische Union und zu dem Vertrag zur Gründung der Europäischen Gemeinschaft, jeweils in der durch den Vertrag von Nizza geänderten Fassung, 3. Aufl. Köln [u.a.] 2003

Lepper, Markus, Die Verwendung und insbesondere die Ausschüttung von Sparkassengewinnen, Baden-Baden 2003

Lerche, Peter, Übermaß und Verfassungsrecht - Zur Bindung des Gesetzgebers an die Grundsätze der Verhältnismäßigkeit und der Erforderlichkeit -, Köln [u.a] 1961

Lindner, Berend, Entstehung und Untergang von Körperschaften des öffentlichen Rechts - Unter besonderer Berücksichtigung der Religions- und Weltanschauungsgemeinschaften -, Frankfurt am Main [u.a.] 2002

Löwer, Wolfgang, Der Staat als Wirtschaftssubjekt und Auftraggeber, VVDStRL 60 (2000), S. 416

Löwer, Wolfgang / Tettinger, Peter J., Kommentar zur Verfassung des Landes Nordrhein-Westfalen, Stuttgart [u.a.] 1992

Lutter, Marcus, Haftung aus Konzernvertrauen?, in: Wolfgang Schön (Hrsg.), Gedächtnisschrift für Brigitte Knobbe-Keuk, Köln 1997, S. 229

Lux, Christina, Das neue kommunale Wirtschaftsrecht in Nordrhein-Westfalen, NWVBl. 2000, S. 7

Mähring, Matthias, Grundzüge des EG-Beihilfenrechts, JuS 2003, S. 448

Mallmann, Walter, Schranken nichthoheitlicher Verwaltung, VVDStRL 19 (1961), S. 165

von Mangoldt, Hermann (Begr.) / Klein, Friedrich / Starck, Christian (Hrsg.), Das Bonner Grundgesetz, Kommentar, Band 1, 4. Aufl. München 1999, Band 2, 4. Aufl. München 2000

Mann, Thomas, Die öffentlich-rechtliche Gesellschaft - Zur Fortentwicklung des Rechtsformenspektrums für öffentliche Unternehmen -, Tübingen 2002

Mann, Thomas, Kritik am Konzept des Verwaltungsgesellschaftsrechts, Die Verwaltung 35 (2002), S. 463

Mann, Thomas, Öffentliche Unternehmen im Spannungsfeld von öffentlichem Auftrag und Wettbewerb, JZ 2002, S. 819

Marauhn, Thilo, Selbstverwaltungsrechte und aufgabenangemessene Finanzausstattung kommunaler Gebietskörperschaften in Europa, in: Markus Hoffmann / Christian Kromberg / Verena Roth / Bodo Wiegand (Hrsg.), Kommunale Selbstverwaltung im Spiegel von Verfassungsrecht und Verwaltungsrecht, Stuttgart [u.a.] 1996, S. 71

Maunz, Theodor / Dürig, Günter / Badura, Peter / di Fabio, Udo / Herdegen, Matthias / Herzog, Roman / Klein, Hans H. / Korioth, Stefan / Lerche, Peter / Papier, Hans-Jürgen / Randelzhofer, Albrecht / Schmidt-Aßmann, Eberhard / Scholz, Rupert, Grundgesetz, Loseblatt-Kommentar, München, Stand des Gesamtwerks: 42. Lfg. Februar 2003

Maurer, Hartmut, Staatsrecht I, 3. Aufl. München 2003

Maurer, Hartmut, Allgemeines Verwaltungsrecht, 14. Aufl. München 2002

Mayer, Otto, Deutsches Verwaltungsrecht, Band 1, 3. Aufl. München 1924

Mayer, Otto, Deutsches Verwaltungsrecht, Band 2, 3. Aufl. München 1924

Meyer, Justus, Haftungsbeschränkung im Recht der Handelsgesellschaften, Berlin [u.a.] 2000

Miedtank, Werner, Die Zwangsvollstreckung gegen Bund, Länder, Gemeinden und andere Juristische Personen des öffentlichen Rechts, Göttingen 1964

Mödl, Robert, Pflichten des einzigen Gesellschafters gegenüber „seiner" GmbH - BGHZ 149, 10, JuS 2003, S. 14

Möschel, Wernhard, Anstaltslast bei öffentlichrechtlichen Kreditinstituten - Zur Vereinbarung von Brüssel -, WM 2001, S. 1895

Moraing, Markus, Kommunales Wirtschaftsrecht vor dem Hintergrund der Liberalisierung der Märkte, WiVerw 1998, S. 233

Müller-Rabe, Steffen Reinhold, Haftung der Gebietskörperschaften bei Einflussnahmen auf gemischtwirtschaftliche Aktiengesellschaften, München 1970

von Münch, Ingo (Begr.) / Kunig, Philip (Hrsg.), Grundgesetz-Kommentar, Band 1, 5. Auflage München 2000

Musielak, Hans-Joachim / Detterbeck, Steffen, Das Recht des Handwerks, Kommentar zur Handwerksordnung, 3. Aufl. München 1995

Naendrup, Peter-Hubert, Privatrechtliche Haftungsbeschränkung und staatliche Verantwortung - Zur Organisationsfreiheit von Staatspersonen in handelsrechtlichen Formen -, Bielefeld 1967

Nerlich, Jörg / Römermann, Volker (Hrsg.), Insolvenzordnung (InsO), Loseblatt-Kommentar, München, Stand des Gesamtwerks: 7. Lfg. März 2004

Niemeyer, Hans-Jörg / Hirsbrunner, Simon, Anstaltslast und Gewährträgerhaftung bei Sparkassen und die Zwischenstaatlichkeitsklausel in Art. 87 EG, EuZW 2000, S. 364

Oebbecke, Janbernd, Rechtsfragen der Eigenkapitalausstattung der kommunalen Sparkassen, Siegburg 1980

Oebbecke, Janbernd, Die Anstaltslast - Rechtspflicht oder politische Maxime?, DVBl. 1981, S. 960

Oebbecke, Janbernd, Die kommunale Beteiligung nach der Reform des nordrhein-westfälischen Kommunalrechts (Umsetzung der Neuregelungen wird die Kommunalpolitik spürbar verändern), StGR 1995, S. 387

Oettle, Karl, Die ökonomische Bedeutung der Rechtsform öffentlicher Betriebe, in: Karl Oettle, Grundfragen öffentlicher Betriebe, Band 1, Baden-Baden 1976, S. 121

Oettle, Karl, Zur Eigenkapitalausstattung öffentlicher Betriebe, in: Karl Oettle, Grundfragen öffentlicher Betriebe, Band 2, Baden-Baden 1976, S. 9

Ossenbühl, Fritz, Daseinsvorsorge und Verwaltungsprivatrecht, DÖV 1971, S. 513

Ossenbühl, Fritz, Rechtliche Probleme der Zulassung zu öffentlichen Stadthallen - Zur Dogmatik der Gewährung öffentlicher Leistungen -, DVBl. 1973, S. 289

Ossenbühl, Fritz, Mitbestimmung in Eigengesellschaften der öffentlichen Hand, ZGR 1996, S. 504

Ossenbühl, Fritz, Staatshaftungsrecht, 5. Aufl. München 1998

Otting, Olaf, Neues Steuerungsmodell und rechtliche Beurteilungsspielräume der Kommunen, Köln 1997

Otting, Olaf, Wirtschaftliche Betätigung im Gewande nichtwirtschaftlicher Einrichtungen - Zum Urteil des OLG Düsseldorf vom 28.10.1999, NWVBl. 2000, 75 -, NWVBl. 2000, S. 206

Pagenkopf, Hans, Kommunalrecht, Band 1, 2. Aufl. Köln 1975

Palandt, Otto (Begr.), Bürgerliches Gesetzbuch, 57. Aufl. München 1998

Palandt, Otto (Begr.), Bürgerliches Gesetzbuch, 63. Aufl. München 2002

Papier, Hans-Jürgen, Kommunale Daseinsvorsorge im Spannungsfeld zwischen nationalem Recht und Gemeinschaftsrecht, DVBl. 2003, S. 686

Parmentier, Miriam, Gläubigerschutz in öffentlichen Unternehmen, - Die Haftung der Gebietskörperschaften für die Verbindlichkeiten ihrer Eigengesellschaft -, Baden-Baden 2000

Parmentier, Miriam, Das Bestandsinteresse der Eigengesellschaft mit beschränkter Haftung, ZIP 2001, S. 551

Parmentier, Miriam, Die Haftung der Gemeinde bei Insolvenz der Eigengesellschaft, DZWIR 2002, S. 500

Parmentier, Miriam, Das Vertrauen in die öffentliche Hand - ein Konzernvertrauen, DVBl. 2002, S. 1378

Paschke, Marian, Die kommunalen Unternehmen im Lichte des GmbH-Konzernrechts, ZHR 152 (1988), S. 263

Paulus, Christoph G., Rechtlich geordnetes Insolvenzverfahren für Staaten, ZRP 2002, S. 383

Peine, Franz-Joseph, Allgemeines Verwaltungsrecht, 6. Aufl., Heidelberg 2002

Pestalozza, Christian, Formenmissbrauch des Staates - zu Figur und Folgen des „Rechtsmissbrauchs“ und ihrer Anwendung auf staatliches Verhalten, München 1973

Pestalozza, Christian, Kollisionsrechtliche Aspekte der Unterscheidung von öffentlichem Recht und Privatrecht - Öffentliches Recht als zwingendes Sonderrecht für den Staat -, DÖV 1974, S. 188

Philipp, Dieter, Nehmen die Städte dem Handwerk Aufträge weg?, der städtetag 6/1999, S. 25

Pielow, Johann-Christian, Grundstrukturen öffentlicher Versorgung - Vorgaben des Europäischen Gemeinschaftsrechts sowie des französischen und des deutschen Rechts unter besonderer Berücksichtigung der Elektrizitätswirtschaft -, Tübingen 2001

Pielow, Johann-Christian, Zur Bedeutung der Art. 81 ff. EGV, in: Hans-Günter Henneke (Hrsg.), Kommunale Perspektiven im zusammenwachsenden Europa, Stuttgart [u.a] 2002

Pielow, Johann-Christian, Gemeindwirtschaft im Gegenwind? - Zu den rechtlichen Grenzen kommunaler Wettbewerbsteilnahme am Beispiel der Telekommunikation -, NWVBl. 1999, S. 369

Pieroth, Bodo, Die Grundrechtsberechtigung gemischt-wirtschaftlicher Unternehmen, NWVBl. 1992, S. 85

Pieroth, Bodo / Hartmann, Bernd J., Grundrechtsschutz gegen wirtschaftliche Betätigung der öffentlichen Hand, DVBl. 2002, S. 421

Piette, Klaus Walter, Ist die Konkursfähigkeit von juristischen Personen des öffentlichen Rechts landesgesetzlich ausschließbar? - Zur Weitergeltung des den Landesgesetzgebern in Art. IV EGKONov i.V.m. § 15 Nr. 3 EGZPO eingeräumten Vorbehalts -, BayVBl. 1980, S. 332

Piette, Klaus Walter, Nochmals: Zur Weitergeltung landesrechtlicher Vorschriften über den Ausschluss des Konkurses juristischer Personen des öffentlichen Rechts, BayVBl. 1981, S. 171

Pitschas, Rainer, Diskussionsbeitrag in der Aussprache zum zweiten Beratungsgegenstand „Verträge und Absprachen zwischen der Verwaltung und Privaten“ auf der Tagung des Vereinigung der Deutschen Staatsrechtslehrer 1992, VVDStRL 52 (1993), S. 323 (328 ff.)

Poschmann, Thomas, Grundrechtsschutz gemischt-wirtschaftlicher Unternehmen - Ein Beitrag zur Bestimmung des personalen Geltungsbereichs der Grundrechte unter besondere Berücksichtigung der Privatisierung öffentlicher Aufgaben -, Regensburg 2000

Püttner, Günter, Die Einwirkungspflicht - Zur Problematik öffentlicher Einrichtungen in Privatrechtsform -, DVBl. 1975, S. 353

Püttner, Günter, Überblick über die Rechtsformen, in: Günter Püttner (Hrsg.), Handbuch der kommunalen Wissenschaft und Praxis, Band 5, Berlin [u.a.], 2. Aufl. 1984, S. 119

Püttner, Günter, Die öffentlichen Unternehmen - Ein Handbuch zu Verfassungs- und Rechtsfragen der öffentlichen Wirtschaft -, 1. Aufl. Bad Homburg v.d.H. [u.a.] 1969; 2. Aufl. Stuttgart [u.a.] 1985

Püttner, Günter, Kommunale Selbstverwaltung, in: Josef Isensee / Paul Kirchhof (Hrsg.), Handbuch des Staatsrechts, Band 4, Heidelberg 1990, § 107

Raiser, Thomas, Konzernverflechtungen unter Einschluss öffentlicher Unternehmen, ZGR 1996, S. 458

Rauball, Johannes / Rauball, Reinhard / Rauball, Werner / Pappermann, Ernst / Roters, Wolfgang, Gemeindeordnung für Nordrhein-Westfalen, Kommentar, 3. Aufl. München 1981

Rebmann, Kurt / Säcker, Franz J. (Hrsg.), Münchener Kommentar zum Bürgerlichen Gesetzbuch, Band 1, 4. Aufl. München 2001

Rehn, Erich / Cronauge, Ulrich / von Lennep, Hans Gerd, Gemeindeordnung für das Land Nordrhein-Westfalen, Loseblatt-Kommentar, Siegburg, Stand des Gesamtwerks: 27. Lfg. Januar 2004

Renck, Ludwig, Gesetzgebungsbefugnis und Konkursfähigkeit juristischer Personen des öffentlichen Rechts, BayVBl. 1982, S. 300

Rennert, Klaus, Kommunalwirtschaft und Selbstverwaltungsgarantie, Die Verwaltung 35, (2002), S. 319

Rennert, Klaus, Der Selbstverwaltungsgedanke im kommunalen Wirtschaftsrecht, JZ 2003, S. 385

Röhricht, Volker, Die GmbH im Spannungsfeld zwischen wirtschaftlicher Dispositionsfreiheit ihrer Gesellschafter und Gläubigerschutz, in: Karlmann Geiß / Kay Nehm (Hrsg.), Festschrift aus Anlass des fünzigjährigen Bestehens von Bundesgerichtshof, Bundesanwaltschaft und Rechtsanwaltschaft beim Bundesgerichtshof, Köln 2000, S. 83

Röger, Ralf, Rechtsfragen der Abfallentsorgung im Spannungsfeld zwischen Ökologie und Ökonomie, Köln [u.a.] 2000

Römer, Dietmar, Die Konkursunfähigkeit öffentlich-rechtlicher Rundfunkanstalten unter besonderer Berücksichtigung des „Zweiten Deutschen Fernsehens", Mainz 1987

Roth, Herbert, Konkursfähigkeit juristischer Personen des öffentlichen Rechts, BayVBl. 1981, S. 491

Rüfner, Wolfgang, Formen öffentlicher Verwaltung im Bereich der Wirtschaft - Untersuchungen zum Problem der leistenden Verwaltung -, Berlin 1967

Rümker, Dietrich, Probleme der Anstaltslast und Gewährträgerhaftung bei öffentlich-rechtlichen Kreditinstituten, in: Marcus Lutter / Walter Oppenhoff / Otto Sandrock / Hanns Winkhaus (Hrsg.), Festschrift für Ernst C. Stiefel zum 80. Geburtstag, München 1987, S. 607

Ruffert, Matthias, Grundlagen und Maßstäbe einer wirkungsvollen Aufsicht über die kommunale wirtschaftliche Betätigung, VerwArch 92 (2001), S. 27

Ruge, Kay, Neues Sparkassenrecht nach Beilegung der Auseinandersetzung mit der Europäischen Kommission, ZG 2004, S. 12

Sachs, Michael (Hrsg.), Grundgesetz, Kommentar, 3. Aufl. München 2003

Säuberlich, Fritz, Ausnahmen von der Beitragspflicht zu Insolvenzsicherung und Konkursausfallgeld bei Juristischen Personen des öffentlichen Rechts, BB 1979, S. 168

Schaper, Michael, Die Idee einer Rechtsform „öffentlicher Betrieb" - Eine Untersuchung aus betriebswirtschaftlicher Sicht -, München 1982

Schebstadt, Arnd, Der Kostenausgleich für Daseinsvorsorgeverpflichtungen in der europäischen Beihilfeaufsicht, DVBl. 2004, S. 737

Schink, Alexander, Kommunalverfassungsrechtliche Grenzen und Möglichkeiten für die Teilnahme der kommunalen Gebietskörperschaften an der Kreislaufwirtschaft, UPR 1997, S. 201 (204)

Schink, Alexander, Wirtschaftliche Betätigung kommunaler Unternehmen, NVwZ 2002, S. 129

Schlierbach, Helmut / Püttner, Günter, Das Sparkassenrecht in der Bundesrepublik Deutschland, 5. Aufl. Stuttgart 2003

Schliesky, Utz, Öffentliches Wettbewerbsrecht - Verhaltensrechtliche Determinanten von wirtschaftsbezogenem Staatshandeln -, Berlin 1997

Schmid, Kathrin / Vollmöller, Thomas, Öffentlichrechtliche Kreditinstitute und EU-Beihilfenrecht, NJW 1998, S. 716

Schmidt, Dirk, Die Anstaltslast als Aufgabenlast, Zeitschrift für das gesamte Kreditwesen 1981, S. 762

Schmidt, Dirk, Nochmals: Anstaltslast und Aufgabenlast, Zeitschrift für das gesamte Kreditwesen 1982, S. 255

Schmidt, Karsten, Gesellschafterhaftung und „Konzernhaftung" bei der GmbH - Bemerkungen zum „Bremer Vulkan"-Urteil des BGH vom 17.9.2001 -, NJW 2001, S. 3577

Schmidt, Karsten, Gesellschaftsrecht, 4. Aufl. Köln [u.a.] 2002

Schmidt, Reiner, Öffentliches Wirtschaftsrecht, Allgemeiner Teil, Berlin [u.a.] 1990

Schmidt, Reiner, Der Übergang öffentlicher Aufgabenerfüllung in private Rechtsformen, ZGR 1996, S. 345

Schmidt, Reiner, Die Liberalisierung der Daseinsvorsorge, Der Staat 42 (2003), S. 225

Schmidt-Aßmann, Eberhard, Der Rechtsstaat, in: Josef Isensee / Paul Kirchhof (Hrsg.), Handbuch des Staatsrechts, Band 1, Heidelberg 1987, § 24

Schmidt-Aßmann, Eberhard, Die Lehre von den Rechtsformen des Verwaltungshandelns - Ihre Bedeutung im System des Verwaltungsrechts und für das verwaltungsrechtliche Denken der Gegenwart -, DVBl. 1989, S. 533

Schmidt-Aßmann, Eberhard, Kommunale Selbstverwaltung „nach Rastede", in: Everhardt Franßen (Hrsg.), Bürger, Richter, Staat, Festschrift für Horst Sendler, Präsident des Bundesverwaltungsgerichts, zum Abschied aus seinem Amt, München 1991, S. 121

Schmidt-Aßmann, Eberhard, Kommunalrecht, in: Eberhard Schmidt-Aßmann (Hrsg.), Besonderes Verwaltungsrecht, 12. Aufl. Berlin [u.a] 2003, S. 1

Schmidt-Bleibtreu, Bruno / Klein, Franz, Kommentar zum Grundgesetz, 9. Aufl. Neuwied [u.a.] 1999

Schmidt-Jortzig, Edzard, Kommunale Organisationshoheit - Staatliche Organisationsgewalt und körperschaftliche Selbstverwaltung -, Göttingen 1979

Schmidt-Jortzig, Edzard, Die Zulässigkeit kommunaler wirtschaftlicher Unternehmen im einzelnen, in: Günter Püttner (Hrsg.), Handbuch der kommunalen Wissenschaft und Praxis, Band 5, 2. Aufl. Berlin [u.a.] 1984, S. 50

Schmidt-Salzer, Joachim, Tätigwerden des Staates in zivilrechtlichen Handlungsformen im Bereich der Daseinsvorsorge und des Beschaffungswesens, WiR 1972, S. 103

Schmitt, Carl, Inhalt und Bedeutung des zweiten Hauptteils der Reichsverfassung, in: Gerhard Anschütz / Richard Thoma (Hrsg.), Handbuch des Deutschen Staatsrechts, Band 2, Tübingen 1932, § 101

Schnaudigel, Christoph, Der Betrieb nichtwirtschaftlicher kommunaler Unternehmen in Rechtsformen des Privatrechts, Stuttgart 1995

Schneider, Uwe H., Das Finanzierungsrecht der öffentlich-rechtlichen Kreditinstitute, in: Erik Jayme / Gerhard Kegel / Marcus Lutter (Hrsg.), Ius Inter Nationes, Festschrift für Stefan Riesenfeld aus Anlass seines 75. Geburtstages, Heidelberg 1983, S. 237

Schneider, Hannes / Busch, Torsten, Anstaltslast und Gewährträgerhaftung als Beihilfen im Sinne von Art. 92 EGV?, EuZW 1995, S. 602

Schoch, Friedrich, Zur Situation der kommunalen Selbstverwaltung nach der Rastede-Entscheidung des Bundesverfassungsgerichts, VerwArch 81 (1990), S. 18

Schön, Wolfgang, Der Einfluss öffentlich-rechtlicher Zielsetzungen auf das Statut privatrechtlicher Eigengesellschaften der öffentlichen Hand: - Gesellschaftsrechtliche Analyse -, ZGR 1996, S. 429

Scholz, Franz, Kommentar zum GmbH-Gesetz, Band 1, 9. Aufl. Köln 2000

Scholz, Rupert, Das Wesen und die Entwicklung der gemeindlichen öffentlichen Einrichtungen - Zugleich ein Beitrag zur Lehre von der Garantie der kommunalen Selbstverwaltung (Art. 28 Abs. 2 GG) -, München 1966

Scholz, Rupert, Neue Entwicklungen im Gemeindewirtschaftsrecht - Strukturfragen und Verfassungskritik, DÖV 1976, S. 441

Scholz, Rupert / Pitschas, Rainer, Kriterien für die Wahl der Rechtsform, in: Günter Püttner (Hrsg.), Handbuch der kommunalen Wissenschaft und Praxis, Band 5, Berlin [u.a.], 2. Aufl. 1984, S. 128

Schulz, Norbert, Neue Entwicklungen im kommunalen Wirtschaftsrecht Bayerns, BayVBl. 1996, S. 97, S. 129

Schuschke, Winfried, Vollstreckung und vorläufiger Rechtsschutz, Kommentar zum Achten Buch der Zivilprozessordnung, Band 1, Köln [u.a.] 1992

Schwacke, Peter / Schmidt, Guido, Staatsrecht, 4. Aufl. Köln 1999

Schwarz, Kyrill-Alexander, Verfassungsrechtliche Probleme der gesetzlich statuierten Konkursunfähigkeit kommunaler Gebietskörperschaften, ZG 1997, S. 349

Schwarz, Kyrill-Alexander, Staatsgarantie für kommunale Verbindlichkeiten bei „faktischem Konkurs von Kommunen"?, Baden-Baden 1998

Schwarze, Jürgen (Hrsg.), EU-Kommentar, Baden-Baden 2000

Schwarze, Jürgen, Daseinsvorsorge im Lichte des europäischen Wettbewerbsrechts, EuzW 2001, S. 334

Seewald, Otfried, Kommunalrecht, in: Udo Steiner (Hrsg.), Besonderes Verwaltungsrecht, 7. Aufl. Heidelberg 2003, S. 1

Siebert, Wolfgang, Privatrecht im Bereich öffentlicher Verwaltung - Zur Abgrenzung und Verflechtung von öffentlichem Recht und Privatrecht -, in: Rechts- und Staatswissenschaftliche Fakultät der Universität zu Göttingen (Hrsg.), Festschrift für Hans Niedermeyer zum 70. Geburtstag, Göttingen 1953, S. 215

Smith, Adam, Der Wohlstand der Nationen, 5. Aufl. London (1776) 1789, zit. nach der aus dem Englischen übertragenen Übersetzung von Horst Claus Recktenwald, München 1974

Spannowsky, Willy, Der Einfluss öffentlich-rechtlicher Zielsetzungen auf das Statut privatrechtlicher Eigengesellschaften in öffentlicher Hand: - Öffentlich-rechtliche Vorgaben, insbesondere zur Ingerenzpflicht -, ZGR 1996, S. 400

Stein, Edgar / Martius Alexander, Kommunale Wirtschaftsförderung und Europäisches Beihilferecht, der städtetag 5/1998, S. 362

Stein, Ursula, Haftung aus in Anspruch genommenem Marktvertrauen?, in: Marcus Lutter / Manfred Scholz / Walter Sigle (Hrsg.), Festschrift für Martin Peltzer zum 70. Geburtstag, Köln 2001, S. 557

Stern, Klaus, Staatsrecht, Band 1, 2. Aufl. München 1984, Band 2 München 1980

Stern, Klaus, Anstaltslast und Gewährträgerhaftung im Sparkassenrecht, in: Max-Emanuel Geis / Dieter Lorenz (Hrsg.), Staat Kirche Verwaltung, Festschrift für Hartmut Maurer zum 70. Geburtstag, München 2001, S. 815

Stern, Klaus / Burmeister, Joachim, Die kommunalen Sparkassen - Verfassungs- und verwaltungsrechtliche Probleme -, Stuttgart 1972

Stern, Klaus / Nierhaus, Michael, Rechtsfragen der Neuordnung des Sparkassenwesens als Folge kommunaler Neugliederung, München 1976

Stober, Rolf, Die privatrechtlich organisierte öffentliche Verwaltung, NJW 1984, S. 449

Stober, Rolf, Kommunalrecht in der Bundesrepublik Deutschland, 3. Aufl. Stuttgart 1996

Stober, Rolf, Allgemeines Wirtschaftsverwaltungsrecht - Grundlagen und Prinzipien, Wirtschaftsverfassung -, 13. Aufl. Stuttgart 2002

Stober, Rolf, Neuregelung des Rechts der öffentlichen Unternehmen, NJW 2002, S. 2357

Stoll, Tonio, Insolvenz und hoheitliche Aufgabenerfüllung, Göttingen 1992

Stoll, Tonio, Insolvenz und hoheitliche Aufgabenerfüllung - Zur Konkursfähigkeit der juristischen Personen des öffentlichen Rechts -, KTS 1992, S. 521

Storck, Hans, Die Haftungsverpflichtung der Sparkassengewährverbände, Der Gemeindetag 1937, S. 573

Storr, Stefan, Der Staat als Unternehmer - Öffentliche Unternehmen in der Freiheits- und Gleichheitsdogmatik des nationalen Rechts und des Gemeinschaftsrechts -, Tübingen 2001

Storr, Stefan, Zwischen überkommener Daseinsvorsorge und Diensten von allgemeinem wirtschaftlichem Interesse - Mitgliedschaftliche und europäische Kompetenzen im Recht der öffentlichen Dienste -, DÖV 2002, S. 357

Streinz, Rudolf (Hrsg.), EUV/EGV - Vertrag über die Europäische Union und Vertrag zur Gründung der Europäischen Gemeinschaft, München 2003

Surén, Friedrich Karl / Loschelder, Wilhelm, Die Deutsche Gemeindeordnung vom 30. Januar 1935, Kommentar, Berlin 1940

Tettinger, Peter J., Rechtsschutz gegen kommunale Wettbewerbsteilnahme, NJW 1998, S. 3473

Tettinger, Peter J., Verfassungsrecht und Wirtschaftsordnung - Gedanken zur Freiheitsentfaltung am Wirtschaftsstandort Deutschland -, DVBl. 1999, S. 679

Tettinger, Peter J., Besonderes Verwaltungsrecht/1, 7 Aufl. Heidelberg 2004

Thode, Bernd, Veräußerung öffentlich-rechtlicher Versicherungsunternehmen in der Bundesrepublik Deutschland - unter Berücksichtigung vergleichbarer Probleme bei öffentlich-rechtlichen Sparkassen und Landesbanken -, Hamburg 1994

Thode, Bernd / Peres, Holger, Anstaltslast und Gewährträgerhaftung bei kommunalen Sparkassen und Landesbanken, BB 1997, S. 1749

Thode, Bernd / Peres, Holger, Anstalten des öffentlichen Rechts im Spannungsfeld zwischen deutschem und europäischem Recht - Anstaltslast und Gewährträgerhaftung bei kommunalen Sparkassen und Landesbanken -, VerwArch 89 (1998), S. 439

Thode, Bernd / Peres, Holger, Die Rechtsform Anstalt nach dem kommunalen Wirtschaftsrecht des Freistaates Bayern, BayVBl. 1999, S. 6

Uhlenbruck, Wilhelm, Probleme des Eröffnungsverfahrens nach dem Insolvenzrechts-Reformgesetz 1994, KTS 1994, S. 169

Uhlenbruck, Wilhelm (Hrsg.), Insolvenzordnung, Kommentar, 12. Aufl. München 2003

Ule, Carl Herman, Verfassungsrecht und Verwaltungsprozessrecht, DVBl. 1959, S. 537

Ulmer, Peter, Gesellschafterdarlehen und Unterkapitalisierung bei GmbH und GmbH & Co KG, in: H.-M. Pawlowski / Günther Wiese / Günther Wüst (Hrsg.), Festschrift für Konrad Duden zum 70. Geburtstag, München 1977, S. 661

Ulmer, Peter, Von „TBB" zu „Bremer Vulkan" - Revolution oder Evolution? - Zum Bestandsschutz der abhängigen GmbH gegen existenzgefährdende Eingriffe ihres Alleingesellschafters -, ZIP 2001, S. 2021

Ulmer, Peter, Anmerkung zu BGH, Urteil vom 24.6.2002 - II ZR 300/00 -, JZ 2002, S. 1049

Unruh, Peter, Kritik des privatrechtlichen Verwaltungshandelns, DÖV 1997, S. 653

Vetter, Jochen, Rechtsfolgen existenzvernichtender Eingriffe, ZIP 2003, S. 601

Vietmeier, Hans, Die staatlichen Aufgaben der Kommunen und ihrer Organe - Auftragsverwaltung und Organleihe in Nordrhein-Westfalen -, Köln 1992

Vitzhum, Wolfgang Graf, Gemeinderechtliche Grenzen der Privatisierung kommunaler Wirtschaftsunternehmen, AöR 104 (1979), S. 580

Vogel, Klaus, Der Finanz- und Steuerstaat, in: Josef Isensee / Paul Kirchhof (Hrsg.), Handbuch des Staatsrechts, Band 1, Heidelberg 1987, § 27

Vogelsang, Klaus / Lübking, Uwe / Jahn, Helga, Kommunale Selbstverwaltung - Rechtsgrundlagen - Organisation - Aufgaben, 2. Aufl. Berlin 1997

Volkmann, Uwe, Der Anspruch der Kommunen auf finanzielle Mindestausstattung, DÖV 2001, S. 497

Waechter, Kay, Kommunalrecht, 3. Aufl. Köln [u.a.]1997

Waldecker, Ludwig, Die Zwangsvollstreckung gegen Kommunalverbände in Preußen - Ein Beitrag zu den Grundlagen des kommunalen Kredits -, Berlin 1918

Weber, Martin, Die „banküblichen Geschäfte" im Sinne des Geschäftsrechts der Sparkassen - Eine Untersuchung auf der Grundlage der verfassungs- und verwaltungsrechtlichen Vorgaben sowie des Europarechts -, Frankfurt am Main [u.a.] 2003

Weger, Martin / Jesch, Thomas A., Die konzernrechtliche Haftung kommunaler Gesellschafter, DÖV 2003, S. 672

Weidemann, Clemens, Deregulierung und kommunales Wirtschaftsrecht - Zu den bundesrechtlichen Grenzen kommunaler Abfallwirtschaft -, DVBl. 2000, S. 1571

Weiß, Wolfgang, Kommunale Energieversorger und EG-Recht: Fordert das EG-Recht die Beseitigung der Beschränkungen für die kommunale Wirtschaft? - Ein Beitrag zum Grundfreiheitsstatus öffentlicher Unternehmen -, DVBl. 2003, S. 564

Weiß, Wolfgang, Europarecht und Privatisierung, AöR 128 (2003), S. 91

Weiß, Wolfgang, Privatisierung und Staatsaufgaben - Privatisierungsentscheidungen im Lichte einer grundrechtlichen Staatsaufgabenlehre unter dem Grundgesetz -, Tübingen 2002

Weitbrecht, Cornelius, Haftung der Gesellschafter bei materieller Unterkapitalisierung der GmbH, Köln 1990

Widtmann, Julius, Sind Handwerkskammern konkursfähig?, GewArch 1977, S. 209

Wieczorek, Bernhard (Begr.) / Schütze, Rolf A. (Hrsg.), Zivilprozeßordnung und Nebengesetze, Großkommentar, Band 4, 2. Teilband, 3. Aufl. Berlin [u.a.] 1999

Wiedemann, Herbert, Gesellschaftsrecht, München 1980

Wieland, Joachim, Konkurrentenschutz gegen kommunale Wirtschaftsbetätigung - Analyse der neueren Rechtsprechung -, Die Verwaltung 36 (2003), S. 225

Wieland, Joachim / Hellermann, Johannes, Das Verbot ausschließlicher Konzessionsverträge und die kommunale Selbstverwaltung, DVBl. 1996, S. 401

Wiesel, Ernst, Sparkassen und Landesbanken auf dem Prüfstand des europäischen Wettbewerbsrechts, ZBB 2002, S. 288

Wilhelmi, Rüdiger, Die „neue" Existenzvernichtungshaftung der Gesellschafter der GmbH, DZWIR 2003, S. 45

Wilke, Dieter / Schachel, Jens, Probleme fiskalischer Betätigung der öffentlichen Hand, WiVerw 1978, S. 95

Wimmer, Klaus (Hrsg.), Frankfurter Kommentar zur Insolvenzordnung, Neuwied [u.a.] 3. Aufl. 2002

Wolf, Jens, Anstalt des öffentlichen Rechts als Wettbewerbsunternehmen, Hamburg 2002

Wolff, Hans J. / Bachof, Otto, Verwaltungsrecht I, 9. Aufl. München 1974

Wolff, Hans J. / Bachof, Otto / Stober, Rolf, Verwaltungsrecht II, 5. Aufl. München 1987

Wolff, Hans J. / Bachof, Otto / Stober, Rolf, Verwaltungsrecht, Band 1, 11. Aufl. München 1999

Wolff, Hans J. / Bachof, Otto / Stober, Rolf, Verwaltungsrecht, Band 2, 6. Aufl. München 2000

Zacher, Hans Friedrich, Aufgaben einer Theorie der Wirtschaftsverfassung, in: Helmut Coing / Heinrich Kronstein / Ernst-Joachim Mestmäcker (Hrsg.), Wirtschaftsordnung und Rechtsordnung, Festschrift zum 70. Geburtstag von Franz Böhm am 16.2.1965, Karlsruhe 1965, S. 65

Zacher, Hans Friedrich, Das soziale Staatsziel, in: Josef Isensee / Paul Kirchhof (Hrsg.), Handbuch des Staatsrechts, Band 1, Heidelberg 1987, § 25

Zeidler, Karl, Schranken nichthoheitlicher Verwaltung, VVDStRL 19 (1961), S. 208

von Zezschwitz, Friedrich, Rechtsstaatliche und prozessuale Probleme des Verwaltungsprivatrechts, NJW 1983, S. 1873

Zöller, Richard (Begr.), Zivilprozessordnung, Kommentar, 24. Aufl. Köln 2004

Hinsichtlich der verwendeten Abkürzungen wird allgemein verwiesen auf:

Kirchner, Hildebert / Butz, Cornelie, Abkürzungsverzeichnis der Rechtssprache, 5. Aufl. Berlin 2003

Nomos